草野耕一・著

数理法務のすすめ

QUANTITATIVE
ANALYSIS OF LAW
BY KOICHI KUSANO

まえがき

　2014年の秋，私はハーバード法科大学院で日本法の講義を担当した。講義は週2コマであり，講義のない日にはできるだけ他の教授が主催する研究会（workshop）に出席することにした。なかでも数理法務（その詳しい意味については後述する）の先達である Shavell, Kaplow 両教授が主催する研究会には大きな期待をもって臨んだが，結果は期待を上回り，ほとんど「文明の衝撃」と呼びたくなるほどの驚きを覚えた。

　この研究会では数理法務の研究者が毎回自己の研究成果を発表し，それに対して他の研究者や学生が質問をして討論を行う。テーマは会社法や租税法はもとより，刑法や訴訟法あるいは憲法などのあらゆる法律分野に及ぶ。と，ここまでの話であれば日本の大学の研究会でも見られる光景のようであるが，決定的に異なるのは，そこで用いられる数理的技法のレベルの高さとそれに対する参加者の姿勢である。

　ただし，違いが技法のレベルの問題だけであれば私もさほどに驚きはしなかったであろう。法の数理分析が近年長足の進歩を遂げていることはおおむね承知していたからである。私が真に驚いたことは——もっと率直にいえば，「深く感動した」ことは——数理的技法に対する参加者の姿勢である。どういうことなのか，少し詳しく説明させてもらいたい。

　法律学は長らく「文系」の学問として扱われてきた。そのために数理的技法を用いて法を語るもの（以下，「数理法務の徒」と呼ぶことにしよう）は斯界の異端者として好奇と懐疑の目に晒されてきた。やがて，数理法務の徒は，この世界を生き抜くためにある種の「処世術」を用いるようになった。「正義を数学で語ることは土台無理な話ですが」と前置きして自らを卑下し，「数学が分からなくても大丈夫です」といって数学嫌いな者たちに迎合し，ついには，数学者や経済学者の言説を紹介することで事足れりとして，彼らの知見と法律論との間隙を埋めようとする努力を怠るようになってきたのである。しかるに，私がハーバードの研究会で見たものは，そのような旧来のあり方と決別した新しい数理法務の徒の姿であった。彼らは，数理的分析こそが法律学のさらなる発展を期する最善の方法であることを確信し，それらの技法を究めることに情熱

を傾ける者たちだったのである。

　私は，彼らの志に共感し，その気持ちを一人でも多くの日本の法律家・法学生と共有したいと願った。本書は，その願いを胸に書きおろしたものである。

　ここで，数理法務という言葉の意味と本書の構成について説明しておきたい。

　まず，**数理法務**という言葉は，おそらくのところ，神田秀樹教授（東京大学〔当時〕）と私が 2014 年に共同で翻訳出版した『数理法務概論』（有斐閣・2014 年。本書においては「概論」として引用する）の題名をもって嚆矢とするものである[1]。その意味するところは「法律問題（理論的問題と実務的問題の双方を含む）を数理的技法を用いて分析する学問分野」ということであり，その趣旨に照らすならば，**法の数理分析**（quantitative analysis of law）といい換えてもよいであろう。

　数理法務ないし法の数理分析の内容は多岐にわたるが，全体を 4 つに分けて考えると整理しやすいのではなかろうか。

　その第 1 は**法の行動分析**（behavioral analysis of law）である。これは，確率論やゲーム理論の技法を用いて法律家がとる（または「とるべき」）様々な行動（事実認定，クライアントの意思決定への助言，交渉，契約の作成など）を分析する学問分野であり，本書では第 1 章と第 2 章がこの分野を扱っている[2]。

　第 2 は**法の統計分析**（statistical analysis of law）である。これは，統計学の技法を用いて数量化された事象の推定や因果関係の証明を行う学問分野であり，本書では第 3 章と第 4 章がこの分野を扱っている。

　第 3 は**法の財務分析**（financial analysis of law）である。これは，会計学やファイナンス理論の技法を用いて企業や金融にかかわる法事象を分析する学問分野であり，本書では第 5 章と第 6 章がこの分野を扱っている（ただし，本書で

---

[1]　「概論」の原題は「Analytical Methods for Lawyers」である（巻末の参照文献参照）。なお，数理法務という訳語を選択したいきさつについては同書の「訳者あとがき」を参照されたい。

[2]　法の行動分析という言い方には「行動経済学」を連想させる響きがあるが，ここでは，単に，法律家の「行動」の分析を意味する言葉として用いている。ちなみに，行動経済学の手法を用いた法の分析を「behavioral law and economics」と呼ぶ慣わしも米国では生まれつつあるようである（Diamond-Vartiainen (2007) 115 頁以下参照）。

は会計学の技法を用いた分析は行っていない)。

　第4は<u>法の経済分析</u> (economic analysis of law) である。これは**法と経済学** (law and economics) という名前の下で長年にわたり研究が進められてきた学問分野であり，専門書も多数出版されていることから本書では取り上げていない（ただし，第6章 *6* でこの分野の技法を用いた分析を若干ながら行っている）。

　「概論」と本書との違いについても述べておきたい。
　まず，「概論」はハーバードをはじめとする米国の主要法科大学院で数理法務の定番的教科書として長年使われてきた本の翻訳であり，私自身も慶應義塾大学法科大学院の授業（「数理法務」という通年で合計4単位の授業）の教科書として使用している。同書は数理法務のほとんどすべてのテーマを取り上げており（ただし，確率論は含まれていない），それでいて，使っている数理的技法は易しいものばかりであるから，数学の勉強と離れて久しい読者でも比較的楽に読み進めていくことができる。このような点において同書はこの分野における最善の入門書といえるであろう。
　これに対して本書は，実務上有用性が高いと思われるテーマを選択し，個々のテーマについて「概論」よりも若干高度な数理的分析を行っている[3]。ただし，いくら高度といっても本文中の数学の記述はせいぜい高校2年程度のものであるから，万が一難解と感じる部分があったとしても高校数学を復習する労さえ惜しまなければ十分に理解可能なはずである[4]。もっとも，数学的議論自体はかなり厳密に行っており，ときに読者をして，「なぜそこまで細かい議論をしなければならないのか」と疑問に思わせるほどであるかもしれない。その理由をひとことでいえば，<u>法律家は「論理の番人」</u>であるべきだと考えるからである。法律家の論理に社会的有用性があるとすれば，それは議論の緻密さないしは周到さに負うところが大きいのではなかろうか。であるとすれば，数理的技法を法律論の中に組み入れるためにはその技法の拠って立つ仮定が何であり，その技法が妥当性を持つ限界はどこにあるのかを明確に認識していなければならない。それが数学的議論の細部にこだわった理由である。

　3）　したがって，本書の内容が「断片的」あるいは「難解」と感じた読者には「概論」と本書を併読することをお奨めしたい。
　4）　ただし，コラム「**ONE MORE STEP**」や脚注にはもう少し高いレベルの記述もある。そのような記述は，各自の興味と力量に応じて選択的に読んでいただきたい。

以上の点を踏まえて考えると，この分野に不慣れな法律家や法学生にとって本書を読破することは必ずしも容易なことではないかもしれない。しかし，それをなし遂げたときに得られる果実は大きい。少なくとも私はそう信じている。本書を読めば，あなたが法律家としてなしうることは質・量ともに倍旧のものとなるであろう。是非，本書を手に取り，そして最後まで読みきっていただきたい。

　本書で用いた重要語句は，その意味を説明している箇所（複数箇所の場合もある）においてゴシック体を用い，英語の表記は語句の理解に役立つと思える場合にのみこれを付加した。また，参照文献は巻末に一覧表を付し，本文中で引用する際は巻末に記した略語を用いた。

　本書を執筆するにあたっては多くの方からお力を授かった。なかでも田中亘教授（東京大学）にはすべての章の原稿にお目通しいただき数多(あまた)の貴重なご助言を戴いた。この場をお借りして衷心より御礼申し上げたい[5]。また，浅岡義之弁護士（西村あさひ法律事務所）には数学的記述の検算やエクセルを使った情報処理に関してご助力を賜った。深く感謝申し上げる。最後に，本書執筆中の全期間にわたり私の秘書を務めてくれた岩撫澄枝さんと本書の編集をご担当いただいた有斐閣の藤木雄氏と石山絵理氏に感謝申し上げたい。私の乱雑な原稿がこのように整った本に生まれ変わることができたのは，ひとえにこのお三方のご尽力によるものである。

　　2016 年 7 月

　　　　　　　　　　　　　　　　　　　　　　　　　　草 野 耕 一

---

[5] ただし，本書の中の記述にいたらないところがあれば，その責めは私のみが負うべきものであることはいうまでもない。

目　次

第1章　行動分析(1)　事実認定　1

1　主観確率とは何か　1
　　3つの確率論　1
　　主観確率を「客観的に」論じうる理由(1)——推論法則の成立　3
　　主観確率を「客観的に」論じうる理由(2)——規範的事実認定　8
2　主観確率の基本的な計算方法と捜査官の誤謬　14
3　ベイズの公式と検察官の誤謬　24
4　ベイズ更新と弁護人の誤謬　30

第2章　行動分析(2)　意思決定　43

1　決定の木の作り方　43
2　リスク中立的な行為者　46
3　情報の価値　58
4　リスク回避的な行為者　62
5　戦略的行動　69

第3章　統計分析(1)　母数の推定　73

1　母集団と標本　73
2　推測統計の技法(1)——母集団を確率変数としてとらえる　75
　　離散的な確率変数　76
　　連続的な確率変数　77
　　確率変数の計算　81
3　推測統計の技法(2)——確率モデルの利用　85
　　正規分布　86
　　ベルヌーイ分布　89
4　推測統計の技法(3)——標本も確率変数としてとらえる　94
5　仮説検定(1)——ベルヌーイ分布を確率モデルとする場合　97
6　仮説検定(2)——正規分布を確率モデルとする場合　102

7 検定力と第 2 種の誤り　111
8 因果関係の証明　115

第 4 章　統計分析(2)　相関と回帰　127

1 相 関 関 係　128
2 相 関 係 数　131
3 最 小 二 乗 法　138
4 回帰分析の精度　146
5 重 回 帰 分 析　155

第 5 章　財務分析(1)　資産の評価　167

1 序論──なぜ法律家がファイナンス理論を学ぶのか　167
2 諸概念の定義と 2 つの基本定理　169
　　裁定不能定理の論証　172
　　価格の線形性の意味　172
　　価格の線形性の論証　173
3 利子率と期待収益率　173
　　安全資産の場合　174
　　危険資産の場合　176
4 分散投資理論　178
　　リスク・リターン図　178
　　機 会 曲 線　182
　　最小分散フロンティア　184
　　ポートフォリオ分離定理　187
5 資本資産価格モデル（CAPM）　196
　　CAPM の考え方と結論　196
　　CAPM の証明　198
　　CAPM の意義　200
　　CAPM の定量的分析とその問題点　202
6 複数の時期に収益を生み出す資産　212
　　安全資産の場合　212
　　危険資産の場合　215
7 オプションの価値　223

オプションの意義　223
　　コール・オプションの価値　224
　　プット・オプションの価値　227

第6章　財務分析(2)　会社の政策　245

1　会社経営の目的　245
2　投資政策　246
　　投資政策の基本原理　246
　　既存事業のNPV　250
　　投資政策としての企業買収　252
　　税引後NPV　253
3　資本政策　260
　　モジリアニ・ミラー理論　261
　　負債比率を高めることの意味　263
　　MM第2定理とWACCの公式　267
　　MM理論の修正要素(1)——利払損金算入効果　270
　　MM理論の修正要素(2)——倒産リスクの発生　273
　　倒産リスクの発生した企業において経営者がとるべき行動原理　276
　　MM理論の修正要素(3)——その他の要因　285
4　配当政策　290
　　配当政策の他律性　290
　　配当課税効果　295
5　多角化政策　301
　　財務シナジーの幻想　301
　　多角化の意義　302
6　非営利政策　310
　　株主価値最大化主義の正当性とその限界　310
　　非営利政策の必要性　316
　　非営利政策の限界　320
　　残された問題　323

参照文献　327
事項索引　331

ONE MORE STEP

第1章
- **1-1** 主観確率の推論法則　9
- **1-2** モンティ・ホール問題　21
- **1-3** 加州最高裁の考え方　39
- **1-4** ベイズ更新の逐次合理性　40

第2章
- **2-1** 期待効用定理　54
- **2-2** 非金銭的損失に対する金銭的賠償　64

第3章
- **3-1** 確率変数の独立と平均の加法性　83
- **3-2** 正規分布の確率密度関数　90
- **3-3** 二項分布とポワソン分布　92
- **3-4** 標本分散の平均と不偏分散　96
- **3-5** ベイズ統計学の考え方　120

第4章
- **4-1** 相関係数が -1 以上 1 以下になることの証明　135
- **4-2** 分散の加法性　137
- **4-3** OLS回帰直線の求め方　144
- **4-4** 残差の性質と決定係数　150
- **4-5** $\hat{\alpha}, \hat{\beta}$ の不偏性と α, β の推定　152
- **4-6** 最小二乗法による回帰平面方程式の求め方　163

第5章
- **5-1** 機会曲線の形状　190
- **5-2** 最小分散フロンティアの形状　192
- **5-3** 機会曲線 FF' の点 P_M における接線の傾き　206
- **5-4** $R_M \cdot R_i$ 母回帰直線の存在証明とその方程式　208
- **5-5** CAPMを使って期待収益率を求めることの合理性　209
- **5-6** 年単位でない期間に関する複利表記　220
- **5-7** オプションの価格理論　233

第6章

6-1 実効税率の算定　258
6-2 利払損金算入効果を踏まえた WACC の公式　288

# 第1章
行動分析(1)
事実認定

　法律家が行うべき主要な職務の1つが**事実認定**（fact finding）である。与えられた証拠から合理的に事実を推論するにはどうしたらよいのか。そのプロセスを考えるうえで重要な働きをする概念が「**主観確率**」である。主観確率とは何か。まずはこの言葉の説明から話を始めたい。

1　主観確率とは何か

3つの確率論

　高校で習う確率論では「場合の数」という言葉が頻出する。起こりうる事象の数——これが場合の数の意味である——が定まっていて，しかも，どの事象が起こることも「同様に確からしい」ことが高校確率論の前提だからである。たとえば，トランプから1枚を引いてそれがダイヤである確率は，（トランプのカードは全部で52枚，そのうちダイヤのカードは全部で13枚なので）同様に確からしい52個の事象に占める13個の事象の割合，すなわち25％という値によって示される。このようにして定まる確率のことを以下**論理確率**と呼ぶことにしよう[1]。

　しかしながら，私たちが現実の世界で扱う確率の多くは論理確率ではない。

---

1) 本項で論じていることは，確率の「意味」に関しての分類である。これに対して，Andrey Nikolaevich Kolmogorov（ロシア人）を始めとする現代の数学者たちは，このような意味論を「棚上げ」とし，確率を純粋に公理論的な体系として記述することによって新たな理論を築きあげてきた。

たとえば、「明日雨が降る確率」や「来月発射される無人ロケットが予定どおり火星に到達する確率」を「同様に確からしい事象」に占める割合として示すことは不可能である。このような確率が示しているものの意味について数理哲学者は難解な議論を重ねてきたが[2]、そこには1つの共通理解が存在している。それは、「真の確率は1つしかない。それが実際いくらであるかは神のみぞ知るものであるとしても、客観的に定まった値が存在する」という理解であり、このような理解の下で論じられる確率を以下客観確率と呼ぶ。

ところが、私たちが考える確率には論理確率でも客観確率でもないものがある。たとえば、日本時間の深夜に海外で大きなスポーツ大会が開催されたが、あなたはそれを見過ごして翌朝を迎えたとしよう。あなたはベッドの中で自分が応援していた選手（以下、「A選手」という）が勝ったかどうかを考え、自分にこう語りかけることがあるだろう。「多分Aは勝ったに違いない」。その後朝食のテーブルについたが、あいにくテレビが故障していてAが昨晩勝ったかどうかはまだ不明であるとしよう。そこであなたは家族と一緒にAが勝った可能性について話し合う。あなたの息子さん（あるいは、お父さん）は「僕もおそらくAは勝ったと思う」という意見であるが、彼とあなたのうちのどちらがAの勝利をより強く確信しているであろうか。ここにいたれば、2人は数字を使って——つまり確率として——各自の意見を表明するしかない。かくして、あなたは「Aは90%の確率で勝った」と述べ、あなたの息子さん（あるいはお父さん）は「70%の確率で勝った」と述べる。こうすることによってはじめて2人は各自の意見の微妙な違いを認識し合うことができるのである。

ここで述べられた数字はもちろん論理確率ではないが（場合の数がいくらであるかはまったく不明である）、かといって客観確率でもない。試合はすでに終わっていて勝ち負けは決まっているのだから客観確率であれば0%か100%しかありえないからである。では、ここでいう確率とは何か。結論からいおう。それは、各自の信念の程度（degree of belief）を0%から100%（0から1といってもよい）までの数字で表現したものにほかならない。このようにして数値化された信念の程度、これが主観確率の意味である。

主観確率は法律家にとって重要な概念である。なぜならば、限られた証拠の下で最善の事実認定を行うことは裁判官から会社法務の専門家にいたるまでお

---

2) 大略、確率の意味を「頻度（frequency）」に求める考え方と「傾向（propensity）」に求める考え方の2つがある。詳しくはGillies (2000) 参照。

よそ法律家と呼ばれるものの職務に不可欠な営みであるところ，主観確率はこれを行ううえで極めて有用な役割を果たすものだからである。

「しかし，主観確率が個人の信念の程度を表した数値にすぎないとすれば，それに対していくらもっともらしい分析を加えたとしても，それは根のない草に水を与えるがごとき虚しい営みではないだろうか」。そうあなたは思うかもしれない。ところが，そうではないのである。たしかに主観確率をいくらと考えるかは究極的には判断を下すものの主観に委ねられている。しかし，その値の妥当性についてはかなりの程度まで客観的な議論ができる。なぜそれができるのか，以下その理由を説明する。

主観確率を「客観的に」論じうる理由(1)——推論法則の成立

　論理確率には固有の推論法則が存在する。それが具体的にいかなるものであるかはすぐあとで説明するが，主観確率においても測定方法さえ正しければ，これらの推論法則がそのままあてはまる。したがって，それらの推論法則を用いることによって主観確率の妥当性を客観的に検証することが可能となる。しからば，主観確率の正しい測定方法とは何か，また，成立する推論法則とはいかなるものか，以下順次説明していこう。

　「昨晩の試合でA選手が勝った確率は80％だ」という場合の「80」という数字はどこから出てくるものなのか。「それはある種の賭け率である」。これが主観確率の性質に関する伝統的な見解である。この見解によれば，主観確率とは，対象となっている事象の成否が賭け事であるとした場合に，その賭けに応じる用意のある最大の賭け率のことである。したがって，あなたが「A選手は80％の確率で勝っている」と考えることは，A選手が勝っていれば10万円もらえるという合法的な賭けに参加できるとした場合にあなたは最大8万円の賭け金を支払う用意があることを意味している。この場合，予想どおりA選手が勝っていれば，あなたは10万円を受け取るので差し引き2万円の利得を得るが，A選手が負けていれば賭け金は戻ってこないので8万円の損失を被る。あなたは，それでもよいと考えているが，これ以上高い賭け金を支払ってこの賭けに参加する意思はない。そう判断することが「確率は80％である」ということの意味である。

　以上が伝統的に支持されてきた主観確率の測定方法であるが，推論法則が成

立することを明確に論証するためには，これに少し修正を加えた方がよい．そこで本書では，「ある事象の確率は $\alpha\%$ である」ということを以下の判断が成立することと同義であると定義する．

> その事象が成立していれば一定金額（以下，この金額を Y 円とする）[3]がもらえる賭けと，その事象が不成立であればやはり Y 円がもらえる賭けのいずれにも参加可能であるとして，前者の賭けに Y 円 $\times \alpha\%$ の賭け金を支払って参加することと，後者の賭けに Y 円 $\times (100-\alpha)\%$ の賭け金を支払って参加することのいずれを選ぶかと聞かれても甲乙つけがたいこと（つまり，両者の魅力が同等であること）．

A 選手の例を使って説明しよう．「A 選手が勝った確率は 80% である」という判断は，A 選手が勝っていれば 10 万円もらえるという賭けと A 選手が負けていれば（引き分けはないものとする）10 万円もらえるという賭けがあって，8 万円支払って前者の賭けに参加することと 2 万円支払って後者の賭けに参加することを比べた場合にその魅力が同等であることを意味するものである．したがって，前者の賭けの方が魅力的であれば，あなたの主観確率は 80% よりも高い値に，後者の方が魅力的であれば 80% よりも低い値に，それぞれ調整しなければならない．

主観確率の測定方法を以上のように定めれば論理確率の推論法則が主観確率についても成立する．そのことの論証は **ONE MORE STEP 1-1** に記すことにして，ここではその推論法則とは具体的にいかなるものであるかを説明しよう．

(1) 任意の事象 A の成立確率（以下，$p(A)$ で表す）はつねに 0% 以上 100% 以下である．すなわち，

$$0 \leq p(A) \leq 1 \tag{1.1}$$

である．この点は説明不要であろう．

---

3) この金額は賭けの結果を真剣に考えるに足る程度に大きな金額であるが，判断者がリスク回避的（その正確な意味については 50 頁参照）になるほどに大きな金額であってはならない．一般的には 1 万円ないし 10 万円程度の金額を想定してよいであろう．園（2014）9 頁参照．

1 主観確率とは何か　5

(2) 事象 A の不成立という事象を A の**余事象**といい，$\neg A$ で表す（「not A」と読むことを勧める）。この場合，確率 $p(A)$ と $p(\neg A)$ の和はつねに1である。すなわち，

$$p(A) + p(\neg A) = 1 \tag{1.2}$$

であり，したがって次のような推論が成立する。

> 犯人は X と Y のいずれかである。したがって，X に完全なアリバイがあることが判明した現在，犯人は100% Y であると断定せざるをえない。

なお，起こりうるすべての事象を併せて**全事象**と呼んで Ω で表し，全事象の余事象を**空事象**と呼んで $\emptyset$ で表す。

(3) 起こりうる事象は A_1 から A_n までの n 個だけであり，これらの事象の2つ以上が同時に起こることはない（このことを各事象は互いに**排反**であるという）とする。この場合，$p(A_1), p(A_2), \cdots, p(A_n)$ の和は1である。すなわち，

$$p(A_1) + p(A_2) + \cdots + p(A_n) = 1 \tag{1.3}$$

であり，したがって次のような推論が成立する。

> 犯人は A, B, C, D, E の5人のうちいずれか1人であり，現時点では5人の容疑の強さについて差を見出すことはできない。したがって，各人が犯人である確率はいずれも20%である。

なお，(1.3)式と全事象の定義により，

$$p(\Omega) = 1$$

が成立し，この式と(1.2)式より，

$$p(\emptyset) = 0$$

が成立する。

(4) 事象 A と事象 B の双方が起こる事象を A と B の**積事象**と呼んで $A \cap B$ と表し（「A and B」と読むことを勧める），A と B のいずれかまたは双方が起こ

る事象を A と B の和事象と呼んで $A \cup B$ と表す（「A or B」と読むことを勧める）。この場合 $p(A)$ と $p(B)$ の和は $p(A \cap B)$ と $p(A \cup B)$ の和と等しい。すなわち，

$$p(A) + p(B) = p(A \cup B) + p(A \cap B) \tag{1.4}$$

であり，したがって次のような推論が成立する。

> 遺留品の状況その他の証拠から考えて X と Y のいずれかまたは双方が犯人である。ところが，君は X と Y のいずれについても犯人である確率は80%であるという。だとすれば，60%（= 80% + 80% − 100%）の確率で2人は共犯だ。[4]

(1.4) 式を以下和の公式と呼ぶ。なお，余事象の定義に照らせば $A \cap B$ と $\neg A \cap B$ の和事象は B であり，両者の積事象は空事象であるから，(1.4) 式の系として次の式も成立する。

$$\begin{aligned} p(A \cap B) + p(\neg A \cap B) &= p((A \cap B) \cup (\neg A \cap B)) \\ &\quad + p((A \cap B) \cap (\neg A \cap B)) \\ &= p(B) + p(\emptyset) \\ &= p(B) \end{aligned} \tag{1.5}$$

なお，事象 A と事象 B の積事象が事象 B そのものである場合には事象 B を事象 A の部分事象と呼ぶことにする。この場合，事象 B は事象 A の「部分に過ぎない」と解釈できるからである。

(5) 事象 A が成立するという前提の下で事象 B が成立すると考える信念の度合いを「A を条件とする B の条件付確率」といい，「$B|A$」で表す。この場合，A を条件とする B の条件付確率は A と B の積事象の確率を A の確率で割った値と等しい。すなわち，

$$p(B|A) = \frac{p(A \cap B)}{p(A)} \tag{1.6}$$

---

4) 正確には，「共犯または同時犯だ」というべきであろう。

1 主観確率とは何か

であり，したがって，次のような推論が成立する。

> Xがこの窃盗事件の犯人であるとすれば盗品は70%の確率でこの別荘に隠されている。証拠を総合すればXは80%の確率で本件の犯人である。したがって，56%（= 70% × 80%）の確率で盗品はこの別荘にある[5]。

(1.6) 式を以下条件付確率の公式と呼ぶ。

なお，(1.5) 式と (1.6) 式から次の式も成立する。

$$p(A|B) + p(\neg A|B) = \frac{p(A \cap B)}{p(B)} + \frac{p(\neg A \cap B)}{p(B)}$$
$$= \frac{p(B)}{p(B)} = 1 \tag{1.7}$$

事象 B が事象 A の部分事象である場合には，A と B という2つの事象の成立を前提とする事象 C の条件付確率は B の成立のみを前提とする C の条件付確率と一致する（下記の算式参照）。したがって，複数の事象の成立を前提としてある事象の条件付確率を考える場合であっても前提とする事象の中に他のすべての事象の部分事象があれば，その部分事象の成立だけを前提とする条件付確率を求めればよい。

$$p(C|A \cap B) = \frac{p(A \cap B \cap C)}{p(A \cap B)} = \frac{p(B \cap C)}{p(B)} = p(C|B)$$

(6) $p(A|B) = p(A)$ である場合，つまり A であるか否かは B の成否とは関係ない場合には，必然的に $p(B|A) = p(B)$ も成立し（証明は **ONE MORE STEP 1-1** の「(1.8) 式の証明」の項参照），この関係を A と B は互いに独立であるという。A と B が互いに独立である場合，A と B の積事象の確率は A と B それぞれの確率の積に等しい。すなわち，

$$p(A \cap B) = p(A)p(B) \tag{1.8}$$

であり，したがって次のような推論が成立する。

> 鑑定の結果，X子さんがW氏の実子である確率は90%でした。ところが

---

5) この推論はX以外の者が犯人であるとすれば盗品がその別荘の中にある確率は0%であることを黙示の前提としている。

> 驚くべきことに Y 君も 60% の確率で W 氏の実子です。したがって，X 子さんと Y 君は 54%（= 90% × 60%）の確率で実の兄弟姉妹ですから 2 人の結婚は見合わせた方がいいでしょう。[6]

(1.8) 式を以下**積の公式**と呼ぶ。なお，(1.8) 式は互いに独立な 3 つ以上の積事象についても成立する。すなわち，

$$p(A_1 \cap A_2 \cap \cdots \cap A_n) = p(A_1) \times p(A_2) \times \cdots \times p(A_n) \qquad (1.9)$$

である。[7]

主観確率を「客観的に」論じうる理由(2)――規範的事実認定

どんな精密な推論法則を用いても，そのもとになっている確率の判定が恣意的なものであれば結論もまた恣意的であることを免れない。しかしながら，そのような判定を下す自由を法律家は持ち合わせていない。以下，その理由を場合に分けて説明する。

まず，あなたが裁判官である場合，あなたは証拠に依拠して事実認定を行わなければならない（この規範を「証拠主義」と呼ぶことにする）。したがって，法廷に提出された証拠の中に客観確率を示す証拠や信頼できる専門家が自らの主観確率を述べた証拠がある場合，あなたはこれらの情報に依拠して確率の判定を行わなければならない。

裁判官が従うべき法規範は証拠主義だけではない。なかでも重要なものは憲法によって保障された平等主義の要請であり，裁判官は平等主義という規範に抵触する事実認定をしてはならない。たとえば，容疑者が 100 人いて，各人の嫌疑の濃淡を判定すべき証拠がいまだ提出されていない場合，裁判官は各人が有罪である確率を 1% と考えるべきであり，いずれかの者にそれ以上の嫌

---

[6] この推論は，X―W 間における親子関係の存否と Y―W 間における親子関係の存否は互いに独立な事象であることを黙示の前提としている。なお，念のために付言するが，この助言は社会倫理的な観点からのものであって法律上のものではない。法律上禁止されているのは民法上兄弟姉妹である者同士（養親子関係に基づくものを除く）の婚姻である。

[7] 3 つ以上の積事象は $\bigcap_{i=1}^{n} A_i$ と表すのが一般的であるが，本書では本文に記した簡略な表現も併用する。

1 主観確率とは何か

疑をかけることは平等主義違反の誹りを免れない。

あなたが裁判官以外の法律家である場合，あなたの事実認定に社会的影響力があるとすれば，それはその事実認定が裁判官の行う事実認定と整合性を持つ場合だけである。けだし，法律家の意見の価値はその意見が司法の場において受け入れられる蓋然性に依存しており，そうである以上その意見の前提となる事実認定についてもそれが司法の場でなされる事実認定と整合的でなければならないからである。したがって，裁判官以外の法律家もまた証拠主義や平等主義などの法規範の拘束の下で確率判断を下さなければならない。

以上を要するに，主観確率の判定は究極的には判定者の主観に依存するものであるが，測定方法を誤らない限り推論法則に照らした分析が可能であり，さらに判定者が法律家である場合には法規範という共通の土俵の下で，より「客観的な」分析が可能となる。

しからば，その分析はどのようになされるべきものであるのか，項を改めて検討していくことにしよう。

ONE MORE STEP 1-1　主観確率の推論法則

主観確率についても論理確率の推論法則があてはまることの論証を歴史上はじめて試みたのは Frank Ramsey（イギリス人）と Bruno de Finetti（イタリア人）の2人であった。2人は1920代から30年代にかけて互いに没交渉のまま個別に論証を試みたが，2人の論証には類似点が多く，これらを統合してより洗練された論証を行う企てがその後何人かの数学者によってなされてきた。その中で最も著名なものは Donald Gillies（カナダ人）の手によるものであり，彼の論証の基本構造は次のようなものである。

① 心理分析の専門家 A はある者 B がある事象 E の成立に対して抱いている信念の度合い（=主観確率）を，最初に賭け率 α を B に決めさせ，次に賭け金 S を A が決めることによって計測することができる（すなわち，その場合の α が確率の値となる）。α と S の値が定まったならば，B は αS の金額を A に支払い，E の成立が判明すれば A が B に S を支払う。A が設定する金額 S はマイナスの値であってもよく，その場合には，まず A が B に $\alpha|S|$ の金額を支払い，E の成立が判明すれば B が $|S|$ の金額を A に支払う。つまり，S がマイナスの場合には，「¬A」の事象に対して賭け金を $|S|$，賭け率を $1-\alpha$ とする賭けを行った場合と同じ結果になる。

② 上記の場合，B の賭け率次第によっては，A は自分が確実に利益を

得るように S を設定することが可能となるので（そのような A の行為を「Dutch book」という），B は A が Dutch book を仕掛けることができないように賭け率を選ぶはずである。そして，この点を公理とすることによって論理確率の推論法則が主観確率についても成立することが論証できる[8]。

　Gillies の論証が巧妙なものであることは疑いないが，その確率の定義は通常人の主観確率の形成過程とはかなり乖離しており，その点においてやや「現実離れしている」との印象を拭いがたい。以下は，Gillies に至る先人たちの業績を踏まえたうえでの新たな論証の試みである。

<定　義>

通常の確率

　事象 A の成立を対象とした賭け率 α の賭けと事象 B の成立を対象とした賭け率 β の賭け（賭け金はいずれも同額とする）の選好関係が無差別であるとき，これを

$$(A, \alpha) \sim (B, \beta)$$

と表す。そのうえで，

$$(A, \alpha) \sim (\neg A, 1 - \alpha)$$

が成立するとき，α を事象 A に対する確率と呼んで，

$$p(A) = \alpha$$

と表す[9]。

条件付確率

　A が成立するならば $(B, \beta) \sim (\neg B, 1 - \beta)$ であるとき，β を「A を条件とする B の条件付確率」と呼んで

---

8) 以上の点につき，Gillies (2000)，園 (2014) を参照。
9) $(A, \alpha) \sim (\neg A, 1 - \alpha)$ を満たす α が必ず——しかも 1 つだけ——存在するということは，選好関係に関して完備性，単調性および連続性が成り立つことを黙示の前提とするものである。このうちの単調性とは，（一般的な用語法と少し異なるが）次の 3 つの式が成立することを意味する概念である。完備性と推移性については 55 頁参照。
　① $\alpha > \beta$ ならばつねに $(A, \beta) \succ (A, \alpha)$
　② $\alpha \neq 0$ ならばつねに $(A, 0) \succ (A, \alpha)$
　③ $\alpha \neq 1$ ならばつねに $(A, \alpha) \succ (A, 1)$
なお上記の各式における $\succ$ は選好の優劣を示した記号である。

$$p(B|A) = \beta$$

と表す。

〈推論法則の証明〉（本文で掲げた法則に限った。なお，計算上の便宜のために賭け金は一律に1円であると仮定する）[10]。

(1.1) 式の証明

性質上賭け率 α は負の値とはならないので，つねに

$$p(A) \geqq 0$$

である。また，賭け率が1を上回れば確実に損失を被るのでそのような賭け率に応じるものはありえない。よって，つねに，

$$p(A) \leqq 1$$

である。

(1.2) 式の証明

確率の定義によって，

$$p(A) = \alpha \text{ かつ } p(\neg A) = \beta \text{ であるならば } \beta = 1 - \alpha$$

である。よって，

$$p(A) + p(\neg A) = 1$$

である。

なお，(1.2) 式から，「いくつかの賭け事を組み合わせるとつねに一定の値の利得がもたらされるとすれば，その値は必ず0円である」という法則（以下，これを<u>利益確保不能法則</u>と呼ぶ）が導き出される。なぜならば，仮に確率の定義を満たす n 個の賭け（以下，これを「$(A_i, \alpha_i), i \in n$」で表す）がもたらす利得が対象となる各事象の成否にかかわらず，つねに0円以外の一定の値（以下，その値を「K 円」で表す）を生み出すとすれば，「$(\neg A_i, 1 - \alpha_i), i \in n$」からなる n 個の賭けを組み合わせれば必ず $-K$ 円の利得を生むことになるが，この結論は，明らかに「$(A_i, \alpha_i) \sim (\neg A_i, 1 - \alpha_i)$ である」という確率の定義に反するからである[11]。

---

10) 注3) で述べたとおり，実際に想定すべき賭け金は「当事者の所有資産総額に照らして些少でも過大でもない一定の値（一般的には1万円〜10万円程度の金額）」とすべきである。

11) (A_i, α_i) は A_i のときに $(1 - \alpha_i)$ 円の利得を生んで，$\neg A_i$ のときに $-\alpha_i$ 円の利得を生み，他方，$(\neg A_i, 1 - \alpha_i)$ は A_i のときに $(\alpha_i - 1)$ 円の利得を生んで，$\neg A_i$ のときに α_i 円の利得を生むからである。

(1.3) 式の証明

　起こりうる事象は A_1 から A_n までの n 個であり，各事象は互いに排反であるとする。この場合，A_1 から A_n の中で実際に成立する事象はつねに 1 つであるから，これらの事象すべてを賭けの対象とした場合に払い戻される金額はつねに 1 円である。したがって，もしも，

$$p(A_1) + p(A_2) + \cdots + p(A_n) = K (\neq 1)$$

であれば，$(A_1, p(A_1)), \cdots, (A_n, p(A_n))$ という n 個の賭けを組み合わせれば合計で K 円の賭け金を支払って必ず 1 円の利得を得ることになるが，$1 - K \neq 0$ である以上，この結論は利益確保不能法則に反する。よって，

$$p(A_1) + p(A_2) + \cdots + p(A_n) = 1$$

である。

(1.4) 式の証明

　まず，A と B が互いに排反である場合について考える。
(1.2) 式によって，

$$p(A \cup B) + p(\neg(A \cup B)) = 1$$

であり，かつ (1.3) 式によって，

$$p(A) + p(B) + p(\neg(A \cup B)) = 1$$

であるから，この 2 つの式より，

$$p(A) + p(B) = p(A \cup B) \tag{a}$$

であり，$p(A \cap B) = p(\emptyset) = 0$ であることを踏まえると，

$$p(A) + p(B) = p(A \cap B) + p(A \cup B)$$

となる。なお，数学的帰納法を使えば，(a) 式は容易に 3 つ以上の事象についても成立することが証明できる。すなわち，任意の i と j について $A_i \cap A_j = \phi$（ただし，$i \neq j$ とする）であれば，

$$p\left(\bigcup_{i=1}^{n} A_i\right) = p(A_1) + p(A_2) + \cdots + p(A_n) \tag{b}$$

である。

　次に A と B が排反でない事態について考える。この場合，和事象，積事象および余事象の定義と (a) 式および (b) 式により，

$$p(A \cap \neg B) + p(A \cap B) = p(A)$$

$$p(\neg A \cap B) + p(A \cap B) = p(B)$$

$$p(A \cap \neg B) + p(A \cap B) + p(\neg A \cap B) = p(A \cup B)$$

の 3 式が成立するので，これらの式を使って $p(A \cap \neg B)$ と $p(\neg A \cap B)$ を消去すると，

$$p(A) + p(B) = p(A \cup B) + p(A \cap B)$$

が成立する。

なお，$A \cap B$ と $\neg A \cap B$ は互いに排反であるから両者の和事象は B，積事象は空事象になる。よって，(1.5) 式，すなわち，

$$p(A \cap B) + p(\neg A \cap B) = p(B)$$

が成立する。

(1.6) 式の証明

$A, A \cap B$ および $B|A$ という 3 つの事象の確率を，

$$p(A) = p, \quad p(A \cap B) = q, \quad p(B|A) = r$$

とする。この場合，賭け (A, p) を r 個と賭け $(\neg(A \cap B), 1-q)$ を 1 個と賭け $(B|A, r)$ を 1 個組み合わせれば[12]，いかなる事態が生じてもつねに $(-pr + q)$ 円の利得が生じる[13]。よって，利益確保不能法則により，

$$-pr + q = 0$$

すなわち，

$$p(B|A) = \frac{p(A \cap B)}{p(A)}$$

である。

(1.8) 式の証明

$p(B|A) = p(B)$ であればこれを (1.6) 式に代入することにより，

---

[12] 「r 個」が整数でないことが非現実的に思えるようであれば，3 つの賭けの個数をそれぞれ rs 個，s 個および s 個（s は rs を整数とする最小の整数）と考えればよい。

[13] 起こりうる事態は，① A が不成立（B は成立または不成立のいずれでもよい），② A が成立で B は不成立，③ A, B ともに成立，の 3 つに分けられる。このうちの①の場合には，賭け $(A, p) r$ 個について $-pr$ 円，賭け $(\neg(A \cap B), 1-q) 1$ 個について $+q$ 円，賭け $(B|A, r) 1$ 個について 0 円の利得が生まれるので，これらを足し合わせれば，$(-pr + q)$ 円となる。②と③の場合についても同様の結果となる（各自確認願いたい）。

$$p(B) = \frac{p(A \cap B)}{p(A)}$$

が成立するので，

$$p(A \cap B) = p(A) \cdot p(B)$$

となる。なお，上式を (1.6) 式に再度代入すれば，

$$p(A|B) = \frac{p(A \cap B)}{p(B)}$$

が成立するので，$p(A|B) = p(A)$ と $p(B|A) = p(B)$ は同値である。

さらに，数学的帰納法を使えば (1.8) 式は 3 つ以上の事象についても成立することが容易に証明できる。よって，互いに独立な n 個の事象 $A_1, \cdots, A_n$ に関して (1.9) 式，すなわち，

$$p\left(\bigcap_{i=1}^{n} A_i\right) = \sum_{i=1}^{n} p(A_1)$$

が成立する。

2 主観確率の基本的な計算方法と捜査官の誤謬

まずは次の問題を考えてもらいたい。

【問題 1-1】
　都内の賃貸マンション R ヒルズの居住者 X（40 代の IT 企業社長）が殺害された。本件事件を担当することになった Y 警部は R ヒルズの別の一室を共同で賃借している A 子と B 子（2 人は最近知り合った 20 代の OL 同士であり，血縁関係はない）をこの事件の重要参考人と考えたが，2 人とも海外に出かけていることが判明したため，R ヒルズの管理人の立会いのもとに 2 人が居住している部屋を訪問した。まだ捜索令状を得ていないことに留意して，この日は部屋の様子を伺うだけにとどめた Y 警部であるが，彼の慧眼は台所に左利き用の包丁が置かれていることを見逃さなかった。

[小問 1]　以上の事実を前提として，A 子が左利きである確率はいくらであるか考えてもらいたい。なお，日本人は平均して 10 人に 1 人が左利きである

と仮定する。

　Rヒルズから戻ったY警部は本件事件を担当している鑑識課員Zを呼び出し，遺留物の中に犯人が左利きであることを窺わせるものがないか再調査するよう命じた。数日後Zからの報告書が届き，それを読むと，被害者の外傷の部位や凶器の形状等から考えて真犯人は左利きであると断定できる旨記載されていた。一方，A子の身辺調査を行っていた巡査部長からはA子は間違いなく左利きであるとの報告がなされた（帰国子女であったB子には友人や知人が少なく，同女が左利きであるか否かは今のところ不明である）。Y警部はA子を帰国時に空港で拘束するため，この段階でA子の逮捕令状の発付を申請した。

[小問2]　あなたは令状事務担当の裁判官であり，この令状の発布の可否を決定しなければならないと仮定する。あなたは令状を発布すべきか。次の2点を前提に考えてもらいたい。
(1) 証拠を総合的に勘案した結果，あなたは本件事件は間違いなくA子かB子のいずれかによる単独犯であり，利き腕の問題を別とすれば2人のうちいずれが犯人であるかは五分五分であると考えた。
(2) あなたは，容疑が真実である確率が95%以上であるという心証を抱かなければ殺人罪の逮捕令状は発布しない方針を堅持している。

小問1について

直感的に考えるならば，次のような意見が多いことであろう。

> 　台所に左利き用の包丁があったことを考えるとA子とB子のいずれかは左利きであるから，A子が左利きの確率は50%である。

この見解はおおむね正しいが，推論法則を使うともう少し正確な分析が可能となる。

　まず，左利き用の包丁が見つかったことはとりあえずさておき，与えられたデータだけを使って確率を考えれば，「A子が左利きであること」（以下，aで表す）の確率と「B子が左利きであること」（以下，bで表す）の確率はいずれも10%であろう。すなわち，

$$p(a) = \frac{1}{10}, \quad p(b) = \frac{1}{10}$$

である。しかるに，最近知り合ったばかりで血縁関係がない2人が左利きであることは互いに独立した事象のはずであるから，積の公式により，

$$p(a \cap b) = \frac{1}{10} \times \frac{1}{10} = \frac{1}{100}$$

であり，以上の各式と和の公式により，

$$p(a \cup b) = p(a) + p(b) - p(a \cap b)$$
$$= \frac{1}{10} + \frac{1}{10} - \frac{1}{100} = \frac{19}{100}$$

となる。

ところで，台所で左利き用の包丁が見つかったということは，$a \cup b$ という事象の成立が確定したということにほかならない。したがって，求める確率 π は，$a \cup b$ を条件とする a の条件付確率と等しいはずである。よって，条件付確率の公式により，

$$\pi = p(a|a \cup b) = \frac{p(a)}{p(a \cup b)} = \frac{\frac{1}{10}}{\frac{19}{100}} \fallingdotseq 52.6\%$$

となり，A子が左利きである確率は52.6%であることが判明した。

以上の関係を視覚的に示したものが**【図1-1】**である（求める確率は同図の②＋③＋④に占める②＋④の割合となる）。

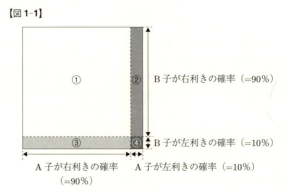

【図1-1】

小問2について

　本論に入る前にここで仮定されている「主観確率が95%以上でないと逮捕令状を発布しない」という裁判官の行動原理について若干述べておこう。

　「このような行動原理は裁判官として不適切である」。直感的にそう思った読者もいるかもしれない。しかしながら，主観確率とは信念の度合いを日常言語よりも精緻な表現で言い表したものであることに思いをいたすならば，(そのような数字を外部の人に公表することの適否は別として)[14] 主観確率を考えて逮捕状発布の可否を考えること自体はなんら不適切な行動ではない。問題があるとすれば，それは，これまでそのような行動原理を考えてこなかったわが国刑事司法の現状——それゆえに，「何%の主観確率があれば逮捕状を発布してよいのか」，あるいは，「求められる主観確率の大きさは，罪状や被疑者の生活状態等に照らして可変的とすべきか否か」などの問題に対して範とすべき回答を持ち合わせていない現状——にこそ求められるべきなのではなかろうか。

　この問題については機会を改めて論じることにして，ここでは「逮捕状の発布には95%以上の主観確率が必要」という行動原理を所与として問題を考えていくことにしよう[15]。問題文記載の状況においてA子が犯人である主観確率は95%以上といえるであろうか。

　この問いかけに対しては，「95%以上の要件はかろうじてながら満たされている」と答える人が多いのではなかろうか。その考え方を【図1-1】を使って説明するとおそらく次のようなものになるであろう。

(1)　A子が左利きであることが判明した以上，状況は【図1-1】の②か④しかありえない。
(2)　このうち②の場合は左利きはA子だけであるから100%A子が犯人であ

---

[14]　数値化した思考を外部に公表することには，判断者の弁別能力が実際以上に高い印象を情報の受け手に与えてしまうという難点がある（主観確率を50%と考える判断者は，必ずしも49%や51%という数字と厳密に区別された意味で50%が妥当であると考えているわけではないだろう）。その点の曖昧さを過不足なく伝える表記法が確立されない限り，判決書をはじめとする公の文書に主観確率の数値を記載することは避けた方が賢明かもしれない。

[15]　第3章で見るように，95%という数字は統計実務において重視されることが多い。ただし，この数字を逮捕状発布の基準に用いるということは，「20回に1回の割合で誤認逮捕が生じてもやむをえない」という価値判断を含意していることに留意願いたい。

(3) ④の場合はA子もB子も左利きであるから，いずれが犯人であるかは五分五分である。
(4) よって，主観確率は $90\% + 10\% \times \frac{1}{2} = 95\%$ である。

残念ながらこの考え方は間違っている。では正しい確率はいくらであるか。推論法則を厳密に使って考えてみよう。

まず，左利きの包丁が見つかったことも，犯人は左利きであることも，A子が左利きであることもとりあえず忘れて（ただし，A子とB子のうちのいずれか1人だけが犯人であることは所与とする），ありうる事象の種類とそれぞれの確率を (1.6) 式を用いて計算してみよう。A子が犯人であることを α，B子が犯人であることを β とし，その他の記号の意味は [小問1] の場合と同じとする。[16)]

$$p(a \cap b \cap \alpha) = p(a)p(b)p(\alpha)$$
$$= \frac{1}{10} \times \frac{1}{10} \times \frac{1}{2} = \frac{1}{200} \quad \text{(a)}$$

$$p(\neg a \cap b \cap \alpha) = p(\neg a)p(b)p(\alpha)$$
$$= \frac{9}{10} \times \frac{1}{10} \times \frac{1}{2} = \frac{9}{200} \quad \text{(b)}$$

$$p(a \cap \neg b \cap \alpha) = p(a)p(\neg b)p(\alpha)$$
$$= \frac{1}{10} \times \frac{9}{10} \times \frac{1}{2} = \frac{9}{200} \quad \text{(c)}$$

$$p(\neg a \cap \neg b \cap \alpha) = p(\neg a)p(\neg b)p(\alpha)$$
$$= \frac{9}{10} \times \frac{9}{10} \times \frac{1}{2} = \frac{81}{200} \quad \text{(d)}$$

$$p(a \cap b \cap \beta) = p(a)p(b)p(\beta)$$
$$= \frac{1}{10} \times \frac{1}{10} \times \frac{1}{2} = \frac{1}{200} \quad \text{(e)}$$

---

16) $p(\alpha) = p(\beta) = \frac{1}{2}$ であることを計算の前提としている。

$$p(\neg a \cap b \cap \beta) = p(\neg a)p(b)p(\beta)$$
$$= \frac{9}{10} \times \frac{1}{10} \times \frac{1}{2} = \frac{9}{200} \quad \text{(f)}$$

$$p(a \cap \neg b \cap \beta) = p(a)p(\neg b)p(\beta)$$
$$= \frac{1}{10} \times \frac{9}{10} \times \frac{1}{2} = \frac{9}{200} \quad \text{(g)}$$

$$p(\neg a \cap \neg b \cap \beta) = p(\neg a)p(\neg b)p(\beta)$$
$$= \frac{9}{10} \times \frac{9}{10} \times \frac{1}{2} = \frac{81}{200} \quad \text{(h)}$$

　上記のうち，「犯人が左利きであって，かつ，A子が左利き」という条件が満たされるのは (a)，(c)，(e) の場合だけであり[17]，その中で「A子が犯人である」という条件を満たすものは (a) と (c) の場合だけである．したがって，求める確率 π は条件付確率の公式により，

$$\pi = \frac{\frac{1}{200} + \frac{9}{200}}{\frac{1}{200} + \frac{9}{200} + \frac{1}{200}} = \frac{10}{11} \fallingdotseq 90.9\%$$

となる．すなわち，A子が犯人である確率は 95% を大きく下回っており，現時点で逮捕状を発布することは不可能であることが明らかとなった．

　以上の関係を視覚的に示したものが【図1-2】の各図である（求める確率は両図の②＋④＋⑧に占める②＋④の割合である）。

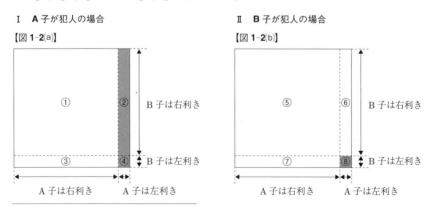

----

[17] 「2人のうちいずれかが犯人であり，犯人は左利きであること」は「左利きの包丁が見つかったこと」（＝「2人のうち少なくとも1人は左利きであること」）の部分事象であるから，後者の事象を条件付確率の計算に組入れる必要はない（7頁の解説参照）．

以上が［小問2］に対する解答であるが，では「確率は95％」という当初の考え方のどこが誤りであったのであろうか。その鍵は，［小問1］の「左利き用の包丁があった」（＝2人のうち少なくとも1人は左利きである）という条件（以下，「条件Ⅰ」という）と［小問2］における「2人のうちいずれかが犯人であり，犯人は左利きである」という条件（以下，「条件Ⅱ」という）の違いに求められる。これら2つの条件の下では，2人とも左利きである確率が異なるのである。

まず，条件Ⅰの場合，2人とも左利きである確率 π_1 は（【図1-1】の②＋③＋④に占める④の割合であるから），

$$\pi_1 = \frac{\frac{1}{100}}{\frac{19}{100}} = \frac{1}{19} \fallingdotseq 5.3\%$$

にとどまっている。

これに対して，条件Ⅱの下で，2人とも左利きである確率 π_2 は（【図1-2】の②＋④＋⑦＋⑧に占める④＋⑧の割合であるから），[18]

$$\pi_2 = \frac{\frac{1}{200} + \frac{1}{200}}{\frac{9}{200} + \frac{1}{200} + \frac{9}{200} + \frac{1}{200}} = \frac{2}{20} = 10\%$$

であって，π_2 は実に π_1 の約2倍の大きさとなっている。

π_1 と π_2 の違いはA子が左利きであることが判明した場合におけるB子が左利きである確率にも影響を与える。すなわち，条件Ⅰの下でA子が左利きであることが判明した場合におけるB子が左利きである確率 π_3 は（【図1-1】の②＋④に占める④の割合であるから），

$$\pi_3 = \frac{\frac{1}{200}}{\frac{9}{200} + \frac{1}{200}} = \frac{2}{20} = 10\%$$

であって社会一般の左利きの確率と等しい。これに対して，条件Ⅱの下でA子が左利きであることが判明した場合におけるB子が左利きである確率 π_4 は（【図1-2】の②＋④＋⑧に占める④＋⑧の割合であるから，

---

[18] ③と⑥は「犯人は左利き」という要件を満たしていないので対象区域から除かれている点に留意されたい。

$$\pi_4 = \frac{\frac{1}{200} + \frac{1}{200}}{\frac{9}{200} + \frac{1}{200} + \frac{1}{200}} = \frac{2}{11} \fallingdotseq 18.2\%$$

であって，社会一般の左利きの確率のほとんど倍の大きさである．これが，A子の容疑が 90.9% にとどまっていることの実質的な理由である．[19]

以上のことをより一般的にいうと，特定の被疑者に対する嫌疑を強める証拠が見つかったときには，そのことを過大に評価しないように注意しなければならない．なぜならば，その証拠が発見されたことによって他の被疑者もまたその証拠が示す条件に該当する確率が高まるからである．この点を看過することは捜査の現場で働く者が犯しやすい誤りであると思われるので，以下これを**捜査官の誤謬**と呼ぶことにしよう[20]（捜査官の誤謬の実例は **ONE MORE STEP 1-3** でも紹介する）．

ONE MORE STEP 1-2　モンティ・ホール問題

主観確率の面白さを実感できる事例にモンティ・ホール問題がある．これは，アメリカのテレビ番組の中で行われたゲームが発端となって有名になった問題であり，その名称はこの番組の司会者の名前（Monty Holl）にちなんでいる．行われたゲームは次のようなものであった．

1　あなたの前には 3 つのドアがあり，そのうちの 1 つのドアの後ろには新車が置かれており，あとの 2 つのドアの後ろには山羊がいる．
2　あなたは 1 つのドアを指定するが，まだそのドアを開けてはならない．
3　次に司会者が残った 2 つのドアのうちの 1 つを開けてそこに山羊がいることを示す．司会者はどのドアの後ろに新車があるかを知っているが，そのドアを彼が開くことはない．司会者は必ずあなたが指定したドア以外のドアで山羊のいるドアを開ける．
4　最後に，あなたは最初に指定したドアと開いていないもう 1 つのドアのいずれかを選択してそれを開ける．そして，そこに新車があればそれ

---

19)　B 子が左利きである確率 =18.2% の $\frac{1}{2}$ が B 子が真犯人である確率であり，この値を 100% から差し引いた値 =90.9% が A 子の現時点における容疑の大きさとなっている．
20)　「捜査官の誤謬」という名称は職務熱心な警察官各位に対してやや失礼な表現であるかもしれないが，人口に膾炙しつつある「検察官の誤謬」や「弁護人の誤謬」（いずれも後述）という言葉との平仄を考えて採用することにした．ご海容願いたい．

を景品としてもらえる。

　ゲームの内容は以上のとおりであるが，確率論の問題として興味深いのは最初に選んだドアと開いていないもう1つのドアのうちいずれを選択する方が有利かということである。
　最初に正解を記そう。正解は，「もう1つのドアを選択すべし。そうすれば新車を獲得する確率は2倍になる」であるのだが，この答えはあなたの直感と一致したであろうか。
　上記が正解となる理由は以下のとおりである。

(1)　あなたが最初に指定したドアをaとし，残りの2つのドアをb, cとする。
(2)　あなたがaを選んだ時点で起こりうる事象とそれぞれの確率は次のとおりと考えられる。
　　①新車はaの後ろにあり，司会者はbを開ける（確率は $\frac{1}{3} \times \frac{1}{2} = \frac{1}{6}$）。
　　②新車はaの後ろにあり，司会者はcを開ける（確率は $\frac{1}{3} \times \frac{1}{2} = \frac{1}{6}$）。
　　③新車はbの後ろにあり，司会者はcを開ける（確率は $\frac{1}{3}$）。
　　④新車はcの後ろにあり，司会者はbを開ける（確率は $\frac{1}{3}$）。
(3)　ここで司会者が実際に開けたドアはbであったとする。つまり，実際に起きた事象は上記①〜④のうちの①か④である。したがって，aの後ろに新車がある確率は，条件付確率の公式により，①の確率を①と④の確率の和で割った値であり，cの後ろに新車がある確率は④の確率を①と④の確率の和で割った値である。これらの値を求めると，前者は

$$\frac{1}{6} \div \left(\frac{1}{6} + \frac{1}{3}\right) = \frac{1}{3}$$

であり，後者は

$$\frac{1}{3} \div \left(\frac{1}{6} + \frac{1}{3}\right) = \frac{2}{3}$$

となる。すなわち，cの後ろに新車がある確率はaの後ろに新車がある確[21]

---

21)　後に紹介するベイズの定理を使って上記の結論を導き出してみよう（aの後ろに新車がある事象についてだけ証明を行う。以下，この事象を A，司会者がbのドアを開く事象を E とする）。この場合，A の事前確率 $p(A)$ は $\frac{1}{3}$ であって A の尤度 $p(E|A)$ は $\frac{1}{2}$ である。他の事象の確率および尤度も同様にして求められるので，A の事後確率 $p(A|E)$ は，

$$p(A|E) = \frac{\frac{1}{2} \times \frac{1}{3}}{\frac{1}{2} \times \frac{1}{3} + 0 \times \frac{1}{3} + 1 \times \frac{1}{3}} = \frac{1}{3}$$

となる。

率の2倍である。

(4) 以上の関係を視覚的に示したものが次の図である（aの後ろに新車がある確率はこの図の①と④に占める①の割合であり，cの後ろに新車がある確率はこの図の①と④に占める④の割合である）。

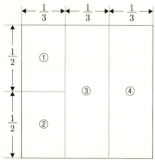

主観確率の考え方に慣れ親しんだ人にとって上記の答えは容易に納得のいくものであろう。しかし，そうでない人にとっては「確率は2分の1ずつ」という答えの方が自然に感じられるようである。現に，1990年にあるコラムニストがこの問題を取り上げて「正解」を発表したところ，このコラムニストに対して抗議が殺到した。抗議者の中には数学の専門家も多数含まれており，彼らは口をきわめてコラムニストの「愚かさ」を非難した。コラムニストはすぐに反論の記事を掲載したが数学者たちは納得せず，論争はなかなか決着を見なかった。しかし，幸いなことにこの問題は繰り返し行うことによっていずれの考えが正しいかを実証的に調べることができる性質のものである。そこで，ある専門家がコンピューターを使って数百回に及ぶシミュレーションを試みたところ，やはり最後に残されたドアを開けて新車に出会う回数は最初に指定したドアを開けた場合の回数の2倍に達することが確認された。この結果に，さしもの数学者たちも自説を取り下げざるをえなかったのである[22]。

---

22) 自説を取り下げるにあたり「言い訳」をした数学者もいた。その言い訳とは「クイズのルールを誤解していた。司会者にドアを開ける義務があるとは知らなかった」というものである。数学者が本当にルールを誤解していたとはにわかには信じがたいが，司会者の行動が自発的なものであればたしかに結論は変わる。司会者がそうする義務はないのに1つのドアを開けてみせたうえで選択するドアを変えるチャンスを与えてくれたとしたらどうすべきか。答えは各自で考えてもらいたい。

3 ベイズの公式と検察官の誤謬

2では主観確率の基本的な計算方法を説明した。3では，少し複雑だが，その代わりに捜査官の誤謬や後述する検査官の誤謬などの誤った推論（以下，誤謬推論と総称する）に陥るおそれのない計算方法を紹介する。まずは，次の問題を読んでもらいたい。

【問題 1-2】
　Ｉ氏はハンマー投げの選手として20XX年オリンピックに日本の代表として参加し，世界記録を樹立して見事金メダルを獲得した。ところが，試合直後に行われた薬物検査の結果が翌日に判明し，オリンピック開催委員会の中に設置されている審査小委員会（以下，単に「審査委員会」という）は，「Ｉ氏が禁止薬物を用いたことは99％間違いない」という対外発表を行ったうえで同氏に与えた金メダルを剥奪する旨を決定した。Ｉ氏はただちに審査委員会に抗議を申し入れ，再検査の要請ならびに禁止薬物の種類の特定と入手経路の調査を求めたが取り合ってもらえなかった。ただし，オリンピック開催委員会の規定によれば，審査委員会の決定に対してはオリンピック開催委員会が別途設置した仲裁機関に対して仲裁の裁定を申し立てることが可能であったので，Ｉ氏はこの申立てを行うべく弁護士であるあなたを同氏の代理人に選任した。調査の結果，あなたは次の諸事実を突き止めた。
　事実1　本件で用いられた薬物検査の精度は一般に99％といわれているが，その意味するところは，「禁止薬物を用いていない人に関して陽性の結果が出る確率は100分の1である」というものである（ちなみに，禁止薬物を用いた人に陰性の結果が出る確率も同様に100分の1である）。
　事実2　世界有数の情報収集・分析機関である米国のＫ研究所は，本件事件が起こる1年前に，「各国スポーツ選手の薬物利用の可能性について」と題する詳細な研究報告書を発表していた（以下，この報告書を「Ｋ報告書」という）。Ｋ報告書は陸上競技や重量挙げなど禁止薬物を用いることが競技の成果に好影響を及ぼすことが知られている競技の選手の中に，禁止薬物を用いている選手がどの程度いるのかその確率を調査した報告書であり，「日本選手が禁止薬物を用いている確率は一般的には1000分の1程度である」と結論づけていた。
　事実3　Ｉ氏は上場企業の管理職を務める父と高校教諭を務める母の間の次男として国立大学の体育学部を卒業した人物であり，Ｉ氏はＫ報告書が対

象としている日本のスポーツ選手の母数の中で特異な地位を占める人物であると考えるべき理由はない。
　以上の事実を踏まえて，あなたはいかなる方針の下でⅠ氏の権利を擁護すべきであろうか。

　本問はいわゆるスポーツ仲裁の事案である。2020年の東京オリンピック開催に向けスポーツ仲裁を得意とする法律家がわが国においてももっと増えてほしいとの願いを込めて本問を作成した。
　そこで設問の解答であるが，はじめてこの種の問題に接した人の中には「Ⅰ氏が禁止薬物を用いた確率は99%である以上，情状酌量を求めるしかない」と考える人が多いかもしれない。その背景にあるのは「禁止薬物を使っていない人に陽性反応が出る確率が1%である以上，Ⅰ氏は99%（= 100% − 1%）クロである」という推論である（審査委員会自体もこれと同趣旨の発言をしている）。しかし，この推論（以下，これを「本件推論」という）は本当に正しいのであろうか。推論法則を使って厳密に考えてみよう。「Ⅰ氏は薬物を使用した」という事象を A，「検査の結果Ⅰ氏に陽性反応が出た」という事象を E とする。
　まず，「陽性反応が出た以上Ⅰ氏は99%の確率で禁止薬物を用いていた」という結論を記号で表すと，

$$p(A|E) = 99\%$$

となる。この点は異存ないであろう。
　ここで (1.7) 式を用いれば，

$$p(A|E) + p(\neg A|E) = 1$$

であるから，仮に「Ⅰ氏が薬物を用いていないとすれば陽性反応が出る確率は1%しかない」という事実（以下，「本件事実」という）が $p(\neg A|E)$ として表しうるものであれば，本件推論は正しいといえるであろう。しかしながら，よく考えてみれば明らかなとおり，本件事実の意味するものは，

$$p(E|\neg A) = 1\%$$

であって，$p(\neg A|E) = 1\%$ ではない。そして，$p(E|\neg A)$ と $p(A|E)$ の間に「足して1となる」必然性はまったくないので，本件推論は完全なる誤謬推論

である。

　ここで, E を「証拠によって示された事実一般」と考え, A を「証明すべき事実一般」と考えてみよう。立証行為の目的は $p(A|E)$ の値を示すことであるが, 証拠の価値は「A でないとすれば E である確率は α しかない」, つまり,

$$p(E|\neg A) = \alpha$$

という形をとることが多い。そこで, 立証責任を果たそうと急ぐ者はこの $p(E|\neg A)$ を $p(\neg A|E)$ と混同し,

$$p(A|E) = 1 - p(\neg A|E) = 1 - \alpha$$

と推論してしまいがちである。この誤謬推論を以下**検察官の誤謬**と呼ぶことにする。[23]

　では, 検察官の誤謬を犯すことなく, $p(E|\neg A)$ から $p(A|E)$ を求めるにはどうしたらよいか。両者の論理的関係を明らかにすべく手順を踏んで考えてみよう。

　まず, (1.6) 式により,

$$p(A|E) = \frac{p(A \cap E)}{p(E)}$$

であり, 同様に,

$$p(E|A) = \frac{p(A \cap E)}{p(A)}$$

であるから, この2つの式から $p(A \cap E)$ を消却して,

$$p(A|E) = \frac{p(E|A)p(A)}{p(E)} \tag{1.10}$$

が成立する。ここで, 右辺の分母に (1.5) 式を用いると,

---

[23] 「検察官の誤謬」という言い方は真理の発見を目指して真摯に職務を遂行している検察官各位に対してやや失礼な表現であるが, ①「証明の成立を主張する者が陥りやすい誤り」という意味のキャッチ・コピーとして便利な表現であること, および, ②米国ではこの表現が定着しつつあることから本書でもこれを用いることにした。ご海容願いたい。

3 ベイズの公式と検察官の誤謬

$$p(A|E) = \frac{p(E|A)p(A)}{p(A \cap E) + p(\neg A \cap E)}$$

となり，再度 (1.6) 式を用いて右辺の分母の各項を条件付確率を用いた表現に改めると，

$$p(A|E) = \frac{p(E|A)p(A)}{p(E|A)p(A) + p(E|\neg A)p(\neg A)} \tag{1.11}$$

が成立する。この式の右辺には $p(E|\neg A)$ と（それと同種の性質を持った確率である）$p(E|A)$ が含まれており，他方，左辺には立証行為の目的である $p(A|E)$ が記されている。つまり，この (1.11) 式こそは証拠価値の評価を示す $p(E|\neg A)$ や $p(E|A)$ を立証の目的である $p(A|E)$ に結びつけるものであり，同式を以下ベイズの公式[24]と呼ぶことにする[25]。

ベイズの公式の構造についてもう少し詳しく見てみよう。

まず，右辺の分母と分子に出てくる $p(A)$ は証明された事実 E を考慮しない段階での A の確率であり，これを A の**事前確率**という。本件の場合，K 報告書が利用可能な唯一の統計データであるとすれば，

$$p(A) = \frac{1}{1000}$$

とすることに異論はないであろう。

次に，右辺の分母にある $p(\neg A)$ は，$\neg A$ の事前確率であり，(1.2) 式により，

---

[24] トーマス・ベイズ（Thomas Bayes）は 18 世紀に生きたイギリスの牧師で数学者。ベイズの公式は彼が発見し，彼の死後の 1763 年にリチャード・プライス（Richard Price）によって発表された。

[25] (1.11) 式は，(1.10) 式の右辺の分母の $p(E)$ を $p(E|A)$ と $p(E|\neg A)$ の 2 つに分けたものであるが，ありうる事象を A_1 から A_n までの n 個と考えたうえで，そのうちの事象 A_1 についてベイズの公式を表せば次の式となる。

$$p(A_1|E) = \frac{p(E|A_1)p(A_1)}{\sum_{i=1}^{n} p(E|A_i)p(A_i)}$$

本書ではこの式をベイズの一般式と呼ぶことにする。
なお，(1.10) 式を余事象に関する同式で割ると次の式を得る。

$$\frac{p(A|E)}{p(\neg A|E)} = \frac{p(E|A)}{p(E|\neg A)} \cdot \frac{p(A)}{p(\neg A)}$$

ある事象の確率とその余事象の確率の比をオッズという。したがって，上記の式は事前確率のオッズに尤度の比率を掛けると事後確率のオッズとなることを意味しており，この式をもってベイズの公式の代表式としている文献もある。

$p(\neg A) = 1 - p(A)$ である。したがって，本件においては，

$$p(\neg A) = 1 - \frac{1}{1000} = \frac{999}{1000}$$

となる。

右辺分子にある $p(E|A)$ は，「A であるとしたら証明された事実 E が起こりうる確率」であり，これを A の尤度 (likelihood) という。本件の場合，「禁止薬物を用いていた」($= A$) としても「陽性反応が出ない」($= \neg E$) 確率は1%であるから，(1.7) 式により，

$$p(E|A) = 1 - p(\neg E|A) = 1 - \frac{1}{100} = \frac{99}{100}$$

である。

右辺の分母にある $p(E|\neg A)$ は $\neg A$ の尤度である。本件においては，「禁止薬物を用いていない」($= \neg A$) としても「陽性反応が出」る ($= E$) 確率のことであるから，

$$p(E|\neg A) = \frac{1}{100}$$

である。なお，本件では，上記のとおり $p(E|A) + p(E|\neg A) = 1$ となったが，これは本件薬物検査の特殊性に由来する結果であり，一般的にいえば，両者を足して1になる必然性はないことに留意願いたい。[26]

最後にベイズの公式の左辺の $p(A|E)$ は，E の成立を前提とした A の確率であり，これを A の**事後確率**という。本件の場合，ベイズの公式に上記の各数値を代入すると，事後確率は次のように計算できる。

$$p(A|E) = \frac{p(E|A)p(A)}{p(E|A)p(A) + p(E|\neg A)p(\neg A)}$$
$$= \frac{\frac{99}{100} \times \frac{1}{1000}}{\frac{99}{100} \times \frac{1}{1000} + \frac{1}{100} \times \frac{999}{1000}} = \frac{99}{99 + 999} \fallingdotseq 9.0\% \qquad (1.12)$$

検査の結果陽性反応が出たにもかかわらず，I 氏が薬物を使用していた確率

---

[26] 本件においても，たとえば，陽性の人に陰性反応が出る確率 $p(\neg E|A)$ が1%で陰性の人に陽性反応が出る確率（$p(E|\neg A)$）が2%であるとすれば，

$$p(E|A) + p(E|\neg A) = 1 - p(\neg E|A) + p(E|\neg A)$$
$$= 1 - 0.01 + 0.02 = 1.01$$

となり，両者の和は1ではない。

3 ベイズの公式と検察官の誤謬

【図 1-3】

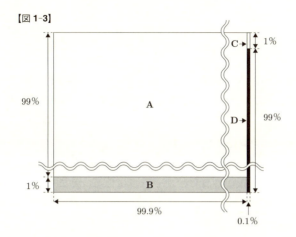

はいまだ 10% もないことが明らかとなった。そうである以上，I 氏の代理人であるあなたは断固 I 氏の潔白を主張すべきではないだろうか。

上記の結果はかなり意外なものであった。その「からくり」はどこにあるのか，図を使って説明しよう。**【図 1-3】**をご覧願いたい。

縮尺を調整しているので少し分かりづらいが，この図は I 氏が薬物検査をした結果起こりうる事態を 4 つに分類したものである。まず，区域 A は同氏が薬物を使用しておらず，検査結果も陰性である確率であり，その値は $\frac{99}{100} \times \frac{999}{1000}$ である。区域 B （━部）は同氏が薬物を使用していないのに検査結果が陽性となる確率であり，その値は $\frac{1}{100} \times \frac{999}{1000}$ である。区域 C （右上の白抜きの部分）は同氏が薬物を使用しているのに検査結果が陰性である確率であり，その値は $\frac{1}{1000} \times \frac{1}{100}$ である。最後に区域 D （黒色の部分）は同氏が薬物を使用しており検査結果も陽性である確率であり，その値は $\frac{1}{1000} \times \frac{99}{100}$ である。ベイズの公式を使って求めた事後確率の 9% という数字は区域 D の面積を区域 B と区域 D の面積の和で割った値である。この場合，区域 B は全体から見れば小さいが，区域 D はそれ以上に小さいので，事後確率は決して大きな値とはならない。つまり，一見決定的と見える証拠が見つかった場合でも，事前確率が非常に小さい場合には事後確率は容易には大きくならないのである。

ちなみに，さきほど $p(\neg A|E)$ と $p(E|\neg A)$ を混同することをもって検察官の誤謬と定義したが，その結論は事前確率を 2 分の 1 としたうえで，それ以外の点では正しい推理を行った場合の結論とほぼ一致する。こころみに，(1.12) 式の事前確率である $\frac{1}{1000}$ という値を $\frac{1}{2}$ に変えて計算を行うと，

$$p(A|E) = \frac{\frac{99}{100} \times \frac{1}{2}}{\frac{99}{100} \times \frac{1}{2} + \frac{1}{100} \times \frac{1}{2}} = \frac{99}{99+1} = 99\%$$

となって検察官の誤謬の結果と一致する。つまり，検察官の誤謬とは，「被告人がクロであるかシロであるかは五分五分である」という予断——まさに恐るべき予断であるが——の下で証拠を評価した場合と同等の誤りなのである[27]。

ベイズの公式の美質は，具体的数値を単純に公式にあてはめるだけで，捜査官の誤謬や検察官の誤謬あるいはあとで紹介する弁護人の誤謬などの誤謬推論に陥ることなく主観確率の計算ができる点にある。こころみに【問題 1-1】の[小問 2]において A 子が犯人である確率をベイズの公式を使って計算してみよう。説明は省略するが知識の整理に役立ててもらいたい[28]。

$$p(A) = \frac{1 \times \frac{1}{2}}{1 \times \frac{1}{2} + \frac{1}{10} \times \frac{1}{2}} = \frac{10}{11} \fallingdotseq 90.9\%$$

4 ベイズ更新と弁護人の誤謬

次はこの問題である。少し長いが面白い問題なのでじっくりお読み願いたい。

【問題 1-3】
　1964 年に米国カリフォルニア州で起きた路上強盗事件の裁判は不思議な展

---

[27] 検察官の誤謬は日常生活でも犯しやすい。たとえば，ある種の性病検査を受けて陽性反応が出たら多くの人は気が動転してしまうに違いない。検査が間違いである確率は 1% しかないなどと聞かされればなおさらであろう。しかしながら，その種の病気に対する日本人の平均罹患率が 1 万人に 1 人であり，検査を受けた人が平均的日本人といえるのであれば，彼または彼女がその性病に感染している確率 π は，

$$\pi = \frac{\frac{99}{100} \times \frac{1}{10000}}{\frac{99}{100} \times \frac{1}{10000} + \frac{1}{100} \times \frac{9999}{10000}} = \frac{1}{101}$$

つまり 1% 弱でしかない。

[28] 本件では，犯人の可能性が A 子と B 子に絞られているために $p(A) = \frac{1}{2}$ であり，同時に，A 子が犯人であれば犯人は間違いなく左利きであるから $p(E|A) = 1$ であることに留意されたい。

開を見せた[29]。検察側の証人として地元の州立大学（collage）の数学教師が法廷に出頭し，陪審員各位に対して確率論の講義を行ったのである。

事件は，白昼に街の路上で初老の女性が財布を強奪されるという事案であった（財布には 35 ないし 40 ドルの現金が入っていた）。事件の目撃者は被害者と偶然近くにいた中年男性の 2 人だけであったが，2 人の供述を統合すると次の事実が明らかとなった。

(1) 実行犯は金髪をポニーテールに結んだ白人女性であり，彼女は近くに待機していた黄色の乗用車の助手席に飛び乗って現場から逃走した。
(2) 黄色の乗用車を運転していたのは口髭と顎鬚を蓄えた黒人男性であった。

数日後近所に住む Collins 夫妻が本件事件の容疑者として逮捕された。夫の Malcolm Collins は黄色の乗用車（リンカーン）を所有する黒人男性であり，逮捕当日口髭と顎鬚を蓄えていた。妻の Janet Collins は金髪をポニーテールに結んだ白人女性であり，2 人は事件発生の 2 週間前に挙式をしたばかりの新婚カップルであった。

2 人は犯行を否認しており，被害者の夫人も目撃者の男性も Collins 夫妻を犯人と断定することはできなかったが，以下のような事情もあったことから結局 2 人は本件事件の被告人として起訴されるに至った。

(1) 本件事件のあった日，Janet は事件が発生する少し前まで事件の現場付近の家で家政婦の仕事をしていた。仕事を終えた彼女は，迎えに来た Malcom の黄色い乗用車に乗って帰っていった（なお，Janet は家政婦の仕事を終えて Malcolm の車に乗った後ただちにロサンゼルス市内の友人宅へ行き夕方までそこで過ごしたと供述しているが，その友人は後日，法廷において，「6 月中旬に Collins 夫妻の来訪を受けたことは事実であるが，それがいつのことであったかは覚えていない」と証言している）。
(2) Malcolm の財布からは 35 ドルの交通反則金の領収書が見つかった。これは同人が（本件事件の翌日である）6 月 19 日に裁判所に出廷して支払った交通反則金の領収書であった。
(3) Malcolm は上記反則金 35 ドルを賭け事で得た資金から捻出したと供述しているが，それが具体的にどこの賭け事であったのかは特定できず，一方，Janet は彼女が家政婦をして得た収入でこの反則金の支払を賄ったと供述している。なお，Malcolm は当時無職であり，家政婦業を営む

---

[29] People v. Collins, Supreme Court of California, 1968. 438p. 2d 33 参照。ただし，事実の記述に一部変更を加えており，また，検察官と証人の間の質疑応答部分は判決文から窺えるやりとりを想像を交えて再現したものである。

Janetの収入は1週間に多くても12ドルであり，6月2日に結婚式を挙げた日の2人の所持金は併せて12ドルであったが，その後に出かけた小旅行でその大半を消費していた。

本件の公判を担当することになったG検事は証拠の不完全性を補うための手段として大学数学教師のH氏の喚問を申請し，法廷において同氏と以下のような質疑応答を行った。

G検事　自動車を所有している男女のカップルが次に述べる6つの条件（以下，「本件6条件」という）のすべてを満たす確率はいかほどと考えるべきでしょうか。
　　(1)　自動車の色は黄色である。
　　(2)　カップルは人種を異にしている。
　　(3)　男性は顎鬚を生やした黒人である。
　　(4)　男性は口髭を蓄えている。
　　(5)　女性は金髪である。
　　(6)　女性は髪をポニーテールに結っている。

H氏　その6つの条件が互いに独立であれば，全体の確率は各条件が成立する確率を掛け合わせた値と一致します。このことを確率論の世界では「積の法則」と呼んでいます。

G検事　それでは先ほどの6つの各条件が成立する確率について具体的な数値をあてはめて考えてみましょう。これらの数値はあくまでも仮の数値ですから，陪審員の皆さんは自分が妥当と思う数字に置き換えて問題を考えて下さい。もっとも，私自身は，以下の数値はいずれも極めて控え目な（つまり，実際よりも割高な）ものと考えています。この点について弁護人の意見が異なるのであれば，弁護人が適切と思う数値をこの法廷で是非お聞かせください。さて，私の考える確率は次のとおりです（以下の番号は本件6条件の番号に対応している）。
　　(1)　10分の1
　　(2)　1000分の1 [30]
　　(3)　10分の1

---

[30]　(2)の数値が突出して低いことが気になるが，①G検事のいう「異人種間のカップル」が「黒人男性と白人女性のカップル」だけを意味するものであるとし，かつ，②本件事件が起きた当時のアメリカはまだ公民権法すら成立していない時代であった（同法が成立したのは1964年7月である）ことを考えると，「1000分の1」という数字にもそれなりの信憑性が感じられなくもない。

　　　　　(4)　4分の1
　　　　　(5)　3分の1
　　　　　(6)　10分の1
　　　　この場合，自動車を持った男女のカップルが，先ほどの6つの条件をすべて満たす確率はいくらになりますか。
H氏　　積の法則により，今あなたがおっしゃった数値をすべて掛け合わせた値となります。
G検事　6つの数値を掛け合わせると1200万分の1となります。
H氏　　であれば，それが答えです。
G検事　陪審員の皆さん，今の証言を本件事件にあてはめた場合それが何を意味するかお分かりいただけますよね。要するに，本件事件の犯人グループがCollins夫妻以外のカップルである確率は1200万分の1であり，これを言い換えれば，コリンズ夫妻は限りなく有罪である可能性が高いということです。

[小問1]　本件事件（以下，「Collins事件」という）におけるG検事の立証活動にはいかなる問題があるか。

―――――――――――――――――――――――――――――――

　Collins事件の1審判決はCollins夫妻に対して有罪判決を下したが，Malcom Collinsはこれを不服として上訴手続をとった[31]。これを受けて，カリフォルニア州最高裁判所（Supreme Court of California。以下，「加州最高裁」という）は原判決を破棄した。加州最高裁が原判決を破棄したのはひとえに本件6条件に関するG検事の主張・立証方法が不当であったとの判断によるものであったが，同裁判は判決文に面白い見解を付記した。すなわち，仮にG検事のいうように本件6条件を満たす確率が1200万分の1だとしてもCollins夫妻が犯人でない可能性はなお十分にあるというのである。

[小問2]　加州最高裁はどういう論理の下にCollins夫妻が犯人でない可能性が十分にあると判断したのであろうか。ベイズの公式を使ってその思考方法を推測せよ。なお，同裁判所は，本件事件当時米国には乗用車を所有しているカップルは少なくとも1200万組いたという前提に立って論理を構築している。

[小問3]　加州最高裁の判断は正しいであろうか。

―――――――――――――――――
31)　Janet Collinsは上訴しなかった。

小問1について

G検事の行動には少なくとも3つの問題がある。

第1に、本件6条件について彼は自説の正しさを裏づける証拠をまったく提出していない。G検事は「あくまでも仮の数字」といっているが、これらの数字が陪審員に及ぼす影響を考えれば、それを裏付ける証拠を提出すべきであったし、実際にもある程度の証拠は1960年代の当時であっても提出できたはずである。

第2に、本件6条件は互いに独立ではない。(3)の「顎鬚」と(4)の「口髭」は明らかに連動しているし、(2)の「異人種」という主張が「黒人の男性と白人の女性」という意味だとすれば（そうでなければ、「1000分の1」という数値自体がおかしい）、(3)の「男性は黒人」や(5)の「女性は金髪」も(2)と独立とはいいがたい。

第3に、G検事は検察官の誤謬を犯している。「1200万分の1」という数字はあくまでも「Collins夫妻以外のものが犯人であっても本件6条件が成立する確率」——つまり、「Collins夫妻が犯人である」を A、「本件6条件の成立」を E とした場合の $p(E|\neg A)$ ——であって、Collins夫妻以外の者が犯人である事後確率 $p(\neg A|E)$ ではないのだから、ここから「Collins夫妻は限りなく有罪である可能性が高い」という主張——数式で表せば $p(A|E) = 1 - p(\neg A|E) = 1200$万分の$1199$万$9999$——という結論に至るはずがない。この主張は検察官の誤謬そのものである。

小問2について

加州最高裁は事前確率 $p(A)$ を1200万分の1と見ていた（これは、全米で車に乗っているカップルは等しく本件を起こした可能性があることを前提にした考えである。この前提はいかにも非現実的であるが、加州裁判所がこのような前提を置いて分析を進めているので、ひとまずそれに従う）。だとすると、本件6条件の成立確率を1200万分の1と仮定しても——つまり、Collins夫妻以外の者が真犯人であっても本件6条件が成立する確率 $p(E|\neg A)$ が1200万分の1だとしても——事後確率は50%にとどまる。計算式は次のとおりである。

$$p(A|E) = \frac{p(E|A)p(A)}{p(E|A)p(A) + p(E|\neg A)p(\neg A)}$$

$$= \frac{1 \times \frac{1}{1200\,\text{万}}}{1 \times \frac{1}{1200\,\text{万}} + \frac{1}{1200\,\text{万}} \times \frac{1199\,\text{万}\,9999}{1200\,\text{万}}}$$

$$= \frac{1}{1 + \frac{1199\,\text{万}\,9999}{1200\,\text{万}}} \fallingdotseq 50.0\%$$

ちなみに，実際の加州最高裁はもっと複雑な式を立てて計算を行ったが，その過程において捜査官の誤謬を犯してしまい，「Collins 夫妻が真犯人である確率は 60% 以上である」と考えてしまった (**ONE MORE STEP 1-3** 参照)。加州最高裁がベイズの公式を知っていたならば，このような誤りを犯すことなく上記に示した計算をしていたに違いない。

小問 3 について

まず，車を持ったカップルが全米に 1200 万組もいるという仮定は「本件 6 条件を満たす確率は 1200 万分の 1」という点と無理に結びつけた数字であるという感を否めない。いくらアメリカといえども 1960 年代の話であるから乗用車を持ったカップルの数はどんなに多くても 100 万組程度だったのではあるまいか。しかしながら，この点は判決の結論に影響を与えるものではないであろう。本件 6 条件は「互いに独立」の要件を満たしていないことが明らかだからであり，仮に，乗用車を持ったカップルが当時 100 万組しか存在しなかった——つまり，$p(A)$ は 100 万分の 1 であった——としても本件 6 条件から独立性に疑いのある(3)と(4)と(5)を落とせば，$p(E|\neg A)$ は 10 万分の 1 となるので，事後確率 $p(A|E)$ は以下のとおりわずか 9.1% でしかない。

$$p(A|E) = \frac{1 \times \frac{1}{100\,\text{万}}}{1 \times \frac{1}{100\,\text{万}} + \frac{1}{10\,\text{万}} \times \frac{99\,\text{万}\,9999}{100\,\text{万}}}$$

$$= \frac{1}{1 + \frac{99\,\text{万}\,9999}{10\,\text{万}}} \fallingdotseq 9.1\% \tag{1.13}$$

しかし，にもかかわらず，加州最高裁の判断が正しかったとは到底いいがたい。なぜならば，捜査によって明らかとなった事実の中には本件 6 条件以外

---

32) 34 頁の分析を参照されたい。

にも Collins 夫妻の有罪を窺わせる点があるのに，裁判所はこれらの点をまったく考慮していないからである。一般的にいって，証拠が複数あるのに，これを別々に取り上げて「これだけでは証拠不十分である」と考えることは証拠の適切な評価方法とはいえない。このような誤謬推論を**弁護人の誤謬**というのだが[33]，加州最高裁の結論はまさにこれにあたる。

ではどうしたらよいのかというと，答えは単純で，「ベイズの公式を繰り返し用いればよい」のである。複数の証拠がある場合には，1つの証拠にベイズの公式を適用し，その事後確率を次の証拠に関しては事前確率としてベイズの公式を用いることを繰り返せば（この作業を**ベイズ更新**という），各証拠によって示された事象が互いに独立なものである限り，計算の順序にかかわりなく同じ結論に至ることが知られているからである（この原理をベイズ更新の**逐時合理性**という。その証明については **ONE MORE STEP 1-4** 参照）。

弁護人の誤謬とはベイズ更新を怠ることであり，これが加州最高裁の犯した誤りであった。では Collins 事件において，具体的にどのようなベイズ更新が可能であったのか。現時点でそれを考えることは必ずしも容易ではないが，あえて挑戦してみよう。

まず，「事件が特定の時刻に特定の場所で行われた」ということは，「犯人は，当該特定の時刻に当該特定の場所に居合わせることができた」という事象の成立を意味している。この事象を以下 F と表すことにしよう。われわれは，この事象 F が起きたということを踏まえて Collins 夫妻が犯人であるという事象（従来どおり，この事象は A で表す）の新たな事後確率を求めることができる[34]。議論を簡単にするために，Collins 夫妻以外のカップルを「犯行時の

---

[33] 「弁護人の誤謬」という言い方は被告人の権利擁護のために真摯に職務を遂行している弁護士各位に対して少し失礼な表現であるが，①「証明不十分を主張する者が陥りやすい誤り」という意味のキャッチ・コピーとして便利な表現であること，および，②米国ではこの表現が定着しつつあること（ただし，Finkelstein（2009）は「被告人の誤謬」という表現を用いている）から本書でもこれを用いることにした。ご海容願いたい。

[34] 現実の推論においては，このような複雑な計算を行うよりも，「全米で車に乗っているカップルは100万組いたとしても，そのうち，事件現場に居合わせることができた可能性があるカップルはその100分の1，つまり1万組にすぎないから，Collins夫妻が犯人である事前確率 $p(A)$ は，これまで前提としてきたような100万分の1ではなく，実は1万分の1と考えるべきである」と考える方が分かりやすい。ここでは当初の事前確率が不当に低いものであったとしても，ベイズ更新を行うことによってその不当性を解消できることの例証としてあえて複雑な計算方法を用いた次第である。

5 分前に犯行現場から 2 キロ以内の場所で車に乗っていたカップル」と「それ以外のカップル」に分け,「前者のうちの (Collins 夫妻以外の) 1 組が犯人である」という事象を B,「後者のうちの 1 組が犯人である」という事象を C と表すことにしたい。以上の点をベイズの定理の公式にあてはめると次の式になる。

$$p(A|F) = \frac{p(F|A)p(A)}{p(F|A)p(A) + p(F|B)p(B) + p(F|C)p(C)} \quad (1.14)$$

なお (1.14) 式の右辺の分母の構成は (1.11) 式と異なっているが,これは (1.11) 式においては (ベイズの公式のもとの式である) (1.10) 式の $p(E)$ を $p(E|A)$ と $p(E|\neg A)$ に場合分けしたのに対して,ここでは $p(F)$ を $p(F|A)$, $p(F|B)$ および $p(F|C)$ という 3 つの条件付確率に分けているからである。[35] そこで,あとは (1.14) 式の各記号にいかなる数値をいれるかであるが,まず, $p(A)$ については,ベイズ更新の趣旨に則り (1.13) 式の結果である $p(A) = 9.1\%$ という数字を代入する。[36]

問題は,残りの 90.9% をどうやって $p(B)$ と $p(C)$ に割り振るかであり,その正確な数値を割り出すためには当時の米国における自動車所有者の分布状況をチェックすることが必要であろう。しかし,今となってはこれを知るすべはないので,犯行現場はロサンゼルス近郊であったという点を踏まえ (ただし,できるだけ被告人に有利に考えて) 犯行時刻の 5 分前に現場から 2 キロ以内の場所で車に乗っていたカップルは全米中の自動車所有カップルのうちの 100 分の 1 であったと考えることにしよう。とすれば, $p(B) = 90.9\% \times 1\% \fallingdotseq 0.9\%$, $p(C) = 90.9\% \times 99\% \fallingdotseq 90.0\%$ である。

次に, $p(F|A)$, $p(F|B)$ および $p(F|C)$ の 3 つの確率についてである。Collins 夫妻が事件の直前に犯行現場の近くにいたことは分かっているから,もし Collins 夫妻が犯人であるとすれば,犯人は確実に当該時刻に当該場所にいることができた。つまり, $p(F|A)$ は 1 である。問題は $p(F|B)$ と $p(F|C)$ の評価であるが,犯行時刻の 5 分前に現場から 2 キロメートル以内の場所で車に乗っていたカップル以外にはこの犯罪は不可能だったのではないか。なぜならば,犯行現場は市街地であって時代は 1960 年代であるから付近の自動

---

35) 注 25) のベイズの一般式の解説参照。
36) 本件 6 条件の成否と犯行時刻の 5 分前に現場付近にいたか否かとは互いに独立な事象であるという判断が黙示の前提となっている。

車の走行速度は速くとも時速 40 キロメートルであり，時速 40 キロメートルのスピードで 5 分間に移動できる距離は 1.67 キロメートルであるから，犯行時刻の 5 分前に現場から 2 キロ以内にいない限り，現場に到着して被害者を待ち伏せる（真犯人は被害者の財布を奪取した後予め付近で待機していた車に飛び乗っている点に注意）ことは不可能であったと思えるからである。したがって，$p(F|C)$ は 0 であり，$p(F|B)$ については，最大限被告人に有利に考えてこれを 1 と考えることにしよう。

以上の数字を (1.14) 式に代入すると，次の計算式が成立する。

$$p(A|F) = \frac{1 \times \frac{91}{1000}}{1 \times \frac{91}{1000} + 1 \times \frac{909}{1000} \times \frac{1}{100} + 0 \times \frac{909}{1000} \times \frac{99}{100}}$$
$$= \frac{91}{91 + \frac{909}{100}} \fallingdotseq 90.9\% \tag{1.15}$$

以上により，Collins 夫妻の有罪の可能性はかなり高まったが，ベイズ更新を行うべき事実はこれだけではない。Malcom Collins は犯行のあった翌日に 35 ドルの交通反則金を支払っており，しかもこの金額は被害者の財布に入っていた金額と一致していて，そのうえ Collins 夫妻は当時事実上無一文だったはずなのに反則金の支払にあてた資金をどうやって入手したのかについて納得のいく説明ができていないからである。以上の事実は（以下，これを「G」と呼ぶ），これまでに検討してきた E や F の事実とは互いに独立であると考えてよいであろうから，これもまたベイズ更新の対象となる。計算式は次の通りである。

$$p(A|G) = \frac{p(G|A)p(A)}{p(G|A)p(A) + p(G|\neg A)p(\neg A)} \tag{1.16}$$

(1.16) 式の $p(A)$ には (1.14) 式の事後確率を使うので (1.15) 式により $p(A) = 90.9\%$ となる。$p(G|A)$ が 1 である点は異存ないであろう。

問題は $p(G|\neg A)$，つまり「Collins 夫妻が真犯人ではなくても G の諸事実が起こりうる確率」をいかに算定するかであるが，さすがにこの点については判断者の主観に頼らざるをえない。ただし，それは判断を恣意的に行っていいという意味ではない。もし，あなたがこの事件に関与している法律家であったとすれば，①「35 ドルは賭け事に勝って得た金額である」という Malcom の主張にどれだけの信憑性があるのか，②「家政婦の仕事の臨時収入があった」という Janet の主張にどれだけの信憑性があるのか，③そもそも 2 人に若干

の蓄えがあった可能性はどのくらいあったのか，などの事実について調査を行い，そのうえで最終的な判断を下すべきである．そのうえで，$p(G|\neg A)$ をいくらと考えるべきかであるが，それが 100 分の 1 を上回ると考える人は少ないのではなかろうか．

そこで，$p(G|\neg A) = 100$ 分の 1 としたうえで (1.16) 式の計算を行ってみよう．

$$p(A|G) = \frac{1 \times \frac{909}{1000}}{1 \times \frac{909}{1000} + \frac{1}{100} \times \frac{91}{1000}}$$

$$= \frac{909}{909 + \frac{91}{100}} \fallingdotseq 99.9\%$$

99.9% という数字となった．この数値を踏まえていえば，「Collins 夫妻が有罪であることは明白であった」，そう断言してよいのではなかろうか．

ONE MORE STEP 1-3　　加州最高裁の考え方

ベイズの定理を知らなかった加州最高裁はどのようにして Collins 夫妻の有罪確率を求めたのであろうか．その論理を要約すると次の(1)から(7)までとなる．

(1)　任意のカップルが本件 6 条件をすべて満たす確率を p とする．

(2)　N 個のカップル中に本件 6 条件をすべて満たすカップルが 1 組も存在しない確率 Q_1 は以下のとおりとなる．

$$Q_1 = (1-p)^N$$

(3)　N 個のカップルの中に本件 6 条件をすべて満たすカップルが少なくとも 1 組存在する確率 Q_2 は以下のとおりとなる．

$$Q_2 = 1 - (1-p)^N$$

(4)　N 個のカップルの中に本件 6 条件をすべて満たすカップルが 1 組のみ存在する確率 Q_3 は以下のとおりとなる．

$$Q_3 = Np(1-p)^{N-1}$$

(5)　N 個のカップルの中に本件 6 条件をすべて満たすカップルが 2 組以上存在する確率 Q_4 は以下のとおりとなる．

$$Q_4 = Q_2 - Q_3 = 1 - (1-p)^N - Np(1-p)^{N-1}$$

(6) N 個のカップルの中に本件 6 条件を満たすカップルが少なくとも 1 組は存在することを所与とした場合においてそのようなカップルが 2 組以上存在する確率 Q_5 は以下のとおりとなる。

$$Q_5 = \frac{Q_4}{Q_2} = \frac{1 - (1-p)^N - Np(1-p)^{N-1}}{1 - (1-p)^N}$$

(7) 上記の各式に $p = 1200$ 万分の 1, $N = 1200$ 万を代入すれば $Q_1 \sim Q_5$ はそれぞれ次の値となる。

$$Q_1 \fallingdotseq 37\%, \quad Q_2 \fallingdotseq 63\%, \quad Q_3 \fallingdotseq 37\%, \quad Q_4 \fallingdotseq 26\%, \quad Q_5 \fallingdotseq 41\%$$

　上記の計算によれば，本件 6 条件を満たすカップルが Collins 夫妻だけだった可能性が $1 - Q_5 = 59\%$ あり（この場合には同夫妻が真犯人である確率は 100% となる）．さらに，本件 6 条件を満たすカップルが Collins 夫妻以外にいる場合でも Collins 夫妻が真犯人である可能性は十分にあるのだから（本件 6 条件を満たすカップルの数が 2 組である場合に Collins 夫妻が真犯人である確率は 50% であり，3 組いる場合の確率は 33.3% と考えてよいであろう），全体として Collins 夫妻が真犯人である確率は 60% を上回ってしまう．加州最高裁の計算のどこに誤りがあったのであろうか．

　慧眼な読者はすでにお気付きであろう．加州最高裁は捜査官の誤謬を犯していたのである．つまり，本件事件の真犯人は本件 6 条件を満たしていることが明らかとなった以上本件 6 条件を満たすカップルが複数存在する確率は一般の場合よりも増大しているにもかかわらず，加州最高裁はこの点を看過して計算を進めてしまったのである．

　以上を要するに，加州最高裁は G 検事の犯した検察官の誤謬を糺した点においては正しかったが，自らも捜査官の誤謬と弁護人の誤謬という 2 つの過ちを犯していた．ベイズの公式の有用性を再認識してもらえたのではあるまいか．

ONE MORE STEP 1-4 ベイズ更新の逐次合理性

　立証すべき命題を A，証明された 2 つの事実を E_1, E_2 とし，E_1 と E_2 は互いに独立であると仮定する．この場合，条件付確率の公式により，

$$p(A|E_1 \cap E_2) = \frac{p(A \cap E_1 \cap E_2)}{p(E_1 \cap E_2)}$$

4 ベイズ更新と弁護人の誤謬

となるが,E_1 と E_2 は互いに独立なので,積の公式により,

$$与式 = \frac{p(A \cap E_1 \cap E_2)}{p(E_1)p(E_2)}$$

となり,さらに,分母と分子に $p(A \cap E_1)$ を掛けると,

$$与式 = \frac{p(A \cap E_1 \cap E_2)p(A \cap E_1)}{p(E_1)p(E_2)p(A \cap E_1)}$$
$$= \frac{p(E_2|A \cap E_1)p(A|E_1)}{p(E_2)}$$

となる。この式は,$p(A|E_1)$ を事前確率,$p(E_2|A \cap E_1)$ を尤度,$p(A|E_1 \cap E_2)$ を事後確率とする ((1.10) 式の形をとった) ベイズの公式を表している。同様にして,分母と分子に掛けるものを $p(A \cap E_2)$ として計算を行えば,上式は $p(A|E_2)$ を事前確率,$p(E_1|A \cap E_2)$ を尤度,$p(A|E_1 \cap E_2)$ を事後確率とするベイズの公式に変換できる。これによって,ベイズ更新の逐次合理性が証明できた。

第 2 章
行動分析(2)
意思決定

　第 1 章では事実認定に用いる数理的技法を紹介した。しかし法律家がなすべき職務は事実認定だけではない。なかんずく，あなたが弁護士であるとすれば，あなたはクライアントに対していかなる**意思決定**（decision making）をするべきであるかを助言しなければならない。本章で紹介する決定分析はこの職責を果たすための技法である。簡単な技法ではあるが，その有用性は大きい。はじめから事例問題を使って技法の説明をしていこう。

1 決定の木の作り方

　まずは，次の問題をお読み願いたい。法律問題ではないが，決定分析の基本原理を理解するのに適した問題である。

> 【問題 2-1】
> 　大学 2 年生の A 子さんは 1 年生のときからテニス同好会に入会し，テニスの練習に励んできた。練習の成果もあってかテニスもかなりうまくなってきたが，オーバーハンドサーブ（以下，単に「オーバー」といい，アンダーハンドサーブを「アンダー」という）だけはいつまでたっても上手になれず，オーバーで打った球の 80％ は相手コートのサービスエリア（以下，単に「相手コート」という）にはいらず「フォールト」になってしまう。これを見かねた先輩の B 男君から「オーバーはみんなフォールトになってしまうんだから，サーブは 1 球目からアンダーで打った方がいいのではないか」というアドバイスを受けた。
> 　このアドバイスは正しいであろうか。なお，過去 1 年間の A 子さんの試合の結果を調べたところ，①オーバーが相手コートに入る確率は 20％，②ア

ンダーが入る確率は90％，③オーバーが入った場合に彼女がラリーで勝つ確率（サービスエースで勝つ確率を含む．以下同じ）は80％，④アンダーが入った場合に彼女がラリーで勝つ確率は50％であった．なお，テニスでは，一度フォールトになっても，もう一度サーブをすることができるが，2度続けてフォールト（ダブルフォールト）すると，相手の得点となる．

直感的にはB男君のアドバイスにかなりの説得力があるように思えるかもしれない．でも本当にA子さんはオーバーを断念すべきなのであろうか．この点を正確に判断するためには**決定の木**を使った分析（これを**決定分析**という）が役に立つ．【図2-1】をご覧願いたい．

かなり複雑な図であるが，まずは記載されている数字を無視して全体を眺めてほしい．決定の木は四角いマーク（決定ノード）と丸いマーク（確率ノー

【図2-1】

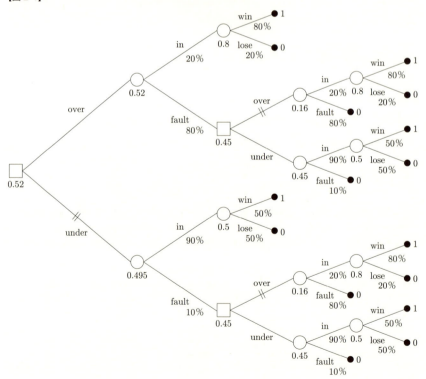

ド）と黒いマーク（帰結ノード）とこれらのマークを結ぶ直線（枝）から成り立っている。決定ノードから出ている枝の1つ1つは行為者（この場合はA子さん）が取りうる選択肢を表しており，確率ノードから出ている枝の1つ1つは起こりうる事態を表している。たとえば，図の左端にある決定ノードからは「over」と「under」という2つの枝が出ているが，前者は第1サーブをオーバーで打つことを表し，後者はアンダーで打つことを表している。「over」の枝に続く確率ノードからは，そのサーブが相手コートに入る「in」とコートを外れる「fault」という2つの事態を表す枝が出ており，前者の場合にはラリーが始まるのでA子さんがこのラリーに勝つ事態「win」と負ける事態「lose」の2つの枝からなる確率ノードが続く。一方，第1サーブがfaultであった場合，A子さんは第2サーブをオーバーで打つかアンダーで打つかを再び選択することができる。そこで，この場合には「over」と「under」という2つの枝を持つ決定ノードが再度現れ，そのあとには第1サーブを打った場合と同様の確率ノードとそこから分岐する枝が現れる。

　決定の木の分析は各枝の終着点である帰結ノードに数字を記入することから始める。【図2-1】の帰結ノードは，①ラリーに勝つ事態，②ラリーに負ける事態，③ダブル・フォールトとなる事態の3つに分けられるが，要は「勝つか負けるか」なので，①については「1」，②と③については「0」の数字を書き込む。帰結ノードへの数字の記入が終わったら，そこから順次枝を遡って分析を進めてく（この思考方法を**後戻り思考法**〔**backward reasoning**〕という）。

　まず，確率ノードから分岐している枝にはその事態が起こりうる確率を書き込む。たとえば，図の一番上の確率ノードから出ている枝は「オーバーのサーブが相手コートに入った場合におけるラリーに勝つ事態と負ける事態」を表しているから，そこには「80％」と「20％」という数字を書き込む。

　次に確率ノード自体の下に起こりうる事態の総合評価を書き込むのだが，この総合評価をいかに行うかは決定分析を行う者の立場や性質によって異なる。この点については【問題2-2】を解く際に改めて解説するが，【図2-1】に関する限り評価方法は簡単である。なぜならば，A子さんの目的はひとえにゲームの勝率を高めることであるから，各確率ノードの総合評価は各枝がもたらす帰結にその確率を乗じた値の合計値をもって行えばよいからである。たとえば，一番上の確率ノードの場合には $1 \times 80\% + 0 \times 20\% = 0.8$ が評価点となり，そのすぐ右下にある確率ノード（＝第1サーブをオーバーで打ってフォー

トとなり第2サーブに再びオーバーを選択した事態）の場合には，「in」の帰結はその右の確率ノードの評価点である 0.8 と考えられるので，この値に 20% を乗じた値である 0.16（形式的に書けば，0.8 × 20% + 0 × 80% = 0.16）という数値を書き込めばよい。

　決定ノードの処理は確率ノードの場合とは趣きを異にしており，ここでは「事態の評価」ではなく「取りうる行動の選択」を行わなければならない。この作業は，①各枝の帰結を比較し，②最善の帰結をもたらす行動を選択し，③残りの枝に二重線を付することによってそれらを消却し，④選択された行動の帰結と同じ評価点を決定ノードの下に書き込むことによって完結する。

　以上の点を踏まえて再度【図 2-1】をご覧願いたい。A子さんがとるべき行動と各行動がもたらす帰結が整然と示されていることがお分かりいただけると思う。すなわち，第1サーブをはずしたA子さんは，第2サーブについてはつねにアンダーを選択すべきである。オーバーを選択した場合の勝率は 16% にすぎないが，アンダーを選択すれば勝率は 45% に引き上がるからである。ところが，第1サーブについてはオーバーを選択した方が有利である[1]。その勝率は 52% であって，アンダーを選択した場合の勝率 49.5% を上回っているからである。

　決定分析の「威力」を感じ取ってもらえたであろうか。それではいよいよ本格的な法律問題に取り組むとしよう。

2　リスク中立的な行為者

まずは，次の問題をお読み願いたい。

【問題 2-2】
　あなたはDテレビ（上場会社）の法律顧問をしており，最近発生した名誉毀損事件に関してDテレビの相談にあずかっている。この事件は「米国の巨大投資会社であるE社の日本支社長が日本の反社会的勢力と交友がある」とい

---

1) ちなみに，アンダーが確実に相手コートに入るとすれば，オーバーが入る確率がどんなに低くても，入った場合にラリーで勝つ確率がアンダーの場合の勝率を少しでも上回る限り第1サーブはオーバーで打つべきである。興味のある方は数式を使ってこの点を確認されたい。

うDテレビの最近の報道に端を発するものであり，E社は同社の名誉が著しく毀損されたとしてDテレビに対して2億円の損害賠償の支払を求めてきた．諸般の事情を総合すると，これより少ない賠償額でE社が和解に応じる可能性はなさそうであり，したがってDテレビがE社の要求を拒否した場合には裁判によって決着をつけるしか道はないようである．この状況下において，あなたはDテレビからE社の要求を呑むべきか否かという点に関する助言を求められている．調査の結果，あなたは次の結論に到達した．

(1) Dテレビの報道局長は現在でも問題の記事は誤報でないと信じているようであるが，真実性を示す証拠は薄弱である．状況を総合的に評価すると，E社が日本でDテレビに対して損害賠償請求訴訟を提起した場合には80%の確率で賠償を命じる判決が下され，その際の賠償額は1億円でありこの裁判のためにDテレビに発生する費用は裁判の帰趨にかかわらず3000万円であると見込まれる．
(2) E社は日本ではなく米国でDテレビに対して損害賠償請求訴訟を提起する可能性もある．その場合には，米国の裁判所の管轄権が認められるか否かが主たる争点となるが，過去の判例に照らすと，管轄権が認められる可能性が10%程度存在すると見込まれる．
(3) 米国裁判所の管轄権が認められた場合，米国の裁判所がこの事件を不法行為として取り扱う限り判決が命じる賠償額は5億円，裁判に要する費用は2億円と見込まれる．
(4) ただし，米国の裁判所は，この裁判において「unjust enrichment（日本法の「不当利得」類似の概念）」の法理を適用する可能性が10%程度あり，もしこの法理が適用された場合の賠償額は50億円，裁判に要する費用は5億円と見込まれる．
(5) Dテレビは米国各地に支社を有しており，米国の判決の強制執行を免れることはできそうもない．

[小問1] 以上の事実をもとにして，あなたはDテレビに対してどのような助言をすべきか．決定の木を作成して検討してもらいたい．
[小問2] [小問1]の結論が「和解すべし」であったにもかかわらず，あなたがDテレビに対して和解しないことを示唆するとすれば，それはいかなる理由に基づくものであるか．
[小問3] E社が提示した和解額が3億円であったにもかかわらず，あなたがDテレビに対して和解することを示唆するとすれば，それはいかなる理由

> に基づくものであるか。

　本問は不法行為法と国際民事訴訟法上の論点を多数含んでいるが，ここではこれらの論点の解説は割愛し，本章の主題である決定分析だけを行う。

　この問題が**【問題 2-1】**と異なる最大の点は，行為の最終帰結が「勝つか負けるか」という二者択一的なものではなく判決の内容いかんによって多様なものとなっていることである。もっとも，判決の内容はつねに金銭の賠償命令であるから（棄却判決は 0 円の賠償命令と評価できる），帰結の評価も金銭の値によって表しうることに異存はないであろう。問題は，その金銭の値自体が不確実であることをいかに評価するかである。この場合，誰しもが直感的に思い付く解決案は，起こりうる事象の 1 つ 1 つにおける利得を確率的に値が定まる変数（これを**確率変数**という）の実現値としてとらえ，その実現値とその事象が起こりうる確率の積をすべて足し合わせた値（以下，これを「**期待値**」ないしは「**期待利得**」と呼ぶ）を求めることではないであろうか。念のため，期待値の計算方法を数式で示しておこう。

$$E(X) = \sum_{i=1}^{n} x_i p_i$$
$$= x_1 p_1 + x_2 p_2 + \cdots + x_n p_n \tag{2.1}$$

　　　　ただし，X は確率変数，$E(X)$ はその期待値，n は起こりうる事象の数，$x_1, \cdots, x_n$ は各事象における X の実現値，$p_1, \cdots, p_n$ は各事象の確率を表している。

　結論からいうと，期待値によって帰結を評価することは多くの状況において妥当な方法である。ただし，なぜそれが妥当であるかを的確に説明できる人は少ない。よくいわれる説明としては，「不確実な事象であっても似たような事象を繰り返していけば，各事象の帰結の平均値は期待値と近い値になっていくから」というものがある。これは**大数の法則**[2]という数学上の法則を日常の言葉で表現したものであり，たしかに，たとえば，損保会社が保険の対象となる事故の帰結を評価するような場合には正当な考え方であろう。なぜならば，保険

---
2) 大数の法則の証明については専門書を参照されたい。

会社にとってそのような事故はまさに繰り返し起きる出来事であり，したがって事故1件あたりの損害額の平均値は長期的には損害の期待値[3]に近似していくと考えられるからである。

　しかしながら，Dテレビの置かれた状況はそのようなものではない。優良なテレビ局であるDテレビがE社のような巨大企業から訴えられるという事態はめったに起こることではなく，したがって，大数の法則を理由に期待値をもって帰結の評価とすることを正当化することは無理であろう。

　にもかかわらず，なぜ期待値が帰結の評価の最善の指標となるのか，この点を説明するためにはいくつかの専門用語を使う必要がある。その第1は**確実性等価**であり，これは，「不確実な利得と同等の価値があると認められる確実な利得の値」を意味する概念である。たとえば，ジャンケンで勝ったら10万円もらえるが負けたら5万円支払わなければならないというゲームをする機会があなたに与えられたとしよう。そして，ゲームの提案者から，「このゲームをするかわりに無条件で3000円差し上げてもよい」といわれたらあなたはどう答えるであろうか。このゲームの期待値は（10万円 × 50％）－（5万円 × 50％）＝ 2万5000円であることを考えると，「3000円もらうよりもそのゲームをしてみたい」と答える人が多いのではないだろうか。しかしながら，ゲームをしなければもらえる金額が5000円，1万円，……，と上がっていったらどうか。誰しもどこかの段階で「ゲームをするのとその金額を無条件でもらえるのとどちらが良いかといわれても甲乙つけがたい」と思う金額に到達することであろう。その金額があなたにとってのこのゲームの（正確にいえば，このゲームがもたらす不確実な利得の）確実性等価である。

　知っておくべきもう1つの概念は**リスク・プレミアム**である。これは期待値と確実性等価の差を意味する概念であり，さきほどのゲームについていえば，期待値は2万5000円であったから，仮にあなたにとっての確実性等価が1万円であるとすれば，リスク・プレミアムは2万5000円－1万円＝1万5000円となる。ある者が不確実な事象に対してプラスのリスク・プレミアムを抱くということは，その者にとってその事象の価値は期待値未満ということであ

---

3)　「損害の期待値」という表現に違和感を感じる読者もおられるかもしれない。期待値の原語である「expectation value」の「expectation」には願望のニュアンスは含まれておらず，したがってこの言葉は本来「予測値」などと訳すべきだったのであろうが，訳語を変えるにはいささか時機を失した感がある。

り，この状態を**リスク回避的**という。これに対して，リスク・プレミアムが存在しない状態を**リスク中立的**といい，マイナスのリスク・プレミアムが存在する場合，つまり確実性等価が期待値を下回る状態を**リスク愛好的**という[4]。

以上に定義した言葉を用いれば，不確実な利得の評価方法は次のように要約できる。

(1) 評価は確実性等価によってなされるべきである。
(2) ただし，行為者がリスク中立的である場合には期待値と確実性等価が一致するので期待値を用いて評価を行ってよい。
(3) これに対して，行為者がリスク回避的（またはリスク愛好的）である場合にはしかるべき方法によってリスクプレミアムを割り出し，その値を期待値から差し引くことによって確実性等価を求め，これを用いて評価を行うべきである（その求め方については **ONE MORE STEP 2-1** 参照）。

深刻な法律問題に直面している者は多くの場合リスク回避的であるが，リスク中立的でいられる場合もある[5]。その1つとして，上場企業の株主はその企業が直面している不確実な事象に対して，不確実性がその企業に固有な原因に由来するものである限りリスク中立的でありうるといわれている。その詳しい理由は第5章で説明するが（201頁参照），そうであるとすれば，Dテレビの経営者がE社との問題をリスク中立的に考えることには一応の合理性がある。なぜならば，第1に，E社とのトラブルはまさにDテレビに固有の問題であり，第2に，経営者が株主の視点に立って経営判断を行うことは会社法の理念に適っているからである（245頁参照）。本件において期待値を用いて帰結を評価することが原則的に妥当といえる根拠はこの点に求められるべきである。

本問が【**問題2-1**】と異なるもう1つの点は行為の選択を行う当事者が複数いることである。和解案を受け入れるかどうかを決めるのはDテレビだが，

---

4) たとえば，宝くじを買う人の行動はリスク愛好的である。当選者に支払われる分配金は集められた資金の一部であり（残りは慈善その他の目的に使われる），そうである以上宝くじの期待利得はつねにその購入価格を下回るからである。なお，注12）も参照されたい。

5) リスク中立的となりうる典型例は，不確実な事象がもたらす帰結が当事者の保有する資産総額に照らして著しく僅少な場合である。保有資産が1000億円ある者にとって本文に記したジャンケン・ゲームの確実性等価はその期待値に近い値ではなかろうか。

同社が和解案を拒否した場合，日本と米国のうちのどちらで裁判を起こすかを決めるのはＥ社である[6]。したがって，決定の木に決定ノードを記す場合にはその都度それが「誰」の決定ノードであるかを明示する必要がある。その際，Ｅ社の決定ノードに関しては行為の選択を評価するための情報が限られている。これは，決定ノードの行為主体が第三者である場合につねに生じる問題であり，状況に応じて臨機応変な対応をしなければならない。本件の場合には，「Ｅ社は訴訟の結果に関してＤテレビと同じ予想をしており，かつ，負担すべき訴訟費用の額もＤテレビと同じである」という仮定の下に分析を進めることにしよう。ＤテレビもＥ社も有力な法律事務所を顧問としていると考える限りそう仮定しても結論に大きな相違がでることはないと思えるからである。

小問１について

さて，以上の点に注意して決定の木を作ってみよう。正解は【図2-2】に示すとおりであるが，力試しと思ってまず自分で作ってみることをお勧めする。

以下，【図2-2】に沿って要点を解説する[7]。

まず，各帰結ノードに記した１行目の数値はＤテレビの期待利得であり，２行目の括弧に入った数値はＥ社の期待利得である。先ほど説明した理由により，裁判の結果に関しては両社の値はプラスかマイナスだけの違いであり，両社の裁判費用は同額となっている。裁判費用は裁判の結果にかかわりなく発生すると仮定しているので，この点についてだけは100％の確率を掛けて期待値を計算している。決定ノードのうち，Ｄテレビの決定については１行目の数値を比較し，Ｅ社の決定については２行目の括弧の中の数値を比較して行動の選択を行う。

【図2-2】によれば次の推論が成立する。すなわち，Ｄテレビが和解を拒絶すればＥ社は必ずや米国で訴訟を提起し，仮に米国での管轄権の存在が認められなかった場合には，必ずや日本で再訴を試みるであろう。その結果，和解

---

6) 決定主体が複数いる決定の木はゲームの木とも呼ばれ，ゲーム理論の中核的概念の１つとなっている。「概論」32頁以下参照。

7) 決定の木の書き方には様々なバリエーションがあり，【図2-2】の書き方は「概論」所定のものとは若干異なっている。どれが正しいというわけではないので，用途や好みに応じて使い分けてもらいたい。

【図 2-2】

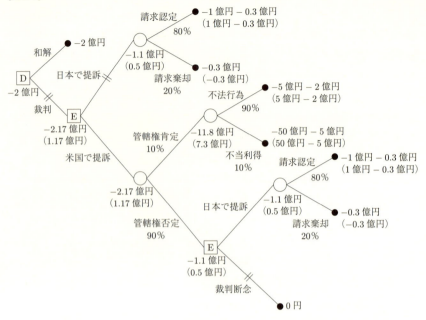

を拒絶した場合の帰結の評価はマイナス 2.17 億円であり，和解に応じて 2 億円支払う方が D テレビにとって望ましいという結論に至る[8]。

　以上が ［小問 1］ に対する解答であるが，ここで 1 つ注意しておきたい点がある。それは，決定分析の結論は「明確すぎる」がゆえの危険を伴うということである。これは本書で扱う他の分析手法にも共通していえることだが，数理を用いた分析は様々な事実を捨象し，かつ，様々な仮定を設けることによってはじめて可能となるものである。したがって，その結論は「絶対に正しい」ものとは決してなりえず，その妥当性を様々な観点から検証する必要がある。 ［小問 2］ と ［小問 3］ はこの点を具体的に理解してもらうための問題である。

---

[8] E 社には，まず日本で訴訟を起こし，その後に米国で訴訟を起こすという戦略も考えられるが，日本で実質的審理を伴う裁判を受けてから米国で訴訟を提起した場合には（はじめから米国で訴訟を提起する場合と比べて）裁判管轄権が認められない可能性が圧倒的に高まるはずである。したがってこの戦略は最初から米国で訴訟を起こすという戦略につねに劣後すると考えられるのでゲームの木には書き加えていない。

小問2について

【図 2-2】に示した決定分析は問題をE社との紛争の解決に限定して考えたDテレビの利害状況を示したものである。しかしながら，この事件の解決方法がDテレビの将来に及ぼす影響は多様である。たとえば，「DテレビはE社の脅しに屈して高額の和解金を支払った」というような表現で本件事件が喧伝された場合，それは公正な報道機関を標榜するDテレビにとってはなはだ不名誉なことであり，スポンサー企業の減少や視聴率の低下をもたらす原因となるかもしれない。のみならず，「Dテレビはクレームに弱い」と感じた人の中には「それでは自分も何か理由を見つけてDテレビに賠償金の支払を求めてみよう」と考える不心得者も出てくるかもしれない。このような諸事情を考慮すると，「短期的には採算が合わなくても法廷闘争を遂行すべきである」という判断に至る可能性も十分あるし，そこまではしないまでも，「両当事者とも和解の内容は一切口外しない」という条項を和解契約の中に入れることによって信用リスクの低下を防ごうとする場合もあるであろう（ただし，そのような条項の追加をE社に受諾させるためには和解金の額をさらに引き上げなくてはならないかもしれない）。

小問3について

ここでは，E社が提示してきた和解額が3億に変わっている点に注目してもらいたい。この修正を【図 2-2】に加えると，Dテレビの選択が「和解拒絶」となることは明白であろう。にもかかわらず，あえて和解受諾の検討を勧めるという発想はどこから出てくるのであろうか。

問題は，先ほどの推論で前提とした「上場企業は株主の視点で意思決定するべきであり，そして上場企業の株主はその企業に固有の事象についてはリスク中立的であるから，上場企業はリスク中立的な意思決定，つまり，期待利益を最大にするような意思決定をするべきである」という命題の妥当性にある。というのは，この命題が成立するためには「不利益な結果が生じても企業に倒産リスクは生じない」ことが前提となっているからである。企業が株主の利益だけを考えて意思決定をするべきなのは，他の企業関係者は契約で定められた利益を得ることが保証されている限り，株主の利益を最大にすることが社会全体

の利益を最大にすることになるからである。しかるに，企業が倒産する可能性がある場合，他の企業関係者，すなわち債権者は契約で定められた利益を得ることができない（倒産という事態を想定して契約条件を定めている債権者は例外的である）。このような場合には，企業の経営者は，債権者の利益も考えて意思決定をすべきであり，したがって，もし今回の事件の結果支払うに至る金額がDテレビの今後の資金調達に支障をきたすほどのものであるとすれば，Dテレビの経営者は，その事態を回避する意思決定をするべきである（以上の点について，詳しくは276頁以下参照）。

本件の意思決定がDテレビの倒産につながるリスクはどの程度あるのか，この問題を考えるに際しては **ONE MORE STEP 2-1** に記したような方法で事態の帰結を再評価することも一案だが，本件に関する限りもっと直截な方法がある。すなわち，本件の帰結がDテレビの倒産リスクを生み出すことがあるとすれば，それはひとえに米国の裁判所が unjust enrichment の法理を用いて50億円の賠償を命じた場合だけであろう。したがって，あなたは，Dテレビの経営者に対して，万が一この事態に至った場合でも同社の財務状態に支障をきたすことはないかを尋ねればよい。そして，それでも企業の資金調達に支障は生じないというのであれば，従来どおりの意見（つまり，「和解案拒否」）を堅持し，そうでない場合には，やむをえず和解案受諾を勧めることもありうるのではなかろうか。

ONE MORE STEP 2-1　期待効用定理

　どうしたら行為者の確実性等価を特定できるのか。この問題に対して有力な手掛かりを与えてくれるものが**期待効用定理**である。ゲーム理論の創始者である von Neuman と Morgenstern が考案したこの定理によれば，不確実な利得の確実性等価は，「実現しうる利得の1つ1つがもたらす効用の期待値と同じ値の効用をもたらす確実な利得の値」に等しい。いかにしてこの結論が導かれるのか，またこの結論の実践的意義はどこにあるのか，以下，順を追って説明しよう。

　(A)　期待効用定理は不確実な利得に対する行為者の評価に関して下記の事実を公理と考える。[9]

---

[9]　これらの公理はいずれも一応の信憑性（plausibility）を備えたものといえようが，現実の人間の行動にはこれらの公理とは合致しないものがあることも知られている。その例として著名な「アレのパラドックス」について，大垣・田中（2014）55頁以下参

(1) 行為者は2つの不確実な利得 A と B の選好関係をつねに判断できること（完備性の公理）。以下，A が B と同じかそれより望ましいことを，「$A \succsim B$」と表し，$A \succsim B$ かつ $A \precsim B$ であれば（つまり，A と B が同等であれば）これを「$A \sim B$」と表すことにする。
(2) 3つの不確実な利得 A, B, C のうちで，$A \succsim B$ かつ $B \succsim C$ であれば $A \succsim C$ であること（推移性の公理）。
(3) 3つの不確実な利得 A, B, C が $A \succsim B \succsim C$ の関係にあるとき，$\alpha A + (1-\alpha)C \sim B$ となる実数 α がつねに存在すること（連続性の公理）。
(4) 2つの不確実な利得 A と B が $A \succsim B$ の関係にあるとき，$0 \leqq \alpha \leqq 1$ である任意の実数 α と A, B 以外の任意の不確実な利得 C に関してつねに $\alpha A + (1-\alpha)C \succsim \alpha B + (1-\alpha)C$ の関係が成立すること（独立性の公理）。

(B) 上記の公理からの演繹的推論によって次の結論が導き出される。[10]
(1) 各行為者について確実な利得と効用の間には一対一の対応関係が定まる。[11] この対応関係を，利得を独立変数，効用を従属変数とする関数としてとらえたものを**効用関数**と呼ぶ。
(2) 利得が大きいほどもたらされる効用は増大するから効用関数は単調増加関数である（ただし，その具体的形状に様々なパターンがある点は後述のとおり）。
(3) 不確実な利得の確実性等価は，次の手順を踏むことによって特定できる。以下，不確実な利得を確率変数としてとらえたものを X，X を独立変数とする効用関数を $U(X)$ で表し，X を構成する個々の実現値を $x_1, \cdots, x_n$，それらの実現確率を $p_1, \cdots, p_n$ で表すことにする。
 (a) 効用関数 $U(X)$ を用いて n 個の実現値 $x_1, \cdots, x_n$ がもたらす n 個の効用を特定し，その値を $U(x_1), \cdots, U(x_n)$ で表す。
 (b) 以下の算式によって効用の期待値（これを**期待効用**という）$E[U(X)]$ を求める。

$$E[U(X)] = \sum_{i=1}^{n} U(x_i) \cdot p_i$$

 (c) 効用関数 $U(X)$ を用いて $U(e) = E[U(X)]$ となる e の値を求めれ

照。
10) 期待効用定理の厳密な証明については岡田（2011）26頁以下を参照されたい。
11) この効用は基数性を備えた概念であり，序数性しか認めない経済学の伝統的効用の概念と区別する意味で「フォンノイマン・モルゲンシュテルン効用」と呼ばれることがある。

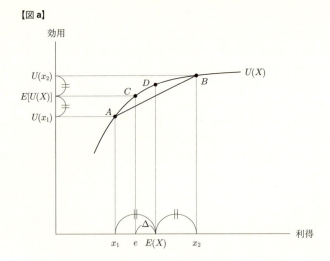

ば，この e が不確実な利得 X の確実性等価となる．

(C) 以上の点を図を使って説明しよう．【図 a】をご覧願いたい．

(1) 【図 a】の横軸は利得，縦軸は効用を表しており，同図上の曲線は行為者の効用関数 $U(X)$ を表している．

(2) この効用関数の下で【図 a】の横軸に示した x_1, x_2 という 2 つの実現値がそれぞれ 50% の確率で実現されうるものとする．この場合，x_1 と x_2 のそれぞれがもたらす効用は効用関数上の点 A と点 B を経由して【図 a】の縦軸に示した $U(x_1)$ と $U(x_2)$ となり，期待効用 $E[U(X)]$ は縦軸上における $U(x_1)$ と $U(x_2)$ の中点の値となる．

(3) 次にこの期待効用をもたらす確実な利得の値を求める．その値は，効用関数 $U(X)$ 上の点 C を経由して【図 a】の横軸に示した点 e の値となるので，この値が X の確実性等価である．

(4) 一方，期待値 $E(X)$ は【図 a】の横軸における x_1 と x_2 の中点の値であるから，この値と e の差がリスクプレミアム Δ となる．

(D) 【図 a】の効用関数は上に凸であるので点 C $(e, E[U(X)])$ は点 D $(E(X), U[E(X)])$ の左下に位置し，結果としてつねに $e < E(X)$ となる．これに対して効用関数が直線であれば点 C と点 D は一致するので $e = E(X)$ となり，効用関数が下に凸であれば点 C は点 D の右上にくるので $e > E(X)$ となる（作図して確認してもらいたい）．つまり，リスク回避的な行為者の効用関

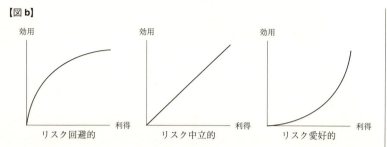

数は上に凸，リスク中立的な行為者の効用関数は直線，リスク愛好的な行為者の効用は下に凸となる（【図 b】参照）。

なお，効用関数が上に凸であるということは利得がもたらす追加的な効用は保有資産額が上昇するほど低下する（このことを逓減的という）ことを意味している。生身の人間は多くの場合リスク回避的であることはこの点からも合点のいくことであるといえよう。[12]

(E)　リスク回避的な行為者の不確実な利得に対する確実性等価を求めるためにはその状況に合った効用関数の形状を特定することが必要である。その具体的方法としては，様々な状況を想定した思考実験を行為者に行わせて効用関数の形状を推定することも一案であるが，各種の特性を備えた関数モデルも考案されているので，[13] これらのモデルのうちで状況に合致していそうなものを使うこともできる。

(F)　期待効用定理が示唆するもう1つの知見は，実現値のばらつきが小さくなるほどリスク回避的な行為者の確実性等価は上昇するという点である。このことは，【図 a】において x_1 と x_2 の幅が（$E(X)$ を変えることなく）縮まるほど，点 C は点 D に近接していくことを見れば納得できるであろう。

---

[12]　一見リスク愛好的な宝くじの購入者（注4）参照）の場合も，「当選を夢見ること自体に効用を見出している」と考えれば，「自然人は通常リスク回避的である」という原則と矛盾しない。

[13]　たとえば，$U(X) = 1 - e^{-x}$ という効用関数を用いれば，資産保有額にかかわらず局所的なリスク回避度は一定となることが知られている（岡田（2011）285 頁）。さらに，行動経済学の発展に伴い，「現時点における資産総額」などの一定の基準（これを「参照点」という）からの変化を重視して効用関数の形状を再構成する理論（再構成された関数は「価値関数」と呼ばれる）などに代表される様々な知見も提示されている（大垣・田中（2014）67 頁以下参照）。

3 情報の価値

次の問題に移りたい。

【問題 2-3】
　プロサッカー選手であるA氏はオフ・シーズンに自転車運転をしていたところ不幸にしてB氏の運転する自動車に追突され，入院加療20日間を要する傷害を被ってしまった。退院の前日，A氏は担当の医師から，「外傷はすべて完治したが，今回の事故が原因でサッカー選手としての運動能力に致命的な支障をきたす後遺症が発症する可能性がある。しかし，この問題について現時点で取りうる処置はない」旨言いわたされた。
　退院の翌日，A氏はB氏の保険会社であるC社から今回の事故の和解契約を締結したい旨の申込みを受けた。提案された和解の内容は，C社が和解金としてA氏に2000万円払い，これを対価としてA氏は本件事故に関する一切の権利（後遺症に対する損害賠償請求権を含む）を放棄するという内容のものであった。A氏はこの和解契約を結ぶことの適否を弁護士であるあなたに相談した。あなたの分析によれば，もしA氏がB氏に対して民事訴訟を提起すれば，A氏は弁護士費用も含めて200万円を負担せねばならないが（この負担は訴訟の結果にかかわらず発生するものと仮定する），A氏が勝訴する確率は90％ある（敗訴する可能性が10％存在するのは，「B氏には過失がなく，事故はもっぱらA氏の過失によるものであった」としてB氏の民事責任（運行供用者責任を含む）が否定される可能性があるからである。なお，A氏に対して過失相殺の法理が適用される余地はないと仮定する）。問題は，勝訴した場合に得られる賠償金額であるが，これは，A氏に後遺症が発症するか否かによって結果が大いに異なる。あなたの信頼しているD医師の意見によれば，後遺症が発症する可能性は20％であり，後遺症が発症するか否かは遅くとも1年以内には明らかになる。それゆえ，本件について裁判を提起すれば後遺症の有無は口頭弁論の終結前には明らかになるので，裁判所は，後遺症の有無に応じ，異なる賠償額（以下，判決額という）を命じることになるであろう。A氏のサッカー選手としての所得やこれまでの類似案件の判例を参考に試算した結果，後遺症がなければA氏が勝訴した場合に得られる判決額は500万円であるが，後遺症が発症したうえでA氏が勝訴した場合に得られる判決額は8000万円である。

---

14) 10％の確率でB氏の民事責任が否定される可能性があるのに過失相殺が適用される余地はないという仮定はやや非現実的であるが，議論を分かりやすくするための便宜とお考え願いたい。

3 情報の価値

以上の事実を前提にして下記の各小問に答えてもらいたい。なお、[小問3]を除いてはA氏はリスク中立的であると仮定する。

[小問1] A氏が取りうる選択肢はC社からの和解の提案を受け入れるか、これを拒否して民事訴訟を提起するかの2つに1つであるとした場合、あなたはいずれを勧めるか、決定の木を作成して検討せよ。

[小問2] 専門病院で検査を受ければA氏に後遺症があるか否かはただちに明らかとなることが判明した。ただし、この検査には健康保険の適用がないため、検査費は300万円にのぼる（この検査費も裁判の結果にかかわらずA氏の負担になるものと仮定する）。あなたは、保険会社に対して回答する前にA氏にこの検査を受けることを勧めるべきか否かについて、次の諸点に留意しつつ新たな決定の木を作成して検討せよ。

(1) 検査の結果後遺症があるとされる可能性についてはD医師の見立て（20％）に依拠して計算を行うこと。

(2) A氏が取りうる選択肢は[小問1]の場合と同様に和解の受諾か裁判の提起のいずれか1つであると仮定する。ただし、上記の検査を受ければ、その結果は、和解の申し込みに対する回答の期限前に判明するものとする。

[小問3] A氏がリスク回避的であるとした場合、あなたはA氏の利益を最大限守るためにどのような改訂和解案をC社に対して提示すべきであるか。次の点に留意しつつ検討せよ。

(1) 改訂和解案におけるC社の損益の期待値が、同社が提示した和解案における同社の損益の期待値を下回る場合には、C社はあなたの提案を拒否する可能性が高いが、あなたはそのような事態は回避したいと考えている。

(2) C社は純粋にリスク中立的であり、かつ、A氏に後遺症が発症する確率や裁判の結果についてはあなたとまったく同じ見立てをしているものとする。

(3) [小問2]記載の検査は可能でないと仮定する。

小問1について

決定の木の作成には大分慣れたことであろう。本件で迷うことがあるとすれば、①後遺症の発症によって生じる損害を評価要因に加えるべきかどうか、と、②仮に加えるとすればその評価をどうするか、ではないであろうか。①に

については、後遺症が発症するか否かは、「和解を受け入れるか否か」とは無関係に決まることなので、A氏はリスク中立的であると仮定する限りこの点を決定の木に組み入れる必要はない。しかしながら、本問では後にリスク中立性の仮定をはずした検討を行うので、そのための準備としてここではこの点も評価要因に加えることにしよう。②については、議論を簡単にするために、ここでは後遺症の損害に関して裁判所が命じるであろう賠償額、つまり、8000万円をもって後遺症がもたらす損害とみなすことにする（この損害はすべて金銭的な損失であり、A氏には非金銭的な損失はないものとする。この点については **ONE MORE STEP 2-2** を参照）。

以上により、【図2-3(a)】の決定の木ができる。これによれば、［小問1］の

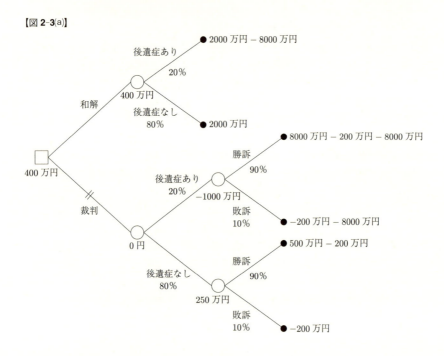

【図2-3(a)】

---

15) ちなみに、20日間の入院治療によって生じた損害については、A氏がリスク中立的であるか否かにかかわりなく評価要因に組み入れる必要はない。この損害はすでに発生しているものである以上（発生することが確定している損額を**サンク・コスト**という）、今後取るべき行動の選択には影響を与えないからである。サンク・コストについては、250頁の解説も参照されたい。

答えは「和解に応じるべし」である。

小問 2 について

検査をすれば後遺症が発生するか否かがただちに分かるといわれても，300万円という高額の検査費を考えると検査を行うべきか迷ってしまう人も多い

【図 2-3(b)】

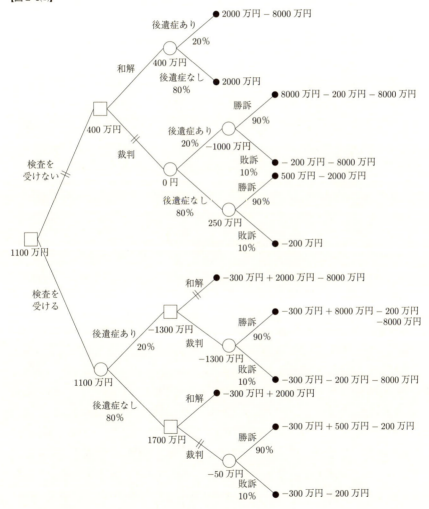

かもしれない。「分かったところで事態が改善されない以上は無駄な支出である」。そう考える人もいるであろう。たしかに、通常の場合であればこの考え方にも一応の合理性があるが、本件においては状況が違う。ここにおいて後遺症の有無を知ることは非常に大きな価値をもたらす。【図2-3(b)】をご覧願いたい。

【図2-3(b)】の上半分は【図2-3(a)】と同じであり、新たに設けられた下半分は検査を行った場合の行動計画を表している。これによれば、後遺症があると判明した場合は和解案を拒み、後遺症がなかった場合には和解に応じることが最善である（検査の結果を相手に伝えないことの倫理的問題はこの際不問とする）。この結果、検査を受けた場合のA氏の期待利得は検査費の300万円を考慮してもなお1100万円となり、検査を受けない場合の期待利得である400万円よりも格段に有利である。

以上の点は、決定分析を行えば情報の価値が明らかとなる場合があることを示している。A氏の場合、「後遺症の有無」という情報を得ることの価値は1000万円もあるのだ（これは、検査を受けた場合と受けない場合の期待利得の差に検査費用を加えた数字である）。これにより、検査費用がこの値を上回らない限り検査を受けるべきであるという結論に至る。

4 リスク回避的な行為者

小問3について

ここまでの分析はA氏がリスク中立的であるという仮定の下に行ってきた。しかしながら、この仮定は現実的ではないであろう。金銭的利得に対する自然人の限界効用は通常逓減的であり（無一文の状態でもらう1万円の方が、1億円持っている状態でもらう1万円よりも、その人の効用を増やしてくれるはずである。前者は生存に必要な糧を与えてくれるが、後者は、余剰資金を増やすだけである）、限界効用が逓減的な人の行動はリスク回避的となる（以上の点について **ONE MORE STEP 2-1** の説明参照）。したがって、本件におけるA氏もまたリスク回避的であると仮定することが合理的であり、そうである以上、A氏は、後遺症が発症する場合とそうでない場合の金銭的利得を平準化することを望むはずである。

そう考えると，[小問1]で「正解」とした「和解案受諾」は決して魅力的な解決方法ではない。なぜならば，もし不幸にして後遺症を発症した場合A氏は2000万円の現金を手にするだけでサッカー選手としての所得の喪失という事態を甘受しなければならないからである。だからといって，もう1つの選択肢である「和解案拒否」が望ましいともいえない。なぜならば，この道を選んだ場合，10%の確率で1円も手に入らないという事態が待ち受けているからである。[16] ではどうしたらよいのか。

当事者がリスク回避的である場合には期待値を同一水準に継続したまま利得の不確実性を減少させていけばその確実性等価は確実に上昇することが知られている（**ONE MORE STEP 2-1**(F)参照）。本件の場合，交渉の相手である保険会社はリスク中立的であると仮定しているので保険会社にとっては期待値が等しい解決案はいずれも同等の価値を有するはずである。したがって，和解案の内容を，保険会社の負担額の期待値を引き上げることなく，できるだけA氏が負担する損害の不確実性を軽減させるものに変えれば，交渉当事者が分け合うパイの総量は増大するはずである。

そこで，当初に保険会社がA氏に支払う金額をx，後遺症が発症した場合に追加して支払われる金額をyとして上記の要件を数式化してみよう。まず，保険会社にとっての期待利得が同社の提案した和解案の期待利得である-2000万円と等しくなるためには，xとyが次の制約式を満たしていなければならない。

$$x + 0.2 \times y = 2000 \text{ 万円}$$

A氏の利得をできるだけ平準化させるためには後遺症が発症しない場合の利得であるxと後遺症が発症した場合の利得である$(x+y-8000)$万円との差額，すなわち$(y-8000)$万円の絶対値を最小の値とすべきである。

以上の点を考慮すれば，A氏にとって最善の和解案は$x = 400$万円，$y = 8000$万円となるので，次の和解案を保険会社に逆提案することをA氏に示唆[17]

---

16) ここでは，[小問2]で取り上げた検査は利用できないという前提で議論を進めているが，A氏がリスク回避的である以上[小問2]の解決案すらも決して望ましいものではない。この案を採用して後遺症が発症した場合，やはり10%の確率で1円も手に入らない事態が待ち受けているからである。

17) $y = 8000$万円を本文中の制約式に代入すれば必然的に$x = 400$万円となる。

【表 2-1】

	後遺症が発症した場合（確率20%）	後遺症が発症しなかった場合（確率80%）	A氏の期待利得	利得の標準偏差
修正案	$4(=84-80)$	4	4	0
当初和解案	$-60(=20-80)$	20	4	32
訴訟遂行案　勝訴した場合（確率90%）	$-2(=80-80-2)$	$3(=5-2)$	0	12
訴訟遂行案　敗訴した場合（確率10%）	$-82(=-80-2)$	-2		

(単位100万円)

すべきであろう。

(1) A氏はただちに400万円を受け取り，(2)の場合を除いて，本件に関するすべての権利を破棄する。

(2) ただし，将来後遺症が発症した場合には，保険会社は追加的に8000万円をA氏に支払う。

参考までに，①この案（以下，「修正案」と呼ぶ）と，②当初の和解案と③訴訟遂行案という3つの選択肢の下においてA氏の利得の不確実性はどのように異なるかを表にしてみた。【表2-1】をご覧願いたい。

【表2-1】の最後の列に記載している利得の標準偏差とは利得のバラツキの大きさを表した数値である（その正確な意味については74頁参照）。修正案の下ではこのバラツキは完全に消滅し，A氏は，結果のいかんにかかわらずつねに同額の利得を手に入れることができる。もちろん現実の交渉において保険会社がこの修正案を無条件で受け入れてくれるかどうかは定かでないが，少なくともこれを追求してみる価値はあるであろう。

ONE MORE STEP 2-2　非金銭的損失に対する金銭的賠償

リスク回避的な者にとっては損失の発生と金銭的利得をできるだけ結びつけることが望ましい。それがここまでの結論であった。しかしながら，この結論は非金銭的損失（＝金銭の支払を受けても回復されない損失）を伴う利害状況にはあてはまらない。このことを ONE MORE STEP 2-1 で紹介した効用関数を使って説明してみよう。[18]

---

18) この ONE MORE STEP 2-2 を執筆するにあたっては田中亘教授から多くの示唆を賜った。あらためて感謝申し上げる。

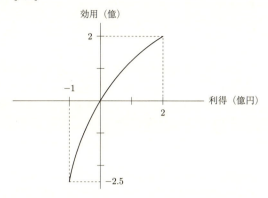

【図a】

最初に【問題2-3】の［小問3］の結論の正しさを確認しておこう。そこに登場するA氏の効用関数は，マイナス1億円からプラス2億円の利得の範囲においては次の方程式で表せるものと仮定する[19]。

$$U(X) = -\frac{1}{2億}(X - 2億)^2 + 2億$$

参考までに，この方程式のグラフも図示しておこう。【図a】がそれである。

この場合，当初和解案（最初に2000万円の支払を受けて決着させる案。以下，「A案」という）の下でのA氏の期待効用U_Aは，

$$U_A = 100\% \times U(2000万円) + 20\% \times U(-8000万円)$$
$$= 3800万 + 0.2 \times (-1億9200万)$$
$$= -40万$$

である。

これに対して，修正案（最初に400万円の支払を受けたうえで，後遺症が発症した場合に追加で8000万円の支払を受ける案。以下，「B案」という）の期待効用U_Bは，

---

19) この効用関数は便宜的なものであるが，効用関数の形状が逓減的なものである限り本コラムの結論は変わらない。ちなみに，効用は無名数（＝単位のない値）であるから【図a】の縦軸に円建てではない（のみならず，効用関数は正一次変換を加えても同一性を失わないことが知られているので，その意味においては効用の絶対値自体に意味があるわけではない——たとえば，【図a】の縦軸を100分の1に縮小しても分析の結論に変わりはない）ことにも留意されたい。

$$U_B = 100\% \times U(400\,\text{万円}) + 20\% \times U(8000\,\text{万円} - 8000\,\text{万円})$$
$$= 792\,\text{万} + 0$$
$$= 792\,\text{万}$$

となる（ここでは，損失額と賠償金が打ち消し合うことによって後遺症発症時の利得が0円（したがって，効用も0）となっている点に留意されたい）。

そこで，U_A と U_B を比較すると $U_B > U_A$ であるから，B案の方がA案よりA氏にとって望ましいことが確認できた。

次に【問題2-3】の被害者がサッカー選手のA氏ではなく主婦のEさんであり，20%の確率で発症する後遺症は「片足不随」である場合について考えてみよう。議論を分かりやすくするために，効用関数の形状はA氏の場合と同じとし，さらに，片足不随になってもEさんには金銭的損失は発生せず，一方，その精神的苦痛は8000万円の金銭的損失に匹敵する（つまり，マイナスの効用の値はA氏の場合と等しい）と仮定する。ここで注意すべきことは，非金銭的損失の場合，金銭の支払を受けても損失の発生は回避できないという点である。にもかかわらず，効用の総和を0とするためにはその損失がもたらすマイナスの効用と絶対値において等しいプラスの効用をもたらす金銭が支払われなければならない。Eさんの場合，片足不随がもたらすマイナスの効用が8000万円の金銭的損失のもたらすマイナスの効用に等しいのであるから，その効用の値は，

$$U(-8000\,\text{万円}) = -1\,\text{億}\,9200\,\text{万}$$

であり，1億9200万のプラスの効用を生み出す金銭の値 X は，

$$U(X) = 1\,\text{億}\,9200\,\text{万}$$

を解いて，

$$X = 1\,\text{億}\,6000\,\text{万円}$$

である（以上の数字の関係については【図b】参照。同図の線分A0と線分B0の長さが等しい点に留意されたい）。

したがって，EさんにB案と同じ期待効用をもたらすためには，最初に400万円を支払ったうえで（ここまでは同じである），後遺症が発症した場合の追加支払額を1億6000万円にしなければならない。念のために，この案（以下，「C案」という）の期待効用 U_C を計算すると，

【図 b】

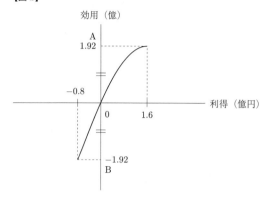

$$U_C = 100\% \times U(400\,\text{万円}) + 20\% \times U(-8000\,\text{万円})$$
$$\quad + 20\% \times U(1\,\text{億}\,6000\,\text{万円})$$
$$= 792\,\text{万} + 0.2 \times (-1\,\text{億}\,9200\,\text{万}) + 0.2 \times 1\,\text{億}\,9200\,\text{万}$$
$$= 792\,\text{万}$$

となって $U_B = U_C$ であることが確認できた。

ところで，A 案と B 案は（期待効用ではなく）保険会社が支払う金額の期待値が一致するがゆえに（リスク中立的であると仮定している）保険会社にとっては同等のものと評価されるのであった。そこで，C 案における保険会社の要支払額の期待値を計算してみると，

$$100\% \times 400\,\text{万} + 20\% \times 1\,\text{億}\,6000\,\text{万円} = 3600\,\text{万円}$$

となる。つまり，保険会社にとっては最初に 3600 万円を支払うだけで決着させる案（以下，「D 案」という）が C 案と同等である。そこで，D 案の下での E さんの期待効用 U_D を計算してみると，

$$U_D = 100\% \times U(3600\,\text{万円}) + 20\% \times U(-8000\,\text{万円})$$
$$= 6552\,\text{万} + 0.2 \times (-1\,\text{億}\,9200\,\text{万})$$
$$= 2712\,\text{万}$$

となって，$U_D > U_C$ であることが明らかとなった。

ここで，これまでに出てきた 4 つの解決案の性格とそれぞれの案が被害者にもたらす期待効用の大小関係をまとめてみよう。

(各解決案の性格)

	最初に一時金を支払って決着させる案	損失の発生時に追加額を支払う案
対象は金銭的損失	A案	B案
対象は非金銭的損失	D案	C案

(各案の期待効用の大小関係)

$$U_A < U_B = U_C < U_D$$

上式のうち、U_B と U_C が等しいのはそうなるように数値を選んだからである。重要なことは、$U_A < U_B$ であるのに $U_D < U_C$ であること、つまり非金銭的損失については、損失の発生時にそれに見合う(すなわち効用の絶対値が等しい)対価の支払を受けるよりも、それと期待値が等しい金額を最初に支払ってもらう方が望ましい結果となるのである(Eさんの立場に立っていえば、「片足不随になってしまった場合にだけ2億円弱のお金をもらうよりも、今ただちに3600万円もらってこれを好きに使う方がずっと楽しい」というわけである)。[20]

ちなみに、わが国の裁判実務では精神的損害に対して命じられる賠償額、つまり慰謝料額はかなり低いが、その点を踏まえても上記の結論は変わらない。非金銭的損失の場合、損失の発生自体は回避できず、一方、期待値が等しい2つの支払案を比較した場合、リスク回避的な行為者にとっては不確実性が低い支払案の方が期待効用は高くなるからである。[21]

以上の知見が法律家の遭遇する諸事象に対してもたらす含蓄は大きい。紙数の都合上ここでは多くを語れないが、次の2点を認識しておくことは重要である。

---

20) ここでは片足不随になっても E さんに金銭的損失は発生しないと仮定していることに留意されたい。金銭的損失も発生する場合には、その限度において金銭の支払と損失の発生を結び付ける方が期待効用は増大する。

21) こころみに、E さんが片足不随となった場合に裁判所が命じる慰謝料が 8000 万円であるとしてみよう。この場合の U_C と U_D は次のように計算できる。

$$U_C = 100\% \times U(400 万円) + 20\% \times U(-8000 万円) + 20\% \times U(8000 万円)$$
$$= 792 万 + 0.2 \times (-1 億 9200 万) + 0.2 \times 1 億 2800 万$$
$$= -488 万$$
$$U_D = 100\% \times U(400 万円 + 20\% \times 8000 万円) + 20\% \times U(-8000 万円)$$
$$= 3800 万 + 0.2 \times (-1 億 9200 万)$$
$$= -40 万$$

$U_D > U_C$ という結論は変わらないことが確認できた。

(1) 非金銭的損失を補塡するために保険またはこれに類似した仕組みに頼ることをクライアントに勧めてはならない。保険の加入料金は対象とする事態が発生した場合に支払われる金額の期待値をつねに上回るからである。[22]
(2) クライアントに非金銭的な損失が発生しそうな（または発生しつつある）場合には，極力差止請求権を行使することによって被害の拡大を食い止めるべきであり，事後的な賠償請求に頼ることは非効率的である。

5 戦略的行動

次の問題はこれである。

【問題 2-4】
　大手商社である G 社の法務部長 W 氏は現在大きな決断を迫られている。同社の社内通報制度を通じて得た情報によれば，同社が近年進出に力を注いできた新興国 O 国の政府に対して同社の O 国担当部長が巨額の違法政治献金をしたとの噂があることが発覚したからである。この問題に関して W 氏は次の事実を所与のものとして分析を進めることにした。

(1) この噂が真実である可能性は 10% である。
(2) 仮に噂が真実であるとしても，このまま何もせずにいれば，O 国において本件が明るみに出る確率は 30% しかない。ただし，これが明るみに出た場合，G 社は長年 O 国において行ってきた投資の果実を失う公算が高く，その損害の期待値は −500 億円である。
(3) 上記噂の真偽を調査するためには第三者委員会を発足させて本格的な調査を開始することが必要である。これに要する費用は，調査のために失われる時間の機会費用も併せて 2 億円にのぼる。
(4) 上記の調査をすれば噂の真偽は 100% 確実なものになるであろう。
(5) 調査の結果，噂が真実であると判明した場合，G 社には 2 つの選択肢がある。その 1 つは，この事実を自発的に O 国政府に報告するというものである。この場合，O 国政府は，自発的に不祥事を発見・報告した G

---

22) そうでなければ，保険会社は利益をあげることができない。なお，本文記載の点を踏まえると，「ペットロス保険」や「失恋保険」が生まれることは（少なくとも補塡が金銭の支払という形をとる限り）ないであろう。

社の姿勢を評価してくれそうではあるものの，不祥事を起こしたことによって一定の不利益を受けることは避けられず，その損害の期待値は −200 億円である。
(6) もう1つの選択肢は，噂が真実であると判明しても事実を公表しないというものである。ただし，この場合には上記(2)の場合よりは事件が明るみに出る可能性が高まり（調査の過程で O 国の関係者にも連絡を取らざるをえないからである），その確率は 50% にのぼる。さらに，真実が分かっていたにもかかわらずこれを隠蔽していたとなれば O 国政府の G 社に対する不信感は挽回不能のものになる公算が高く，その損害の期待値は −1000 億円にのぼる。

あなたが W 氏であるとすれば，あなたは G 社の経営者に対していかなる措置を提案すべきであろうか。

　不祥事を起こした企業が第三者委員会を立ち上げることが近年流行している。企業統治の強化という点から見て歓迎すべき傾向だと思うが，不祥事があったという疑惑があるだけで，いちいち第三者委員会を発足させていては企業経営は成り立たない。委員会開催の要否についても，それが企業にとって最終的に利益となることなのか否かという観点から決めることが企業経営の王道であろう[23]。
　ところで，【問題 2-4】で述べられている確率はいずれも客観的根拠の乏しい，その意味では典型的な主観確率である。したがってその評価は人によってかなり異なるとは思うが，このような問題こそ長年 G 社のインハウス・カウンセルとして働いてきた W 氏の腕の見せどころである。同氏は，これまでの経験を踏まえて——かといって，もちろん独善に陥らないように外部の専門家の意見なども徴しつつ——最善の確率判定をすべきであり，【問題 2-4】に記載した確率はいずれもその結果であると仮定する。
　以上の点を踏まえて決定の木を作ると【図 2-4】のようになる。

[23) 企業経営の目的について，詳しくは第 6 章 *1* および *6* の議論を参照されたい。

5 戦略的行動

【図2-4】

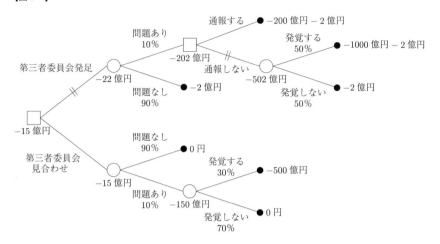

　【図2-4】が示す本件問題の利害状況は非常にユニークである。なぜならば，この状況下で第三者委員会を発足させると——仮にこれを発足させることに伴う費用が0だと仮定しても——G社の利得は減少するからである。一般の社会常識では情報はつねに価値を有している。しかし，本件におけるG社のように，なまじ新たな情報を得ようとすると，「藪から蛇を出してしまう」こともあることを銘記してもらいたい。

　決定分析の結果，第三者委員会の立ち上げは見合わせるべしとの結論に至った。しかしながら，この結論は法律家であるW氏にとって不本意なものであろう。真実を究明したいという法律家なら誰でもが抱く願望と，企業価値を最大化させるという経営者としての職責を両立させる手立てはないものであろうか。

　思うに，状況を打開する鍵を握っているのはO国の政府ではないであろうか。なぜならば，同国の政府は——少なくともそれが民主的な政府である限り——この不祥事に関する真実を突き止めてそれを今後の国政に役立てることを望んでいるはずであり，同時に，不祥事の存在が明らかとなった場合G社が被る損害額を軽減させる実力を備えているはずだからである。であるとすれば，G社にはあらかじめO国政府と掛け合い，①第三者委員会を立ち上げて真実を究明しその結果を必ず同国政府に知らせることを約束する代わりに，②万が一不祥事が明らかとなった場合にG社がO国で失う利権を最小のものに

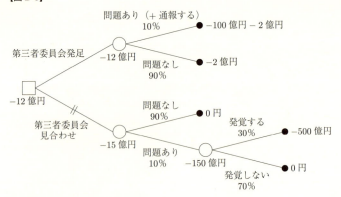

とどめるための必要措置をとることを，O国政府に約束してもらう道が残されているのではないか。

　もちろん，このような交渉を外国政府と行うことは容易なことではない。特に，相手の反応を見極めるまではこちら側の企業名が分からないように匿名ベースの交渉をすることが肝要であり，そのためには第三者――たとえば現地の法律事務所――を介在させて交渉を始めるなどの配慮も必要であろう。しかしながら，これが成功した場合状況は劇的に変化する。【図 2-5】をご覧願いたい。

　【図 2-5】はG社とO国政府の間で先ほど記した合意成立の目処が立った時点における決定分析である（調査の結果不祥事が明らかとなった際の損害は100億円にとどまることが仮定されている）。したがって，この場合においては，第三者委員会を立ち上げて真実を解明することこそがG社にとって最善の道である。

　決定の木が示す利害状況を打開するためにとる行動を一般に**戦略的行動**という。戦略的行動には様々なものがあるが[24]，決定の木を作成することによってはじめてその存在意義が明らかとなることも稀ではない。決定の木を活用して社会に役立つ戦略的行動を考案していってもらいたいと願う次第である。

---

24)　その例は，Dixit（2010）などに紹介されている。

第3章
統計分析(1)
母数の推定

　第1章では主観確率を用いた事実認定の技法を学んだ。しかしながら，この技法を用いうるのは「事象」，つまり一定の出来事の存否についてだけである。ところが，法律家は事象ばかりではなく，「数量」を主張・立証しなければならない場面にもしばしば遭遇する。「原告の逸失利益はいくらであるか」，「この業界における男性従業員の平均給与はいくらであるか」，「この町の大気の汚染度はいくらであるか」等々の数量である。そして，これらの数量を与えられた証拠によって直接証明できることは稀であり，多くの場合には証拠によって得た情報から求める数量を推定するという作業を行わなくてはならない。推測統計学[1]はこれを行うための技法であり，その基本原理と応用方法を学ぶことが本章のテーマである。

1 母集団と標本

　統計の世界で論じられる数量には母集団上のものと標本上のものの2種類がある。**母集団**とは調査者の関心の対象である集団全体のことであり，**標本**とは母集団から抽出された要素の集合のことである。たとえば，「日本人男性の身長」という主題に関する統計を考えた場合，母集団は日本人男性1人1人の身長を要素とする集合のことであり，日本人男性の中から一定数の人を抽出して彼らの身長を計測した場合，計測された人々の身長の集合が標本である。
　標本の特性を表す指標を**統計量**という。代表的な統計量には「標本の中心」

---
[1] 推測統計学に対して，証拠から得られた情報をいかに効率的かつ明確に表現するかを研究する統計学の分野を記述統計学という。

を表すものと「標本全体のばらつきの大きさ」を表すものの2種類がある。

標本の中心を表す統計量として最も重要なものは標本の**平均**である[2]。標本の平均とは，標本の要素の値の総和を標本の要素の数で割った値のことであり，標本の要素の数を n 個とし，各要素の値を $x_1, x_2, \cdots, x_n$ とすれば，標本の平均 $\bar{x}$ (「エックス・バー」と読む) は次の数式によって表される。

$$\bar{x} = \frac{1}{n} \sum_{i=1}^{n} x_i \tag{3.1}$$

標本全体のばらつきの大きさを表す指標として最初に考えつくのは標本の各要素の値から標本の平均を差し引いた値（これを**偏差**という）の平均かもしれない。しかしながら，下記の式が示すとおりこの値はつねに0となってしまう。

$$\frac{1}{n} \sum_{i=1}^{n} (x_i - \bar{x}) = \frac{1}{n} \left(\sum_{i=1}^{n} x_i - n\bar{x} \right) = \bar{x} - \bar{x} = 0$$

そこで，各要素の偏差を二乗し（そうすれば，いずれの値もマイナスとならないので足し合わせても0とならない），それらの総和（これを**偏差二乗和**という）を標本数で割った値をもって，標本全体のばらつきの大きさを示す方法が広く用いられており，この値のことを標本の**分散**という。

標本全体のばらつきの大きさを表す指標としてもう1つよく用いられるのは分散の平方根であり，これを**標準偏差**という。(「二乗の平方根」である) 標準偏差は標本の要素と単位が同じなので，ばらつきの大きさを感覚的に理解するうえでは分散よりも都合がよい[3]。本書では，標本の標準偏差を s，その二乗である標本の分散を s^2 で表すことにする。数式を用いた s^2 の定義は次のとおりである。

---

[2] 標本の中心を表す統計量としては，平均のほかに**中央値**（標本の要素を順番に並べた場合の中位にくる要素の値）や**最頻値**（観測された回数が最も多かった要素の値）がある。なお，統計量という言葉は標本の値を確率変数としてとらえた場合（この点については後で説明する）におけるその確率変数の理論値のみを意味するものとして用いる語法もあるが（その場合，標本の実現値は「推定値」と呼ばれる。山本 (1995) 362頁以下参照）。本書ではいずれも統計量と呼んでおり，特に実現値であることを強調したい場合には，これを「検定統計量」と呼んでいる (98頁参照)。

[3] ただし，数学的処理の容易さという点では標準偏差よりも分散の方が優れている。分散が数学的に扱いやすい理由の1つは次の公式が成立することにある。この公式は，「分散は二乗の平均マイナス平均の二乗」と覚えればよい。

$$s^2 = \frac{1}{n}\sum_{i=1}^{n}(x_i - \bar{x})^2 \tag{3.2}$$

　標本に統計量があるように母集団にもその特性を表す数値が備わっているはずであり，そのような数値のことを**母数**という。ここで備わっている「はず」といったのは，母集団の要素の値は（標本となったものを除いては）調査者にとって未知なので母数がいくらであるかを直接確認する手立てがないからである。そこで，これをいかに推定するかが推測統計学の中心的課題となるわけだが，そのためには母集団と標本のとらえ方について若干の技法を用いなければならない。

2　推測統計の技法(1)
――母集団を確率変数としてとらえる

　用いるべき第一の技法は，母集団を1つの**確率変数**（＝確率的に値が定まる変数）とみなし，母集団を構成する各要素の値をこの確率変数の実現値ととらえることである。その際，用いるべき確率を客観確率とするか主観確率とするかによって統計学の内容は異なったものとなるが，伝統的統計学は客観確率を用いており，すべての母数は，未知ではあるものの客観的には定まった値であると考える。本章もこの立場で論述を進めることとし，主観確率を用いた統計学については **ONE MORE STEP 3-5** で簡単に紹介するにとどめる。

　確率変数には，(「人間の身長」のように) 実現値が一定の区間上の任意の実数となりうる場合（そのような関数を，以下**連続的**な関数という）と（「サイコロの目」のように）実現値が整数（または有理数）しかとりえない場合（そのような関数を，以下**離散的**な関数という）があり，そのいずれであるかによって数学的表現が異なる。

$$s^2 = \frac{1}{n}\sum_{i=1}^{n}(x_i - \bar{x})^2 = \frac{1}{n}\sum_{i=1}^{n}x_i^2 - 2\bar{x}\frac{1}{n}\sum_{i=1}^{n}x_i + \bar{x}^2\frac{1}{n}\sum_{i=1}^{n}1$$
$$= \frac{1}{n}\sum_{i=1}^{n}x_i^2 - \bar{x}^2$$

離散的な確率変数

まず離散的な確率変数の場合，実現値を独立変数，その実現値が生じる確率を従属変数とする関数によって確率変数を特定することが可能であり，この関数のことを**確率関数**という。たとえば，サイコロの目の確率関数 $f(x)$ は，確率変数 X がとりうるすべての実現値 $(x = 1, \cdots, 6)$ について

$$f(x) = \frac{1}{6}$$

である。

確率関数によって定まる実現値と確率の対応関係をグラフや表を用いて表したものを**確率分布**という。【図 3-1】の各図はサイコロの目の確率関数を示した確率分布である。

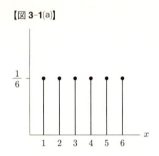

【図 3-1(a)】　　　【図 3-1(b)】

目の値	確率
1	1/6
2	1/6
3	1/6
4	1/6
5	1/6
6	1/6

代表的な母数である母集団の平均と分散（以下，これを**母平均**と**母分散**という）について考えてみよう。いずれの言葉の意味も実質的には標本の場合と同じにしたいのだが，母集団の要素の値は標本の場合と違って未知数なので，その定義には**期待値**（＝実現値と確率の積の総和）を用いざるをえない。そこで，母集団を構成する確率変数の期待値をもって母平均とし，偏差二乗和の期待値をもって母分散とする。以下，母平均は μ（「ミュー」と読む），母分散は σ^2（「シグマ二乗」と読む）で表し，標本の場合と同様に σ そのものは母集団の標準偏差を表すものとする。これらの概念の数学的表現は以下のとおりである。[4]

---

4) 標本の場合と同様に母分散についても下記の公式が成立する。注 3) の場合と同様に「分散は二乗の平均マイナス平均の二乗」と覚えればよい。

$$\mu = E(X) = \sum_{i=1}^{n} x_i \cdot f(x_i) \tag{3.3}$$

ただし，$E(X)$ は確率変数 X の期待値を表しており，$x_1, \cdots, x_n$ は X がとりうる実現値であり，X の実現値が x_i となる確率を $f(x_i)$ としている。

$$\sigma^2 = E(X-\mu)^2 = \sum_{i=1}^{n}(x_i - \mu)^2 \cdot f(x_i) \tag{3.4}$$

なお，確率変数 X の分散を $V(X)$ と表すこともあるのでこの表記方法も記憶にとどめてもらいたい（「V」は分散の英文表記である「variance」の頭文字である）。

サイコロの目の場合，以下の計算によって平均は 3.5，分散は約 2.92，標準偏差は約 1.71 となる。

$$\mu = 1 \times \frac{1}{6} + 2 \times \frac{1}{6} + \cdots + 6 \times \frac{1}{6} = 3.5$$

$$\sigma^2 = (1-3.5)^2 \times \frac{1}{6} + (2-3.5)^2 \times \frac{1}{6} + \cdots + (6-3.5)^2 \times \frac{1}{6}$$

$$\fallingdotseq 2.92$$

$$\sigma = \sqrt{\sigma^2} \fallingdotseq 1.71$$

連続的な確率変数

母集団が連続的な確率変数である場合，確率は実現値が一定の区間に入る可能性としてのみ定義可能である（たとえば日本人男性の身長という母集団を考えた場合，実現値は（少なくとも理論上は）任意の正の実数となりうるものであるから，確率を表すためには，「160 cm 以上 165 cm 未満」，「165 cm 以上 170 cm 未満」などのような区間毎の確率を示すしかない）。しかしながら，個々の実現値に対しても確率に類似した概念を与えることは可能であり，これを**確率密度**という。

確率密度を定義するための準備として，まず**累積分布関数**という概念を説明

$$\begin{aligned}\sigma^2 &= E(X-\mu)^2 \\ &= E(X^2) - 2\mu E(X) + \mu^2 \\ &= E(X^2) - \mu^2\end{aligned}$$

しよう。連続的な確率変数 X の実現値が区間 $[a,b]$ に入る確率を $p(a \leqq X \leqq b)$ とした場合，累積分布関数 $F(x)$ の定義は以下のとおりである。

$$F(x) = p(-\infty < X \leqq x) \tag{3.5}$$

要するに，累積分布関数とは，確率変数 X に対して「実現値が x 以下である確率」を対応させる関数のことである。【図3-2】の各図は代表的な累積分布関数の形状を示している。[5]

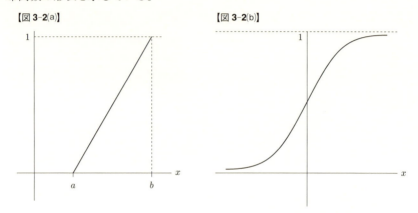

【図3-2(a)】　　　　　【図3-2(b)】

次に，累積分布関数を微分し，その導関数 $f(x)$ を**確率密度関数**と呼ぶ。すなわち，

$$f(x) = [F(x)]' \tag{3.6}$$

であり，この $f(x)$ の値が実現値 x の**確率密度**である。

定義から明らかなように，確率密度関数の定積分は対象区間の確率を示している。したがって，ある実現値の確率密度とは，その前後の幅が1の区間に実現値が入る確率の近似値であり（【図3-3】参照），この意味において確率密度は確率に類似した概念である。連続的な確率変数の確率分布はこの確率密度関数を用いて表す。

【図3-4】の各図は，【図3-2】の各累積分布関数に対応する確率密度関数を表している。[6]

---

5)　【図3-2(a)】の定義域は $[a,b]$ であり，【図3-2(b)】の定義域は $(-\infty, \infty)$ である。
6)　【図3-4(a)】は一様分布と呼ばれる確率密度関数であり（121頁参照），【図3-4(b)】は標準正規分布と呼ばれる関数である（86頁参照）。なお，【図3-4(a)】の関数の値が

2 推測統計の技法(1)——母集団を確率変数としてとらえる

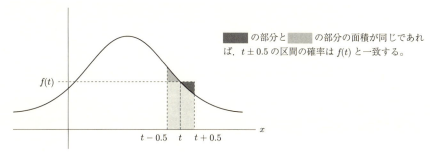

【図 3-3】

■ の部分と ■ の部分の面積が同じであれば，$t \pm 0.5$ の区間の確率は $f(t)$ と一致する。

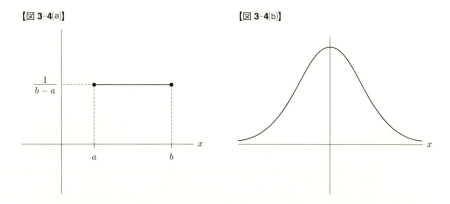

【図 3-4(a)】　【図 3-4(b)】

　離散的確率変数の母平均は変数の期待値，つまり「実現値 × 確率」の総和であった。連続確率変数の場合には確率密度関数を積分した値が確率であるから，母平均 μ は次のように定義できる[7]。

　$\frac{1}{b-a}$ であることは区間 $[a, b]$ における $f(x)$ の定積分の値が（全事象の確率の値である）1 となることから逆算して求めることができる。

7)　連続的な確率変数 X の確率密度関数 $f(x)$ の定義の仕方について考えてみよう。まず，$f(x)$ の任意の区間 $[a, b]$ を n 等分し，k 番目の区画において関数 $x \cdot f(x)$ が最大値となる x の値と $x \cdot f(x)$ が最小値となる x の値を（この要件を満たす x が複数ある場合には前者についてはその中の最大値を，後者についてはその中の最小値を）それぞれ x_k^{Max}，x_k^{Min} と表す。この場合，連続的な確率変数の期待値の定義が離散的な確率変数の期待値の定義（(3.3) 式）と整合性を保つためには，$a \leqq x \leqq b$ であることを条件とした x の期待値（以下，これを「$E(X)_{ab}$」と表す）が下記の不等式を満たしていることが必要である。（下記の不等式の最左辺と最右辺の分母は $a \leqq x \leqq b$ となる確率を表していることに留意されたい）。

$$\mu = E(X)$$
$$= \int_{-\infty}^{\infty} x \cdot f(x)dx \tag{3.7}$$

母分散 σ^2 は「偏差二乗和の期待値」であるから,その定義は以下のとおりである[8]。

$$\sigma^2 = E[(X - \mu)^2]$$
$$= \int_{-\infty}^{\infty} (x - \mu)^2 f(x)dx \tag{3.8}$$

$$\frac{\sum_{k=1}^{n} \frac{b-a}{n} \cdot x_k^{\mathrm{Min}} \cdot f(x_k^{\mathrm{Min}})}{\int_a^b f(x)dx} \leqq E(x)_{ab} \leqq \frac{\sum_{k=1}^{n} \frac{b-a}{n} \cdot x_k^{\mathrm{Max}} \cdot f(x_k^{\mathrm{Max}})}{\int_a^b f(x)dx} \tag{a}$$

ここで,$n \to \infty$ とした場合,(a) 式の最左辺と最右辺の分子の値はいずれも $\int_a^b x \cdot f(x)dx$ に収束する。したがって,$a \leqq x \leqq b$ であることを条件とした x の期待値,すなわち $E(X)_{ab}$ の定義を離散的な確率変数における期待値の定義と整合性を持ったものとするためにはこれを以下のように定めなければならない。

$$E(X)_{ab} = \frac{\int_a^b x \cdot f(x)dx}{\int_a^b f(x)dx} \tag{b}$$

次に,$a \leqq x \leqq b$ という条件を消去するために $a \to -\infty, b \to \infty$ とすることを考える。この場合,確率密度関数の性質により (b) 式の分母は 1 に収束するので,結局のところ,

$$E(X) = \lim_{\substack{a \to -\infty \\ b \to \infty}} E(X)_{ab}$$
$$= \int_{-\infty}^{\infty} x \cdot f(x)dx \tag{c}$$

となる ($a \to -\infty, b \to \infty$ とした場合に (b) 式の分子が収束値をもつことの証明については専門書を参照されたい)。

上記の考えは x の任意の関数 $\phi(x)$ の期待値,すなわち $E(\phi(x))$ についてもあてはまるので,$E(\phi(x))$ は次のように定義できる。

$$E(\phi(x)) = \int_{-\infty}^{\infty} \phi(x) \cdot f(x)dx \tag{d}$$

(d) 式を「偏差二乗和の期待値」という分散の定義にあてはめれば,(3.8) 式が導かれる。

[8] 連続的な確率変数の分散についても以下のとおり注 4) と同様の公式が成立する。

確率変数の計算

確率変数の計算方法について知っておくべき点がいくつかある。

まず，確率変数 X と確率変数 Y の間に次の関係が成立する場合を考えてみよう。要するに X を a 倍して b を加えたものが Y である。

$$Y = aX + b \tag{3.9}$$

この場合，X の平均 μ_X と Y の平均 μ_Y の値には次の関係が成立する。

$$\begin{aligned} \mu_Y &= E(Y) \\ &= E(aX + b) \\ &= aE(X) + bE(1) \\ &= a\mu_X + b \end{aligned} \tag{3.10}$$

(3.10) 式は直感的にも理解しやすいが，X の分散 (σ_X^2) と Y の分散 (σ_Y^2) の関係は以下のとおり少し意外な結果となる。

$$\begin{aligned} \sigma_Y^2 &= E[(Y - \mu_Y)^2] \\ &= E[(aX + b - a\mu_X - b)^2] \\ &= a^2 \sigma_X^2 \end{aligned} \tag{3.11}$$

要するに，確率変数にある値を加えても分散は変わらないが，確率変数にある値を掛けると分散は掛けた値の二乗倍になる。

(3.10) 式と (3.11) 式の利用方法を事例を使って説明しよう。

【問題 3-1】
　ある商店街では一定の金額の商品を購入した顧客に対して 1 人 1 回だけサイコロを振らせ，出た目の値に 10 円を乗じ，さらに一律に 100 円を加えた金

$$\begin{aligned} \sigma^2 &= E[(X - \mu)^2] \\ &= E(X^2 - 2\mu x + \mu^2) \\ &= E(X^2) - 2\mu \int_{-\infty}^{\infty} x \cdot f(x) dx + \mu^2 \\ &= E(X^2) - \mu^2 \end{aligned}$$

額を払い戻す企画を立てた。この企画の下で顧客1人あたりに払い戻される金額の平均，分散および標準偏差はいくらとなるか。

サイコロの目の平均は 3.5，分散は約 2.92 だったので（77 頁参照），これらの値に (3.10) 式および (3.11) 式をあてはめればよい。答えは以下のとおりである。

$$平均 = 10 \times 3.5 + 100 = 135 \text{（円）}$$
$$分散 = 10^2 \times 2.92 = 292 \text{（円）}$$
$$標準偏差 = \sqrt{292} \fallingdotseq 17.1 \text{（円）}$$

次に，異なる確率分布に従う確率変数を足し合わせた（これを**加法的に結合させた**という）確率変数（**合成確率変数**）ともとの確率変数（**基本確率変数**）の母数間に成立する関係を示そう（証明については **ONE MORE STEP 3-1** および **ONE MORE STEP 4-2** 参照）。

確率変数 X の a 倍と確率変数 Y の b 倍を加法的に結合させた確率変数を W とする。すなわち，$W = aX + bY$ であり，X, Y および W の平均と分散をそれぞれ μ_X, μ_Y, μ_W および σ_X^2, σ_Y^2, σ_W^2 とする。この場合，まず平均については，

$$\mu_W = a\mu_X + b\mu_Y \tag{3.12}$$

の関係が無条件に成立し，この関係を**平均の加法性**という。

次に，分散については，X と Y が互いに独立であれば[9]，

$$\sigma_W^2 = a^2 \sigma_X^2 + b^2 \sigma_Y^2 \tag{3.13}$$

の関係が成立し，この関係を**分散の加法性**という。なお，X と Y が互いに**独立である**とは，一方の確率変数の値がいくらとなっても他方の確率変数の確率分布に変動が生じないことを意味する概念である。第 1 章で定義した事象の独立性と似ているが，ここでは，「事象が成立するか否か」ではなく「確率分布が変化するか否か」を問題にしている点に留意されたい（確率変数の独立のより厳密な定義については **ONE MORE STEP 3-1** 参照）。

---

9) 正確にいうと，X と Y が互いに独立でなくても無相関（134 頁参照）である限り分散の加法性は成立する。

(3.12) 式と (3.13) 式の利用方法を事例を挙げて説明しよう．

> 【問題 3-2】
> 【問題 3-1】の商店街では企画の内容が変更され，結局のところ，3 つのサイコロを顧客に振ってもらって出た目の合計に 10 を乗じて，さらに一律に 100 円を加えた金額を払い戻すことにした．顧客 1 人あたりに払い戻される金額の平均，分散および標準偏差はいくらとなるか．

この場合，サイコロの目がとりうる値は 3 $(= 1+1+1)$ から 18 $(= 6+6+6)$ までの 16 個であり，それぞれが起こりうる確率の計算もかなり複雑である．しかしながら，そのような計算を行わなくても，(3.10)〜(3.13) 式を利用すれば，簡単に結論にたどりつける．まず，サイコロの合計値の平均 μ と分散 σ^2 は (3.12) および (3.13) 式により，

$$\mu = 3.5 + 3.5 + 3.5 = 10.5$$

$$\sigma^2 = 2.92 + 2.92 + 2.92 = 8.76$$

である．そこで，この結果に対して (3.10) 式と (3.11) 式を適用して，

(払い戻される金額の) 平均 $= 10 \times 10.5 + 100 = 205$ (円)

(払い戻される金額の) 分散 $= 10^2 \times 8.76 = 876$ (円)

(払い戻される金額の) 標準偏差 $= \sqrt{876} \fallingdotseq 29.6$ (円)

となる．

ONE MORE STEP 3-1 ▶ 確率変数の独立と平均の加法性

以下，第 1 章で取り上げた推論法則は客観確率についても成立することを前提として，離散的な確率変数について論じる（連続的な確率変数の場合も実質的には同様である）．

(1) 最初に，同時確率と周辺確率という概念を定義する．
確率変数 X は n 個の値をとり，確率変数 Y は m 個の値をとり，X の i 番目の実現値を x_i，Y の j 番目の実現値を y_j で表す．そのうえで，X が x_i となり，同時に，Y が y_j となる確率を，

$$h(x_i, y_j)$$

で表し，これを X と Y の**同時確率**という。この場合，X が x_i である確率 $f(x_i)$ は $h(x_i, y_1), \cdots, h(x_i, y_m)$ を足し合わせた値であるので，

$$f(x_i) = \sum_{j=1}^{m} h(x_i, y_j) \tag{a}$$

であり，同様にして Y が y_j である確率 $g(y_j)$ は，

$$g(y_j) = \sum_{i=1}^{n} h(x_i, y_i) \tag{b}$$

である。$f(x_i)$ や $g(y_j)$ のことを，同時確率と対比するために**周辺確率**ということがある。そう呼ぶのは，同時確率を行列として表示した場合，各行または列の和が周辺確率となるからである（下図参照）。

$$
\begin{array}{ll}
h(x_1, y_1), h(x_1, y_2), \cdots, h(x_1, y_m) & f(x_1) = \sum_{j=1}^{m} x_1 y_j \\
h(x_2, y_1), h(x_2, y_2), \cdots, h(x_2, y_m) & f(x_2) = \sum_{j=1}^{m} x_2 y_j \\
\vdots \quad \vdots \quad \ddots \quad \vdots & \vdots \\
h(x_n, y_1), h(x_n, y_2), \cdots, h(x_n, y_m) & f(x_n) = \sum_{j=1}^{m} x_n y_j \\
\hline
g(y_1) = \sum_{i=1}^{n} x_i y_1, \cdots, g(y_m) = \sum_{i=1}^{n} x_i y_m &
\end{array}
$$

(2) 次に，変数 Y が y_j の値をとるときに X が x_i となる確率を $p(X = x_i | Y = y_j)$ または，単に $p(x_i | y_j)$ で表し，これを「$Y = y_j$ を条件とする $X = x_i$ の**条件付確率**」と呼ぶ。

(1.6) 式により，

$$p(x_i | y_j) = \frac{h(x_i, y_j)}{g(y_j)} \tag{c}$$

であるので，任意の i と j について，

$$f(x_i) = p(x_i | y_j) \tag{d}$$

が成立する場合（つまり X がある値をとる確率が Y の値とは無関係である場合）に

は，(d) 式を (c) 式に代入することにより，

$$f(x_i)g(y_j) = h(x_i, y_j) \tag{e}$$

が成立し，このことを X と Y は互いに独立であるという。なお，(e) 式を下記の (f) 式 ((1.6) 式を $p(y_j|x_i)$ に関して表したもの)，

$$p(y_j|x_i) = \frac{h(x_i, y_j)}{f(x_i)} \tag{f}$$

に代入すれば，

$$g(y_j) = p(y_j|x_i) \tag{g}$$

が成立するので，結局のところ，(d) と (e) と (g) の3式はすべて同値である。

(3) 最後に，平均の加法性について証明する。合成確率変数 $W = aX + bY$ の平均 μ_W を計算すると，

$$\begin{aligned}
\mu_W = E(W) = E(aX + bY) &= \sum_{i=1}^{n}\sum_{j=1}^{m}(ax_i + by_j)h(x_i, y_j) \\
&= \sum_{i=1}^{n} ax_i f(x_i) + \sum_{j=1}^{m} by_j g(y_j) \quad ((\text{a})式と(\text{b})式を利用した)\\
&= aE(X) + bE(Y) \quad ((3.3) 式による)\\
&= a\mu_X + b\mu_Y
\end{aligned}$$

となって，平均の加法性が証明された。平均の加法性は分散の加法性と異なり変数同士が互いに独立でなくても成立することに留意されたい（分散の加法性の証明は **ONE MORE STEP 4-2** で行う）。

3 推測統計の技法(2)
——確率モデルの利用

　母数を推測するために用いる第2の技法は，母集団となる確率変数が以下で紹介するような理論的な確率分布（これを**確率モデル**という）に従うものとみなすことである（したがって，実際の確率分布と推論に用いた確率モデルが近似していなければ統計的推論の精度は低下せざるをえない）。

　代表的な確率モデルとして，正規分布とベルヌーイ分布の2つを紹介する。

正規分布

正規分布は連続的な確率変数の確率分布であり，人間の身長やデータの誤差などわれわれを取り巻く非常に多くの統計事象の確率モデルとして使われている。

正規分布の形状は【図 3-5(a)】に示すとおり左右対称の「釣鐘型」である。より子細に見れば，変数 x が平均 μ であるときに最大値をとり，x が平均±標準偏差の値をとるとき，すなわち，$x = \mu + \sigma$ と $x = \mu - \sigma$ において変曲点（＝曲線の曲がる方向が変わる点，解析学的には第 2 次導関数の符号が変わる点）をとる。

一般の確率分布は，平均と標準偏差だけでその形状を特定することはできないが，正規分布の場合はこの 2 つの指標のみによって確率分布を特定できる（正規分布の確率密度関数については **ONE MORE STEP 3-2** 参照）。そこで，正規分布は平均 μ と分散 σ^2 と正規分布の英文表記である normal distribution の頭文字の N を用いて，$\boldsymbol{N(\mu, \sigma^2)}$ という記号で表す。たとえば，$N(0, 1^2)$ は平均が 0 で標準偏差が 1 の正規分布のことであり，この正規分布のことを特に**標準正規分布**という（【図 3-5(b)】参照）。

【図 3-5(a)】

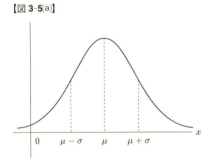

【図 3-5(b)】

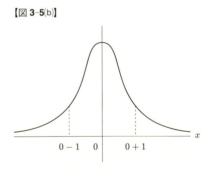

正規分布に従う確率変数の実現値が $\mu \pm \sigma$，$\mu \pm 2\sigma$ および $\mu \pm 3\sigma$ の区間に入る確率は，それぞれ約 68%，約 95% および約 99.7% であることが知られており，この性質を **68%—95%—99.7% ルール**という（【図 3-6】参照）。

68%—95%—99.7% ルールを使えば実現値が母集団全体の中に占めるおおよその位置が分かるが，もっと正確な位置を知るためには**標準正規分布表**を用いる。標準正規分布表とは標準正規分布に従う確率変数の値（この値を **z 値**と

【図 3-6】

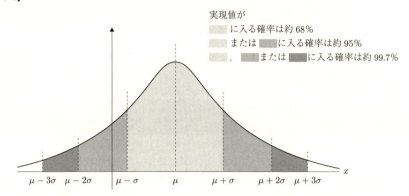

いう）と，実現値がその値以下となる確率，すなわち累積分布関数の値 $F(z)$ の対応関係を示した表のことであり，その実物は本書の 124 頁に掲載されている。[10]

標準正規分布 $N(0,1)$ は任意の正規分布 $N(\mu, \sigma^2)$ の中心を μ から 0 に平行移動させたうえで全体の幅を $\frac{1}{\sigma}$ に縮小させたものなので（【図 3-5(a)】と【図 3-5(b)】を比較参照），$N(\mu, \sigma^2)$ に従う確率変数の値 x に対応する z 値は以下の式を用いて求めることができる。

$$z = \frac{x - \mu}{\sigma} \tag{3.14}$$

(3.14) 式の利用方法を事例を挙げて説明しよう。

> **【問題 3-3】**
> 20 代日本人男性の身長は平均が 170.8 cm で標準偏差が 5.8 cm である正規分布に従うと仮定した場合，20 代の日本人男性が 1 万人住んでいる A 市において身長が 180 cm 超の 20 代の男性はおよそ何名であると推定されるか。

以下のように計算して約 559 人と推定できる。

① (3.14) 式により，z 値は，

$$z = \frac{180.0 - 170.8}{5.8} \fallingdotseq 1.59$$

---

10) 標準正規分布表の作り方には色々なバリエーションがあるが実質的にはいずれも同じ性質のものである。

② 124頁の標準正規分布表を見ると z 値 1.59 に対応する $F(z)$ の値は 0.9441 すなわち 94.41% である。

③ したがって，1万人 × 94.41% の者は身長が 180 cm 以下となるので，求める答えは，

$$1 万人 \times (100 - 94.41)\% = 559 人$$

となる。

正規分布について成立する重要な法則が 2 つある。それは，中心極限定理と正規分布の再生性であり，このうちの**中心極限定理**とは次の法則のことである。

> 以下の式によって特定される合成確率変数 X^* を考える。
>
> $$X^* = \frac{1}{n}X_1 + \frac{1}{n}X_2 + \cdots + \frac{1}{n}X_n \tag{3.15}$$
>
> ここで，X_1 から X_n までのすべての基本確率変数が同一の確率分布に従う互いに独立な確率変数であるとすれば，n が十分大きな値である限り，合成確率変数 X^* は $N(\mu, \frac{\sigma^2}{n})$ に近似した確率分布に従う。

上記の結論のうち，合成確率変数の平均が μ，分散が $\frac{\sigma^2}{n}$ となること自体はすでに学んだ公式から導き出すことができる。すなわち，各基本確率変数に $\frac{1}{n}$ を乗じた変数の平均と分散は (3.10) 式と (3.11) 式により $\frac{\mu}{n}$ と $\frac{\sigma^2}{n^2}$ となるので，あとは平均の加法性と分散の加法性を利用して計算すればよい。合成確率変数 X^* の平均を μ^*，分散を σ^{*2} として，計算式を確認しておこう。

$$\mu^* = \frac{\mu}{n} + \frac{\mu}{n} + \cdots + \frac{\mu}{n} = \mu \tag{3.16}$$

$$\sigma^{*2} = \frac{\sigma^2}{n^2} + \frac{\sigma^2}{n^2} + \cdots + \frac{\sigma^2}{n^2} = \frac{\sigma^2}{n} \tag{3.17}$$

中心極限定理の真骨頂は，基本確率変数の確率分布がいかなるものであっても，(n が十分大きな値である限り) 合成確率変数はつねに正規分布に近似した確率分布に従うことを明らかにした点にある。[11] 統計量から母数を推定するうえで

---

[11] 証明については専門書を参照されたい。

このことが絶大な威力を発揮することは間もなく明らかになるであろう。

正規分布に関するもう1つの重要な法則は**正規分布の再生性**である。これは，

> $N(\mu_1, \sigma_1^2)$ に従う確率変数 X_1 と $N(\mu_2, \sigma_2^2)$ に従う確率変数 X_2 が互いに独立であれば，X_1 と X_2 を加法的に統合させてできる合成確率変数は $N(\mu_1 + \mu_2, \sigma_1^2 + \sigma_2^2)$ に従う確率変数となる。

という法則であり，要するに，正規分布同士を足し合わせたものもまた正規分布になるということである。[12]

世に存在する統計事象のうちなぜかくも多くのものが正規分布を確率モデルとしうるのか，その根本的理由はいまだ十分には解明されていないが，中心極限定理と正規分布の再生性はこの問題に対する1つの仮説を提示するものである。すなわち，ある統計事象が複数の因子の変動によって定まる場合，個々の因子が生み出す変動が同一かつ独立の基本確率変数を加法的に結合したものだとすれば，その確率分布は正規分布となり（中心極限定理），かつ，それらの各因子の影響を足し合わせたものもまた正規分布となる（正規分布の再生性）からである。[13]

ベルヌーイ分布

ベルヌーイ分布とは，「p の確率で成功（この場合得点1を得る），$1-p$ の確率で失敗（この場合得点0を得る）となる試行（これを**ベルヌーイ試行**という）」によって生じる得点の離散的な確率分布のことであり，次の確率関数によって特定できる。

$$f(x) = \begin{cases} p & (x = 1) \\ 1 - p & (x = 0) \end{cases}$$

以下の式が示すように，ベルヌーイ分布に従う母集団の母平均 μ は p であ

---

12) 証明については専門書を参照されたい。
13) しかし，だからといって，統計事象が正規分布に近似することを安易に仮定することは厳に慎むべきであろう。ちなみに，天文学者兼詩人であったケトレー（Adolphe Quetelet: 1796-1874）は人間の特徴はすべからく正規分布に従うと信じていた。この点を踏まえて，正規分布を確率モデルとすることの妥当性を過大に見積もる傾向を「ケトレー主義（Quetelismus）」という。

り，母分散 σ^2 は $p(1-p)$ であり，この点は記憶に値する．

$$\mu = 1 \times p + 0 \times (1-p) = p \tag{3.18}$$

$$\begin{aligned}
\sigma^2 &= (1-\mu)^2 \times p + (0-\mu)^2 \times (1-p) \\
&= (1-p)^2 \times p + p^2 \times (1-p) \\
&= (1-p) \times p \times (1-p+p) \\
&= p \times (1-p)
\end{aligned} \tag{3.19}$$

ベルヌーイ分布は極めて単純な確率分布であるが，これを確率モデルとしうる母集団は膨大に存在する．なぜならば，視聴率（番組を「見た」が1で「見なかった」が0），政党支持率（ある政党を「支持する」が1で「支持しない」が0），手術の成功率（「成功する」が1で「成功しない」が0）などのように母数として「比率」が問題とされる統計事象については，つねにベルヌーイ分布が最善の確率モデルとなるからである．なお，ベルヌーイ分布の母平均はつねに「比率」としてとらえうるので**母比率**と呼ばれることもある．

ONE MORE STEP 3-2　　正規分布の確率密度関数

正規分布の確率密度関数は，

$$f(x) = \frac{1}{\sqrt{2\pi}\sigma} \cdot e^{-\frac{(x-\mu)^2}{2\sigma^2}}$$

である．この式をはじめて見た人は，その複雑さに驚くのではないかと思うが，子細に観察すれば十分理解可能である．

1 まず，

$$y = g(x) = e^{-x^2}$$

という比較的シンプルな関数を考えてみよう．この関数の形状は高校数学の知識だけで理解できる．すなわち，

① 任意の x について，$g(x) = g(-x)$ だから，$y = g(x)$ は y 軸に対して左右対称である．

② この関数は $z = -x^2$ と $y = e^z$ という2つの関数の合成関数であり，$z = -x^2$ も $y = e^z$ も2回以上微分可能な連続関数であるから，$g(x)$ も

また2回以上微分可能な連続関数である。

そこで，$g(x)$ を2回微分すると，第1次および第2次導関数はそれぞれ次のようになる。

$$g'(x) = -2x \cdot e^{-x^2}$$

$$g''(x) = 2(2x^2 - 1) \cdot e^{-x^2}$$

③ これにより，次の増減表が得られる。

x		$\frac{1}{\sqrt{2}}$		0		$\frac{1}{\sqrt{2}}$	
$g'(x)$	+		+	0	−		−
$g''(x)$	+	0	−		−	0	+
$g(x)$	↗	$\frac{1}{\sqrt{e}}$ (変曲点)	↗	1	↘	$\frac{1}{\sqrt{e}}$ (変曲点)	↘

④ したがって，$y = g(x)$ の形状は次のようになる。

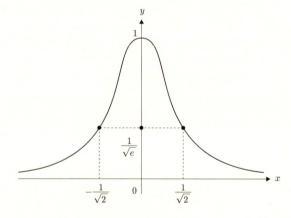

2 ところで，$g(x)$ を $(-\infty, \infty)$ で積分した値は $\sqrt{\pi}$ であることが知られている。そこで，$g(x)$ を確率密度関数とするためには，$(-\infty, \infty)$ での積分の値が1になるような修正を施す必要がある。この修正に加えて，変曲点における x の値が ± 1 となるように調整した関数が，

$$\phi(x) = \frac{1}{\sqrt{2}} \cdot \frac{1}{\sqrt{\pi}} \cdot e^{-\left(\frac{x}{\sqrt{2}}\right)^2}$$
$$= \frac{1}{\sqrt{2\pi}} \cdot e^{-\frac{x^2}{2}}$$

であり,これは,平均 0, 標準偏差 1 の確率分布を表した正規分布,すなわち標準正規分布を表した確率密度関数である。

3 最後に,平均 μ, 標準偏差 σ の一般的な正規分布は,上記の $\phi(x)$ に必要な修正を加えて,

$$f(x) = \frac{1}{\sqrt{2\pi}\sigma} \cdot e^{-\frac{(x-\mu)^2}{2\sigma^2}}$$

という関数によって表される。

ONE MORE STEP 3-3 ── 二項分布とポワソン分布

ベルヌーイ試行を複数回互いに独立の試みとして実施した場合に得られる合計点の分布を**二項分布**という。ベルヌーイ試行で 1 を得る確率を p, 試行の回数を n とすれば, 二項分布の確率関数は以下の式によって表せる。[14]

$$f(x) = {}_n C_x p^x (1-p)^{n-x} \quad (x=1,\cdots,n) \tag{a}$$

要するに,n 回のベルヌーイ試行を独立に実施した合計得点が x となる確率は n 回の試行のうちで 1 が x 回,0 が $n-x$ 回となる確率 ($= p^x(1-p)^{n-x}$) にそのような得点の組み合わせが生じる場合の数 ($= {}_n C_x$) を乗じた値になるというわけである。

二項分布に従う確率変数はベルヌーイ分布に従う互いに独立な確率変数を n 個足し合わせたものなので,(3.18) 式および (3.19) 式ならびに平均の加法性と分散の加法性により平均 μ と分散 σ^2 は次の値となる。

$$\mu = np \tag{b}$$
$$\sigma^2 = np(1-p) \tag{c}$$

---

14) この確率関数が二項定理,すなわち,

$$(p+q)^n = \sum_{x=0}^{n} {}_n C_x p^x q^{n-x}$$

と似ていることが「二項分布」という名の由来である。

3 推測統計の技法(2)――確率モデルの利用

　二項分布は後に述べる標本平均の確率分布として重要な意味を持つが（注21）参照），同時に，ポアソン分布の導出過程においても重要な役割を果たす．この点については実例を使って考えていくことにしよう．

> A市で過去1年間の平均をとってみたところ1日あたり交通事故死亡者数は λ（「ラムダ」と読む）人であった（ただし，λ は1以上5未満の数とする）．同市の1日あたりの死亡者数を母集団とする確率モデル（以下，その確率変数を X として表す）としてはいかなる確率分布が適切であろうか．

　この問題を考えるにあたって，まず，1日を n 等分し，各 n 分の1日におけるA市の交通事故死亡者数（確率変数）を $X_1,\cdots,X_n$ とする．すなわち，

$$X = X_1 + \cdots + X_n$$

であり，$X_1,\cdots,X_n$ は互いに独立であって，かつ，いずれも同じ確率分布に従うものと仮定する[15]．この場合，n を十分大きな値にすれば n 分の1日における死亡者数が1を上回ることはありえないので，n 分の1日における死亡者数はベルヌーイ試行における死亡事故発生確率と同視できる．そこで，この値を p とすると，X は $p = \frac{\lambda}{n}$ である二項分布となるので，その確率変数 $f(x)$ は，(a) 式により，

$$\begin{aligned}f(x) &= {}_nC_x p^x (1-p)^{n-x} \\ &= {}_nC_x \left(\frac{\lambda}{n}\right)^x \left(1-\frac{\lambda}{n}\right)^{n-x}\end{aligned} \quad (d)$$

となる．さらに，X の平均と分散を μ と σ^2 とすれば，(b) および (c) 式より，

$$\mu = np = \lambda$$
$$\sigma^2 = np(1-p) = \lambda\left(1-\frac{\lambda}{n}\right)$$

となるので，$n \to \infty$ とすれば，$\sigma^2 \to \lambda$ となる．つまり，λ は平均の値であると同時に分散の値でもあり，この点が (d) 式を確率モデルとすることの利点である．なお，λ が一定の下で $n \to \infty$ とすれば，

$$\lim_{n \to \infty} f(x) = \frac{\lambda^x \cdot e^{-\lambda}}{x!}$$

---

15) この仮定が妥当性を有することが確率モデルとしてポアソン分布を用いることの前提条件であることに留意されたい．

> となることが知られており，[16] これがポワソン分布のフォーマルな表現形式となっている。
>
> ポワソン分布はめったに起こらない出来事を表す確率モデルとして有用である。

4 推測統計の技法(3)
──標本も確率変数としてとらえる

母集団から標本を抽出する前の段階においては標本の値がいくらとなるかは未確定である。したがって，この時点における標本の値もまた確率変数としてとらえることができる。そこで，以下では標本もまた確率変数として表すものとし，実際に抽出された標本の値はこの確率変数の実現値としてとらえることにする。なお，標本の確率変数を記号で表す場合は（X などの）大文字を使い，その実現値については（x などの）小文字を使うことにする。

[16)] $f(x) = {}_n\mathrm{C}_x p^x (1-p)^{n-x}$

を変形すると，

$$f(x) = \frac{n!}{x!(n-x)!}\left(\frac{\lambda}{n}\right)^x \left(1-\frac{\lambda}{n}\right)^{n-x}$$

$$= \frac{n(n-1)\cdots(n-x+1)}{n^x}\frac{\lambda^x}{x!}\left(1-\frac{\lambda}{n}\right)^n \left(1-\frac{\lambda}{n}\right)^{-x}$$

$$= 1\left(1-\frac{1}{n}\right)\cdots\left(1-\frac{x-1}{n}\right)\frac{\lambda^x}{x!}\left(1-\frac{\lambda}{n}\right)^n \left(1-\frac{\lambda}{n}\right)^{-x}$$

となる。ここで，$n \to \infty$ とすると，

$$\lim_{n\to\infty} 1\left(1-\frac{1}{n}\right)\cdots\left(1-\frac{x-1}{n}\right) = 1$$

$$\lim_{n\to\infty}\left(1-\frac{\lambda}{n}\right)^n = e^{-\lambda}$$

$$\lim_{n\to\infty}\left(1-\frac{\lambda}{n}\right)^{-x} = 1$$

であるから，結局のところ，

$$\lim_{n\to\infty} f(x) = \frac{\lambda^x}{x!}e^{-\lambda}$$

となる。

各標本を確率変数としてとらえる以上，それによって導き出される統計量もまた確率変数としてとらえることができる。そこで，(3.1) 式および (3.2) 式の x_i を確率変数 X_i に改めた次の式の値を $\bar{X}$ および S^2 で表し，今後はこれらの確率変数を**標本平均**および**標本分散**と呼ぶことにする。

$$\bar{X} = \frac{1}{n}\sum_{i=1}^{n} X_i \tag{3.20}$$

$$S^2 = \frac{1}{n}\sum_{i=1}^{n}(X_i - \bar{X})^2 \tag{3.21}$$[17]

標本が母集団から無作為に抽出される限り，各標本の確率変数は母集団を構成する確率変数と同じ確率分布に従い，かつ互いに独立であると考えてよいであろう。したがって，(3.20) 式は実質的には (3.15) 式と同じであり，そうである以上，母平均を μ，母分散を σ^2，標本の数を n とすれば，(3.16) および (3.17) 式により標本平均 $\bar{X}$ の平均は μ，標本平均 $\bar{X}$ の分散は $\frac{\sigma^2}{n}$ となり，同時に，その確率分布は n を十分大きくとれば正規分布と同視できる。大事な点であるので，重複を厭わずに計算式を示す。

$$\begin{aligned}
E(\bar{X}) &= E\left[\frac{1}{n}(X_1 + \cdots + X_n)\right] \\
&= E\left(\frac{1}{n}X_1\right) + \cdots + E\left(\frac{1}{n}X_n\right) \quad \text{(平均の加法性による)} \\
&= \frac{1}{n}\mu + \cdots + \frac{1}{n}\mu = \mu
\end{aligned} \tag{3.22}$$

$$\begin{aligned}
V(\bar{X}) &= V\left[\frac{1}{n}(X_1 + \cdots + X_n)\right] \\
&= V\left(\frac{1}{n}X_1\right) + \cdots + V\left(\frac{1}{n}X_n\right) \quad \text{(分散の加法性による)} \\
&= \frac{1}{n^2}\sigma^2 + \cdots + \frac{1}{n^2}\sigma^2 = \frac{\sigma^2}{n}
\end{aligned} \tag{3.23}$$

---

[17] 「分散は二乗の平均マイナス平均の二乗」であるから，

$$S^2 = \frac{1}{n}\sum_{i=1}^{n} X_i^2 - \bar{X}^2$$

であることにも留意されたい。

なお,「標本平均の平均」とか「標本平均の分散」という言葉をはじめて聞いた人はその紛らわしさに当惑するかと思うが,ここでいう標本平均とは確率変数のことであるから,その「平均」や「分散」は期待値を意味することに留意してもらえれば(前者は変数そのものの期待値,後者は偏差二乗の期待値),これらの概念に対する違和感も次第になくなるであろう。

以上に示した技法を用いれば,標本数が十分大きい限り,標本平均の実現値 $\bar{x}$ の z 値を求めることができる。すなわち,母平均を μ,母分散を σ^2,標本数を n,(確率変数である)標本平均の平均と分散を μ^* と σ^{*2} とすれば,

$$z = \frac{\bar{x} - \mu^*}{\sigma^*} \quad ((3.14) \text{式による}) \tag{3.24}$$

$$= \frac{\bar{x} - \mu}{\sqrt{\frac{\sigma^2}{n}}} \quad ((3.22) \text{および} (3.23) \text{式による})$$

$$= \frac{\bar{x} - \mu}{\frac{\sigma}{\sqrt{n}}} \tag{3.25}$$

となる。統計調査を行ううえでこの式をいかに活用するかは **5** 以下で明らかとなるであろう。

なお,(3.25) 式の分母の値は**標準誤差**と呼ばれる点も記憶にとどめおかれたい。

ONE MORE STEP 3-4 　標本分散の平均と不偏分散

確率変数としてとらえた標本平均に平均と分散があるように,確率変数としてとらえた標本分散にも平均と分散がある。ここでは標本分散の平均について考えてみよう。標本分散 S^2 の平均,すなわち $E(S^2)$ の計算は以下のとおりとなる。

$$E(S^2) = E\left(\frac{1}{n}\sum_{i=1}^{n} X_i^2 - \bar{X}^2\right) \quad \text{(注 17) の公式を用いた}$$

$$= \frac{1}{n}\sum_{i=1}^{n}[V(X_i) + E(X_i)^2] - [V(\bar{X}) + E(\bar{X})^2]$$

(X_i と $\bar{X}$ について注 4) の公式を用いた)

$$= \frac{1}{n} \cdot n(\sigma^2 + \mu^2) - \left(\frac{\sigma^2}{n} + \mu^2\right)$$

((3.22) 式および (3.23) 式を利用した)

$$= \frac{n-1}{n}\sigma^2 \tag{a}$$

(a) 式は,「標本分散の期待値は母分散と一致しない」ことを意味している。両者を一致させるためには, S^2 に $\frac{n}{n-1}$ をかけた値（これを**不偏分散**という）の期待値を求めなければならない。すなわち,不偏分散 U^2 の一般式は,

$$U^2 = \frac{n}{n-1}S^2$$
$$= \frac{n}{n-1} \cdot \frac{1}{n}\sum_{i=1}^{n}(X_i - \bar{X})^2$$
$$= \frac{1}{n-1}\sum_{i=1}^{n}(X_i - \bar{X})^2$$

となる。要するに偏差二乗和を標本数ではなくて標本数マイナス1で割れば期待値が母分散と一致する。念のため,数式を使ってこの点を再度確認しておこう。

$$E(U^2) = E\left(\frac{n}{n-1}S^2\right)$$
$$= \frac{n}{n-1} \cdot \frac{n-1}{n}\sigma^2 \quad ((a)\text{ 式を利用した})$$
$$= \sigma^2$$

5 仮説検定(1)
——ベルヌーイ分布を確率モデルとする場合

ここからは問題を解きながら論述を続ける。まずは,次の問題を考えてもらいたい。

【問題 3-4】
　X市立病院で冠動脈バイパス手術を受けた20歳の青年が術後3日目に死亡し,弁護士であるあなたはその遺族から事件の調査と（調査の結果いかんによっては）訴訟の提起の依頼を受けた。X市立病院で過去3年以内に実施された冠動脈バイパス手術のうちあなたの調査によって結果を知ることができたものは全部で30件あったが,これらのケースの被術者の中の10人が術後1週間以内に死亡していた。一般的には冠動脈バイパス手術の施術を受けた患者が術後1週間以内に死亡する確率は20%であるとした場合,あなたは本件事案に対してどのような評価を下すべきであろうか。

ここで問われている問題を統計学的に表現すれば,「X市立病院における冠動脈バイパス手術の結果を母集団としてとらえた場合,患者が術後1週間以内に死亡する母比率(=母平均)はいくらか」である。母比率を推定するために与えられた情報は「30件のケースで10人の患者が術後1週間以内に死んでいる」という事実であり,これまでに学んだ統計学の用語で言い表すと,標本比率(=標本平均)の実現値 $\bar{x}$ は,

$$\bar{x} = 10 \div 30 \fallingdotseq 0.333$$

である。[18]

しかしながら,このことから「母比率は33%である」と断定するのは早計であろう。[19] なぜならば,あなたが知りえた術例はX市立病院がこれまでに実施してきた(あるいは「今後実施するであろう」)多くの冠動脈バイパス手術の一部分でしかないのだから,母比率は標本比率の実現値よりも大きいかもしれないし小さいかもしれないからである。[20]

このような問題に対処するために統計学が生み出した手法の代表が**仮説検定**(または,単に**検定**)である。仮説検定とは,①ある仮説を設定し,②「その仮説(これを**帰無仮説**という)が正しいとすれば,統計量の実現値(これを**検定統計量**という)がそのような値になるはずがない」といえるかどうかを調査し,③それがいえるとすれば,「だから帰無仮説は誤りである」と結論づける(このことを「**帰無仮説を棄却する**」と表現する)論法のことである。本件の場合,検定統計量は前述の $\bar{x}$ の値,すなわち 0.333 である。

何を帰無仮説とするかは統計分析を行う者がその目的に照らして決めるべきことだが,本件の場合は,「X市立病院の冠動脈バイパス手術において被術者

---

18) ここでいう標本比率(標本平均)とは,標本の中で1週間以内に死亡したケースを「1」,そうでないケースを「0」として,これらの数を足し合わせ,その合計値を標本数の30で割った値のことである。母平均と母比率に関する90頁の解説参照。

19) ただし,入手可能な唯一のデータが標本平均の実現値だとすれば,この値をもって母平均であると推測することも1つの考え方であり,これを(後に本文で述べる「区間推定」と対比する意味で)**点推定**という。点推定が論理的に正しい推論たりえるのは標本平均が不偏統計量だからである(106頁の説明参照)。なお,注22)も参照されたい。

20) なお,ここでは標本の抽出に別段のバイアスはかかっていないことが前提となっている。たとえば,病院側が手術の結果を事前にチェックしていて,問題のないケースしか公表していないなどの事実が判明すれば状況は違ったものとなるであろう。

5 仮説検定(1)——ベルヌーイ分布を確率モデルとする場合

が術後1週間以内に死亡する母比率（以下，これを「X市立病院術後死亡率」という）は，（一般の水準と同じ）20% である」という命題を帰無仮説とすることが合理的であろう。なぜならば，この帰無仮説が棄却されるとすれば，それはすなわち，「X市立病院の冠動脈バイパス手術の術後状況は尋常でない」ことを意味するものであり，この点が判明すれば，「さらなる費用をかけて本格的調査を開始する」とか「病院に対して事情説明を求める」などの新たな行動をとることが正当化できるからである。

帰無仮説の下でのX市立病院術後死亡率は 20% であるから，母集団の確率モデルには確率 $p = 0.2$ とするベルヌーイ分布を用いるべきである。そうすると (3.18) 式および (3.19) 式によって母平均 $\mu = 0.2$，母分散 $\sigma^2 = 0.2 \times 0.8 = 0.16$ となるので，(3.22) 式および (3.23) 式により 30 件の標本からなる標本平均の平均 μ^* と標本平均の分散 σ^{*2} はそれぞれ，

$$\mu^* = \mu = 0.2$$
$$\sigma^{*2} = \frac{\sigma^2}{n} = \frac{0.16}{30} \fallingdotseq 0.073^2$$

となる。

次に問題となるのは標本数 n がいくらであれば（中心極限定理の下で）標本平均の確率分布を正規分布と同視してよいかであるが，ベルヌーイ分布を基本確率変数とする合成確率変数の場合，pn と $(1-p)n$ のいずれもが 5 以上であれば正規分布と同視してよいことが知られている。本件の場合，$pn = 0.2 \times 30 = 6$, $(1-p)n = 0.8 \times 30 = 24$ であるからこの要件は満たされている。したがって，標本平均の確率分布は，平均を 0.2，分散を $(0.073)^2$ とする正規分布，すなわち $N(0.2, (0.073)^2)$ と同視してよい。

次になすべきことはこの確率分布の下で検定統計量 $\bar{x}$ が 0.333 となることがどのくらい稀有であるかを調べることである。そのためには，$\bar{x}$ の z 値を求めればよい。(3.24) 式を使って計算すると，z 値は，

$$z = \frac{\bar{x} - \mu^*}{\sigma^*} = \frac{0.333 - 0.20}{0.073} \fallingdotseq 1.82$$

である。この z 値に対応する $F(z)$ の値（＝実現値が z 以下となる確率）は 124 頁の標準正規分布表を見れば，

$$F(z) = 96.56\%$$

であることがわかる。したがって，検定統計量が実測値以上となる確率（これを **p 値**という）は，

$$p = 100\% - 96.56\% = 3.44\%$$

であることが明らかとなった[21]。

【図 3-7】は上記の結論を標準正規分布上に示したものである。

【図 3-7】

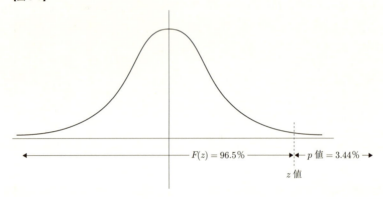

【図 3-7】を見る限り，「帰無仮説の下で実現値が $\bar{x}$ となることはかなり稀有である」といえそうであるが，分析を行う者の主観によって結論が変わることがないように伝統的統計学の下ではあらかじめ標準正規分布の中に**棄却域**を設定し，求められた z 値が棄却域に該当する場合に限って帰無仮説を棄却するという慣行が定着している。棄却域の設定にあたっては，①起こりうる確率が何パーセント以下であるときにこれを「稀有である」と判定するか（このパーセンテージを**有意水準**という）と②棄却域を確率分布の両側に設定するか片側に設定するか，を決めなければならない。このうちの有意水準に関しては 1%や 10% などの値が用いられることもあるが，一般的には 5% を有意水準とす

---

21) z 値は正規分布に固有の概念であるが，p 値はいかなる分布にも用いうる概念であることに注意されたい。たとえば，n の数が小さいために標本平均の確率分布を正規分布と同視できない場合であっても，母集団の確率モデルがベルヌーイ分布であれば標本平均の確率分布は二項分布となるので (**ONE MORE STEP 3-3** 参照)，Excel などを使ってその p 値を求めることができる。

ることが多いので,本書でも原則として5%という数値を用いることにする。

【図 3-8 (a)】は有意水準を5%とする棄却域を確率分布の両側に等分して設けたものであり(この検定方法を**両側検定**という),一方,【図 3-8 (b)】は同じ水準の棄却域を確率分布の片側(この場合は右側)のみに設けたものである(この検定方法を**片側検定**という)。

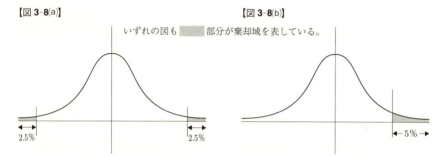

【図 3-8】の両図から明らかなとおり,両側検定を行った場合には p 値が 2.5% 以下(または 97.5% 以上)にならない限り帰無仮説を棄却できないのに対して片側検定の場合は p 値が 5% 以下であれば帰無仮説を棄却できる。したがって,帰無仮説を棄却したいと考える者にとってはつねに片側検定を用いる方が有利なようだが,いずれの検定を行うかは検定の目的に照らして客観的に決めるべきことであって分析を行う者が恣意的に決めうることではない。この点に関しては多くの教科書が曖昧な説明をしているので少し詳しく説明しておこう。

まず,「z 値が有意水準 α% の棄却域に入ったから帰無仮説を棄却する」という行動原理は α% の確率で正しい帰無仮説を否定するという誤りを犯すリスクを伴う(この誤りのことを**第1種の誤り**という)。つまり,「有意水準を α% とする」という決定は,「α% の確率で第1種の誤りが生じてもやむをえない」という価値判断を含んでいるのである。

そこで問題となるのが「誤りが現実化するのは確率分布の両側なのかそれとも片側だけなのか」である。たとえば,「10年前の日本人成人男性の平均身長は 167 cm であったが,それがこの 10 年間でどう変化しているか」を知るために,「日本人成人男性の平均身長は現在でも 167 cm である(つまり,10年前と変わっていない)」という命題を帰無仮説として仮説検定を行う場合を考えてみよう。この場合,帰無仮説が正しいのに誤ってこれを否定してしまうリスク

は確率分布の両側において発生する。検定統計量である標本の平均身長は極端に小さな値となることもあれば極端に大きな値となることもあるからである。したがって，この仮説検定は両側検定によるべきである。これに対して，たとえば，ある会社の職場では女性社員が経済的に差別されているという主張を立証するためにその会社の社員の賃金の統計調査を行い，「女性の賃金水準は男性の賃金水準と同じである」という帰無仮説を検定する場合には片側検定を用いるべきである。なぜならば，この状況において第1種の誤りが現実化するのは「賃金格差が本当はないにもかかわらず誤って女性の賃金水準が低い」という結論にいたる場合だけであり，「賃金格差が本当はないにもかかわらず誤って女性の賃金水準の方が高い」という結論にいたった場合には（どのみち「女性が差別されている」という主張は成立しないのであるから）誤りが現実化することはないからである。

このように考えてくると，法律問題について仮説検定を行う際には片側検定を用いることが妥当である場合が多いといえよう。本問の場合も，「X市立病院術後死亡率は本当は一般と同じ水準であるのに誤って一般よりも優れている」という判断を下して問題が発生するということはありえないので，片側検定（この場合は「右側検定」。以下も同様とする）を用いて判断を下すべきである。したがって，p値が3.44%である本件においては，（有意水準を5%とすることが妥当であると仮定する限り）「X市立病院術後死亡率は一般の水準と同じである」という仮説は棄却されることが明らかとなった。

6 仮説検定(2)
―― 正規分布を確率モデルとする場合

次の問題に移りたい。

> 【問題 3-5】
> あなたが法律顧問をしている K 塾の主たる業務は英語学習教材の製作・販売である。K 塾が最近販売を開始した学習教材「スーパー・イングリッシュ・マスター」（以下，略して SEM という）の売れ行きは好調で，特に高校生の間では「SEM を使うと英語の成績が飛躍的に向上する」ともっぱらの評判で

ある。そこで，K塾はSEMのテレビ・コマーシャルを制作し，「SEMを使えば英語の成績が確実に上がる」という趣旨のメッセージをテレビで繰り返し放映した。しばらくたって，公正取引委員会からK塾に連絡があり，「このコマーシャルは不当景品類及び不当表示防止法上の誇大広告にあたる可能性があるので調査を開始する」と通告された。そこで，K塾はこの問題の対策委員会を設置し，あなたもそのメンバーに加わることになった。

その後，対策委員会の調査によって，次の事実が判明した。

① 大手予備校のZゼミが最近実施した大学入試模試の英語の平均点は58点であった。

② SEMを購入した高校生で上記試験を受けた者のうちで英語の試験結果をK塾に報告してきたもの（以下，これを「自主報告者」という）は全部で80人おり，自主報告者の平均は70点であり，標準偏差は15点であった。

[小問1] 上記の事実からどのような統計的判断がくだせるであろうか。

[小問2] 自主報告者の数が80人ではなく15人であった場合はどうか。なお，自主報告者の成績の平均と標準偏差はやはり70点および15点であったとする。

[小問3] 上記の調査方法にはいかなる欠点が存在するか。

対策委員会は上記調査手法の欠点に気づき，Zゼミに協力を依頼して新たな調査を行うことにした。そこで，K塾とZゼミは共同作業を行って，今回の模擬試験を受けた学生の中から以下の2つのグループを選別した。

Aグループ（80人） 模擬試験の実施日の約半年前からSEMを使い始めた学生であって，8か月前に実施されていたZゼミの模擬試験を受験していたことが判明した者全員。

Bグループ（80人） SEMを使ったことのない学生であって8か月前の模擬試験を受験していた者。なお，その対象者の選別は無作為に行ったが，8か月前の模擬試験における英語の成績の平均と分散がAグループのものと同じになるまで繰り返し選別をやり直した。

[小問4] 上記調査の結果今回の模擬試験における各グループの成績の平均と標準偏差はAグループが70点と12点，Bグループが62点と15点であった場合，どのような統計的判断をくだしうるか。

[小問5] AグループとBグループの人数がいずれも15人であった場合はど

うか。なお，各グループの平均と標準偏差は［小問 4］と同じとする。

小問 1 について

与えられた情報だけから統計判断をくだすとすれば，「SEM を使って勉強してきた学生たちの英語の成績は大学進学希望者全体の成績と変わらない」という命題を帰無仮説として仮説検定を行うことが考えられる。もちろんこの仮説を棄却できたからといってテレビ・コマーシャルで使われた表現の合法性を完全に裏付けることはできないであろうが，K 塾の置かれている立場はかなり改善されるであろう。以下，具体的な検定の手順を考えてみたい。

まず，母集団は「今回の模擬試験を受けた SEM 利用者の英語の得点の集合」であり，「母平均 μ は 58 点（つまり全国平均と同じ）である」を帰無仮説とする。

次に，確率モデルの選択であるが，試験の成績，特に英語や国語の試験の成績の分布は正規分布に近いものとなることが知られている。したがって，確率モデルには正規分布を用いる。

正規分布を確率モデルとする仮説検定をベルヌーイ分布を確率モデルとする場合と比べると 1 つの長所と 1 つの短所がある。長所は，正規分布には再生性があるので（89 頁参照）標本数が小さくても標本平均の確率分布が正規分布と近似することが保証されている点である。したがって，標本の数が少ない場合であっても z 値を求めることができる。短所は，母分散の特定に関して生まれる。ベルヌーイ分布の場合には帰無仮説上の母平均の値 μ から必然的に σ^2 の値が定まったが（(3.18) 式と (3.19) 式を比較参照)，正規分布の場合には母平均の値と母分散の値は無関係であるので，別の手段を用いて母分散の値を推定しなくてはならない。

どうしたら母分散の値を推定できるのか。最初に思い付く手掛かりは標本分散の実現値であろう。母平均を推定する最善のデータが標本平均の実現値であったのと同様に，母分散を推定する最善のデータは標本分散の実現値であろうと考えるのは自然である。しかしながら，これは必ずしも正しい考え方ではない。詳しくは［小問 2］を解く際に解説するが，母分散を推定するための最善の統計量は標本分散ではないのである。ただし，標本の数が 30 以上あれば

標本分散の実現値を母分散の値とみなして z 値の計算を行ってもそれによって生じる誤差は無視しうるほど小さいことが知られている。本件の場合は標本数＝自主報告者の数＝80 であるから，この要件は満たされている。したがって，この問題については標本分散の実現値 $s^2 = 15^2$ を母分散だと考えて z 値を計算すればよい。

実際に z 値を計算してみよう。これまでに述べたことの復習も兼ねて計算過程を詳しく記す。帰無仮説上の母平均を μ，標本平均を μ^*，標本平均の実現値を $\bar{x}$，母分散を σ^2，標本平均の分散を σ^{*2}，標本分散の実現値を s^2 とする。

$$\begin{aligned} z &= \frac{\bar{x} - \mu^*}{\sigma^*} \quad ((3.24) \text{ 式による}) \\ &= \frac{\bar{x} - \mu}{\frac{\sigma}{\sqrt{n}}} \quad ((3.25) \text{ 式による}) \\ &= \frac{\bar{x} - \mu}{\frac{s}{\sqrt{n}}} \quad (s^2 \text{ を } \sigma^2 \text{ と同視した}) \\ &= \frac{70 - 58}{\frac{15}{\sqrt{80}}} \fallingdotseq 7.16 \end{aligned}$$

以上により z 値は 7.16 となった。z 値 7.16 に対応する p 値は標準正規分布表に載っていないほど小さな値である。したがって，有意水準をどんなに小さく設定しても帰無仮説は棄却される。

小問 2 について

[小問 2] の場合，標本数が 15 しかないので，標本分散の実現値を母分散と同視できない。ではどうすればよいか。結論からいうと，標本分散に代えて標本の不偏分散の実現値を母分散とみなして仮説検定を行うことがこの場合における最善の対応となる。標本の**不偏分散**（以下，単に「不偏分散」といい，「U^2」で表す）とは，偏差二乗和を標本数マイナス 1 で割った値，つまり，

$$U^2 = \frac{1}{n-1} \sum_{i=1}^{n} (X_i - \bar{X})^2 \tag{3.26}$$

のことである。不偏分散の実現値を用いて母分散を推定することがなぜ妥当であるのか，その代数的な証明は **ONE MORE STEP 3-4** に記したので，ここではもう少し一般的な説明をしよう。

一般に，統計量が有用なものであるためにはその期待値がそれに対応する母数と一致していなければならず（この性質を**不偏性**という）[22]，この要件を満たす統計量のことを**不偏統計量**という。ところで，$X_1,\cdots,X_n$ が互いに独立であれば，任意に値が定まる変数の数は当然 n 個あり，このことを確率変数 $X_1,\cdots,X_n$ の**自由度**が n であるという。そして，統計量が不遍性を持つためには（つまり，不偏統計量であるためには）標本の各要素の値の合計を（標本の個数ではなく）自由度で割らなければならない。たとえば，標本平均は標本の要素の値の合計を自由度である標本数で割った値であり，その期待値は (3.22) 式に示したとおり母平均と一致している。では，各変数の偏差，すなわち，$Y_1 = X_1 - \bar{X}, Y_2 = X_2 - \bar{X},\cdots,Y_n = X_n - \bar{X}$ からなる n 個の確率変数の自由度はいくらであろうか。

この場合，

$$Y_1 + Y_2 + \cdots + Y_n = (X_1 - \bar{X}) + (X_2 - \bar{X}) + \cdots + (X_n - \bar{X})$$
$$= (X_1 + \cdots + X_n) - n\bar{X}$$
$$= n\bar{X} - n\bar{X} = 0$$

という式が成立している。この式が恒等式として成立している以上 Y_1 から Y_n の中の $n-1$ 個の値が定まれば，残りの 1 個の値は必然的に定まる。つまり，確率変数 $Y_1,\cdots,Y_n$ の自由度は n ではなく $n-1$ である。

標本分散は，偏差二乗和を標本の数で割った値であった（(3.21) 式参照）。しかしながら，偏差に関して上記の式が成立する以上，標本分散の期待値を母分散と一致させるためには (3.21) 式の分母を（標本数の n ではなく）自由度である $n-1$ に改めなければならない。そこで，同式にこの修正を施したものが (3.26) 式であり，同式の値を**不偏分散**と名づけた次第である[23]。

---

[22] 統計量が備えるべき性質として不偏性と並んで重要なものは**一致性**である。一致性とは標本数を十分大きくすれば，統計量が確率的に母数に収束する性質のことであり，標本平均と不偏分散はいずれも一致性の要件を満たしている。

[23] 具体的に考えてみよう。ある男性グループの平均身長を調べるためにその中の 3 人の身長を測ったところ 160 cm と 170 cm と 180 cm であったと仮定する。この場合，母分散は 10 cm の二乗であると考えるのが自然ではないだろうか。しかし，この値を導き出すためには偏差平方和である $200 = [(160-170)^2 + (170-170)^2 + (180-170)^2]$ を標本数の 3 ではなく標本数マイナス 1 の 2 で割らなければならない。標本分散よりも不偏分散の方が母分散の推定値として妥当なゆえんを感覚的に理解してもらえたであろうか。

6 仮説検定(2)——正規分布を確率モデルとする場合

しかしながら，不偏分散の実現値をもって母分散に代えることで万事解決というわけではない．なぜならば，不偏分散の期待値が母分散と一致するといっても，不偏分散の具体的な実現値 u^2 が母分散 σ^2 と必ず一致するわけではないから，この不確実性が加わる限度において (3.25) 式の σ に u を代入しても，同式の確率分布は標準正規分布とはなりえず，したがって，この式の値に正規分布表を用いても正しい p 値を求めることはできないからである．

そこで，登場するのが **t 分布**（またはステューデント分布）である[24]．t 分布とは，(3.25) 式の σ を u に代えた場合の同式の値（これを t 値という），すなわち，

$$t = \frac{\bar{x} - \mu}{\frac{u}{\sqrt{n}}} \tag{3.27}$$

が従う確率分布のことである．

t 分布は標準正規分布 $N(0, 1^2)$ に似ているが，自由度の大きさに応じて形態が変化するという特徴を有している．すなわち，自由度が小さい場合には $N(0, 1^2)$ に比べて中央部が低くそのその分左右の裾野が広い形状をとり，自由度が大きくなるにつれて $N(0, 1^2)$ に近づき，自由度が 30 以上のレベルでは $N(0, 1^2)$ と同視しうる形状となる（【図 3-9】参照）．

t 値に関して z 値の標準正規分布表に対応するものが **t 分布表**である．その実物は 125 頁に掲載したが，そこには自由度別に，所定の有意水準に該当する t 値の一覧表が記されている（125 頁の表では左段の数字が自由度，上欄の数字が有意水準を表している）．したがって，検定統計量を t 値に換算し，その値とこの表の数字を見比べれば，その検定統計量が棄却域に入るか否かが判定できる．

本問について計算を行ってみよう．まず，(3.21) 式と (3.26) 式から次の式が成立する．

$$U^2 = \frac{n}{n-1} S^2 \tag{3.28}$$

標本分散の実現値 s^2 は 15^2 であるから，(3.28) 式を使って不偏分散の実現値 u^2 を計算すると，

$$u^2 = \frac{n}{n-1} s^2 = \frac{15}{14} \times 15^2 \fallingdotseq (15.5)^2$$

---

[24] t 分布はイギリスの統計学者 W. S. Gosset（筆名 Student）の考案にかかる確率分布である．

【図 3-9】

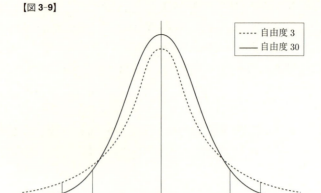

となる。この値を (3.27) 式に代入すれば,

$$t = \frac{\bar{x} - \mu}{\frac{u}{\sqrt{n}}} = \frac{70 - 58}{\frac{15.5}{\sqrt{15}}} \fallingdotseq 3.00$$

となり, t 値は 3.00 であることが判明した。

自由度 $n-1$ は 14 であるから, 125 頁の t 分布表を見ると, 片側検定 5% の有意水準は 1.761 となる。$t = 3.00$ はこの値を大きく超えているので, [小問 1] の場合と同様, 帰無仮説は棄却できることが明らかとなった。

なお, (3.27) 式の右辺の分母の値も z 値における $\frac{\sigma}{\sqrt{n}}$ と同様に (96 頁参照) **標準誤差**と呼ぶことがある。

小問 3 について

[小問 1] と [小問 2] の説明は以上のとおりであるが, ここで用いられた統計調査の方法には問題がある。

まず, 標本の選び方が問題である。成績を自主的に報告してきた学生は模擬試験の成績がよかった人に偏っていると考えられるからである。この点を是正し, すべての SEM 使用者から万遍なく標本が選ばれる手段を講じなくては正しい統計調査とはいえない。

しかしながら, たとえ標本の選び方を是正し, その結果 SEM 使用者の平均

点が全国平均を大きく上回ることが判明したとしても,「だから SEM は効果がある」と結論付けることは早計の誇りを免れない。SEM を使用している学生は一般の学生よりも学習意欲が高く,したがって SEM を使用する以前から平均を上回る英語力を有していた可能性があるからである。

小問 4 について

[小問 4] に記された調査方法は上記 2 つの問題に対処するためのものである。第 1 に,ここでは SEM 使用者で模擬試験を受けた者全員が標本とされており,標本の選択にバイアスがかかっていない。

第 2 に,ここでは SEM 使用者と,彼らが SEM を使用する直前においては同程度の英語力を有していた学生たち,という 2 つのグループが比較されている。この方法を用いれば,SEM に英語力を伸ばす効果があるか否かがかなり正確に判定できるのではないだろうか。

このような状況では,「母平均に差がない」ことを帰無仮説として母平均の差の検定を行うのが一般的である。以下,この方法を本問に則して説明しよう。

SEM を使い始めて 6 か月後の高校生の英語力の平均を μ_i,分散を σ_i^2 とし,8 か月前においては彼らと同程度の英語力を有していた高校生の英語力の平均を μ_2,分散を σ_2^2 とする。これら 2 つの母集団から抽出された n_1 および n_2 個の標本の平均は,それぞれ $N(\mu_1, \frac{\sigma_1^2}{n_1})$ と $N(\mu_2, \frac{\sigma_2^2}{n_2})$ に従う確率変数となるので,以下,これらの確率変数を X_1 と X_2 で表す。ここで,$X_1 - X_2 = X$ とすれば,正規分布の再生性により,X は,$N(\mu_1 - \mu_2, \frac{\sigma_1^2}{n_1} + \frac{\sigma_2^2}{n_2})$ に従う確率変数となる。[25] よって,X_1 と X_2 の標本平均の実現値をそれぞれ $\bar{x}_1$ と $\bar{x}_2$ とすれば,X の z 値は (3.14) 式により,以下の式によって求めることができる。

$$z = \frac{(\bar{x}_1 - \bar{x}_2) - (\mu_1 - \mu_2)}{\sqrt{\frac{\sigma_1^2}{n_1} + \frac{\sigma_2^2}{n_2}}} \tag{3.29}$$

与えられたデータによれば,$\bar{x}_1 = 70, \bar{x}_2 = 62, n_1 = n_2 = 80, s_1^2 \, (= X_1$ の

---

25) X は X_1 と $-X_2$ を加法的に結合した合成確率変数であり,(3.10) 式と (3.11) 式に $a = -1, b = 0$ を代入して計算すれば,$-X_2$ の平均と分散はそれぞれ $-\mu_2$ と $\frac{\sigma_2^2}{n_2}$ となる。

標本分散) $= 12^2$, s_2^2 ($= X_2$ の標本分散) $= 15^2$ であり, $n_1 = n_2 \geqq 30$ であるから, s_1^2 と s_2^2 はそれぞれ σ_1^2 と σ_2^2 と同視可能である. さらに, 帰無仮説により $\mu_1 - \mu_2 = 0$ であるから, これらの数値を上式に代入すると,

$$z = \frac{70 - 62}{\sqrt{\frac{12^2}{80} + \frac{15^2}{80}}} \fallingdotseq 1.73$$

となる. 124 頁の標準正規分布表を見れば, z 値 1.73 の $F(z)$ は 0.9582 であり, p 値は 4.18% となるので, 片側検定 5% の有意水準の下で帰無仮説は (かろうじてではあるものの) 棄却できることが明らかとなった.

小問 5 について

本問の場合は標本数が少ないので標本分散と母分散を同視できない. ただし, グループ 1 とグループ 2 の学生の成績の分散は 8 か月前には一緒だったのであるから現時点においても両者は大差ないであろう. そこで, $\sigma_1 = \sigma_2$ であると仮定して計算を行う.[26]

この場合, 不偏分散を求める式は,

$$U^2 = \frac{n_1 s_1^2 + n_2 s_2^2}{(n_1 - 1) + (n_2 - 1)}$$

となるので,[27] この式にデータをあてはめて不偏分散の実現値 u^2 を求めると,

$$u^2 = \frac{15 \times 12^2 + 15 \times 15^2}{(15 - 1) + (15 - 1)} \fallingdotseq 14.06^2$$

となる. したがって, (3.29) 式を t 値を求める計算に応用すると,

$$t = \frac{(\bar{x}_1 - \bar{x}_2) - (\mu_1 - \mu_2)}{\sqrt{\frac{u^2}{n_1} + \frac{u^2}{n_2}}}$$

となるので, この式にそれぞれの実現値を代入すれば,

---

[26] σ_1 と σ_2 が大きく異なると想定される場合には, ウェルチの検定と呼ばれる検定を行う. 詳しくは専門書を参照されたい.

[27] 偏差二乗和は $n_1 s_1^2 + n_2 s_2^2$ であり, 他方, 自由度は $n_1 + n_2$ から 2 を引いた数となることに留意されたい.

7 検定力と第2種の誤り

【図 3-10】

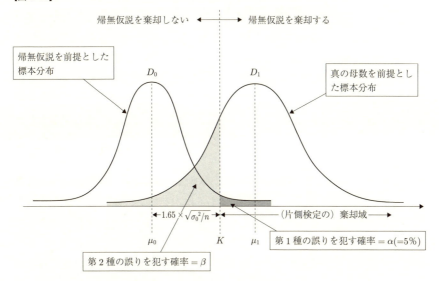

$$t = \frac{70 - 62}{\sqrt{\frac{(14.06)^2}{15} + \frac{(14.06)^2}{15}}} \fallingdotseq 1.558$$

となる。125頁の t 分布表を見ると，自由度 $30 - 2 = 28$ で 5% 片側検定の有意水準は 1.701 であるから，本件の t 値はこれに達しておらず，帰無仮説は棄却できないことが明らかとなった。

7 検定力と第2種の誤り

　第1種の誤りとは，帰無仮説が正しいにもかかわらず誤ってこれを棄却してしまうことであった。仮説検定が生み出すもう1つの誤りは，帰無仮説が誤っているにもかかわらずこれを棄却しそこねる事態であり，これを**第2種の誤り**という。

　第2種の誤りはどうして生じるのか，また，その発生確率はいくらであるのか，考えてみよう。【図 3-10】をご覧願いたい。

　【図 3-10】の左の確率分布は母平均を μ_0 とする帰無仮説が正しいと仮定し

た場合の標本分布であり，以下，この確率分布を分布 D_0 と呼ぶ．これに対して，同図の右の確率分布は真の母平均（これを μ_1 とする）を前提とした標本分布であり，以下これを分布 D_1 と呼ぶ（分布 D_1 の方が分布 D_0 よりも裾野が広がっているのは，確率モデルとして $\mu < 0.5$ のベルヌーイ分布を想定しているために母平均が右にあるほど分散も大きくなるからである）[28]．最初に，分布 D_1 がもっと左にあって分布 D_0 と重なっている事態（つまり，$\mu_0 = \mu_1$ である事態）について考えてみよう．この場合，帰無仮説は正しく，したがってこれを棄却することは誤りである．にもかかわらず，標本平均の実現値が棄却域内の値になってしまった場合，帰無仮説は棄却されてしまう．これが第 1 種の誤りであり，それが発生する確率（$= \alpha$）は図の ▨ 部分の面積と合致する．α がいくらとなるかはひとえに有意水準をいくらに設定するか次第であり，たとえば片側検定 5% の有意水準であれば，α は当然 5% であり，ここまでは前に話したことの復習である．

次に，分布 D_1 が【図 3-10】に示されているように分布 D_0 の右側にある事態について考えてみよう．この場合には D_0 と D_1 は一致していないから帰無仮説は誤りであり，したがってこれは棄却されるべきである．しかしながら，この場合においても，標本分布の実現値が棄却域を下回る値となってしまった場合にはこれを棄却することができない．これが第 2 種の誤りであり，それが発生する確率（$= \beta$）は図の ▨ 部分の面積と一致する．この場合，1 から β を差し引いた値は帰無仮説の誤りを正しく見抜く確率を示しているので，この値を**検定力**という．

β はどのようにして求められるのか，帰無仮説上の母分散，真の母分散および標本数をそれぞれ σ_0^2, σ_1^2 および n としたうえで考えてみよう．検定は片側検定 5% の有意水準で行うものとし，標本分布は正規分布と同視できるものとする．

β の大きさを知るには分布 D_1 における K 点の z 値を計算し，その $F(z)$ を求めればよいことは【図 3-10】から明らかであろう．$F(z) \fallingdotseq 0.95$ となる z 値は 1.65 なので（124 頁参照），K は μ_0 に $1.65 \times \sqrt{\sigma_0^2/n}$ を加えた値となる．したがって，求める値は，

---

28) ベルヌーイ分布の分散は $\mu(1-\mu)$ であるから $\mu = 0.5$ で最大値をとる．

$$z = \frac{\left(\mu_0 + 1.65 \times \sqrt{\frac{\sigma_0^2}{n}}\right) - \mu_1}{\sqrt{\frac{\sigma_1^2}{n}}} \tag{3.30}$$

であり，この z 値の $F(z)$ を調べれば β の大きさを特定できる。

【問題 3-3】の事例を使って具体的に計算してみよう。真の母比率（真の X 市立病院術後死亡率）は 40% であったと仮定する。

この場合，仮定により，$\mu_1 = 0.4$, $\sigma_1^2 = \mu_1 \times (1 - \mu_1) = 0.24$ であり，一方，$\mu_0 = 0.2$, $\sigma_0^2 = 0.16$, $n = 30$ であるから，これらの値を (3.30) 式に代入すると，

$$z = \frac{\left(0.2 + 1.65 \times \sqrt{\frac{0.16}{30}}\right) - 0.4}{\sqrt{\frac{0.24}{30}}} \fallingdotseq -0.89$$

となる。そこで，標準正規分布表を見ると，$z = -0.89$ に対する $F(z)$ は 0.1867% である。したがって，【問題 3-3】の事案において，真の X 市立病院術後死亡率が 40% であったとすれば，第 2 種の誤りを犯す確率は 18.67% 存在していたことになり，検定力は 81.33% であったわけである。

(3.30) 式から明らかなとおり，検定力は，真の母数と帰無仮説上の母数の乖離が大きいほど，有意水準が緩いほど，また，標本数が大きいほど，高くなる。これらの要素の中で真の母数がいくらであるかを仮定しないと検定力が定まらない点は特に重要であり，実務では，帰無仮説以外にもう 1 つ別の仮説を立て（これを**対立仮説**という）[29]，この仮説上の母数が真実であると仮定したうえで検定力を一定の値に保つためには有意水準や標本数をいくらとすべきであるかを考える。

具体的に考えてみよう。

【問題 3-6】
　B 剤は妊婦のつわりの緩和剤として長年市販されてきた。ところが，最近になって妊婦が B 剤を服用すると胎児の四肢形成に異常が生じやすいとの学

---

[29]　帰無仮説以外のすべての仮説の総称概念として対立仮説という言葉を使う用法もあるが，あまり意味のある概念とは思えないので，本書では本文に記したような狭い意味でのみこの言葉を使うことにした。

説が著名な医学者によって発表された。これを受けて，厚生労働省（以下，「厚労省」という）は，同剤の販売を禁止すべきか否かを判断するための調査を開始した。厚労省はB剤の有用性と潜在的危険性を勘案のうえ，片側検定5%の有意水準の下で，B剤を服用した妊婦が出産した新生児（以下，「対象新生児」という）について四肢形成異常の発症率が一般の2倍以上であることを対立仮説とした場合の検定力が95%以上となるような仮説検定を実施したいと考えている。この目的を果たすためには最低何人の新生児に対して調査を実施すべきであろうか。なお，四肢形成異常の発症率は一般的には0.1%（つまり1000児に1児）であると仮定する。

この仮説検定における帰無仮説は「妊婦がB剤を服用しても胎児の四肢形成異常の発症率は服用しない場合と変わらない」であり，対立仮説は「服用した場合の発症率は通常の2倍以上になる」である。この問題に対して(3.30)式をあてはめてみよう。

まず，$F(z) = 0.05$ となる z 値は -1.65 であり（124頁参照），帰無仮説上の母比率と母分散は $\mu_0 = 0.001$，$\sigma_0^2 = \mu_0(1 - \mu_0) \fallingdotseq 0.001$ である[30]。対立仮説上の母比率としては対立仮説を成立せしめる最小の値を用いることが妥当であろうから $\mu_1 = 0.002$ であり，したがって，母分散は $\sigma_1^2 = \mu_1(1 - \mu_1) \fallingdotseq 0.002$ である。以上の数値を (3.30) 式に代入すると，

$$-1.65 = \frac{\left(0.001 + 1.65 \times \sqrt{\frac{0.001}{n}}\right) - 0.002}{\sqrt{\frac{0.002}{n}}}$$

となる。そこでこの式を n について解くと，

$$n \fallingdotseq 15864 \,(人)$$

となるので，対立仮説が真実である場合の検定力を95%以上とするためには約15,900人の新生児を調査しなければならないことが明らかとなった。

---

[30] 母比率が非常に小さいのでポワソン分布の場合と同様に母平均（＝比率）と母分散がほぼ一致することに留意されたい。

8 因果関係の証明

法廷に提出される統計資料の多くは因果関係の存在（または不存在）を証明するためのものである。どうしたら因果関係を立証できるのか。まずは，前問（【問題 3-6】）の事実を前提として次の問題を考えてみよう。

> 【問題 3-7】
> X 婦人は Y 産婦人科医院から B 剤服用の指示を受けたが，その後出産した新生児（以下，「Z 君」と呼ぶ）には不幸にして四肢形成異常があった。その原因が B 剤にあると考えた X 婦人は Y 医院に対して損害賠償請求訴訟を提起した。この裁判の継続中に厚労省が【問題 3-6】記載の検定を行い検定の結果が「帰無仮説を棄却できない」であったとすれば，Y 医院はこの結果をどの程度自己に有利な証拠として援用できるであろうか。逆に，検定の結果が「帰無仮説を棄却する」であったとしたら X 婦人はこの結果をどの程度自己に有利な証拠として援用できるであろうか。

最初に，「帰無仮説が棄却された」という結果一般の証拠価値について考えてみよう。この統計結果が原告である X 婦人にとって有利な証拠となることは疑いない。しかしながら，この証拠だけで裁判に勝つことは困難であろう。なぜならば，四肢形成異常は B 剤を服用しなくても 0.1% の確率で発症するものであるから，B 剤に発症率を高める作用があることが証明できたとしても，Z 君の四肢に形成異常が起きた原因がはたして B 剤であったのかそうでなかったのかはなお不明であるといわざるをえないからである。

しかしながら，厚労省の実施した仮説検定には「発症率は 2 倍以上である」という対立仮説が用いられている。そして，仮にこの対立仮説が正しいことが証明されたとしたら，対象新生児に四肢形成異常が発症した場合，その原因が B 剤である確率はそうではない確率を上回る。したがって，民事訴訟では 50% を超える確からしさが示せれば立証責任は果たされるという立場に立つ限り，この証拠だけで（いい直せば，これ以外には有利な証拠も不利な証拠もまったくないとすれば）B 剤と Z 君の四肢形成異常との間の因果関係は立証されたといえるのではないであろうか。問題は，本件の仮説検定によってこの目的が達成できるか否かであるが，まず，帰無仮説が棄却できなかった事態について

考えてみよう。

この場合，被告である Y 医院は次のように主張できる。

① この仮説検定は，対立仮説が真実であれば 95％ 以上の確率で帰無仮説が棄却できるように設計されている。
② にもかかわらず仮説が棄却できなかったということは，対立仮説が誤りであることが「証明」されたということである（証明という言葉をカギ括弧で括ったのは，この場合においても第 1 種の誤りが存在する可能性は否定できないからである。以下では，この点は周知のこととし，カギ括弧なしで「証明」という言葉を用いる）。[32]
③ したがって，Z 君の四肢形成異常の原因が B 剤である確率はそれ以外のことが原因である確率を上回っておらず，そうである以上，他に別段の証拠がない限り，B 剤と Z 君の四肢形成異常の間の因果関係について原告である X 婦人は立証責任を果たせていない。

この論理は原則的に正しいといえるであろう。

では，反対に，帰無仮説が棄却できた場合，これによって原告である X 婦人は立証責任を果たせたといえるか。残念ながら，そうはいえない。なぜならば，検定力が意味するものは「対立仮説が正しい限り帰無仮説が棄却される確率」であって，「対立仮説が正しい確率」ではないからである。

以上の分析によれば，いかに工夫を凝らした対立仮説を設けても仮説検定は因果関係の証明手段としては不適切であり，それが有用であるのは因果関係の不存在を主張する者にとってだけのようである。では，どうしたら因果関係の証明を行えるのか。

考えうる 1 つの方法は，帰無仮説自体を「B 剤を服用すると発症率が 2 倍になる」として片側仮説検定を行うことである。この帰無仮説が標準的な有意水準のもとで棄却されれば，B 剤を服用すると発症率が 2 倍を上回ること

---

31) この点を明示した著名な米国連邦控訴審の判決に Daubert v. Merrell Dow Pharmaceuticals, Inc. 43 F. 3d 1311 (9th cir. 1995) がある。【問題 3-6】および【問題 3-7】はこの事件の事実関係をモデルとしている。
32) 伝統な統計学の手法による限り，このような曖昧さを消すことができないことは本文（119 頁）記載のとおりである。

8 因果関係の証明

が証明されたことになる。ただし、この方法を用いると帰無仮説上の確率分布と真実の確率分布が近接するので（【図3-10】の μ_0 が μ_1 が近接する状況を想定してもらいたい）、実際の発症率が2倍をわずかに上回るにすぎない場合の検定力が著しく低下してしまう。こころみに、標本数10,000人で上記の検定を行った場合を考えてみると、真の発症率が通常の2.1倍の場合の検定力はわずかに8.2%であり、発症率が通常の2.5倍であっても31.6%にとどまり、3倍あってようやく68.4%に達するという低さである。[33] 要するに、この仮説検定には「発症率が2倍を大きく上回らない限り2倍以上であることを証明できない」というジレンマが付きまとうのである。

もう1つの方法は、仮説検定に代えて**区間推定**という技法を用いることである。区間推定とは何か、引き続き【問題3-6】を使いながら説明しよう。新生児1万人を調査したところ、その中に25人の四肢形成異常が認められたと仮定する。

上記のデータによれば標本平均の実現値 $\bar{x}$ は $\frac{25}{10000} = 0.0025$ である。ここにおいては、標本数が十分大きいので母分散 σ^2 は標本分散の実現値 $s^2 = \bar{x}(1-\bar{x}) \fallingdotseq 0.0025$ と同視できる。[34] そこで、母平均を μ としたうえでこれらの値を z 値を求める公式（=(3.25)式）に代入すると、

$$z = \frac{\bar{x}-\mu}{\sqrt{\frac{\sigma^2}{n}}} = \frac{0.0025-\mu}{\sqrt{\frac{0.0025}{10000}}}$$

という式が得られる。

---

33) これらの数値は、(3.30)式にしかるべき数値を代入し、その z 値に対応する $1 - F(z)$ の値を求めることによって算定できる。たとえば、真実の発症率が通常の2.5倍の場合の z 値は、

$$z = \frac{\left(0.002 + 1.65 \times \sqrt{\frac{0.002}{10,000}}\right) - 0.0025}{\sqrt{\frac{0.0025}{10,000}}} \fallingdotseq 0.48$$

であり、この z 値に対応する $F(z)$ の値は68.4%であるから、検定力は100% − 68.4% = 31.6%である。

34) 母集団の確率モデルがベルヌーイ分布である場合には、標本平均（=標本比率）の実現値 $\bar{x}$ と標本分散の実現値 s^2 の間にも $s^2 = \bar{x}(1-\bar{x})$ の関係が成立することに留意されたい。

そこで標準正規分布表（124頁）を見ると，z 値は 95% の確率で -1.96 から $+1.96$ の間の値をとる。したがって，μ は 95% の確率で次の不等式を満たしているはずである。

$$-1.96 < \frac{0.0025 - \mu}{\sqrt{\frac{0.0025}{10000}}} < +1.96$$

この式を μ について解くと，

$$0.0035 > \mu > 0.0015$$

となるので，母平均は 95% の確率で 0.15% 超 0.35% 未満であることが判明した（このことを「95% の信頼区間は 0.15% 超 0.35% 未満である」ともいう）。

以上が伝統的な区間推定の方法であり，この方が，前記の仮説検定よりも使い勝手がよいといえるであろう。しかしながら，「0.15% 超 0.35% 未満」ということは四肢形成異常の発症が通常の場合の 2 倍以上とならない場合（すなわち発症率が 0.15% 超で 0.20% 未満の場合）も含んでいるわけであるから「因果関係の存在を 50% 超の確率で証明した」とはいいがたい。

そこで，区間推定の技法に 2 つの改良を加えてみよう。

第 1 に，ここで重要なことは μ の下限であって上限は関係ないので，区間推定も下限だけを示すことにする（この点は仮説検定において片側検定を行うことと同じである）。第 2 に，下限には（通常の発症率 = 0.1% の 2 倍である）0.2% を使う方が目的合理性が高いので，最終的な不等式が $\mu > 0.002$ となるように求める z 値の範囲を調整する。

以上の点を踏まえて再計算を行うと，

$$約 84\% の確率で \mu > 0.2\%$$

という結論が導き出される。[35]

---

35) 計算は次のように行えばよい。
　　① z 値を未知数として下記の不等式を設定する。

$$\frac{0.0025 - \mu}{\sqrt{\frac{0.0025}{10000}}} < z$$

　　② 上式を μ について解いて下記の式を得る。

8 因果関係の証明

　この式を得たことによって原告の立証目的はかなり前進したといえるであろう。しかしながら，これでもまだ曖昧さが残ることは否めない。なぜならば，「母比率は84%の確率で0.2%超」ということは16%の確率で発症率は通常の倍となってはいないことを含意しており，この点を事実の認定においてどう評価すべきであるかが未解決の問題として残っているからである。[36]

　問題の原点は，法律家が事実を認定する際には主観確率を用いるのに対して，伝統的な統計学は客観確率を用いていることにある。第1章において説明したとおり，裁判における事実の立証とは過去の事実があったか否かについてその「確からしさ」を示す活動であり，この確からしさを表す指標は主観確率である。主観確率を用いれば，所与の証拠の下である事実（この場合は「因果関係」）があったか否か，その確からしさを1つの数値で表すことができる。

　ところが，伝統的統計学は客観確率を用いているので，母数の確からしさを1つの数値として示すことができない。伝統的統計学が示しうるものは，「（未知ではあるものの客観的には定まっているはずの）母数がある範囲内にあればこの証拠が現れる確率はいくらであるか」でしかないのである。この矛盾をいかに克服するかは法律家と統計学者が共同して取り組むべき今後の課題であるが，1つの可能性として考えうることは伝統的統計学に代えてベイズ統計学の手法を用いることである。**ベイズ統計学**とはその名が示すとおり，ベイズの定理を礎（いしずえ）として母数の主観確率を求める技法のことである。**ONE MORE STEP 3-5** にその考え方の基礎を記すので興味のある読者はこの分野の研究の足掛かりとしてもらいたい。

$$\mu > 0.0025 - z\sqrt{\frac{0.0025}{10000}}$$

③　上記の不等式の右辺の値が0.002となるz値を求めると，

$$z = 1.00$$

　を得る。

④　標準正規分布表を見るとz値が1.00の$F(z)$は0.8413であるので，$\mu > 0.002$である確率は84.13%である。

36)　この点は，標本数が少ない場合さらに深刻な問題となる。たとえば【問題3-6】の調査で標本となった対象児が1000人であった場合（標本平均は本文の場合と同様0.0025であったとする），区間推定の結論は，「母比率は37%の確率で0.2%超」となるが，この結論からいかなる事実を認定しうるかは定かでない。

ONE MORE STEP 3-5　ベイズ統計学の考え方

最初にベイズの一般式（第1章の注25参照）を再度掲げよう。

$$p(A_1|E) = \frac{p(E|A_1)p(A_1)}{\sum_{i=1}^{n} p(E|A_i)p(A_i)} \tag{a}$$

この式はある事象の事前確率が A_1 であり，得られた証拠 E の事象 A_1 における尤度が $p(E|A_1)$ である場合における事象 A_1 の事後確率 $p(A_1|E)$ を示したものであった。ベイズ統計学では，(a) 式の A_1 の部分に調査の対象である母数を代入する。すなわち，母数そのものを確率変数としてとらえ，その確率を新たな証拠が得られるごとに更新していくという手法を用いるのである。その際，母数を（離散的ではなく）連続的な確率変数としてとらえる方が汎用性が高いので，(a) 式の中の確率関数を確率密度関数に改める。(a) 式にこの変更を加え，かつ，慣例に従い確率変数である母数を θ で表したものが次の式である。

$$f(\theta|E) = \frac{p(E|\theta)f(\theta)}{\int_{-\infty}^{\infty} p(E|\theta)f(\theta)d\theta} \tag{b}$$

以下，(b) 式について説明する。
① 右辺の分子の $f(\theta)$ は，証拠 E を得る前の段階における母数 θ の確率密度関数であり，これを**事前分布**という。
② 左辺の $f(\theta|E)$ は，証拠 E を得たのちにおける母数 θ の確率密度関数であり，これを**事後分布**という。
③ 右辺の分子の $p(E|\theta)$ は，母数 θ を条件とする E の条件付き確率を示した式である（したがって，これは確率密度関数ではない）[37]。ただし，θ が連続的な確率変数である以上この式もまた θ を独立変数とする連続関数であり，これを**尤度関数**という。
④ 右辺の分母は θ が連続的な確率変数であることを踏まえて (a) 式の Σ 記号を積分記号に改めたものである。ただし，この式の値は θ を定義域全体で積分した定数であってもはや変数ではない。

(b) 式の使い方を問題を使って示そう。

【問題】　疾病 X に対する新薬 α の効果を調べるために X に罹患している者 5 人に α を投与した。その結果 4 人には有効で，1 人には有効でな

---

[37]　$p(E|\theta)$ がいくらとなるかはひとえに各 θ 値において E という証拠が得られる確率がいくらであるかにかかっている。したがって，当然のことながら，これを $-\infty < \theta < \infty$ の範囲で積分した値が 1 となる必然性はない。

かった。Xに対するαの効能はいくらと考えるべきか。

疾病Xに対する新薬αの効能を求める問題である。効能は薬を投与した人数に対する効いた人の割合によって表せるものとする。この治験の結果を E,効能の母比率を θ として (b) 式の計算を行ってみよう。最初の問題は事前分布 $f(\theta)$ をどのような関数としてとらえるかであるが，これ以前には何の情報もなかったと仮定すれば，「すべての可能性は均等である」と考えることに一応の合理性があるであろう（この考え方に立つ行動原理を**理由不十分の原則**という）。そこで，母数 θ についても0（誰にも効かない）から1（誰にでも効く）までのすべての可能性が均等にあると考えて事前分布には一様分布（78頁参照）を用いることにする。すなわち,

$$f(\theta) = 1 \quad (0 \leqq \theta \leqq 1) \tag{c}$$

である（【図a】参照）。

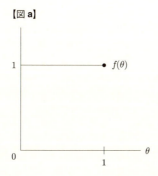

【図a】

次に尤度関数 $p(E|\theta)$ であるが，α のXに対する効能が θ であれば，これを5人に用いた場合に4人に効く確率は二項分布（92頁参照）の考え方から，次のように表すことができる。

$$p(E|\theta) = {}_5C_4 \theta^4 (1-\theta) = 5\theta^4 (1-\theta) \tag{d}$$

あとは (b) 式の右辺の分母の式の値を求めればよい（この値を k とする）。本件の場合，θ の定義域が $0 \leqq \theta \leqq 1$ であることに注意してこの計算を行うと,

$$k = \int_0^1 {}_5C_4 \theta^4 (1-\theta) d\theta = 5\left[\frac{1}{5}\theta^5\right]_0^1 - 5\left[\frac{1}{6}\theta^6\right]_0^1 = \frac{1}{6} \tag{e}$$

となる。よって，(c), (d), (e) の各式を (b) 式に代入することにより，事後分布 $f(\theta|E)$ は,

$$f(\theta|E) = \frac{5\theta^4(1-\theta)}{\frac{1}{6}} = 30\theta^4(1-\theta) \tag{f}$$

となる。【図 b】はこの事後分布の形状を示したものである。

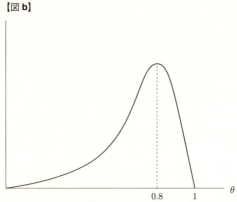

【図 b】

さらに，連続確率変数の平均値を求める公式（(3.7) 式）を使えば (f) 式の平均（以下，これを π で表す）も容易に求まる。すなわち，

$$\pi = \int_0^1 30\theta^4(1-\theta)\theta d\theta = \frac{5}{7}$$

であり，新薬 α の効能の母比率は $\frac{5}{7}$ ＝ 約 71% という 1 つの値で表せることが明らかとなった。[38]

以上がベイズ統計学の考え方である。法律家にとってベイズ統計学の最大の魅力は主観確率を用いて進められる法律家の推論との親和性が高い点である。ただし，問題がないわけではない。

最大の問題は積分計算の難しさにある。[39] 上記の事案では事前分布に用いた一様分布と二項分布の相性がよいために k 値の計算が容易であったが，いつもこのように簡単に計算できるわけではない。ただし，近年ベイズ統計学の発展[40]

---

38) 平均値の $\frac{5}{7}$ は最頻値の 0.8（【図 b】参照）とは一致しないことにも留意されたい。なお，一様分布を事前分布とした場合の母数の最頻値は伝統的な統計学における点推定（注 19）参照）の値と原則として一致する。

39) もう 1 つの難問は事前分布をいかにするかについての考え方が確立されていないことである。

40) 次の確率密度関数で表せる分布をベータ分布という。

$$f(\theta) = k\theta^{p-1}(1-\theta)^{q-1}$$

ただし k は定数で $0 \leqq \theta \leqq 1$, $p > 0$, $q > 0$ とする。

この式の形から明らかなようにベータ分布の積分計算は極めて容易であり，しかも

には目覚ましいものがあり，裁判における事実の証明にベイズ統計学の手法が登場する日も遠くないかもしれない[41]。

ベータ分布に従う関数を掛け合わせた関数もまたベータ分布に従う。二項分布はベータ分布であり（92頁の定義参照），一様分布も $k=1$, $p=1$, $q=1$ のベータ分布であるので尤度関数が二項分布と同じ形式の関数であって一様分布が事前分布である限り，何度ベイズ更新を行っても事後分布はつねにベータ分布であり，したがってこれを積分することは容易である。

41) 近年では，マルコフチェーン・モンテカルロ法と呼ばれる手法を利用したベイズ統計の計算方法が注目を集めている。

標準正規分布表

z	.00	.01	.02	.03	.04	.05	.06	.07	.08	.09
−3.4	.0003	.0003	.0003	.0003	.0003	.0003	.0003	.0003	.0003	.0002
−3.3	.0005	.0005	.0005	.0004	.0004	.0004	.0004	.0004	.0004	.0003
−3.2	.0007	.0007	.0006	.0006	.0006	.0006	.0006	.0005	.0005	.0005
−3.1	.0010	.0009	.0009	.0009	.0008	.0008	.0008	.0008	.0007	.0007
−3.0	.0013	.0013	.0013	.0012	.0012	.0011	.0011	.0011	.0010	.0010
−2.9	.0019	.0018	.0018	.0017	.0016	.0016	.0015	.0015	.0014	.0014
−2.8	.0026	.0025	.0024	.0023	.0023	.0022	.0021	.0021	.0020	.0019
−2.7	.0035	.0034	.0033	.0032	.0031	.0030	.0029	.0028	.0027	.0026
−2.6	.0047	.0045	.0044	.0043	.0041	.0040	.0039	.0038	.0037	.0036
−2.5	.0062	.0060	.0059	.0057	.0055	.0054	.0052	.0051	.0049	.0048
−2.4	.0082	.0080	.0078	.0075	.0073	.0071	.0069	.0068	.0066	.0064
−2.3	.0107	.0104	.0102	.0099	.0096	.0094	.0091	.0089	.0087	.0084
−2.2	.0139	.0136	.0132	.0129	.0125	.0122	.0119	.0116	.0113	.0110
−2.1	.0179	.0174	.0170	.0166	.0162	.0158	.0154	.0150	.0146	.0143
−2.0	.0228	.0222	.0217	.0212	.0207	.0202	.0197	.0192	.0188	.0183
−1.9	.0287	.0281	.0274	.0268	.0262	.0256	.0250	.0244	.0239	.0233
−1.8	.0359	.0351	.0344	.0336	.0329	.0322	.0314	.0307	.0301	.0294
−1.7	.0446	.0436	.0427	.0418	.0409	.0401	.0392	.0384	.0375	.0367
−1.6	.0548	.0537	.0526	.0516	.0505	.0495	.0485	.0475	.0465	.0455
−1.5	.0668	.0655	.0643	.0630	.0618	.0606	.0594	.0582	.0571	.0559
−1.4	.0808	.0793	.0778	.0764	.0749	.0735	.0721	.0708	.0694	.0681
−1.3	.0968	.0951	.0934	.0918	.0901	.0885	.0869	.0853	.0838	.0823
−1.2	.1151	.1131	.1112	.1093	.1075	.1056	.1038	.1020	.1003	.0985
−1.1	.1357	.1335	.1314	.1292	.1271	.1251	.1230	.1210	.1190	.1170
−1.0	.1587	.1562	.1539	.1515	.1492	.1469	.1446	.1423	.1401	.1379
−0.9	.1841	.1814	.1788	.1762	.1736	.1711	.1685	.1660	.1635	.1611
−0.8	.2119	.2090	.2061	.2033	.2005	.1977	.1949	.1922	.1894	.1867
−0.7	.2420	.2389	.2358	.2327	.2296	.2266	.2236	.2206	.2177	.2148
−0.6	.2743	.2709	.2676	.2643	.2611	.2578	.2546	.2514	.2483	.2451
−0.5	.3085	.3050	.3015	.2981	.2946	.2912	.2877	.2843	.2810	.2776
−0.4	.3446	.3409	.3372	.3336	.3300	.3264	.3228	.3192	.3156	.3121
−0.3	.3821	.3783	.3745	.3707	.3669	.3632	.3594	.3557	.3520	.3483
−0.2	.4207	.4168	.4129	.4090	.4052	.4013	.3974	.3936	.3897	.3859
−0.1	.4602	.4562	.4522	.4483	.4443	.4404	.4364	.4325	.4286	.4247
−0.0	.5000	.4960	.4920	.4880	.4840	.4801	.4761	.4721	.4681	.4641
0.0	.5000	.5040	.5080	.5120	.5160	.5199	.5239	.5279	.5319	.5359
0.1	.5398	.5438	.5478	.5517	.5557	.5596	.5636	.5675	.5714	.5753
0.2	.5793	.5832	.5871	.5910	.5948	.5987	.6026	.6064	.6103	.6141
0.3	.6179	.6217	.6255	.6293	.6331	.6368	.6406	.6443	.6480	.6517
0.4	.6554	.6591	.6628	.6664	.6700	.6736	.6772	.6808	.6844	.6879
0.5	.6915	.6950	.6985	.7019	.7054	.7088	.7123	.7157	.7190	.7224
0.6	.7257	.7291	.7324	.7357	.7389	.7422	.7454	.7486	.7517	.7549
0.7	.7580	.7611	.7642	.7673	.7704	.7734	.7764	.7794	.7823	.7852
0.8	.7881	.7910	.7939	.7967	.7995	.8023	.8051	.8078	.8106	.8133
0.9	.8159	.8186	.8212	.8238	.8264	.8289	.8315	.8340	.8365	.8389
1.0	.8413	.8438	.8461	.8485	.8508	.8531	.8554	.8577	.8599	.8621
1.1	.8643	.8665	.8686	.8708	.8729	.8749	.8770	.8790	.8810	.8830
1.2	.8849	.8869	.8888	.8907	.8925	.8944	.8962	.8980	.8997	.9015
1.3	.9032	.9049	.9066	.9082	.9099	.9115	.9131	.9147	.9162	.9177
1.4	.9192	.9207	.9222	.9236	.9251	.9265	.9279	.9292	.9306	.9319
1.5	.9332	.9345	.9357	.9370	.9382	.9394	.9406	.9418	.9429	.9441
1.6	.9452	.9463	.9474	.9484	.9495	.9505	.9515	.9525	.9535	.9545
1.7	.9554	.9564	.9573	.9582	.9591	.9599	.9608	.9616	.9625	.9633
1.8	.9641	.9649	.9656	.9664	.9671	.9678	.9686	.9693	.9699	.9706
1.9	.9713	.9719	.9726	.9732	.9738	.9744	.9750	.9756	.9761	.9767
2.0	.9772	.9778	.9783	.9788	.9793	.9798	.9803	.9808	.9812	.9817
2.1	.9821	.9826	.9830	.9834	.9838	.9842	.9846	.9850	.9854	.9857
2.2	.9861	.9864	.9868	.9871	.9875	.9878	.9881	.9884	.9887	.9890
2.3	.9893	.9896	.9898	.9901	.9904	.9906	.9909	.9911	.9913	.9916
2.4	.9918	.9920	.9922	.9925	.9927	.9929	.9931	.9932	.9934	.9936
2.5	.9938	.9940	.9941	.9943	.9945	.9946	.9948	.9949	.9951	.9952
2.6	.9953	.9955	.9956	.9957	.9959	.9960	.9961	.9962	.9963	.9964
2.7	.9965	.9966	.9967	.9968	.9969	.9970	.9971	.9972	.9973	.9974
2.8	.9974	.9975	.9976	.9977	.9977	.9978	.9979	.9979	.9980	.9981
2.9	.9981	.9982	.9982	.9983	.9984	.9984	.9985	.9985	.9986	.9986
3.0	.9987	.9987	.9987	.9988	.9988	.9989	.9989	.9989	.9990	.9990
3.1	.9990	.9991	.9991	.9991	.9992	.9992	.9992	.9992	.9993	.9993
3.2	.9993	.9993	.9994	.9994	.9994	.9994	.9994	.9995	.9995	.9995
3.3	.9995	.9995	.9995	.9996	.9996	.9996	.9996	.9996	.9996	.9997
3.4	.9997	.9997	.9997	.9997	.9997	.9997	.9997	.9997	.9997	.9998

t 分布表

	0.1 片側	0.1 両側	0.05 片側	0.05 両側	0.025 片側	0.025 両側	0.01 片側	0.01 両側	0.005 片側	0.005 両側
1	3.078	6.314	6.314	12.706	12.706	25.452	31.821	63.657	63.657	127.321
2	1.886	2.920	2.920	4.303	4.303	6.205	6.965	9.925	9.925	14.089
3	1.638	2.353	2.353	3.182	3.182	4.177	4.541	5.841	5.841	7.453
4	1.533	2.132	2.132	2.776	2.776	3.495	3.747	4.604	4.604	5.598
5	1.476	2.015	2.015	2.571	2.571	3.163	3.365	4.032	4.032	4.773
6	1.440	1.943	1.943	2.447	2.447	2.969	3.143	3.707	3.707	4.317
7	1.415	1.895	1.895	2.365	2.365	2.841	2.998	3.499	3.499	4.029
8	1.397	1.860	1.860	2.306	2.306	2.752	2.896	3.355	3.355	3.833
9	1.383	1.833	1.833	2.262	2.262	2.685	2.821	3.250	3.250	3.690
10	1.372	1.812	1.812	2.228	2.228	2.634	2.764	3.169	3.169	3.581
11	1.363	1.796	1.796	2.201	2.201	2.593	2.718	3.106	3.106	3.497
12	1.356	1.782	1.782	2.179	2.179	2.560	2.681	3.055	3.055	3.428
13	1.350	1.771	1.771	2.160	2.160	2.533	2.650	3.012	3.012	3.372
14	1.345	1.761	1.761	2.145	2.145	2.510	2.624	2.977	2.977	3.326
15	1.341	1.753	1.753	2.131	2.131	2.490	2.602	2.947	2.947	3.286
16	1.337	1.746	1.746	2.120	2.120	2.473	2.583	2.921	2.921	3.252
17	1.333	1.740	1.740	2.110	2.110	2.458	2.567	2.898	2.898	3.222
18	1.330	1.734	1.734	2.101	2.101	2.445	2.552	2.878	2.878	3.197
19	1.328	1.729	1.729	2.093	2.093	2.433	2.539	2.861	2.861	3.174
20	1.325	1.725	1.725	2.086	2.086	2.423	2.528	2.845	2.845	3.153
21	1.323	1.721	1.721	2.080	2.080	2.414	2.518	2.831	2.831	3.135
22	1.321	1.717	1.717	2.074	2.074	2.405	2.508	2.819	2.819	3.119
23	1.319	1.714	1.714	2.069	2.069	2.398	2.500	2.807	2.807	3.104
24	1.318	1.711	1.711	2.064	2.064	2.391	2.492	2.797	2.797	3.091
25	1.316	1.708	1.708	2.060	2.060	2.385	2.485	2.787	2.787	3.078
26	1.315	1.706	1.706	2.056	2.056	2.379	2.479	2.779	2.779	3.067
27	1.314	1.703	1.703	2.052	2.052	2.373	2.473	2.771	2.771	3.057
28	1.313	1.701	1.701	2.048	2.048	2.368	2.467	2.763	2.763	3.047
29	1.311	1.699	1.699	2.045	2.045	2.364	2.462	2.756	2.756	3.038
30	1.310	1.697	1.697	2.042	2.042	2.360	2.457	2.750	2.750	3.030
31	1.309	1.696	1.696	2.040	2.040	2.356	2.453	2.744	2.744	3.022
32	1.309	1.694	1.694	2.037	2.037	2.352	2.449	2.738	2.738	3.015
33	1.308	1.692	1.692	2.035	2.035	2.348	2.445	2.733	2.733	3.008
34	1.307	1.691	1.691	2.032	2.032	2.345	2.441	2.728	2.728	3.002
35	1.306	1.690	1.690	2.030	2.030	2.342	2.438	2.724	2.724	2.996
36	1.306	1.688	1.688	2.028	2.028	2.339	2.434	2.719	2.719	2.990
37	1.305	1.687	1.687	2.026	2.026	2.336	2.431	2.715	2.715	2.985
38	1.304	1.686	1.686	2.024	2.024	2.334	2.429	2.712	2.712	2.980
39	1.304	1.685	1.685	2.023	2.023	2.331	2.426	2.708	2.708	2.976
40	1.303	1.684	1.684	2.021	2.021	2.329	2.423	2.704	2.704	2.971
41	1.303	1.683	1.683	2.020	2.020	2.327	2.421	2.701	2.701	2.967
42	1.302	1.682	1.682	2.018	2.018	2.325	2.418	2.698	2.698	2.963
43	1.302	1.681	1.681	2.017	2.017	2.323	2.416	2.695	2.695	2.959
44	1.301	1.680	1.680	2.015	2.015	2.321	2.414	2.692	2.692	2.956
45	1.301	1.679	1.679	2.014	2.014	2.319	2.412	2.690	2.690	2.952
46	1.300	1.679	1.679	2.013	2.013	2.317	2.410	2.687	2.687	2.949
47	1.300	1.678	1.678	2.012	2.012	2.315	2.408	2.685	2.685	2.946
48	1.299	1.677	1.677	2.011	2.011	2.314	2.407	2.682	2.682	2.943
49	1.299	1.677	1.677	2.010	2.010	2.312	2.405	2.680	2.680	2.940
50	1.299	1.676	1.676	2.009	2.009	2.311	2.403	2.678	2.678	2.937
60	1.296	1.671	1.671	2.000	2.000	2.299	2.390	2.660	2.660	2.915
70	1.294	1.667	1.667	1.994	1.994	2.291	2.381	2.648	2.648	2.899
80	1.292	1.664	1.664	1.990	1.990	2.284	2.374	2.639	2.639	2.887
90	1.291	1.662	1.662	1.987	1.987	2.280	2.368	2.632	2.632	2.878
100	1.290	1.660	1.660	1.984	1.984	2.276	2.364	2.626	2.626	2.871

第4章
統計分析(2)
相関と回帰

　たとえば，「日本人男性の身長」と「日本人男性の体重」という2つのデータは統計上異なる母集団を構成するものであるが，それぞれの要素はいずれも特定の個体（この場合は，「特定の自然人」）に帰属しているので，同じ個体に帰属する要素同士を組み合わせて表示することができる。同様にして詐欺被告事件における「犯罪額」と「懲役年数」も，同じ個体（この場合は，「同一の詐欺事件」）に帰属するもの同士をペアとして表すことが可能である。

　このように，2つ以上の母集団の要素同士が同じ個体に帰属する関係にある場合には，それらの要素同士を複数の数字の組み合わせ，つまりベクトルとして表すことができる。母集団を確率変数としてとらえる伝統的統計学の立場（75頁参照）からいえば，このベクトルの成分もまた確率変数であるのでこれを**確率ベクトル**と呼ぶ[1]（同時確率変数または結合確率変数と呼ぶ人もいる）。

　確率ベクトルとしてとらえうる統計事象の分析を**多変量解析**という[2]。多変量解析は計測可能な数量を用いて計測不能な数量を推定したり，異なる事象間の因果関係を証明したりするなど法律家にとって重要な働きをする。本章では代表的な多変量解析の技法である回帰分析とその前提概念である相関関係について説明する[3]。

---

1) 確率変数と同様に確率ベクトルも，実現値（この場合は「実現値のベクトル」）と確率の組み合わせの集合として特定可能であり，その場合の確率とは **ONE MORE STEP 3-1** で定義した同時確率である。
2) 逆にいえば，第3章で取り上げたものは「単変量解析」であった。
3) 回帰分析以外の多変量解析の方法には，主成分分析，因子分析，構造方程式モデル（Structure Equation Model: SEM），判別分析などがある。

1 相関関係

　互いに独立（82頁参照）ではない確率変数間の関係のことを本書では**共変関係**と呼ぶ。共変関係には様々なものがあるが，確率ベクトルの性質を理解するうえで重要な役割を果たすものは**相関関係**（線形関係ともいう）である。相関関係とは，確率ベクトルの成分である2つの変数 X, Y の間に1次式 $Y = a + bX$ （ただし $b \neq 0$）が近似的に成立する関係のことである。1次式は平面座標上の直線として表せるので，相関関係の存在は確率ベクトルを座標に表すことによって視覚的にとらえることができる。**【図 4-1】**の各図をご覧願いたい。

　【図 4-1】の各図は2つの確率変数 X, Y の実現値の組み合わせに対応する

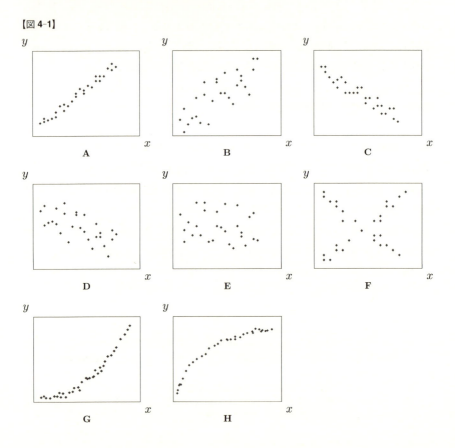

【図 4-1】

1 相関関係

座標上の点(以下,**実現点**という)をプロットした(=印を付けた)ものであり,このような図のことを**散布図**という。この中で,図Aと図Bには,$Y = a + bX$(ただし$b > 0$)という1次式によって近似的にとらえうる関係が——前者においては明瞭に,後者においてはやや不明瞭ながら——認められる。そこで,これらの関係を**正の相関関係**と呼び,図Aは図Bよりも「強い」相関関係を表していると表現する[4]。

同様に,図Cと図DはXとYの実現値の間には$Y = a + bX$(ただし,$b < 0$)という1次式によって近似的にとらえうる関係が認められることから,これらの変数の間には「**負の相関関係**があり,前者は後者よりも強い負の相関関係である」と表現する[5]。

図Eや図Fにプロットされた変数の関係を1次式でとらえることは困難であり,したがって,これらの変数の間には「相関関係はない」といえるであろう(ただし,図Fの場合には何らかの共変関係はありそうである)。

図Gや図Hの場合,変数間の関係は相関関係としてとらえることもできるが,それ以外の共変関係としてとらえることによって変数間の関係の理解が深まりそうである。実のところ,図Gの共変関係は$Y = X^2$という式によって,図Hの共変関係は$Y = 2\log(X+1)$という式によってそれぞれ近似的にとらえることができる。しかしながら,このような相関関係以外の共変関係も,変数に一定の変換を加えることによってこれを相関関係に改めることができる(図Gの場合には$X' = X^2$,図Hの場合は$X' = \log(X-1)$という式を用いて変数Xを変数X'に変換すれば,それぞれ,$Y = X'$,$Y = 2X'$という線形関係が成立する)。このようにして,相関関係が不明瞭な場合でも,一方または双方の変数に変換を施すことによって相関関係がより明瞭となることが稀ではない。例として,次の問題を考えてもらいたい。

【問題 4-1】
総務省統計局のウェブサイトから都道府県別の人口のデータを,また,経済産業省のウェブサイト(商業統計調査)から同じく都道府県別の小売事業所数

---

4) 一般的には,(後に定義する)相関係数が0.7を上回れば「強い正の相関係数」,0.4超で0.7以下であれば「中度の正の相関係数」,0.2超で0.4以下であれば「弱い正の相関係数」,0.2以下であれば「相関関係はない」という場合が多いようである。
5) 負の相関係数についても注4)と同様の基準を用いてそのレベルを強・中・弱に分ける傾向がある。

のデータを見つけたうえで，まず，両者の関係をそのまま散布図に表し，次に，両者の自然対数の関係を示した散布図を作りなさい（エクセルを使った情報処理に不慣れな方は最初から解答をお読み願いたい）。

【図 4-2】の図 A と図 B が正解である。ご覧のとおりデータをそのまま使った場合よりも，両者の対数をとった場合の方が相関関係が明瞭となる。

【図 4-2】

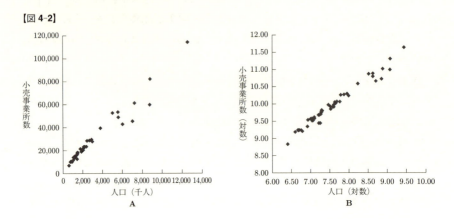

この結果は決して偶然ではない。というのは，2 つの変数の百分比，つまり変化率の間に強い比例関係が存在する場合には，それらの変数の対数同士の間に強い線形関係が現れることが知られているからである[6]。つまり，人口と小売事業所数の間には絶対数同士の間よりも互いの増加率の間に強い相関関係が存在しているのである。

---

6) 対数関数 $y = \log x$ の導関数は $y = \frac{1}{x}$ であるから，前者の関数の増加分 Δx と Δy の関係は $\Delta y = \frac{1}{x} \cdot \Delta x + o(\Delta x)$ と表せる（ここで $o(\Delta x)$ は Δx よりも早いオーダーで 0 に収束する Δx の関数を表している）。このことは Δy が x の百分比，すなわち $\frac{\Delta x}{x}$ とほぼ線形関係にたつことを意味している。同様の論理によって，X と Y の百分比が近似的に比例する場合には X 自身と Y の対数を，X, Y 双方の百分比が近似的に比例する場合には双方の対数をとることによって線形関係を示すことができる。

2 相関係数

どうしたら相関関係の強さを数量的に表せるか考えてみよう。【図4-3】の各図をご覧願いたい。

【図4-3】

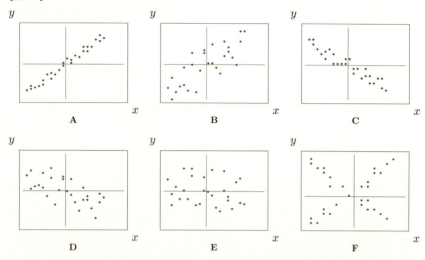

これらの図は、【図4-1】の図Aから図Fまでの散布図にXとYの各平均を通る直線を引くことによって図を四分割したものである。分割された各区域を右上のものから左まわりに第1象限、第2象限、第3象限、第4象限と呼ぶことにする。この場合、第1象限に含まれる実現点についてはXの偏差とYの偏差のいずれもプラスであるために、偏差の積もプラスとなり、第3象限については、いずれの偏差もマイナスであるために、偏差の積はやはりプラスの値をとる。一方、第2象限と第4象限においては、一方の偏差がプラスで他方の偏差がマイナスであるために、偏差の積はマイナスの値となる。そこで、強い正の相関関係がある場合（図A）、実現点は第1象限と第3象限に集中するので偏差の積のほとんどすべてはプラスの値をとり、結果として、偏差の積をすべて足し合わせた値（これを**偏差積和**という）は大きなプラスの値となる。弱い正の相関関係（図B）においては、実現点が第1象限または第3象限にある（したがって偏差の積がプラスとなる）場合が多いものの、第2象限

または第4象限にある（したがって偏差の積がマイナスとなる）場合もあるので偏差積和は相対的に小さなプラスの値となる。同様にして，強い負の相関関係（図C）の偏差積和は（実現点のほとんどすべてが第2象限または第4象限にあるために）大きなマイナスの値となり，弱い負の相関関係（図D）の偏差積和は（実現点が第2象限または第4象限にある場合が多いものの第1象限または第3象限に現れる場合もあるので）相対的に小さなマイナスの値となり，相関関係が認められない場合（図Eと図F）の偏差積和は（偏差の積がプラスの場合とマイナスの場合がほぼ均衡しているために）0に近い値となるであろう。

以上のことから，相関関係の大きさを測る第一の指標は，確率ベクトルの偏差積和を求め，これを実現点の総数で割った値であり，この値を**共分散**という。

平均や分散の概念がそうであったように，共分散にも母数としての共分散と統計量としての共分散があり，同時に，その概念を確率変数として定義することによってより精緻な議論を発展させていくことができる。ただし，その説明はいささか複雑なのでここでは割愛し，標本共分散の実現値を求める一般式と母共分散の一般式——つまり，分散における第3章の(3.2)式と(3.4)式に対応する式——だけを示しておくことにしよう。XとYの標本共分散の実現値をs_{xy}，母共分散をσ_{XY}または$Cov(X, Y)$で表す（「Cov」は共分散の英文表記であるCovarianceの最初の3文字である）。なお，μ_Xとμ_YはそれぞれXとYの母平均を表し，他の記号の意味は前章の場合と同じである。

---

7) 結論からいうと，標本共分散の期待値を母共分散と一致させるためには分散の場合と同様に（106頁参照），偏差積和を実現点の数（$= n$）ではなく，これから1を引いた数（$= n - 1$）で割る必要がある。ただし，相関係数の計算にあたっては分母（共分散）と分子（各変数の標準偏差の積）の双方を$n - 1$で割ることになるので，双方をnで割った場合と結果は変わらない。

8) (4.2)式はさらに以下の式に展開できる（$h(x_i, y_j)$や$h(x, y)$は同時確率（84頁参照）を表している）。

（離散型の場合） $\sigma_{XY} = \sum_{i=1}^{n} \sum_{j=1}^{m} (x_i - \mu_X)(y_j - \mu_Y) h(x_i, y_j)$

（連続型の場合） $\sigma_{XY} = \int_{-\infty}^{\infty} \int_{-\infty}^{\infty} (x - \mu_X)(y - \mu_Y) h(x, y) dx dy$

2 相関係数

$$s_{xy} = \frac{1}{n}\sum_{i=1}^{n}(x_i - \bar{x})(y_i - \bar{y}) \tag{4.1}$$

$$\sigma_{XY} = Cov(X,Y) = E(X-\mu_X)(Y-\mu_Y) \tag{4.2}$$

共分散は数学的に処理しやすい概念であるが,数値に現実味が乏しいという難点がある(たとえば,夏の平均気温とビールの消費量の間には疑いなく強い正の相関関係があるが,気温の値(摂氏)とビールの消費量(リットル)を掛け合わせた数字に現実的意味を見出すことはできない)。そこで,統計実務では共分散をその対象である各変数の標準偏差の積で割った値を求め,この値(これを**相関係数**という)をもって相関関係の強弱を表すのが一般的である。

相関係数を使うことによってすべての相関関係は1(完全なプラスの相関関係がある場合)から−1(完全なマイナスの相関関係がある場合)までの値に標準化される(証明については **ONE MORE STEP 4-1** 参照)。標本相関係数の実現値 ρ (「ロー」と

---

9) 分散が「二乗の平均マイナス平均の二乗」であったように(第3章の注3)参照),共分散は「積の平均マイナス平均の積」となることが数学上の処理を容易とする最大の要因である。離散型の場合の証明を以下に示す。

$$\begin{aligned} s_{xy} &= \frac{1}{n}\sum_{i=1}^{n}(x_i-\bar{x})(y_i-\bar{y}) \\ &= \frac{1}{n}\left(\sum_{i=1}^{n}x_iy_i - \bar{x}\sum_{i=1}^{n}y_i - \bar{y}\sum_{i=1}^{n}x_i + n\bar{x}\bar{y}\right) \\ &= \frac{1}{n}\sum_{i=1}^{n}x_iy_i - \bar{x}\bar{y} \end{aligned}$$

$$\begin{aligned} \sigma_{XY} &= E(X-\mu_X)(Y-\mu_Y) \\ &= E(X\cdot Y) - \mu_Y E(X) - \mu_X E(Y) + \mu_X\mu_Y \\ &= E(X\cdot Y) - \mu_X\mu_Y \end{aligned}$$

なお,共分散に関しては次の2つの公式も知っておくと便利である(**ONE MORE STEP 5-4** で利用する)。

$$\begin{aligned} Cov(aX+b, Y) &= E[(aX_i+b)-(a\mu_X+b)](Y_j-\mu_Y) \\ &= a\,Cov(X,Y) \end{aligned}$$

$$\begin{aligned} Cov(X, Y+Z) &= E(X-\mu_X)[(Y+Z)-(\mu_Y+\mu_Z)] \\ &= E(X-\mu_X)(Y-\mu_Y) + E(X-\mu_X)(Z-\mu_Z) \\ &= Cov(X,Y) + Cov(X,Z) \end{aligned}$$

10) より正式には「ピアソンの積率相関係数」という。

読む）および母相関係数 π の数式を用いた定義はそれぞれ次のとおりである（s_x と s_y は，変数 X と Y の標準偏差の実現値を表している）。

$$\rho = \frac{s_{xy}}{s_x \cdot s_y} \tag{4.3}$$

$$\pi = \frac{Cov(X,Y)}{\sigma_X \cdot \sigma_Y} \tag{4.4}$$

2つの変数の相関係数が0である場合には必然的に両者の共分散は0であり，この状態を以下**無相関**と呼ぶ。2つの変数が互いに独立であれば必然的に両者は無相関となることも記憶にとどめおかれたい（証明については **ONE MORE STEP 4-2** 参照）。

2つの変数間に因果関係があれば正の相関関係があると考えてよいであろう[11]。しかし，逆は必ずしも真ではない。この点につき，次の問題を使って考えてみることにしよう。

【問題 4-2】
[小問 1] 日本全国の市町村における牛乳消費量と赤痢患者の発症者数の関係を調べたところ強い正の相関関係が認められた。このことから牛乳の摂取は赤痢の発生原因である（＝牛乳には赤痢菌が混入している）と考えてよいであろうか。
[小問 2] 日本上場企業の外国人持株比率と業績（ROEなど）[12]の間には正の相関関係があることが知られている。このことから外国人持株比率の増加には企業の経営を改善する効果があると判断してよいであろうか。

小問 1 について

本問は**疑似相関**（＝因果関係がないのにあるかのように見えること）の事例である。表面に出ていない真の要因（これを**潜伏要因**という）は各市町村の人口の多寡であり，人口が多いほど牛乳の消費量も赤痢患者の発症数も増えることは

---

[11] ただし，変数変換を行わないと相関関係が明らかとならない場合もある（129 頁の解説参照）。
[12] ROE (Return on Equity) とは株主資本1円あたりの利益のことであり，企業の経営業績を評価する際の指標として使われることが多い。

小問2について

外国人持株比率と企業の業績の間に正の相関関係がある以上,外国人の持株比率の増加が企業の業績の向上に寄与している可能性がある。しかしながら,外国人投資家が業績のよい企業を選んで投資を行っている可能性もあり,そうだとすると両者の間には2つの因果関係が同時に働いており,見かけ上の相関関係の大きさをもって一方の因果関係の強さを測る指標としてそのまま用いることはできない。このような関係を**同時的因果関係**と呼ぶ。

ONE MORE STEP 4-1 　相関係数が -1 以上 1 以下になることの証明

2次方程式の判別式を利用すればよい。以下,標本相関係数の実現値を用いて証明する。

まず,2つの確率変数 X, Y を考え,さらに,X と Y の1次結合として表せる確率変数 W を,

$$W = aX + bY \quad (a, b \text{ はいずれも定数})$$

と定義する。

この場合,W の i 番目の実現値 w_i に関して,

$$w_i = ax_i + by_i$$

が成立することに留意すれば,

---

13) たとえば,風俗雑誌の販売高の上昇と青少年による性犯罪の増加が同時に観察された場合,前者が後者の原因であると考える有識者は少なくないであろう。しかしながら,この関係は疑似相関であるかもしれない(性犯罪増加の潜伏要因は他にあり,その要因によって風俗雑誌の販売も増えているかもしれない)。
14) この問題について詳しくは宮島編(2011)第2章参照。
15) 「概論」では「双方向の因果関係」と訳出している。なお,同時的因果関係の存在は,本文に記した場合とは逆に,見かけ上の相関関係を弱める働きをする場合もある。その典型として考えられるのは,市町村の人口1人あたりの警察官数と犯罪件数である。この場合,警察官が増えると犯罪は減少するが(負の相関関係),犯罪が減少すると市町村は警察官の稼働人数を減らすかもしれない(正の相関関係)。「概論」508頁参照。

$$s_w^2 = \frac{1}{n}\sum_{i=1}^n w_i^2 - \bar{w}^2 \quad (\text{第 3 章の注 3})\text{ 参照)}$$

$$= \frac{1}{n}\sum_{i=1}^n (ax_i + by_i)^2 - (a\bar{x} + b\bar{y})^2$$

$$= a^2\left(\frac{1}{n}\sum_{i=1}^n x_i - \bar{x}^2\right) + 2ab\left(\frac{1}{n}\sum_{i=1}^n x_i y_i - \bar{x}\bar{y}\right)$$

$$+ b^2\left(\frac{1}{n}\sum_{i=1}^n y_i^2 - \bar{y}^2\right)$$

$$= a^2 s_x^2 + 2ab s_{xy} + b^2 s_y^2 \quad (\text{第 3 章の注 3})\text{ および本章の注 9})\text{ 参照)}$$

となる。そこで，$k = \frac{a}{b}$ とすれば ($b \neq 0$ とする),

$$s_w^2 = (s_x^2 k^2 + 2s_{xy} k + s_y^2) b^2 \tag{a}$$

である。

X が変数である以上 $s_x \neq 0$ であり，したがって s_x^2 はつねに正である。よって，(a) 式の (　) 内の部分は下に凸な k の 2 次関数である。一方，a, b が任意の値をとれば，$k = \frac{a}{b}$ はすべての実数をとる。任意の k に対して (a) 式の値がつねに非負であるためには上記の 2 次関数の判別式 D について，

$$\frac{D}{4} = s_{xy} - \sqrt{s_x^2 s_y^2} \leqq 0 \tag{b}$$

が成立しなければならない。(b) 式を変形すれば，

$$-1 \leqq \frac{s_{xy}}{s_x s_y} \leqq 1$$

となる。これによって $-1 \leqq \rho \leqq 1$ であることが証明された。

なお，X, Y 間に，$Y = \alpha + \beta X$ (α, β は定数で $\beta \neq 0$) という関係が成立する場合には，

$$s_y^2 = \frac{1}{n}\sum_{i=1}^n y_i^2 - \bar{y}^2 = \frac{1}{n}\sum_{i=1}^n (\alpha + \beta x_i)^2 - (\alpha + \beta \bar{x})^2$$

$$= \beta^2\left(\frac{1}{n}\sum_{i=1}^n x_i^2 - \bar{x}^2\right) = \beta^2 s_x^2$$

$$s_{xy} = \frac{1}{n}\sum_{i=1}^n x_i y_i - \bar{x}\bar{y} = \frac{1}{n}\sum_{i=1}^n (\alpha x_i + \beta x_i^2) - \alpha\bar{x} - \beta\bar{x}^2$$

$$= \beta\left(\frac{1}{n}\sum_{i=1}^n x_i^2 - \bar{x}^2\right) = \beta s_x^2$$

となるので，

2 相関係数

$$\rho = \frac{s_{xy}}{\sqrt{s_x^2 s_y^2}} = \frac{\beta}{|\beta|}$$
$$= 1 \ (\beta > 0 \text{ のとき}), \text{ または } -1 \ (\beta < 0 \text{ のとき})$$

となる．したがって，X, Y が $Y = \alpha + \beta X$ で $\beta > 0$ である場合の相関係数は 1 となり，$Y = \alpha + \beta X$ で $\beta < 0$ である場合の相関係数は -1 となる．

ONE MORE STEP 4-2　　分散の加法性

(1) 共分散の定義と性質を説明し終えたことにより分散の加法性（82 頁参照）を証明する準備が整った．まずは，合成確率変数 $W = aX + aY$ の分散 σ_w^2 を計算することからはじめる．

$$\begin{aligned}
\sigma_w^2 &= E(W - \mu_W)^2 \\
&= E(W^2) - \mu_W^2 \quad (\text{第 3 章注 4}) \text{ の公式を用いた}) \\
&= E[(aX + bY)^2] - \mu_W^2 \\
&= a^2 E(X^2) + 2ab E(X \cdot Y) + b^2 E(Y^2) - (a\mu_X + b\mu_Y)^2 \\
&\qquad (\mu_W \text{ の展開について平均の加法性を利用した}) \\
&= a^2[E(X^2) - \mu_X^2] + 2ab[E(XY) - \mu_X \mu_Y] \\
&\quad + b^2[E(Y^2) - \mu_Y^2] \\
&= a^2 V(X) + 2ab Cov(X,Y) + b^2 V(Y) \quad \text{(a)}
\end{aligned}$$

(第 3 章注 4) の公式と本章注 9) の公式を用いた)

上記の (a) 式は変数間に共変関係がある場合においても成立する合成確率変数の分散の一般式として重要であり，本書においても第 5 章で利用する ((5.8) 式参照)．

(2) 次に，X と Y が独立である場合，$X \cdot Y$ の期待値 $E(X \cdot Y)$ は，

$$\begin{aligned}
E(X \cdot Y) &= \sum_{i=1}^{n} \sum_{j=1}^{m} x_i y_j h(x_i, y_j) \\
&= \sum_{i=1}^{n} x_i f(x_i) \sum_{j=1}^{m} y_j g(y_j) \quad (\textbf{ONE MORE STEP 3-1} \text{ の (e) 式を用いた}) \\
&= E(X)E(Y) \quad \text{(b)}
\end{aligned}$$

となる．したがって，この場合の共分散 $Cov(X,Y)$ は，

$$Cov(X,Y) = E(XY) - E(X)E(Y) \quad \text{(注 9) の公式を用いた)}$$
$$= 0 \quad \text{((b) 式を用いた)} \tag{c}$$

となる。すなわち，X と Y が互いに独立であれば両者は必然的に無相関である[16]。

(3) そこで，(c) 式を (a) 式に代入すれば，
$$\sigma_w^2 = a^2\sigma_x^2 + b^2\sigma_y^2$$

となる。これによって，変数が無相関である場合（互いに独立である場合を含む）には分散の加法性が成立することが証明された。

(4) 最後に，X と Y が独立でない場合の X, Y の積の期待値の求め方も示しておこう（**ONE MORE STEP 4-5** の計算で用いる）。

$$E(X \cdot Y) = \sum_{i=1}^{n}\sum_{j=1}^{m} x_i y_j h(x_i, y_j)$$
$$= \sum_{i=1}^{n} x_i \left[\sum_{j=1}^{m} y_j p(y_j|x_i)\right] f(x_i)$$

(**ONE MORE STEP 3-1** の (f) 式を用いた)

$$= E[X \cdot E(Y|X)]$$

なお，最後の行に現れる $E(X|Y)$ は Y の値を所与とした場合の X の条件付期待値を表しており，同式のように条件付期待値を組み込んで複数の確率変数からなる関数の期待値を表したものを**繰り返し期待値**（iterated expectation）という。

3 最小二乗法

2変数間に強い相関関係が認められる場合には，一方の変数（**説明変数**）の値から他方の変数（**目的変数**）の値を推定することに実用的価値が生まれる。具体的事例について考えてみよう。

---

[16] 逆は必ずしも真ではないが（相関関係以外の共変関係がある場合に留意されたい），変数がいずれも正規分布に従う場合には無相関であることと独立であることが同値となることが知られている（208 頁参照）。

3 最小二乗法

【問題 4-3】

開業して間もない A 弁護士は交通事故で死亡した人の遺族 B から加害者企業 C に対して損害賠償請求訴訟を提起することについて依頼を受けた。請求額の主たる構成要素は逸失利益と慰謝料（＝精神的損害）である。A 弁護士は，このうちの逸失利益については法科大学院で学んだ算定方法を使って請求額を算定することができたが，慰謝料については，請求額をいくらとすべきかについて見当がつかなかった。そこで，A 弁護士は類似の交通事故における逸失利益と慰謝料の相関関係を調べることを思いつき，手元にある資料の中からとりあえず 10 件の類似案件を見つけ出した。この 10 件に関して裁判所が認定した逸失利益と慰謝料の金額は以下のとおりである。

（単位：万円）

事件	認定された逸失利益（X）	認定された慰謝料（Y）
1	$x_1 = 500$	$y_1 = 150$
2	$x_2 = 800$	$y_2 = 100$
3	$x_3 = 900$	$y_3 = 200$
4	$x_4 = 1000$	$y_4 = 100$
5	$x_5 = 1400$	$y_5 = 200$
6	$x_6 = 1500$	$y_6 = 150$
7	$x_7 = 1800$	$y_7 = 250$
8	$x_8 = 2200$	$y_8 = 300$
9	$x_9 = 2400$	$y_9 = 250$
10	$x_{10} = 2500$	$y_{10} = 350$
平均	$\bar{x} = 1500$	$\bar{y} = 205$
標準偏差	$s_x = 670.8$	$s_y = 78.90$

[小問 1]　上記のデータの下で逸失利益と慰謝料の間の相関係数はいくらとなるか計算しなさい。

[小問 2]　上記のデータの下で，B の C に対する逸失利益の請求額が 2000 万円であるとすれば，A 弁護士は B の C に対する慰謝料の請求額をいくらとすることが合理的であるか，計算しなさい。

小問 1 について

単純な計算問題である。逸失利益 X と慰謝料 Y の共分散 s_{xy} は，(4.1) 式

により，

$$s_{xy} = \frac{1}{n}\sum_{i=1}^{n}(x_i - \bar{x})(y_i - \bar{y}) = \frac{1}{10}\sum_{i=1}^{10}(x_i - 1500)(y_i - 205)$$
$$= 45000$$

となる．そこで，この値を (4.3) 式に代入すれば

$$\rho = \frac{s_{xy}}{s_x s_y} = \frac{45000}{670.8 \times 78.9} \fallingdotseq 0.85$$

となる．つまり，X, Y の間の相関係数は 0.85 であり，両者の間には強い正の相関関係があることが判明した．

小問 2 について

逸失利益と慰謝料の間に強い正の相関関係がある以上，請求予定の逸失利益額を使って慰謝料の請求額を算定することには一応の合理性があるといえるであろう．【図 4-4】をご覧願いたい．

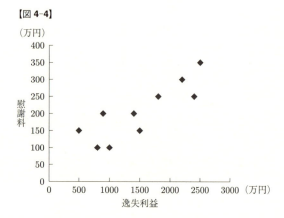

【図 4-4】は X と Y の散布図であり，同図上の実現点の関係を適切に表した直線を特定することができれば，その直線を使って未知の目的変数の値を推定することができる（そのような直線のことを**回帰直線**といい，回帰直線を用いた分析を**回帰分析**という）．問題はいかにして回帰直線を特定するかだが，最も広く

用いられているのは**最小二乗法**と呼ばれる方法であり，最小二乗法を使って求めた回帰直線を **OLS 回帰直線**という（OLS は最小二乗法の英語表記である「ordinary least squares」の頭文字である）。以下，【図 4-5】を使いながら OLS 回帰直線の求め方を説明する。

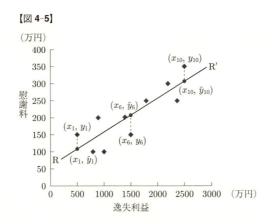

【図 4-5】

【図 4-5】は【図 4-4】の散布図に暫定的な回帰直線 R-R′ を描き加えたものである。この段階においては回帰直線は特定できていないので，これを α と β を未知数とする方程式，

$$y = \alpha x + \beta \tag{4.5}$$

で表すことにしよう。

次に，各実現点から回帰直線に垂線を引き i 番目の実現点 (x_i, y_i) から引いたこの垂線と回帰直線との交点を $(x_i, \hat{y}_i)$（「ˆ」は「ハット」と読む）と表す（【図 4-5】では 1 番目と 6 番目と 10 番目の実現点についてだけこれらの記号を記入してある）。この場合，一見すると，$y_i - \hat{y}_i$ の値（これを実現点 (x_i, y_i) に関する**残差**という）の平均が小さい直線ほど回帰直線と呼ぶにふさわしい気がするのではないだろうか。しかしながら，残差は符号の付いた数字なので単純に平均を求めたのではプラスの残差とマイナスの残差が互いに打ち消し合ってしまう。そこで，残差の二乗をすべて足し合わせた値（これを**残差二乗和**という）を標本数 n で割った値を最小とする直線をもって回帰直線と定義しよう。これが最小二乗法の考え方である。OLS 回帰直線を組成する (4.5) 式の α と β は次の

値になり，それぞれを以下 $\hat{\alpha}, \hat{\beta}$ で表す（証明については **ONE MORE STEP 4-3** 参照）。

$$\hat{\alpha} = \bar{y} - \hat{\beta}\bar{x} \tag{4.6}$$

$$\hat{\beta} = \frac{s_{xy}}{s_x^2} \tag{4.7}$$

上記のうち，まず (4.7) 式に注目してもらいたい。この式の値（この値を**回帰係数**という）は OLS 回帰直線の傾きを表しており，その式の構成は記憶するに値する。すなわち回帰係数は，分子が共分散で分母が説明変数の分散からなる分数であり，(4.3) 式に示した相関係数の構成と非常に似ている。そこで，(4.3) 式と (4.7) 式から回帰係数は次のように表すことも可能であり，こちらもご記憶願いたい。

$$\hat{\beta} = \rho \frac{s_y}{s_x} \tag{4.8}$$

(4.6) 式については，このまま記憶してもよいが，むしろ (4.6) 式を (4.5) 式に代入して得られる下記の式を OLS 回帰直線の一般方程式として覚えておく方が便利であろう。

$$y = \hat{\beta}(x - \bar{x}) + \bar{y} \tag{4.9}$$

(4.9) 式の x に $\bar{x}$ を代入すれば $y = \bar{y}$ となる。したがって，OLS 回帰直線は，「実現点 $(\bar{x}, \bar{y})$ を通る直線であり，その傾きの大きさは共分散 s_{xy} を説明変数の分散 s_x^2 で割った値である」ということになる。

A 弁護士の集めたデータを (4.9) 式にあてはめると，逸失利益を説明変数，慰謝料を目的変数とする回帰直線は，

$$y = \rho \frac{s_y}{s_x}(x - \bar{x}) + \bar{y} = 0.1x + 55$$

となる。そして，この x に 2000（万円）を代入すれば，求めるべき慰謝料は 255（万円）であるという結論にいたる。

回帰分析は裁判上の立証活動においても有用な働きをする。次の問題を考えてもらいたい。

【問題 4-4】
　　証券会社の A 社が S 社の株式に関して違法な価格操作を行っていたことが判明した。この価格操作の継続中に S 社の株式を売却した投資家 B は A 社に

3 最小二乗法

対して損害賠償請求を提起したが，その際，価格操作がなければ S 社株式が有していたであろう市場価格（このような価格のことを以下「ナカリセバ価格」という）がいくらであったかを立証したいと考えている。B はどのような手法を用いてこの点を証明したらよいか。

同業企業の株式は価格変動率も近い値になることが知られている。ただし，企業間の負債比率（260 頁参照）に差がある場合には，株式の市場価格そのものよりも，株式時価総額（＝株式の市場価格 × 発行済株式総数）に純負債（＝有利子負債総額 − 現預金）を加えた値（これを**総資産価値**と呼ぶ。261 頁参照）の変動率の方がより強い近似性を示す（以下の点につき，詳しくは 267 頁以下参照）。そこで，B が「ナカリセバ価格」を示すために取りうる立証手段として，たとえば次のようなものが考えられる。

① S 社と同業の企業各社について，問題となった価格操作が始まる直前の時点（「時点 0」）と B が取引を実行した時点（「時点 1」）における総資産価値を調べる。その結果，企業 $T_1, \cdots, T_{10}$ の 10 社について次のデータが得られたとしよう。

（単位：億円）

企業	T_1	T_2	T_3	T_4	T_5	T_6	T_7	T_8	T_9	T_{10}	平均
時点 0 の総資産価値（Ⅰ）	95	112	210	254	277	301	349	420	483	511	301.2
時点 1 の総資産価値（Ⅱ）	130	115	276	283	338	342	445	485	556	643	361.3
（Ⅱ）−（Ⅰ）	35	3	66	29	61	41	96	65	73	132	60.1

なお，S 社の時点 0 における株式市場価格は 500 円であり，同社の純負債額と発行済株式総数は時点 0 と時点 1 のいずれにおいても 100 億円および 2000 万株であったとする。

② ①の表の最上段の値を説明変数（X），最下段の値を目的変数（Y）と考えて，両者の間における OLS 回帰直線を求める。この場合，$\bar{x} = 301.2, \bar{y} = 60.1, s_x^2 = 18291.16, s_{xy} = 3650.74$ であるから，求める直線の方程式は，

$$y = \frac{s_{xy}}{s_x^2}(x - \bar{x}) + \bar{y} \fallingdotseq 0.2x + 0$$

③　時点 0 における S 社の総資産価値は，

　　総資産価値 = 株式時価総額 + 純負債額
　　　　　　　 = (株式市場価格 × 発行済株式総数) + 純負債額
　　　　　　　 = 500 × 20,000,000 + 10,000,000,000
　　　　　　　 = 20,000,000,000

であるから，これを②の式に代入して，

　　$y = 4,000,000,000$

という値を得る。

④　上記の結果，回帰分析によって推定された時点 1 における S 社の総資産価値は 200 億円 + 40 億円 = 240 億円である。よって，この値から純負債額 100 億円を控除し，残りを発行済株式総数で割れば時点 1 における S 社株式のナカリセバ価格が推定できる。すなわち，それは，

　　$(24,000,000,000 - 10,000,000,000) \div 20,000,000 = 700$（円）

である[17]。

ONE MORE STEP 4-3　OLS 回帰直線の求め方

OLS 回帰直線の求め方は次のとおりである。

①　回帰直線の方程式を
　　　$y = \alpha + \beta x$
と表す。

②　この場合，残差二乗和を標本数 n で割った値 R は以下のように表すことができる。

---

[17] 回帰分析を使ってナカリセバ価格を推定した裁判事例としては，東京高決平成 22 年 10 月 19 日判例タイムズ 1341 号 186 頁が有名である。同決定については，田中編 (2013) 274 頁以下参照。

3 最小二乗法

$$R = \frac{1}{n}\sum_{i=1}^{n}(y_i - \hat{y}_i)^2 = \frac{1}{n}\sum_{i=1}^{n}(\alpha + \beta x_i - y_i)^2$$

$$= \alpha^2 + \beta^2 \frac{1}{n}\sum_{i=1}^{n}x_i^2 + \frac{1}{n}\sum_{i=1}^{n}y_i^2 + 2\alpha\beta\frac{1}{n}\sum_{i=1}^{n}x_i$$

$$\quad - 2\alpha\frac{1}{n}\sum_{i=1}^{n}y_i - 2\beta\frac{1}{n}\sum_{i=1}^{n}x_i y_i$$

$$= \alpha^2 + \beta^2(s_x^2 + \bar{x}^2) + (s_y^2 + \bar{y}^2) + 2\alpha\beta\bar{x}$$

$$\quad - 2\alpha\bar{y} - 2\beta(s_{xy} + \bar{x}\bar{y}) \tag{a}$$

（第3章注3）の公式と本章注9）の公式を利用した）

③ (a) 式は一見複雑であるが，未知数は α と β だけなので，同式は2つの変数からなる2次関数にほかならない。そこで，この関数を以下，$R = f(\alpha, \beta)$ と表すことにする。この関数は，α と β が次の2つの条件を満たす点において最小値をとることが知られている。[18]

$$\frac{\partial f(\alpha, \beta)}{\partial \alpha} = 0 \tag{b}$$

$$\frac{\partial f(\alpha, \beta)}{\partial \beta} = 0 \tag{c}$$

④ 上記の各条件を (a) 式にあてはめると次の条件が導き出される。

$$\frac{\partial f(\alpha, \beta)}{\partial \alpha} = 2\alpha + 2\beta\bar{x} - 2\bar{y} = 0 \tag{d}$$

$$\frac{\partial f(\alpha, \beta)}{\partial \beta} = 2(s_x^2 + \bar{x}^2)\beta + 2\alpha\bar{x} - 2(s_{xy} + \bar{x}\bar{y}) = 0 \tag{e}$$

---

[18] この点は，1変数の2次関数 $f(x)$ において x^2 の係数が正の値である場合に $\frac{dy}{dx} = 0$ を満たす x において最小値をとることの類推からも理解できるであろう。なお，厳密にいうと，$f(\alpha, \beta)$ が (α, β) において最小値をとるためには本文記載の条件に加えて次の2つの条件が満たされることが必要である。

$$\frac{\partial^2 f(\alpha, \beta)}{\partial \alpha^2} > 0, \quad \frac{\partial^2 f(\alpha, \beta)}{\partial \alpha^2} \cdot \frac{\partial^2 f(\alpha, \beta)}{\partial \beta^2} - \frac{\partial^2 f(\alpha, \beta)}{\partial \alpha \cdot \partial \beta} > 0$$

本件の場合，左の式の値はつねに2であるから0を上回り，右の式の値は $4s_x^2$ であるからやはりつねに0を上回る。したがって，結論的には本文記載の条件だけを調べれば最小値が特定できる。

⑤ そこで，(d) 式と (e) 式を連立方程式として解けば α と β の解，すなわち $\hat{\alpha}$ と $\hat{\beta}$ が求まる。これを解くと，

$$\hat{\alpha} = \bar{y} - \hat{\beta}\bar{x}$$
$$\hat{\beta} = \frac{s_{xy}}{s_x^2}$$

を得る。

4 回帰分析の精度

回帰分析の手法にも大分慣れてきたことであろう。そこで，次の問題として，OLS 回帰直線を用いた事実の推定にどれだけの精度があるのかについて考えてみよう。【図 4-6】をご覧願いたい。

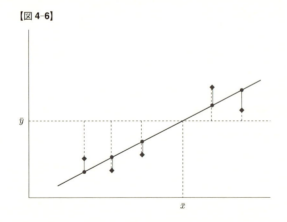

【図 4-6】

【図 4-6】はある確率ベクトルの散布図に OLS 回帰直線を描き加えたものである。図には 5 つの実現点が示してあり，各実現点に関して点線で示した線分は目的変数の偏差（＝実現値 − 平均）の大きさを示し，実線で示した線分は残差を示している。回帰分析をしなければ，目的変数の最善の推定値はその平均値であろう。その場合，実際の値と推定値との誤差は偏差の値となる。回帰分析を行うことによってこの誤差が残差の値にまで縮小されるのだから，求めた回帰直線の推定力は偏差マイナス残差の平均と考えたいところである。た

だし，偏差も残差も符号のついた値なので，統計学の常套手段として両者の二乗和を使って比較を行う．すなわち，以下の式を使って求めた値を**決定係数**と呼び，これをもって OLS 回帰直線の精度を計る指標とするのである．

$$決定係数 = \frac{偏差二乗和 - 残差二乗和}{偏差二乗和}$$

なお，説明変数が 1 つの場合の OLS 回帰直線の決定係数は説明変数と目的変数の相関係数の二乗とつねに一致する（**ONE MORE STEP 4-4** 参照）[19]．したがって，相関係数が高いほど回帰分析の精度は高まる．

しかしながら，決定係数だけで回帰分析の精度を表しきることはできない．なぜならば，最小二乗法を使って求めた $\hat{\alpha}$ や $\hat{\beta}$ はあくまでも統計量，すなわち標本上の特性値を表しており，それが母集団のありようを正しく反映した値であるとは限らないからである．実のところ，$\hat{\alpha}$ や $\hat{\beta}$ が母集団の線形性の推定値であるといえるためには，母集団を構成している確率ベクトルが一定の条件を満たしていなければならない．①その条件とは何か，②その条件が満たされない場合とはいかなる場合か，そして，③その条件が満たされない場合には回帰分析にいかなる修正を加えたらよいのか．以下，順次説明する（なお，ここから本章末までの記述はやや難解である．「難しい」と感じる読者にはとりあえずこの部分を飛ばして第 5 章に進むことをお勧めする）．

最初に，母集団の回帰直線（以下，**母回帰直線**という）の定義を明らかにしておこう．まず，母集団を構成するすべての確率ベクトルにあてはまる方程式として次の確率モデルを考える．

$$Y = \alpha + \beta X + \varepsilon \tag{4.10}$$

(4.10) 式の α と β は定数であり，一方，同式の ε（「イプシロン」と読む）は X と Y がいかなる値をとっても同式が恒等的に成立することを保証するために設けられた項であり，これを**誤差項**ないしは**攪乱項**という．そして，説明変数 X がいくらの値をとってもこの誤差項 ε の期待値がつねに 0 となること，すなわち，すべての i について，

---

[19] たとえば【問題 4-3】で示したデータの場合，目的変数の偏差積和は 62,250 であり，残差積和は 17,250 であるから決定係数は 0.7229 であるが，この値は相関係数 0.8502 の二乗と一致している．

$$E\left(\varepsilon | X = x_i\right) = 0 \tag{4.11}$$

が成立することを条件として，(4.10) 式の定数 α, β からなる直線 $Y = \alpha + \beta X$ を母回帰直線と定義するのである。

(4.11) 式を所与として (4.10) 式の条件付期待値をとると，

$$E\left(Y | X = x_i\right) = E\left(\alpha + \beta x_i\right) + E\left(\varepsilon | X = x_i\right) = \alpha + \beta x_i$$

となるので，母回帰直線 $Y = \alpha + \beta X$ はつねに目的変数の期待値を表していることになる（【図 4-7】はこの点を模式的に表したものである）[20]。

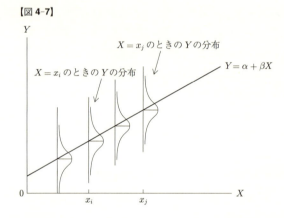

【図 4-7】

さて，すでにお気づきのことかと思うが，(4.10) 式と (4.11) 式を同時に満たす α と β がつねに存在するとは限らない。にもかかわらず，このような厳しい条件を母回帰直線の定義に組み入れたのは，この条件が満たされない限り，最小二乗法によって求めた $\hat{\alpha}$ や $\hat{\beta}$ が母回帰直線の係数の不偏統計量（106 頁参照）たりうる保証はないからである（この点の証明については **ONE MORE STEP 4-5** 参照）。つまり，(4.10) 式と (4.11) 式を同時に満たす α と β が存在しない場合には，最小二乗法を用いた目的変数の推定自体が有効性を欠いてしまうのであ

---

20) 【図 4-7】においては Y の期待値がつねに回帰直線上にあるのみならず，Y 自体が，つねに同一の確率分布（しかも正規分布と覚しき確率分布）に従うように描かれている。これらの条件は母回帰直線の定義上必要とされるものではないが，OLS 回帰直線の仮説検定や推定を行うにあたってはその成立を仮定することが多い（**ONE MORE STEP 4-5** 参照）。

る。

しからば,(4.10) 式と (4.11) 式を同時に満たす α と β が存在するための条件は何か。結論からいおう。それは,「説明変数 X と誤差項 ε が互いに独立であること」である(以下,これを**誤差項独立条件**と呼ぶ)。以下,この点を証明する。

(1) まず,X と ε が互いに独立であれば,任意の i, j について,

$$E(\varepsilon|X=x_i) = E(\varepsilon|X=x_j) \tag{4.12}$$

が成立する。

(2) そこで,(4.12) 式の値を k とした場合に,$k=0$ であれば,ただちに (4.10) 式と (4.11) 式が成立する。一方,$k \neq 0$ であれば,$\alpha' = \alpha + k$ としたうえで,(4.10) 式を下記の式に書き改める。

$$Y = \alpha' + \beta X + \varepsilon$$

この場合には,

$$\begin{aligned} E(\varepsilon|X=x_i) &= E(Y|X=x_i) - E(\alpha' + \beta x_i) \\ &= E(Y|X=x_i) - E(\alpha + \beta x_i) - k = k - k = 0 \end{aligned}$$

となるので α' と β が (4.10) 式と (4.11) 式を同時に充足する。

以上により,誤差項独立条件が満たされなければ母回帰直線の存在は保証されないことが明らかとなった。しからば,この条件が満たされないのはどのような場合であろうか。

考えうる1つの事態は,目的変数を決定づける変数が説明変数以外にも存在し(以下,そのような変数を**欠落変数**と呼ぶ),しかも,その欠落変数と説明変数が共変関係にある場合である。[21]

この事態を打開する最善の策はその欠落変数を説明変数に加えることであ

---

21) どんなに有力な欠落変数が存在していてもその変数と説明変数の間に共変関係がない限り誤差項独立条件の成立は妨げられない。ただし,その場合誤差項の平均値は相対的に大きな値となるので,決定係数の低下は免れない。

る。その作り方とそれによって問題がどのように改善されるのかは 5 で説明する。

誤差項独立条件の成立が妨げられるもう1つの事態は，X と Y の関係が単純な線形関係によってはとらえられない場合である。なぜならば，この場合誤差項を決定づける要素の中に必然的に説明変数が混入し，結果として説明変数と誤差項の間に共変関係が生じてしまうからである。

たとえば，ある会社の従業員の給与の値を推定するために，各従業員の勤続年数を説明変数，給与額を目的変数とする回帰分析を行うことを考えてみよう。この場合，勤続年数と給与額の間にある程度の相関関係があることは疑いないが，勤続年数の上昇とともに給与額の上昇率は低下し，ことによるとある時点からは下降に転じているかもしれない。であるとすれば，両者の関係は，単純な線形関係ではなく，たとえば上に凸な二次関数，すなわち $Y = \alpha + \beta_1 X + \beta_2 X^2$（ただし，$\beta_2 > 0$）という式によってとらえる方が正確であろう。この場合，$X^2 = Z$ という変数変換を行ったとしても，Z と X のいずれか1つを説明変数とする限り，もう1つの要素が誤差項に混入することは避けられない。

この問題を解決するためには X と $Z = (X^2)$ を別の説明変数として扱えばよい。すなわち，解決方法は共変関係にある欠落変数が存在する場合と基本的に同じであり，ここにおいても，5 で取り上げる分析手法の理解が重要となる。[22)]

―――――― **ONE MORE STEP 4-4** ――― 残差の性質と決定係数 ――――――

最小二乗法によって定まる残差（以下，$\hat{u}_i$ で表す）には以下のような性質が

[22)] 説明変数と誤差項が共変関係を持つもう1つの事態は説明変数と目的変数の間に同時的因果関係が存在する場合である。たとえば，市立小学校における1クラスあたりの児童数を説明変数，児童の学力を目的変数として回帰分析を行えば，回帰係数をマイナスとする OLS 回帰直線が求まることであろう。しかしながら，市が成績不良な小学校の教員数を増やす政策を積極的にとっている場合，状況は複雑となる。なぜならば，この場合には（教員数が増えれば1クラスあたりの児童数は減少するので）児童の学力を説明変数，1クラスあたりの児童数を目的変数とする回帰直線が明確にプラスの回帰係数を持ち，その結果として本来の説明変数（1クラスあたりの児童数）と誤差項の間に共変関係が発生してしまうからである。同時的因果関係が存在する場合に生じる説明変数と誤差項の間の相関関係の数学的説明とその解決方法（操作変数法など）については専門書を参照されたい。

ある。

(1) $\hat{u}_i$ の総和はつねに 0 となる。
〈証明〉

$$\begin{aligned}
\sum_{i=1}^n \hat{u}_i &= \sum_{i=1}^n [y_i - (\hat{\alpha} + \hat{\beta} x_i)] \\
&= \sum_{i=1}^n [y_i - (\bar{y} - \hat{\beta}\bar{x} + \hat{\beta} x_i)] \quad ((4.6)\text{ 式および }(4.7)\text{ 式を用いた}) \\
&= \sum_{i=1}^n y_j - n\bar{y} - \hat{\beta}\left(\sum_{i=1}^n x_i - n\bar{x}\right) \\
&= 0 \quad\quad\quad\quad\quad\quad\quad\quad\quad\quad\quad\quad\quad\quad\quad\quad\quad\quad \text{(a)}
\end{aligned}$$

(2) x_i と $\hat{u}_i$ の積和はつねに 0 となる。
〈証明〉

$$\begin{aligned}
\sum_{i=1}^n x_i \cdot \hat{u}_i &= \sum_{i=1}^n x_i [y_i - (\hat{\alpha} + \hat{\beta} x_i)] \\
&= \sum_{i=1}^n x_i [y_i - (\bar{y} - \hat{\beta}\bar{x} + \hat{\beta} x_i)] \\
&= \sum_{i=1}^n x_i y_i - \bar{y}\sum_{i=1}^n x_i + \hat{\beta}\bar{x}\sum_{i=1}^n x_i - \hat{\beta}\sum_{i=1}^n x_i^2 \\
&= n(s_{xy} + \bar{x}\cdot\bar{y}) - n\bar{x}\cdot\bar{y} + \hat{\beta} n\bar{x}^2 - \hat{\beta} n(s_x^2 + \bar{x}^2) \\
&\quad (\text{第 3 章注 3)の公式と本章注 9)の公式を利用した}) \\
&= ns_{xy} - \hat{\beta} ns_x^2 \\
&= ns_{xy} + ns_{xy} \quad ((4.7)\text{ 式を代入した}) \\
&= 0 \quad\quad\quad\quad\quad\quad\quad\quad\quad\quad\quad\quad\quad\quad\quad\quad\quad\quad \text{(b)}
\end{aligned}$$

(3) $\hat{y}_i$ と $\hat{u}_i$ の積和もつねに 0 となる。
〈証明〉

$$\begin{aligned}
\sum_{i=1}^n \hat{y}_i \cdot \hat{u}_i &= \sum_{i=1}^n (\hat{\alpha} + \hat{\beta} x_i)\cdot \hat{u}_i = \hat{\alpha}\sum_{i=1}^n \hat{u}_i + \hat{\beta}\sum_{i=1}^n x_i \cdot \hat{u}_i \\
&= 0 \quad ((\text{a})\text{ 式および }(\text{b})\text{ 式を用いた}) \quad\quad\quad\quad\quad\quad \text{(c)}
\end{aligned}$$

(4) y_i の偏差二乗和は $\hat{y}_i$ の偏差二乗和と $\hat{u}_i$ の二乗和に分解できる。

〈証明〉

$$\sum_{i=1}^n (y_i - \bar{y})^2 = \sum_{i=1}^n [(\hat{y}_i - \bar{y}) + \hat{u}_i]^2$$

($\hat{u}_i = y_i - \hat{y}_i$ であることを用いた)

$$= \sum_{i=1}^n (\hat{y}_i - \bar{y})^2 + \sum_{i=1}^n \hat{u}_i^2 + 2\sum_{i=1}^n \hat{y}_i \cdot \hat{u}_i - 2\bar{y}\sum_{i=1}^n \hat{u}_i$$

$$= \sum_{i=1}^n (\hat{y}_i - \bar{y})^2 + \sum_{i=1}^n \hat{u}_i^2 \qquad \text{(d)}$$

((a) 式および (c) 式を用いた)

以上の点を踏まえて，決定係数（以下，R^2 で表す）が相関係数 ρ の二乗に等しいことを証明する。

〈証明〉

$$R^2 = \frac{\sum_{i=1}^n (y_i - \bar{y})^2 - \sum_{i=1}^n \hat{u}_i^2}{\sum_{i=1}^n (y_i - \bar{y})} \quad \text{(決定係数の定義による)}$$

$$= \frac{\sum_{i=1}^n (\hat{y}_i - \bar{y})^2}{\sum_{i=1}^n (y_i - \bar{y})^2} \quad \text{((d) 式を用いた)}$$

$$= \frac{\sum_{i=1}^n [(\hat{\alpha} + \hat{\beta}x_i) - (\hat{\alpha} + \hat{\beta}\bar{x})]^2}{\sum_{i=1}^n (y_i - \bar{y})^2}$$

($\hat{y}_i = \hat{\alpha} + \hat{\beta}x_i$ および $\bar{y} = \hat{\alpha} + \hat{\beta}\bar{x}$ を用いた)

$$= \frac{\hat{\beta}^2 \sum_{i=1}^n (x_i - \bar{x})^2}{\sum_{i=1}^n (y_i - \bar{y})^2}$$

$$= \left(\rho \frac{s_y}{s_x}\right)^2 \frac{s_x^2}{s_y^2} \quad \text{(分散の定義および (4.8) 式による)}$$

$$= \rho^2$$

相関関係とは無関係に定義された決定係数が相関係数の二乗と一致することは驚きに値する。ただし，この関係が成立するのは説明変数が 1 つであって，かつ，回帰分析に最小二乗法を用いた場合だけである。

ONE MORE STEP 4-5　$\hat{\alpha}, \hat{\beta}$ の不偏性と α, β の推定

まず，$\hat{\alpha}, \hat{\beta}$ の不偏性について考えよう。標本の値を確率変数としてとらえて，i 番目の標本において成立する (4.10) 式の関係を次のように表す。

$$Y_i = \alpha + \beta X_i + \varepsilon_i \qquad \text{(a)}$$

4 回帰分析の精度

ここで，各変数の平均値（これも確率変数である）を次のように表す．

$$\bar{X} = \frac{1}{n}\sum_{i=1}^{n} X_i, \quad \bar{Y} = \frac{1}{n}\sum_{i=1}^{n} Y_i, \quad \bar{\varepsilon} = \frac{1}{n}\sum_{i=1}^{n} \varepsilon_i$$

したがって，定義により，

$$\bar{Y} = \alpha + \beta\bar{X} + \bar{\varepsilon} \tag{b}$$

が成立する．

次に，(a) 式と (b) 式より，

$$Y_i - \bar{Y} = \beta(X_i - \bar{X}) + (\varepsilon_i - \bar{\varepsilon}) \tag{c}$$

となるので，確率変数としてとらえた $\hat{\beta}$（以下，これを $\hat{\boldsymbol{\beta}}$ で表す）は，

$$\hat{\boldsymbol{\beta}} = \frac{S_{xy}}{S_x^2} \quad ((4.7)\text{式を確率変数の表現に改めた})^{[23]}$$

$$= \frac{\frac{1}{n}\sum_{i=1}^{n}(X_i - \bar{X})(Y_i - \bar{Y})}{\frac{1}{n}\sum_{i=1}^{n}(X_i - \bar{X})^2} \quad (\text{分散と共分散の定義による})$$

$$= \frac{\sum_{i=1}^{n}(X_i - \bar{X})[\beta(X_i - \bar{X}) + (\varepsilon_i - \bar{\varepsilon})]}{\sum_{i=1}^{n}(X_i - \bar{X})^2} \quad ((\text{c})\text{式を代入した})$$

$$= \beta + \frac{\sum_{i=1}^{n}(X_i - \bar{X})(\varepsilon_i - \bar{\varepsilon})}{\sum_{i=1}^{n}(X_i - \bar{X})^2}$$

となる．ここで，**ONE MORE STEP 4-2**(4)で紹介した繰り返し期待値の表記を用いて両辺の期待値をとると，

$$E(\hat{\boldsymbol{\beta}}) = \beta + E\left\{\frac{\sum_{i=1}^{n}(X_i - \bar{X})E\left[\sum_{i=1}^{n}(\varepsilon_i - \bar{\varepsilon})\big|X_i\right]}{\sum_{i=1}^{n}(X_i - \bar{X})^2}\right\} \tag{d}$$

と表せる[24]．しかるに，(4.11) 式により，つねに

$$E(\varepsilon_i - \bar{\varepsilon}|X_i) = 0$$

が成立するから，結局，

$$E(\hat{\boldsymbol{\beta}}) = \beta \tag{e}$$

---

23) この式の右辺の分子は確率変数としてとらえた標本共分散，分母は確率変数としてとらえた標本分散であるがゆえに，大文字の S を記号に用いている．

24) (d) 式の右辺に含まれている $E\left[\sum_{i=1}^{n}(\varepsilon_i - \bar{\varepsilon}|X_i)\right]$ は形式的には，$E\left[\sum_{i=1}^{n}(\varepsilon_i - \bar{\varepsilon}|X_1,\cdots,X_n)\right]$ と記載すべきものであるが，標本の値は互いに独立であることを前提としているので，両者は同一の値となる．この点につき詳しくは，Stock-Watson (2011) 141 頁参照．

となる。

一方，(4.6) 式より確率変数としての $\hat{\alpha}$ (以下，これを $\hat{\boldsymbol{\alpha}}$ で表す) は，

$$\hat{\boldsymbol{\alpha}} = \bar{Y} - \hat{\boldsymbol{\beta}}\bar{X}$$

であり，これに (b) 式を代入すると，

$$\hat{\boldsymbol{\alpha}} = \alpha - (\hat{\boldsymbol{\beta}} - \beta)\bar{X} + \bar{\varepsilon}$$

となる。ここで，(4.11) 式と (e) 式を踏まえて，両辺の期待値をとれば，

$$E(\hat{\boldsymbol{\alpha}}) = \alpha - \bar{X}(\beta - \beta) + E(\bar{\varepsilon}) = \alpha \tag{f}$$

となる。よって，(4.11) 式が成立する場合には，$\hat{\alpha}$ と $\hat{\beta}$ は不偏統計量たりうることが証明された。[25)]

$\hat{\alpha}$ と $\hat{\beta}$ が不偏統計量である場合には，これらの値を使って母回帰直線の仮説検定や区間推定を行うことができる。その具体的な方法の説明は省略するが，基本的には第3章の場合と同様に，誤差項の母分散が既知である場合には標準正規分布表を用い，既知でない場合には t 分布表を用いる。ただし，このような推定が妥当であるためには，誤差項に関して次の3つの仮定が成立していることが必要であり，これらの仮定の一部が満たされていない状況においてはより複雑な推定方法を用いなければならない。

(1) 各標本に関する誤差項の分散は等しい。すなわち，任意の i と j について，

$$V(\varepsilon_i) = V(\varepsilon_j) \tag{g}$$

である (以下，この値を σ_ε^2 と表す)。

(2) 各標本の誤差項は互いに無相関である。すなわち，任意の i と j について，

$$Cov(\varepsilon_i, \varepsilon_j) = 0 \tag{h}$$

である。

---

25) 統計量に求められるもう1つの重要な性質である一致性については，X と ε の共分散が0であり (必ずしも独立である必要はない)，かつ，$n \to \infty$ のとき $\sum_{i=1}^{n}(X_i - \bar{X})^2 \to \infty$ である限り $\hat{\alpha}$ と $\hat{\beta}$ が一致性を持つことが知られている (ただし，例外的な場合もある。詳しくは専門書を参照されたい)。

(3) 各標本の誤差項は正規分布に従う，すなわち，

$$\varepsilon_i \sim N(0, \sigma_\varepsilon^2) \tag{i}$$

である。

5 重回帰分析

複数の説明変数を使って行う回帰分析を**重回帰分析**[26]という。どのようにして重回帰分析を行ったらよいのか，事例問題を使って考えていくことにしよう。

【問題 4-5】
　A 損害保険会社では自動車損害保険制度にかかわる逆選択問題の緩和を図るために被保険者の属性別に定まる保険料率を見直すことにした。については，運転経験と運転頻度という 2 つの属性を用いて被保険者の事故発生率を推定したいと考えている。そこで過去に A 社の自動車保険に 5 年以上加入していた者 1000 人を無作為に抽出し，同人らが A 社の保険に加入していた 1 年間（対象期間）における下記のデータを調べてみた。

① 運転経験（＝対象期間の開始前に一定時間以上の運転を行った経験年数）(X_1)
② 運転頻度（＝対象期間の直近の 1 年あたりの平均運転時間数（100 時間を 1 とする））(X_2)
③ 事故発生率（＝対象期間における事故発生回数）(Y)

その結果得られた情報を整理すると次のようになる。
　　　X_1 の平均：4.80
　　　X_2 の平均：3.45
　　　Y の平均：1.23
　　　X_1 の分散：9.06
　　　X_2 の分散：3.10
　　　Y の分散：1.21

---
[26] 重回帰分析との比較において，説明変数が 1 つの場合の回帰分析を**単回帰分析**という。

> X_1 と X_2 の共分散：1.61
> X_1 と Y の共分散：-1.45
> X_2 と Y の共分散：1.15
> 以上の情報をもとに X_1 と X_2 の数値から Y を推定するにはどうしたらよいであろうか。

　運転経験と運転頻度はいずれも事故発生率との相関関係が高そうである（ただし，前者は負の相関関係である）。したがって，2つの属性を併せて分析を行えばより精密な推定を下すことができるであろう。のみならず，運転経験と運転頻度の間にも少なからぬ共変関係がありそうであり，であるとすれば，いずれかを欠落変数としている限り，不偏性を備えた回帰分析を行うことはできそうもない。そこで，2つの説明変数を同時に用いる回帰分析の方法について考える。

　この場合，2つの説明変数と1つの目的変数を扱うのであるから三次元の座標軸が必要となる。そこで，運転経験を X_1 軸，運転頻度を X_2 軸，事故発生率を Y 軸にとって実現値の組み合わせに対応する点（これも実現点と呼ぶが，この場合の実現点は空間上の点である）をプロットした立体図を作ってみよう（この図も散布図と呼ぶ）。【図 4-8】をご覧願いたい。

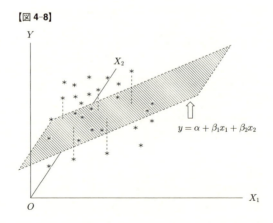

　【図 4-8】に斜線で示した平面は実現点の関係を最も適切に表した平面（以下，回帰平面という）であり，その方程式を，

$$y = \alpha + \beta_1 x_1 + \beta_2 x_2 \tag{4.13}$$

で表す。

(4.13) 式の α, β_1, β_2 は現時点では未知数であるが,【図 4-5】において OLS 回帰直線を求めた場合と同様に最小二乗法を使ってこれらの値を特定することができる。すなわち, i 番目の実現点 (x_{1i}, x_{2i}, y_i) から回帰平面に対して引いた垂線と回帰平面との交点を $(x_{1i}, x_{2i}, \hat{y}_i)$ とし, $y_i - \hat{y}_i$ を残差とする残差二乗和の平均を最小にする α, β_1 および β_2 を求めればよい。このようにして求めた回帰平面を **OLS 回帰平面**と呼び, OLS 回帰平面を表す方程式の各係数を「$\hat{\alpha}$」「$\hat{\beta}_1$」「$\hat{\beta}_2$」で表すことにしよう。$\hat{\alpha}, \hat{\beta}_1, \hat{\beta}_2$ の具体的な値は次のように定まる[27] (証明については **ONE MORE STEP 4-6** 参照)。

$$\hat{\alpha} = \bar{y} - \hat{\beta}_1 \bar{x}_1 - \hat{\beta}_2 \bar{x}_2 \tag{4.14}$$

$$\hat{\beta}_1 = \frac{s_{1y} s_2^2 - s_{12} s_{2y}}{s_1^2 s_2^2 - s_{12}^2} \tag{4.15}$$

$$\hat{\beta}_2 = \frac{s_{2y} s_1^2 - s_{12} s_{1y}}{s_1^2 s_2^2 - s_{12}^2} \tag{4.16}$$

ただし, 各記号の意味は以下のとおりとする。

$\bar{x}_1$: X_1 の実現値の平均
$\bar{x}_2$: X_2 の実現値の平均
$\bar{y}$: Y の実現値の平均
s_1^2 : X_1 の実現値の分散
s_2^2 : X_2 の実現値の分散
s_{12} : X_1 と X_2 の実現値の共分散
s_{1y} : X_1 と Y の実現値の共分散
s_{2y} : X_2 と Y の実現値の共分散

---

[27] (4.15) 式と (4.16) 式は以下のように行列を使って表した方が覚えやすいかもしれない。

$$\begin{pmatrix} s_1^2 & s_{12} \\ s_{21} & s_2^2 \end{pmatrix} \begin{pmatrix} \hat{\beta}_1 \\ \hat{\beta}_2 \end{pmatrix} = \begin{pmatrix} s_{1y} \\ s_{2y} \end{pmatrix}$$

(4.14)〜(4.16) 式に A 社が収集したデータを代入すると下記の結果が得られる．

$$\hat{\beta}_1 = \frac{-1.45 \times 3.10 - 1.61 \times 1.15}{9.06 \times 3.10 - (1.61)^2} \fallingdotseq -0.25$$

$$\hat{\beta}_2 = \frac{1.15 \times 9.06 - 1.61 \times (-1.45)}{9.06 \times 3.10 - (1.61)^2} \fallingdotseq 0.50$$

$$\hat{\alpha} = 1.23 - (-0.25) \times 4.80 - 0.50 \times 3.45 \fallingdotseq 0.71$$

したがって，OLS 回帰平面の方程式は次のとおりとなり，この式の X_1 と X_2 に保険加入申込者の情報を代入すれば，その者の事故発生率を推定することができる．[28]

$$Y = 0.71 - 0.25 X_1 + 0.50 X_2$$

なお，説明変数が 3 つ以上の場合には「回帰平面」を図示することはできないが，代数的には説明変数が 2 つの場合と同様の処理が可能である（**ONE MORE STEP 4-6** の (f) 式参照）．

(4.14)〜(4.16) 式によって特定される係数の意味について考えてみよう．まず，(4.14) 式の $\hat{\alpha}$ は X_1 と X_2 の値がいずれも 0 の場合の Y の値を意味している．したがって，【問題 4-5】の事例についていえば，$\hat{\alpha}$ は，運転経験がまったくない人，たとえば，免許取得後 1 度も運転したことがない人が運転開始後最初の 1 年間に引き起こす事故の平均件数を意味していると解釈してよいであろう．

では，(4.15) 式の $\hat{\beta}_1$ と (4.16) 式の $\hat{\beta}_2$ が意味するものは何であろうか（以下これらの係数を**偏回帰係数**といい，これと区別するためには説明変数が 1 つの場合の回帰係数を**単回帰係数**ということにする）．この点は (4.15) 式と (4.16) 式に以下の変形を加えることによって明らかとなる．

① (4.15) 式の両辺に s_1^2 を掛けて次の式を得る．

---

[28] 説明変数が 2 つ以上ある場合においても 147 頁記載の定義式を用いて決定係数を求めることができる（ちなみに A 社の事案における決定係数は 0.77 である）．ただし，説明変数が多い場合には偏差二乗和を標本数マイナス 1，残差二乗和を標本数マイナス説明変数の数でそれぞれ割った値を定義式にあてはめて決定係数を計算することが多い（これを**自由度修正済み決定係数**という）．

5 重回帰分析

$$s_1^2 \hat{\beta}_1 = \frac{s_1^2 s_{1y} s_2^2 - s_1^2 s_{12} s_{2y}}{s_1^2 s_2^2 - s_{12}^2}$$

② (4.16) 式の両辺に s_{12} をかけて次の式を得る。

$$s_{12} \hat{\beta}_2 = \frac{s_1^2 s_{12} s_{2y} - s_{12}^2 s_{1y}}{s_1^2 s_2^2 - s_{12}^2}$$

③ 上記の2つの式を足し合わせると次の式を得る。

$$s_1^2 \hat{\beta}_1 + s_{12} \hat{\beta}_2 = s_{1y}$$

④ s_{1y}/s_1^2 は X_1 を説明変数とし Y を目的変数とする単回帰係数であり，s_{12}/s_1^2 は X_1 を説明変数とし X_2 を目的変数とする単回帰係数である ((4.7) 式参照)。そこで，前者を $\hat{\beta}_{1y}$, 後者を $\hat{\beta}_{12}$ で表すことにして③の式の両辺を s_1^2 で割ったうえで整理すると次の式を得る。

$$\hat{\beta}_1 = \hat{\beta}_{1y} - \hat{\beta}_{12} \cdot \hat{\beta}_2 \tag{4.17}$$

⑤ 同様にして，(4.15) 式の両辺に s_2^2 を掛け，(4.16) 式の両辺に S_{12} をかけて両者を足し合わせれば次の式を得る（$\hat{\beta}_{2y}$ は X_2 を説明変数とし Y を目的変数とする単回帰係数，$\hat{\beta}_{21}$ は X_2 を説明変数とし X_1 を目的変数とする単回帰係数である）。

$$\hat{\beta}_2 = \hat{\beta}_{2y} - \hat{\beta}_{21} \cdot \hat{\beta}_1 \tag{4.18}$$

(4.17) 式と (4.18) 式を子細に見れば偏回帰係数の特質が明らかとなる。

まず，説明変数間に相関関係がない場合，すなわち $\hat{\beta}_{12} = \hat{\beta}_{21} = 0$ の場合[29]，偏回帰係数は単回帰係数と一致する。すなわち，$\hat{\beta}_1 = \hat{\beta}_{1y}$ かつ $\hat{\beta}_2 = \hat{\beta}_{2y}$ である。

次に，1つの説明変数の偏回帰係数が0の場合，その説明変数ともう1つの説明変数の間に相関関係があっても，もう1つの説明変数の偏回帰係数はその単回帰係数と一致する。たとえば，$\hat{\beta}_2 = 0$ の場合[30]，$\hat{\beta}_{12} \neq 0$ であっても

---

[29] X_1 と X_2 の間に相関関係がなければ $s_{12} = 0$ であるから必然的に，
$$\hat{\beta}_{12}(= s_{12}/s_1^2) = \hat{\beta}_{21}(= s_{12}/s_2^2) = 0 \text{ となる}.$$

[30] 偏回帰係数が0であっても単回帰係数が0となるわけではないことにも留意されたい。すなわち，$\hat{\beta}_2 = 0$ であっても X_1 と X_2 の間に相関関係があり，かつ，X_1 と Y の間に相関関係があれば，X_2 の単回帰係数 $\hat{\beta}_{2y}$ は0とはならない。134頁の表現を

$\hat{\beta}_1 = \hat{\beta}_{1y}$ である．

最後に，いずれの説明変数の偏回帰係数も 0 ではなく，かつ，説明変数間に相関関係がある場合の説明は少し厄介だが，大雑把にいうと，ある説明変数の偏回帰係数はその単回帰係数から他の説明変数がその説明変数を通じて目的変数に及ぼしている影響を取り除いた値となる．たとえば，$\hat{\beta}_1$ の値は $\hat{\beta}_{1y}$ の値から $\hat{\beta}_{2y}$ と $\hat{\beta}_{12}$ の積を差し引いた値となっているが，$\hat{\beta}_{2y}$ と $\hat{\beta}_{12}$ の積は説明変数 X_2 の Y に対する影響力（すなわち $\hat{\beta}_{2y}$）のうち説明変数 X_1 を介して（すなわち $\hat{\beta}_{12}$ の大きさに応じて）生じている部分と解釈してよいであろう．

【問題 4-5】の事例に戻って考えてみよう．まず，運転経験 X_1 を説明変数，事故発生率 Y を目的変数とする単回帰係数 $\hat{\beta}_{1y}$ は以下の値となる．

$$\hat{\beta}_{1y} = \frac{s_{1y}}{s_1^2} = \frac{-1.45}{9.06} \fallingdotseq -0.16$$

この値は先ほど調べた偏回帰係数 $\hat{\beta}_1 = -0.25$ に比べて絶対値がやや低い値となっているが，その理由は X_1 と X_2 の間の相関関係に求められる．すなわち，X_1 と X_2 の間の相関係数 ρ_{12} は，

$$\rho_{12} = \frac{S_{12}}{\sqrt{s_1^2} \cdot \sqrt{s_2^2}} \fallingdotseq 0.30$$

であり，弱いながらも確実な正の相関関係が認められる．要するに運転経験が増すにつれて運転頻度は増える傾向にあり，そのことが事故発生率を高めているために単回帰係数 $\hat{\beta}_{1y}$ は $\hat{\beta}_1$ よりも絶対値において低い値になっている．念のため，(4.7) 式を使って計算の正しさを検証してみよう．X_1 を説明変数，X_2 を目的変数とする単回帰係数 $\hat{\beta}_{12}$ は，

$$\hat{\beta}_{12} = \frac{s_{12}}{s_1^2} = \frac{1.61}{9.06} \fallingdotseq 0.18$$

であるから，

$$\hat{\beta}_1 = \hat{\beta}_{1y} - \hat{\beta}_{12} \cdot \hat{\beta}_2 = -0.16 - 0.18 \times 0.50 = -0.25$$

となり，計算が正しいことが確認できた．要するに，運転経験の単回帰係数は運転経験が事故発生率にもたらす真の効果を過少評価した値となる傾向を免れず，この弊害を取り除いたものが偏回帰係数である．

用いれば，X_1 が潜伏要因となって X_2 と Y の間に疑似相関が生じているからである．

5 重回帰分析

以上のことから，偏回帰係数は「他の説明変数の影響を取り除いた」（あるいは「他の説明変数をコントロールした」）回帰係数であるといわれる。

偏回帰係数には他の説明変数の影響を取り除いた回帰係数としての性質があることから，重回帰分析には目的変数を推定するという目的以外にもう1つの使い道が生じる。すなわち，それは，2つの変数同士の間の相関関係が疑似相関であるか，それとも真の因果関係であるかを見極めるという目的のために重回帰分析を行うことである。【問題4-6】の事例を使って考えていこう。

> 【問題4-6】
> 【問題4-5】に引き続きA保険会社における交通事故発生率調査に関する問題である。この調査を進めているプロジェクト・チームの中には「運転経験や運転頻度もさることながら，運転者の性別こそが事故発生率に影響を与えている最大の属性ではないか」という意見を持つ者がいた。そこで，調査対象者1000人に関して性別の事故発生率を調べてみたところ，男性の平均が年1.10件であるのに対して女性の平均は年1.75件であった。この問題についてより正確な判断を下すためにはどうしたらよいか。

性別が事故発生率に及ぼす影響を問題文記載の数字だけから判断するのは早計であろう。なぜならば，（女性のタクシードライバーやトラックドライバーの増加などにより近年事情が変わりつつはあるものの）運転経験や運転頻度において男女の平均値にかなりの差異があるからである（運転経験が平均的に浅いことは女性運転者の事故率を過大評価させる働きをし，一方，運転頻度が平均的に少ないことは女性運転者の事故率を過少評価させる働きをする）。そこで，これらの影響をコントロールして，性別という属性のみが事故率に及ぼす影響を調べるために重回帰分析を行う。ただし，「性別」のような質的変数を数量化するためには一定の技法を用いなければならない。代表的な方法は，一方に0，他方に1の数値を割り当てることによりこれをベルヌーイ分布に従う確率変数としてとらえる方法である（このような処理を施した変数のことをダミー変数という）。ここでは，第3の説明変数 X_3 を女性を1，男性を0とするダミー変数とし，調査対象者1000人に関して以下の情報を入手したものと仮定する。

X_3 の実現値の平均 $(\bar{x}_3)$: 0.2
X_3 の実現値の分散 (s_3^2) : 0.16
運転経験の実現値との共分散 (s_{13}) : -0.87
運転頻度の実現値との共分散 (s_{23}) : -0.28
事故率の実現値との共分散 (s_{3y}) : 0.08

以上の数値を用いて OLS 回帰平面の方程式を求めると以下の式が得られる。

$$Y = 0.65 - 0.24 X_1 + 0.50 X_2 + 0.06 X_3 \quad (4.19)$$

つまり,「性別」の偏回帰係数 $\hat{\beta}$ は 0.06 であり, これが運転経験と運転頻度をコントロールしたうえでの性別が事故発生率にもたらす影響力を示した値である。

この結果を踏まえて, 次になすべきことは,「X_3 の母偏回帰係数 β_3 は 0 である」という命題を帰無仮説として検定統計量 $\hat{\beta}_3$ の仮説検定を行うことである。詳細は控えるが, 最小二乗法を用いて重回帰分析を行って得られた検定統計量 (ここでは, $\hat{\beta}_3$) の記載には通常標準誤差と自由度が付記されているので, これらの数値と t 分布表を使えば, その t 値が求まり, これが検定の有意水準を超えていない場合には,「性別の違いは交通事故の発生率に有意な影響は与えていない」という判断を下すことができる。さらに, 仮に上記の帰無仮説が棄却できなかったとしても, 上記の結果を「保険料率に男女間格差を設ける」という政策に対する反対意見の論拠とすることはできる。けだし, 統計的有意性 (statistical significance) と, 経済的重要性 (economic significance) は別のも

---

31) この数字が 0.2 であるということは, 調査対象者中に占める女性の割合が 20% であることを意味している。
32) ダミー変数はベルヌーイ分布に従うので分散＝平均 × (1 − 平均) となる (90 頁参照)。したがって分散は必然的に平均 × (1 − 平均) = (0.2 × 0.8) = 0.16 となる。
33) 偏回帰係数は下記の行列方程式を解くことによって求まり, $\hat{\alpha}$ は下記の一次式から求まる (ONE MORE STEP 4-6 参照)。

$$\begin{pmatrix} s_1^2 & s_{12} & s_{13} \\ s_{21} & s_2^2 & s_{23} \\ s_{31} & s_{32} & s_3^2 \end{pmatrix} \begin{pmatrix} \hat{\beta}_1 \\ \hat{\beta}_2 \\ \hat{\beta}_3 \end{pmatrix} = \begin{pmatrix} s_{1y} \\ s_{2y} \\ s_{3y} \end{pmatrix}$$

$$\bar{y} = \hat{\alpha} + \hat{\beta}_1 \bar{x}_1 + \hat{\beta}_2 \bar{x}_2 + \hat{\beta}_3 \bar{x}_3$$

のだからであり,本件に関していえば,「1年あたり 0.06 倍しか差がないならば,性別により影響はとるに足らない(保険料率に差をつけるまでのものではない)」と主張することが可能であろう。

以上のとおり重回帰分析は疑似相関を見極めるための道具として重要であるが,そこに陥穽があることも忘れてはならない。問題は,説明変数同士の相関関係が高い場合には偏回帰係数の信頼性が低下することにあり,この現象を多重共線性という。たとえば,【問題 4-6】の事例において性別という第 3 の説明変数のほかに,「運転時に(ネックレスや指輪などの)装身具を身につけているか否か」を第 4 の説明変数(これもダミー変数である)として回帰分析を行った事態を想定してもらいたい。この場合,「女性であること」と「装身具を身につけていること」の相関関係は著しく高いので,最小二乗法を使って求めた各変数の偏回帰係数は信頼性に乏しい。説明変数の中に相関関係が非常に高いと思われるものが含まれている場合には最小二乗法によって求めた偏回帰係数の意味を過信してはならないのである。

ONE MORE STEP 4-6 　最小二乗法による回帰平面方程式の求め方

残差二乗和を標本数 n で割った値 R は以下のように表せる。

$$R = \frac{1}{n}\sum_{i=1}^{n}(y_i - \hat{y})^2$$

$$= \frac{1}{n}\sum_{i=1}^{n}(\alpha + \beta_1 x_{1i} + \beta_2 x_{2i} - y_i)^2$$

$$= \alpha^2 + \beta_1^2 \frac{1}{n}\sum_{i=1}^{n} x_{1i}^2 + \beta_2^2 \frac{1}{n}\sum_{i=1}^{n} x_{2i}^2 + \frac{1}{n}\sum_{i=1}^{n} y_i^2 + 2\alpha\beta_1 \frac{1}{n}\sum_{i=1}^{n} x_{1i}$$

$$+ 2\alpha\beta_2 \frac{1}{n}\sum_{i=1}^{n} x_{2i} - 2\alpha \frac{1}{n}\sum_{i=1}^{n} y_i + 2\beta_1\beta_2 \frac{1}{n}\sum_{i=1}^{n} x_{1i}x_{2i}$$

---

34) この点については,「概論」の 471 頁も参照されたい。
35) 説明変数が X_1 と X_2 の 2 つであって両者の相関係数が ρ である場合,偏回帰係数の分散は $1 - \rho^2$ に反比例することが知られている。したがって相関係数が高ければ偏回帰係数の分散は増加する(=信頼度が低下する)。これが多重共線性の数学的説明である。
36) 多重共線性が存在したからといって統計量の不偏性や一致性が失われるわけではない。ただし,説明変数相互の間に 100% の線形関係が存在する場合には **ONE MORE STEP 4-6** において示した連立方程式のうちの 2 つが同一の式となってしまうので,解を求めることができない(=分散共分散行列の逆行列が存在しない)事態となってしまう。

$$-2\beta_1 \frac{1}{n}\sum_{i=1}^n x_{1i}y_i - 2\beta_2 \frac{1}{n}\sum_{i=1}^n x_{2i}y_i$$
$$= \alpha^2 + \beta_1^2(s_1^2 + \bar{x_1}^2) + \beta_2^2(s_2^2 + \bar{x_1}^2) + (s_y^2 + \bar{y}^2) + 2\alpha\beta_1\bar{x_1}$$
$$+ 2\alpha\beta_2\bar{x_2} - 2\alpha\bar{y} + 2\beta_1\beta_2(s_{12} + \bar{x_1}\bar{x_2}) - 2\beta_1(s_{1y} + \bar{x_1}\cdot\bar{y})$$
$$- 2\beta_2(s_{2y} + \bar{x_2}\cdot\bar{y}) \tag{a}$$

(a) 式を 3 つの未知数 α, β_1, β_2 からなる関数 $R = f(\alpha, \beta_1, \beta_2)$ ととらえて，それが最小値をとる場合を求めればよい．具体的には **ONE MORE STEP 4-3** の場合と同様に，

$$\frac{\partial f}{\partial \alpha} = 0, \quad \frac{\partial f}{\partial \beta_1} = 0, \quad \frac{\partial f}{\partial \beta_2} = 0$$

の 3 式を求めそれらを連立方程式として解く．実際に計算してみると，

$$\frac{\partial f}{\partial \alpha} = 2\alpha + 2\beta_1\bar{x_1} + 2\beta_2\bar{x_2} - 2\bar{y}$$
$$\frac{\partial f}{\partial \beta_1} = 2(s_1^2 + \bar{x_1}^2)\beta_1 + 2\alpha\bar{x_1} + 2\beta_2(s_{12} + \bar{x_1}\cdot\bar{x_2})$$
$$\qquad - 2(s_{2y} + \bar{x_2}\cdot\bar{y})$$
$$\frac{\partial f}{\partial \beta_2} = 2(s_2^2 + \bar{x}_2^2)\beta_2 + 2\alpha\bar{x_2} + 2\beta_1(s_{12} + \bar{x_1}\cdot\bar{x_2}) - 2(s_{2y} + \bar{x_2}\cdot\bar{y})$$

となるので，これらの連立方程式の解を $\hat{\alpha}, \hat{\beta}_1, \hat{\beta}_2$ とすれば，

$$\hat{\alpha} = \bar{y} - \hat{\beta}_1\bar{x_1} - \hat{\beta}_2\bar{x_2} \tag{b}$$
$$\hat{\beta}_1 = \frac{s_{1y}s_2^2 - s_{12}s_{2y}}{s_1^2 s_2^2 - s_{12}^2} \tag{c}$$
$$\hat{\beta}_2 = \frac{s_{2y}s_1^2 - s_{12}s_{1y}}{s_1^2 s_2^2 - s_{12}^2} \tag{d}$$

となり，(4.14)～(4.16) 式を得る．

なお，(c) 式と (d) 式を行列を使って次のように表すこともできる．

$$\begin{pmatrix} s_1^2 & s_{12} \\ s_{21} & s_2^2 \end{pmatrix} \begin{pmatrix} \hat{\beta}_1 \\ \hat{\beta}_2 \end{pmatrix} = \begin{pmatrix} s_{1y} \\ s_{2y} \end{pmatrix} \tag{e}$$

(e) 式は説明変数が 3 個以上ある場合の一般式としても成立する．すなわち，説明変数が $X_1, \cdots, X_n$ の n 個ある場合の偏回帰係数 $\hat{\beta}_1, \cdots, \hat{\beta}_n$ は次の行列方程式を満たす解である．

$$\begin{pmatrix} s_1^2 & s_{12} & \cdots & s_{1n} \\ s_{21} & s_2^2 & \cdots & s_{2n} \\ \vdots & \vdots & \ddots & \vdots \\ s_{n1} & s_{n2} & \cdots & s_n^2 \end{pmatrix} \begin{pmatrix} \hat{\beta}_1 \\ \hat{\beta}_2 \\ \vdots \\ \hat{\beta}_n \end{pmatrix} \begin{pmatrix} s_{1y} \\ s_{2y} \\ \vdots \\ s_{ny} \end{pmatrix} \qquad (f)$$

(f) 式の左辺の行列 (これを**分散共分散行列**という) を $\boldsymbol{X}$, 左辺の縦ベクトルを $\boldsymbol{b}$, 右辺の縦ベクトルを $\boldsymbol{y}$ で表せば, 同式は,

$$\boldsymbol{X}\boldsymbol{b} = \boldsymbol{y}$$

であるから, 両式の最初に $\boldsymbol{X}$ の逆行列 $\boldsymbol{X}^{-1}$ を掛ければ,

$$\boldsymbol{b} = \boldsymbol{X}^{-1}\boldsymbol{y}$$

となり, これが偏回帰係数の一般解となる。なお, $\hat{\alpha}$ については, つねに,[37]

$$\hat{\alpha} = \bar{y} - (\hat{\beta}_1 \bar{x}_1 + \hat{\beta}_2 \bar{x}_2 + \cdots + \hat{\beta}_n \bar{x}_n)$$

が成立する。

---

37) この場合, $\boldsymbol{X}$ に逆行列が存在することが単回帰係数についての注 18) に対応する偏回帰係数の存在条件となる。

第5章
財務分析(1)
資産の評価

1 序　論
―― なぜ法律家がファイナンス理論を学ぶのか

　私が弁護士資格を取得した1980年当時，財務分析とは財務諸表の分析を意味する言葉であった。貸借対照表や損益計算書に記載された数字を使って対象企業の財務状況を分析すること，それが財務諸表分析であり，その能力を身につけるべく会計学の勉強に勤しんだものである。

　財務諸表分析の価値は今日でも失われてはいない。しかしながら，現代社会にはもっと優れた財務分析の技法が存在する。それがファイナンス理論であり，これを法律家の職務に活かすための知識を学ぶこと，それが本章と次章の目的である。

　しかしながら，法律家がファイナンス理論を学ぶことに疑問を抱く読者も少なくないに違いない。その疑問とはおそらく次のようなものであろう。「ファイナンス理論は財務の専門家が用いる技法であって，法律家の職務とは直接関係がない。にもかかわらず手間暇掛けて法律家がそれを学ぶ必要が本当にあるのだろうか」。

　もっともな疑問である。しかし，では聞くが，あなたが顧問をしている企業の経営者からM&A取引や自社株買いあるいは公募増資などの具体的な経営政策の当否について意見を求められたとき，あなたは何と答えるのであろうか。「それは法律問題ではないので，あなた自身がお決めください」。あるいは，「私がいえることはただ1つ。善良な管理者としての注意を尽くして行動してください」。これではあまりに情けない。提示された政策の当否について

会社法の知識とその企業を取り巻く状況を踏まえてできるだけ明確な意見を述べてあげたい，そうあなたも思うのではあるまいか。しかしながら，企業経営をしたことのないあなたには提示された政策が企業に何をもたらすかを経験的に知るすべがない。したがって，その政策を会社法の理念に照らしてどう評価してよいか分からず，結局のところ有益な意見を述べることができない。

　このジレンマを打開してくれるものがファイナンス理論である。ファイナンス理論は経営政策の帰結を論理的に明らかにするものだからであり，その帰結と法律知識を結びつけることによって提示された政策の当否を（経験的ではなく）論理的に語ることが可能となる[1]。これこそは法律家であるあなたにふさわしい意見の述べ方であり，それができる能力を養うことに法律家がファイナンス理論を学ぶ最大の意義がある[2]。

　ファイナンス理論を学ぶことに対するもう1つの疑問は次のようなものであろう。「ファイナンス理論を使った専門家の意見書を読んだことがあるが，多くの数字が仮定として組み込まれていることに驚いた。あれだけ多くの仮定をしたうえでの結論に実践的価値があるのだろうか」。

　これまたもっともな疑問である。たしかに，定量的な（つまり，具体的な数字を使った）財務分析を行うためには多くの仮定を設けざるをえず，しかもいかなる数字を仮定に用いるかは究極的には分析者の裁量に委ねるほかはない。この意味においてファイナンス理論を用いた定量的分析は科学というよりもむしろ技芸（art）に近いものであり，その実践的価値は積年の経験に裏付けられた分析者の見識に負っているといわざるをえない。

　しかしながら，法律家に求められるものは財務問題の定量的分析ではない。法律家が知るべきことは，提示された経営政策が企業を取り巻く様々な人々にもたらす帰結の性格だけでよい場合がほとんどである（たとえば，「この政策を実施すると既存債権者の犠牲の下に一般株主が利益を受けることになる」など）。要す

---

[1] ただしファイナンス理論が示しうるものは政策の金銭的な帰結だけである。法律家であるあなたは政策がもたらす非金銭的な帰結（企業に対する社会的評価はその代表例である）への配慮も怠ってはならない。

[2] もちろん，法律家がファイナンス理論を学ぶ意義はこの点に限られるわけではない。たとえば，現代社会で用いられる契約は，離婚する夫婦間の財産分与契約から企業の買収契約にいたるまで，複雑な対価の取り決めを伴う場合が多いが，そのような取り決めの経済的意義を正しく理解するためには本章で説明する資産価格理論を学ぶ必要がある。

るに，法律家がなすべきことはファイナンス理論を用いた財務問題の定性的分析であり，それならば，財務分析の経験に乏しい法律家であっても実践的価値のある意見を構築することが十分できるのではないだろうか。

以上の点を踏まえて，本章および次章ではファイナンス理論の理論的側面に重点を置いた解説を行い，定量的な分析の技法については，理論への理解を深めるための一助として簡単に紹介するにとどめたい。

前置きが長くなった。さっそく本論に入ることにしよう。**2**以下ではファイナンス理論の中核を占める資産価格理論を紹介し，企業の経営政策への応用については次章で述べる。

2 諸概念の定義と2つの基本定理

はじめに，本章および次章で用いる諸概念と基本定理の意味を明確にしておこう。

まず，**資産**とは，「将来金銭を受け取る（または支払う）地位」のことである。（毎年配当が支払われる）株式や（支払日に利息，満期日に元本が支払われる）貸付債権は典型的な資産であるが，オプション（223頁参照）に代表される金融派生商品も資産であり，第三者から資金を借り入れた状態やオプションを第三者に与えた状態も「金銭を支払う地位」として資産の概念に含める。なお，以下では表現を簡単にするために，「金銭を支払う」ことを「マイナスの金銭を受け取る」ことと考えることとし，金銭の受取額を（マイナスの値となる場合も含めて）**収益**と呼ぶことにする。さらに，資産の中には将来複数回にわたって収益が発生する資産も多いが，議論を簡単にするために，当面は各資産について収益が発生するのは将来の1時点だけとし，複数回にわたって収益が発生する資産の評価方法については**6**でまとめて論じることにする。

2つの資産が同一であるための必要十分条件は起こりうるすべての事態において発生する収益額が等しいことである。[3]

---

[3] 起こりうる事態を1からkまでのk個の事態とし，i番目の事態で発生する収益の額をx_iとすれば，各資産は$^t(x_1,\cdots,x_k)$というk個の数からなるベクトルとして表せる（「^{t}」の添字は本来縦ベクトルで記載すべきものを紙面の都合上横ベクトルとして記載していることを意味する記号である）。2つの資産は，このベクトルが等しいと

資産が日常生活において取引される財物と異なるのは，後者は独自の効用を持っているが前者は独自の効用を持たず，その価値は受け取る金銭の価値のみに依存している点である。たとえば，コンサート・チケットの価値はそのコンサートで演奏するミュージシャンに対する評価によって人それぞれであろうが，株式の価値は，ひとえに，その株式を保有することによって，いつ，いくらの金銭を受け取るかにかかっている。したがって，資産の価値はつねに金銭に換算して評価することが可能であり，この理由から，以下では「資産の価値」と「資産の価格」（＝資産の価値を金銭によって表した値）を同義語として用いることにする。

　しかし，だからといって，資産の価値をそこから生じる収益の額と同視するわけにはいかない。なぜならば，収益が発生するのは将来の時点（以下，これを「時点1」という）である点において現時点（以下，場合により「時点0」ともいう）における金銭とは異なり，しかも，収益がいくらとなるかは時点0では不確実な場合が多いからである。しかしながら，このことは，見方を変えていえば，①時点0と時点1の時間差が資産の価値に及ぼす影響（これを**貨幣の時間的価値**〔time value of money〕という）と，②収益の不確実性という2つの問題を数学的に処理する方法さえ見つければ資産の理論的市場価格を算出しうることを意味している。そこで，そのような問題意識の下に研究が進められ，その結果として本章の主題である資産価格理論が生み出されるにいたった。

　資産価格理論の内容は，市場のあり方をどれだけ理想的なものと仮定するかによって変わりうるが，本章では以下の仮定を置いて分析を進めることとする。これらの仮定は必ずしも現実世界と整合的であるとはいえないが，そう仮定することによって市場価格の形成原理を明確にすることができる。

(1) すべての資産は任意の量を自由に市場で取引できる。
(2) 市場のあらゆる取引は**取引費用**（transaction cost）をかけずに実行可能である。

　　きに，かつ，そのときに限り，同一のものとなる。
4) 時点1が将来であるほど収益がいくらとなるかは不確実な場合が多いので，本文の①と②は渾然一体とした問題として受け取られがちであるが，両者は本来別の問題である。たとえば，10年後に満期となる国債の保有者が10年後に受け取る収益はほとんど完全に確定しているが，宝くじの保有者が受け取る収益は当選番号が発表される直前においてもまったく不確定である。

2 諸概念の定義と2つの基本定理

(3) いずれの市場参加者も債務不履行を起こす可能性を有していない。
(4) 市場参加者は市場に関するすべての情報を共有しており，すべての不確実な事象について同じ主観確率を抱く[5]。

(1)と(2)を仮定したことにより，あらゆる資産に関して対価なしで**空売り**（short selling）が可能となる点に留意してもらいたい[6]。ここで，空売りとは，「時点0においてある資産をその保有者から借りてきて市場で売却し[7]，時点1の直前に同一の資産を市場で買い入れたうえで貸主に返還する取引」のことである。また，(1)と(2)と(3)を仮定したことにより，すべての市場参加者は債務不履行を起こす可能性のない債務者に対する貸付利率（以下，これを**無リスク利子率**，文脈上誤解がないようであれば，単に**利子率**という）で任意の金額を貸付けまたは借り入れることができる[8]。

市場における価格形成原理の出発点となる定理について説明する。それは，「以下のいずれかの取引（あわせて**裁定取引**〔arbitrage〕という）を行うことは**均衡市場**（各資産に関して需要と供給が一致することにより価格が均衡している市場のことをいう）のもとでは不可能である」という定理であり，以下これを**裁定不能定理**と呼ぶことにする。

(1) 時点0での収益はつねに0かプラスであり（つまり，「時点0での支出はなく」），時点1での収益はつねにプラスであるか，または，一定の事態においてプラスであってその他の事態においては0である取引。

---

5) (4)で仮定した市場は一般に「効率的市場」と呼ばれるものに近い。ただし，何をもって効率的市場と呼ぶかは論者によって必ずしも一致しておらず，仮にこれを「あらゆる情報が価格形成に反映されている市場」という意味の言葉として使うとすれば，それは主観確率の一致まで仮定しているとはいえない点において，(4)の仮定よりも弱い仮定である。
6) 取引費用が発生しなくても資産の貸主は貸借期間中資産売却の機会を失うことの対価を求めるように思えるかもしれないが，貸主自らがいつでも空売りを実施できる以上売却の機会は失われていない。
7) この借入れは法的には「使用貸借」ではなく「消費貸借」である。したがって，借り入れた資産を市場で売却しても時点1で同一の資産を貸主に返還する限り契約違反とはならない。
8) 現実世界では取引費用が発生するために（その最大のものは金融仲介機関に支払う手数料である），たとえ債務不履行リスクが0であると仮定しても貸付け利率と借入れ利率が一致することはない。両者が一致するのは(2)を仮定しているからである。

(2) 時点0での収益はつねにプラスであり，時点1での収益はつねにプラスか0である（つまり，「時点1での支出はない」）取引。

裁定不能定理の論証

裁定取引は誰もが無条件に行いたいと思う取引である。したがって，ある資産を購入すれば裁定取引が可能となるのであれば，誰もがその資産を購入しようとし（すなわち，その資産の需要が供給を上回り），これによってその資産の価格は上昇し，その動きは裁定取引の機会が消滅するまで止まらないであろう。同様にして，ある資産を売却することで裁定取引が可能となるのであれば誰もがその資産を売却しようとし（すなわち，その資産の供給が需要を上回り），その資産の価格は裁定取引の機会が消滅するまで下落し続けるであろう。したがって，均衡市場においては裁定取引を行う機会はつねに消滅している。

裁定不能定理から**価格の線形性**というもう1つの重要定理が導き出される。価格の線形性の意味と論証は以下のとおりである。

価格の線形性の意味

市場において A, B, C という3つの資産が取引されており，このうちの資産 C は m 個の資産 A と n 個の資産 B の組み合わせからできている（このように，他の資産の組み合わせからなる資産のことを**ポートフォリオ**という）。この場合，各資産の価格を $P(\cdot)$ で表せば，つねに次の式が成立する。[9]

---

[9] 注3）で用いた資産のベクトル表記を使えば，m 個の資産 $A = {}^t(a_1, \cdots, a_k)$ と n 個の資産 $B = {}^t(b_1, \cdots, b_k)$ の組み合わせが資産 $C = {}^t(c_1, \cdots, c_k)$ と等しいことは，次の式が成立することを意味している。

$$m \begin{pmatrix} a_1 \\ \vdots \\ a_k \end{pmatrix} + n \begin{pmatrix} b_1 \\ \vdots \\ b_k \end{pmatrix} = \begin{pmatrix} c_1 \\ \vdots \\ c_k \end{pmatrix}$$

したがって，価格の線形性とは結局のところ「同一の資産の価格はつねに同一である」という命題（一般にこれを**一物一価の法則**という）と同値の関係に立つものである。裁定不能定理と価格の線形性と一物一価の法則の論理的関係について，詳しくは野口＝藤井（2005）63頁以下参照。

$$mP(A) + nP(B) = P(C) \tag{5.1}$$

価格の線形性の論証

仮に，(5.1) 式の左辺の値が右辺の値を上回っていれば，市場から $P(C)$ 相当の資金を借入れて資産 C を購入し，これを m 個の資産 A と n 個の資産 B に分けてただちに売却して借入資金を返済すれば裁定取引が成立する[10]。よって左辺の値は右辺の値を上回らない。

仮に，(5.1) 式の左辺の値が右辺の値を下回っていれば，市場から $mP(A) + nP(B)$ 相当の資金を借入れて m 個の資産 A と n 個の資産 B を購入し，これらを組み合わせ，資産 C として売却して借入資金を返済すれば裁定取引が成立する[11]。よって，左辺の値は右辺の値を下回らない。

ゆえに，(5.1) 式が成立する。

価格の線形性は自明のことであると思うかもしれない。しかしながら，ファイナンス理論の世界でこの命題が一般的に受け入れられたのは比較的最近のことである[12]。命題の承認が遅れたのはこの命題と一見矛盾する事象が多く見られるからであり，両者の表面上の矛盾を解きほぐすことによって資産価格の形成原理がより明確となることは後に見るとおりである。

3 利子率と期待収益率

いかなる事態においても収益が変わらない資産を**安全資産**（risk-free asset）といい，安全資産以外の資産を**危険資産**（risky asset）という。たとえば，自国の通貨建ての国債は原則として安全資産であるが[13]，一般企業が発行する社債

---

10) この取引を裁定取引の定義に正確にあてはめるためには，時点 0（資金の借入時）と時点 1（資金の返済時）が同時に起こっていると考えればよい。その場合，時点 0 での収益は 0 で時点 1 の収益はプラスであるからこの取引は裁定取引にあたる。
11) 注 10) の場合と同様に時点 0 の収益は 0 であって，（同時に起こる）時点 1 の収益はプラスであるからこの取引は裁定取引にあたる。
12) 第 6 章の注 21) 参照。
13) 国家は自国の通貨を創出する自由を有しているので自国の通貨建ての国債だけを発

は倒産リスクがあるゆえに危険資産であり，収益の変動が不可避な株式は当然危険資産である。

安全資産の場合

最初に安全資産の市場価格について考えてみよう。次の問題を考えてもらいたい。

> 【問題 5-1】
> 時点 1 において C の金額を受け取る安全資産 X があるとする。X の時点 0 における市場価格 P はいくらとなるであろうか。ただし，時点 0 における時点 0 から時点 1 までの期間に対する利子率を r とする。

結論からいおう。安全資産 X の市場価格 P は次の式によって求めることができる。

$$P = \frac{C}{1+r} \tag{5.2}$$

(5.2) 式の証明

(5.2) 式の右辺の値が左辺の値より大きいとすれば，時点 0 において P の金額を市場から調達して X を購入すれば，時点 1 において X から生まれる収益 C はつねに要返済額 $= (1+r)P$ を上回るので裁定取引が成立する。よって，(5.2) 式の右辺の値が左辺の値を上回ることはない。

(5.2) 式の左辺の値が右辺の値より大きいとすれば，時点 0 において X を空売りして現金 P を取得しこれを市場で貸付ければ，時点 1 において現金 $(1+r)P$ を得る。この金額は時点 1 の直前に市場から X を買入れて当初に借入れた X の返済を行うコストをつねに上回るので（時点 1 の直前における X の市場価格は当然 C である）裁定取引が成立する。よって，

行している国家（わが国がそうである）が国債の支払不能に陥ることは原則としてありえない（ただし，通貨供給量の急激な増加はインフレを招くことになるであろう）。これに対して，外貨建ての国債を発行している国家（ユーロ建ての国債を発行している EU 加盟国がこれにあたる）はその通貨を創出する自由を有していないので国債の債権不履行を起こすリスクに晒されている。

3 利子率と期待収益率

(5.2) 式の左辺の値が右辺の値を上回ることはない。[14]

ゆえに (5.2) 式の左辺の値と右辺の値はつねに等しい。

一般に資産の収益（危険資産の場合にはその「期待値」。この点については後述する）を一定の値で割ることによってその資産の今日現在における市場価格（これを**現在価値**という）を求めることを「収益を**割り引いて**その現在価値を求める」と表現し，その除数から 1 を引いた値 ((5.2) 式における r) のことを**割引率**という（ただし，文脈上誤解がないようであれば，除数そのもの ((5.2) 式における「$1+r$」) を割引率という場合もある）。要するに，安全資産の場合は，利子率を割引率として収益を割引けばその現在価値が求まるというわけである。[15]

以上の点の理解をたしかなものにするために次の問題を考えてもらいたい。

【問題 5-2】
　9 年前に発行されたわが国の国債があと 1 年で満期を迎える。この国債は額面額 100 万円で年利 5% の利付債であるが，現時点におけるその市場価格は 102 万円である。1 年後に償還される額面 1 万円の割引債の現在価値はいくらであるか。なお，割引債とは利息の支払がなく，償還時に額面額が支払われるだけの債権のことである（発行価格は当然額面額を下回る）。

問題の中核はいくらを割引率として割引債の現在価値を求めるかであるが，これをうっかり「5% である」と考えてはいけない。5% という数字は 9 年前の時点における利子率を推定する際の根拠となる数字ではあるが，[16] それは現時点の利子率とは無関係である。

今日現在における利子率を求めるためには，(5.2) 式の C と P に具体的数値を代入すればよい。本件の場合，C は 105 万円であり（利付債は満期日に元

---

14) この結論は空売りができない場合においても変わりはない。(5.2) 式の左辺の値が右辺の値を上回る限り資産 X の保有者は X を売り続けるからである。
15) 消費貸借契約は現在の金銭と将来の金銭の交換契約であり，利子率はその交換比率であることに鑑みれば，この結論は当然である。なお，利子率を決定する重要な要因は現在財と将来財の交換比率（これを「自然利子率」という）であるが，利子率と自然利子率は必ずしも一致しない。前者は政府の金融政策によって大きく変化するものだからである。
16) より正確にいうと，5% という数値は 10 年前の時点における期間 10 年の貸付債権の利子率を年利（213 頁参照）で表した場合の近似値である。詳しくは，*6* の解説を参照されたい。

本プラス最終期間の利息が支払われる), P は 102 万円であるから,求める利子率 r は,

$$r = (105 万 \div 102 万) - 1 \fallingdotseq 0.03$$

つまり約 3% である[17]。一方,額面額 1 万円の割引債が 1 年後に償還される際の支払額は 1 万円である。したがって求める答えは,

$$\frac{10000}{1.03} \fallingdotseq 9709 \text{ (円)}$$

となる。

危険資産の場合

次に危険資産について考えよう。

危険資産の収益は不確実である。したがって収益は確率変数としてとらえるほかはなく,その期待値をもって代表させることが合理的であろう。以下,この値を**期待収益**と呼び,$E(X)$ と表す(X は資産の名称であると同時にその確率変数を表している)。

まず,X の市場価格 P が分かっている場合について考える。この場合には次式の R を求めることが可能であり,この R を**収益率**と呼ぶ。

$$R = \frac{X}{P} - 1 \tag{5.3}$$

収益率 R は,資産 X を時点 0 で取得した場合の投下資金の増加率(「投下資金 1 円あたりの増加額」といってもよい)を確率変数として表した値である。そこで,収益率の期待値を**期待収益率**と呼び μ で表す。すなわち,

$$\mu = E(R) = \frac{E(X)}{P} - 1 \tag{5.4}$$

である。資産のサイズは様々であるから(1 株 100 万円の株式もあれば 1 株 50 円の株式もある),複数の資産を比べる場合には,各資産のサイズによって異なる収益や期待収益よりも収益率や期待収益率を使って比較を行う方が合理的である。そこで,本章でも今後はこの 2 つの指標を使って分析を進めていくこと

---

[17] この 3% という数字のように貸付債権の支払額と現在価値から割り出される利子率のことを一般に利回りという。

にする（安全資産の場合には利子率 r が期待収益率である）。

(5.4) 式を変形すると次の式を得る。

$$P = \frac{E(X)}{1+\mu} \tag{5.5}$$

(5.5) 式の意味するところは，「期待値 $E(X)$ を割引率 μ で割引けば資産の現在価値が求まる」ということである。そこで，市場価格 P から μ を求める以外の方法で μ を算出する手段が見つかれば，危険資産の市場価格を理論的に導きだすことができる。はたしてそのような方法が存在するであろうか。

最初に，市場の参加者全員がリスク中立的であると仮定してみよう。リスク中立的な者は不確実な収益の価値をその期待値と同視するはずであるから (50 頁参照)，彼らにとって，資産 X の価値は時点 1 で $E(X)$ の値が確実に支払われる安全資産（以下，この資産を X' と表す）の価値と同じであろう。そして，市場参加者全員がそのような評価を下す以上 X の市場価格 P は X' の市場価格（これを P' とする）と同じになるはずである。すなわち，

$$P = P'$$

であり，一方，(5.2) 式により，

$$P' = \frac{E(X)}{1+r}$$

であるから，上記の2つの式と (5.5) 式から，$\mu = r$ という結論が導かれる。

しかしながら，現実の資本市場に参加する者は，程度の差こそあれ，全員がリスク回避的であると考えるべきであろう。したがって，彼らにとっての危険資産 X の価値は安全資産 X' の価値を下回り，そのような人々が参加する市場で成立する資産 X の市場価格 P は P' を下回り，そうである以上，結局のところ期待収益率 μ は利子率 r を上回ると考えざるをえない。しかしながら，市場参加者のリスクに対する態度は千差万別であり，そのうえ，市場参加者間における資産の分配状況が不明である以上 μ の値は求めようがない。一見そう思えることであろう。ところが，実際には対象資産と市場全体の特質について一定の情報が得られれば，市場参加者のリスクに対する態度や市場参加者間における資産の分配状況が分からなくても資産の期待収益率を求めることができる。この結論はファイナンス理論が打ち立てた金字塔の1つであるが，その理由を説明するためには，その前提として市場における投資家の行動原理を

明らかにしなければならない。そこで，*4* においてこの点を論じ，そのあとの *5* において，あらためて期待収益率の求め方を説明する。

4 分散投資理論

リスク・リターン図

　危険資産の代表は株式である。株式の収益率を1年未満の期間を対象に計測してみると，その確率分布は一般に正規分布に近似することが知られている[18]。そこで，議論を簡単にするために，以下では，すべての投資家は今後1年間の収益率を基準として投資行動を決定し[19]，かつ，危険資産の収益率はすべて正規分布に従うと仮定して分析を進めることにしよう。

　正規分布に従う確率変数は平均と標準偏差のみによって特定可能であった（86頁参照）。収益率の平均はすでに定義済みの期待収益率であり，収益率の標準偏差はボラティリティと呼びならわされている。そこで，期待収益率 μ を縦軸，ボラティリティ σ を横軸とする平面座標を作れば，すべての危険資産はこの平面上の1点として表すことができる[20]。期待収益率は投下資金1円あたりの増加額の期待値という「リターン」の指標であり，ボラティリティは収益の不確実性という「リスク」の指標であるのでこの平面座標を以下リスク・リターン図と呼ぶことにしよう。【図5-1】をご覧願いたい。

　これがリスク・リターン図であり，ここには A, B, C という3つの資産の位置が点 P_A, P_B, P_C として記されている。そこで，考えてもらいたいのだが，これら3つの資産のうちの1つに対してしか投資が許されないとすれば，投資家はどの資産を選択するであろうか。

　この問題は **ONE MORE STEP 2-1** で述べた期待効用定理を使うとうまく説明できる。

　期待効用定理によれば，人は期待効用の大きさを基準として行動を選択す

---

18) Brealey-Myers-Allen (2014) 191頁参照。
19) このことは投資家が2年目以降の収益を考慮しないということではない。2年目以降の収益はすべて1年後の対象資産の市場価格に反映されているからである。
20) μ が縦軸 σ が横軸であって逆でないのは慣習によるものである。

4 分散投資理論

【図5-1】

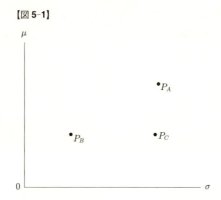

る。投資家の場合は投下資金1円あたりの増加額（すなわち収益率）の期待効用を最大化する資産を選択すると考えてよいであろう[21]。そこで，期待効用の値を U，投資家の効用関数を $u(R)$ とすれば，期待効用 U は効用関数 $u(R)$ と $N(\mu, \sigma)$ に従う収益率の確率密度関数を使って求めることができる[22]。しかるに，効用関数 $u(R)$ は単調増加関数であるから，σ を変えずに μ だけを大きくすれば U は増加し，一方リスク回避的な投資家の効用関数の増加率は逓減的であるから，μ を変えずに σ だけを大きくすれば U は減少する[23]。

---

21) 正確にいうと，基準とすべきは投資額1円の効用あたりの増額額の効用の期待値，すなわち $E[u(R)/u(1)]$ であろう。ただし，効用は無名数なので，$u(1)$ を1とすれば，効用の期待値は $E[u(R)]$ と一致する。なお効用関数は投資家のリスクに対する態度もさることながら，時点0において投資家がどれだけの資産を保有しているかによっても異なる。

22) 数式で表せば，

$$U = E[u(R)] = \int_{-\infty}^{\infty} u(R)f(R)dR$$

となる（ただし，$f(R)$ は $N(\mu, \sigma)$ に従う R の確率密度関数である）。

23) σ を変えずに μ を α だけ大きくすれば，注22) の式の値は，

$$U' = \int_{-\infty}^{\infty} u(R)f(R-\alpha)dR$$

となるが，$u(R)$ は単調増加関数であるので，必然的に $U < U'$ となる（作図して確認願いたい）。他方，μ を変えずに σ を大きくすれば，$u(R)$ の増加分が逓減的である以上，期待効用の増加分は減少分を下回らざるをえない。よって，U は減少する（作図して確認願いたい）。

以上の点を踏まえて，リスク・リターン図上に U を等しくする資産同士を結ぶ線（これを**効用無差別曲線**という）を描いてみよう。**【図 5-2】**をご覧願いたい。

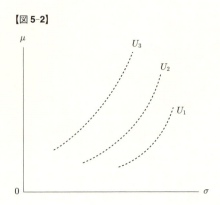

【図 5-2】

【図 5-2】に破線 U_1, U_2, U_3 として描いたものが効用無差別曲線の例である。効用無差別曲線は次の特徴を持つ。

① つねに右上がりである。
② 下に凸である。
③ 上にある曲線ほど U の値が大きく，各曲線が交わることはない。

効用無差別曲線が上記の特質を持つ理由を説明しよう。まず，効用無差別曲線が右上がりとなるのは，上記のとおり σ を増加させると U は減少するので U の値を同一に保つためには（U を増加させる機能をもつところの）μ を増やさざるをえないからである。その場合，σ の増加に伴う U の減少は逓増的であり，他方 μ の増加に伴う U の増加は逓減的であるから曲線は下に凸となる。[24] さらに，σ が同じであれば μ が大きいほど U は大きくなるので上にある曲線

---

24) U を μ と σ の関数として，

$$U = \phi(\mu, \sigma)$$

と表すことを考えてみよう。この場合，本文および注 23) で述べたことを数式にすると，

【図 5-3】

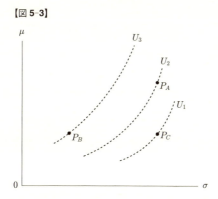

ほど U の値は大きく，曲線同士が交わることはない。

ここで，**【図 5-1】**と**【図 5-2】**を重ねあわせてみよう。

P_A は P_C の真上にあるので当然 P_A の効用無差別曲線（U_2）の値は P_C を通る効用無差別曲線（U_1）の値を上回る。したがって，投資家は資産 A と C の間では必ずや A を選択するであろう。一方，P_B は P_C の真左にあるので当然 P_B を通る効用無差別曲線（U_3）の値は U_1 の値を上回る。したがって，投資家は資産 B と C の間では必ずや B を選択するであろう。最後に U_3 は U_2 の上にあるので資産 A と B の間では B が選択されるはずである。しかしながら，それは効用無差別曲線が**【図 5-3】**に示した形状をしているからであ

$$\frac{\partial \phi}{\partial \mu} > 0, \frac{\partial \phi}{\partial \sigma} < 0 \tag{a}$$

$$\frac{\partial^2 \phi}{\partial \mu^2} < 0, \frac{\partial^2 \phi}{\partial \sigma^2} < 0 \tag{b}$$

と表せる。一方，効用無差別曲線の点 (μ, σ) における接線の傾き $S(\mu, \sigma)$ は，

$$S(\mu, \sigma) = -\frac{\frac{\partial \phi}{\partial \sigma}}{\frac{\partial \phi}{\partial \mu}} \tag{c}$$

と表せることが知られている（全微分の公式をご存じの方は確認願いたい）。

(c) 式の分母はプラスで分子はマイナスであるから（(a) 式による），傾き $S(\mu, \sigma)$ の値はつねにプラスとなるので効用無差別曲線は右上がりとなる。さらに，(b) 式によれば，(c) 式の分母の値はつねに逓減的であり，分子の値はつねに逓増的である。したがって，傾き $S(\mu, \sigma)$ の絶対値は右に行くほど大きくなるので効用無差別曲線は下に凸となる。

り，上記①，②，③の要件に反することなく P_B を通る効用無差別曲線が P_A の下を通ることも可能である（点 P_B を通り，線分 $P_A P_C$ 間を通過する右上がりで下に凸な曲線がこれにあたる）。要するに，リスク・リターン図上の点が右上と左下に関係ある資産同士の間でいずれが選択されるかは（投資家の効用関数によって定まる）効用無差別曲線の形状次第なのである（一般的にいえば，リスク回避的な人ほど右上よりも左下の資産を選択する傾向が強いであろう）。

機会曲線

次に，2つの危険資産に対して資金を分散して投資を行うことができるとした場合の投資家の行動について考えてみよう（そのような投資を以下，**分散投資**または**ポートフォリオ投資**と呼ぶ）。

分散投資の対象資産を X と Y，分散投資によって組成されるポートフォリオを W とする。また，X, Y, W の収益率，期待収益率，ボラティリティをそれぞれ $R_X, R_Y, R_W, \mu_X, \mu_Y, \mu_W, \sigma_X, \sigma_Y, \sigma_W$ とし，R_X と R_Y の相関係数を ρ とする。さらに，X に対する投資比率を α（したがって，Y への投資比率を $1-\alpha$）とする。

この場合，確率変数 R_W は次のように表せる。[25]

$$R_W = \alpha R_X + (1-\alpha) R_Y \tag{5.6}$$

次に，(5.6) 式に (3.12) 式と **ONE MORE STEP 4-2** の (a) 式をあてはめることにより（これらの式の中の a と b を α と $(1-\alpha)$ に改め，さらに (4.4) 式を使って共分散を相関係数を用いた式に変換すればよい），次の2つの式が成立する。

$$\mu_W = \alpha \mu_X + (1-\alpha) \mu_Y \tag{5.7}$$

$$\sigma_W^2 = \alpha^2 \sigma_X^2 + 2\alpha(1-\alpha)\rho \sigma_X \sigma_Y + (1-\alpha)^2 \sigma_Y^2 \tag{5.8}$$

(5.8) 式は一見分かりずらい式であるが，$\rho = 1$ とすると次のように変形可能であることに注目してもらいたい。

---

25) 投資額1円のうち α 円を X，$(1-\alpha)$ 円を Y に投下すると考えれば，この式は理解しやすいであろう。なお，正規分布の再生性によって R_W もまた正規分布に従う確率変数となる。

$$\sigma_W^2 = \alpha^2 \sigma_X^2 + 2\alpha(1-\alpha)\sigma_X \sigma_Y + (1-\alpha)^2 \sigma_Y^2$$
$$= [\alpha \sigma_X + (1-\alpha)\sigma_Y]^2$$

すなわち,

$$\sigma_W = \pm[\alpha \sigma_X + (1-\alpha)\sigma_Y] \tag{5.9}$$

となる。

　以上の点を要するに，ポートフォリオの期待収益率は対象資産の期待収益率を投資比率に応じて加重平均した値（以下，この値を「比例配分値」という）となるが（(5.7) 式参照），ボラティリティが比例配分値となるのは R_X と R_Y の相関係数 ρ が 1 の場合（すなわち R_X と R_Y が正比例する場合）だけである（(5.8) 式と (5.9) 式を比較参照）。そして，これ以外の場合には ρ はつねに 1 を下回るから，σ_W もつねに比例配分値を下回り，その傾向は ρ が小さくなるほど顕著になる。このことが何を意味するかは (5.7) 式と (5.8) 式から配分比率 α を消去してリスク・リターン図上に R_W の軌跡を導いてみると明らかになる（この軌跡を**機会曲線**と呼ぶ）。【図 5-4】をご覧願いたい。

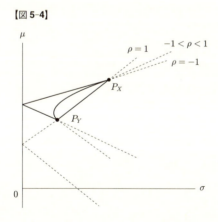

【図 5-4】

　この図には資産 X と Y に関する 3 本の機会曲線が描かれている（実線部分は $0 \leq \alpha \leq 1$ の範囲で分散投資を行った場合，破線部分は $\alpha < 0$ または $\alpha > 1$ の範囲で分散投資を行った場合——すなわち X と Y のいずれかの資産の空売りをし，それで得た資金を追加して他の資産を取得した場合——の機会曲線である）。ご覧のとおり，

$\rho=1$ の場合の機会曲線は点 P_X と点 P_Y 間で直線となっているが，これは上記のとおりこの場合においてのみ R_W の期待収益率とボラティリティの双方が比例配分値となるからである．これに対して ρ が1を下回る場合の機会曲線は左に凸な双曲線となり（証明については **ONE MORE STEP 5-1** 参照），その頂点は ρ の値が低くなるほど μ 軸に近づき，$\rho=-1$ の場合（すなわち R_X と R_Y が反比例する場合）の機会曲線は μ 軸に接する楔形となる．ただし，$\rho=-1$ となる資産の組み合わせが現実世界にあるとは考えがたく，他方，$\rho=1$ の機会曲線はしばしば存在するが，それは187頁以下で述べる安全資産と危険資産からなるポートフォリオの機会曲線と結果的に同じものとなるので，以下では機会曲線が双曲線となる場合だけを念頭に置いて検討を続けることにしよう．[26]

最小分散フロンティア

では，投資の対象資産を2つから3つに増やしたらどうなるか．対象資産を X_1, X_2, X_3，それぞれの収益率を R_1, R_2, R_3，投資比率を a_1, a_2, a_3 とし（ただし，$a_1+a_2+a_3=1$ である），その他の記号はこれまでと同じ意味で用いることにする．

まず，

$$R_W = a_1 R_1 + a_2 R_2 + a R_3$$

であり，これを変形すると，

$$R_W = (a_1+a_2)\left(\frac{a_1}{a_1+a_2}R_1 + \frac{a_2}{a_1+a_2}R_2\right) + a_3 R_3 \tag{5.10}$$

となる．ここで，

$$\frac{a_1}{a_1+a_2} = \alpha$$

とすれば，

$$\frac{a_2}{a_1+a_2} = 1-\alpha$$

であり，

---

[26] $\rho=1$ の場合には点 P_x と点 P_y 及び【図 5-8】上の点 P_F はつねに1直線上にあるということである（【問題 5-3】の［小問1］の解説参照）．

$$a_1 + a_2 = \beta$$

とすれば，

$$a_3 = 1 - \beta$$

だから，(5.10) 式は，

$$R_W = \beta[\alpha R_1 + (1-\alpha)R_2] + (1-\beta)R_3$$

と表せる。ここで，$\alpha R_1 + (1-\alpha)R_2$ は (5.6) 式と同型であるから，

$$R_\alpha = \alpha R_1 + (1-\alpha)R_2$$

とした場合の R_α を示す座標 P_α は，α の変化に応じて点 P_1 と点 P_2 を通る双曲線の軌跡を辿る（【図 5-5】参照）。

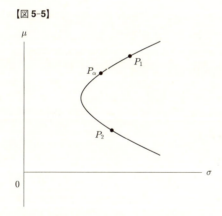

【図 5-5】

さらに，

$$R_W = \beta R_\alpha + (1-\beta)R_2$$

であるから，R_W を示す座標 P_W は，β の変化に応じて点 P_α と点 P_3 を通る双曲線の軌跡を辿る。たとえば，α を所与の値とした場合の P_W の機会曲線は，【図 5-6】に太線で示したものになるであろう。

α がいかなる値であっても，つねに β は $-\infty$ から ∞ までのすべての値を

【図 5-6】

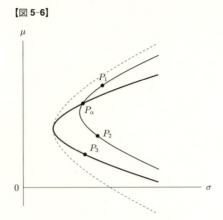

とるから，結局 R_W が取りうる座標の集合は，P_α が取りうるすべての点についての P_α と P_3 間の双曲点を包み込んだ曲線（【図 5-6】の破線。このような曲線を**包絡線**という）によって囲まれた部分となる。この包絡線は，各 μ の値について，ポートフォリオのボラティリティが（したがって，収益率の分散も）最小となる点の集合となっているので，これを**最小分散フロンティア**という。

資産の数を 4 個以上に増やした場合においても，同様にして最小分散フロンティアを特定できる。その場合，最小分散フロンティアはポートフォリオを組成する資産の数にかかわらず，つねに σ 軸に水平な双曲線となる（その証明については **ONE MORE STEP 5-2** 参照）。

【図 5-7】は，あるポートフォリオの最小分散フロンティアを示したものである。上記のとおり，最小分散フロンティアは双曲線であり，資産に対する投資比率を変えることによって，このフロンティアの内側（境界を含む）の任意の点の期待収益率とボラティリティからなるポートフォリオを作り出すことができる。この場合，合理的な投資家は，【図 5-7】で実線で示した点の集合，すなわち最小分散フロンティアの上半分（これを**効率的フロンティア**という）に含まれるポートフォリオを選択するであろう。なぜならば，効率的フロンティ

---

27) 包絡線の厳密な定義と包絡線定理については，たとえば，岡田（2001）141 頁以下参照。

28) 資産の空売りができないとした場合には実現可能なポートフォリオの範囲はせばまるが，最小分散フロンティアが双曲線となる点は変わらない。

4 分散投資理論

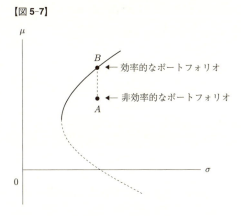

【図 5-7】

アに含まれないポートフォリオ（たとえば，【図 5-7】の A 点）については，それと同じボラティリティでありながら，期待収益率がより高いポートフォリオが（すなわち，いずれの投資家にとってもより高い値の効用無差別曲線上にあるポートフォリオが）効率的フロンティア上に存在する（【図 5-7】の B 点参照）からである。[29]

ポートフォリオ分離定理

これまでは危険資産のみからなるポートフォリオを考えてきた。しからば，ポートフォリオの中に安全資産を組み入れるとどうなるであろうか。まず，1つの危険資産 X と安全資産 F からなるポートフォリオ W を考えてみよう。記号の用い方はこれまでと同様とする。

---

[29] 投資の対象資産が 2 つの場合，ポートフォリオのボラティリティは (5.8) 式によって定まり，2 つの資産の収益率の相関係数が低いほどボラティリティは低下することはすでに説明した（183 頁参照）。対象資産が 3 つ以上の場合（以下，資産の数を n 個とする）のポートフォリオの分散 σ_W^2 は以下の式によって表せる（**ONE MORE STEP 5-2** の (c) 式参照。なお，記号の意味についても同コラムを参照されたい）。

$$\sigma_W^2 = \sum_{i=1}^{n} \sum_{j=1}^{n} a_i a_j \sigma_{ij}$$

上式において，i と j が異なる場合（全体で $n^2 - n = n(n-1)$ 個ある）の σ_{ij} はポートフォリオを構成する資産の収益率の共分散を表しており，i と j が等しい場合の σ_{ij}（全体で n 個ある）は該当資産の収益率の分散を表している。

F の期待収益率は利子率 r に等しい (177 頁参照)。したがって安全資産への投資比率を α とすれば, (5.6) 式により,

$$R_W = \alpha r + (1 - \alpha) R_X$$

となる。よって, 期待収益率 μ_W は (5.7) 式によって,

$$\mu_W = \alpha r + (1 - \alpha) \mu_X \tag{5.11}$$

である。次に, W のボラティリティ σ_W についてであるが, F は安全資産であるからそのボラティリティ σ_F は当然 0 であり, したがって, F と X の相関係数も 0 となる。この点に注意して (5.8) 式をあてはめると

$$\sigma_W^2 = (1 - \alpha)^2 \sigma_X^2 \tag{5.12}$$

である。よって, (5.11) 式と (5.12) 式から α を消去すると,

$$\mu_W = \pm \frac{\mu_X - r}{\sigma_X} \sigma_W + r$$

となり, これが, リスク・リターン図における X と F との機会曲線を表す方程式となる。【図 5-8】に示した楔形がこの機会曲線であり, α が $0 \leq \alpha \leq 1$ の範囲で移動するとき, P_W の軌跡は線分 $P_F P_X$ となり, 右下がりの破線部分が $\alpha > 1$ の場合, 右上がりの破線部分が $\alpha < 0$ の場合の軌跡をそれぞれ表している。

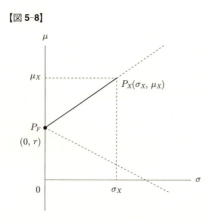

【図 5-8】

【図 5-9】

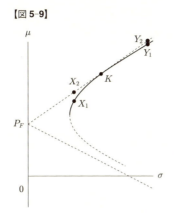

【図 5-8】の機会曲線のうち，右下がりの部分のポートフォリオは，右上がりの部分のポートフォリオに比べて非効率的であるから，（金融派生商品の一部として使われる等の特殊な場合を除いては）これが実施されることはない。これに対して，右上がりの部分の半直線上のポートフォリオは，投資家の効用関数次第では，そのうちのいかなる点が選択されてもおかしくない。特に，安全資産の場合は，空売りという技術を用いなくても利子率 r で資金を借り入れ，借り入れた資金と手持ちの資金を併せて危険資産 X を購入することによって $\alpha < 1$ とすることができるので，ポートフォリオの組成は極めて現実的である（たとえば 1000 万円を借り入れて手持ち資金 4000 万円と併せて危険資産に 5000 万円を投資すれば，$\alpha = -0.25, 1 - \alpha = 1.25$ の投資比率のポートフォリオを実現できる）。

以上の考察から，安全資産を含むポートフォリオについての重要な真理が導き出される。【図 5-9】をご覧願いたい。この図は，【図 5-7】と【図 5-8】を重ね合わせたものである。

双曲線は危険資産のみからなるポートフォリオの最小分散フロンティアであり，実線部分が効率的フロンティアである。効率的フロンティア上のポートフォリオのうちいずれが選択されるかは投資家の効用関数次第のはずであったが，ここに安全資産が加わると状況が違ってくる。【図 5-9】の点 K に注目してもらいたい。この点は，効率的フロンティアに対して安全資産を表す点 P_F から引いた接線の効率的フロンティア上の接点を表している。そして，すべての投資家は，危険資産間の投資比率に関する限り，点 K によって表されるポートフォリオを選択するはずである。なぜならば，このポートフォリオと安

全資産を組み合わせれば，半直線 $P_F K$ 上の任意のポートフォリオを実現できるが，この半直線上には効率的フロンティア上の他のいかなるポートフォリオよりも効率的なポートフォリオがつねに存在するからである（【図 5-9】における X_1 と X_2，Y_1 と Y_2 の関係を参照）[30]。

以上を要するに，投資家が選択するポートフォリオは，投資家の効用関数にかかわらず 1 つに絞られる。すなわち，すべての投資家は，①【図 5-9】の半直線 $P_F K$ の傾きを最大とする効率的フロンティアを作り出すのに必要な危険資産の組み合わせを選択し，②次に，その効率的フロンティアの点 K に相当するポートフォリオを選択し，③最後に，各自の効用関数に応じて，このポートフォリオと安全資産への分散投資を行うことにより，各自の期待効用の最大化を図る。この原理を**ポートフォリオ分離定理**といい，これが分散投資理論の結論であり，同時に，*5* で述べる資本資産価格モデルの出発点となる。

ONE MORE STEP 5-1　機会曲線の形状

双曲線の方程式は高校で習うが，忘れている人も多いと思うので復習しておこう。双曲線とは 2 つの点（これを「焦点」という）からの距離の差が一定である点の集合である。ある双曲線の焦点を $F(c, 0)$，$F'(-c, 0)$ とし，距離の差を $2a$ とすれば（ただし，$c > a > 0$ とする），点 $P(x, y)$ がこの双曲線上の点であるための必要十分条件は，

$$FP - F'P = \pm 2a$$

すなわち，

$$\sqrt{(x-c)^2 + y^2} - \sqrt{(x+c)^2 + y^2} = \pm 2a$$

であり，この式について二乗を 2 回行うと，$(c^2 - a^2)x^2 - a^2 y^2 = a^2(c^2 - a^2)$ となる。ここで，$\sqrt{c^2 - a^2} = b (> 0)$ とおくと，上式は，

$$\frac{x^2}{a^2} - \frac{y^2}{b^2} = 1$$

となり，$x > 0$ における頂点の座標は $(a, 0)$，$x < 0$ における頂点の座標は $(-a, 0)$ であり，P の軌跡は【図 a】に示した形状をとる。

---

[30] 本文記載の結論は効率的フロンティア上の点 K 以外の点と P_F を組み合わせてできるポートフォリオを考慮に入れても変わらない（P_F と X_1 や P_F と Y_1 を結ぶ半直線はつねに P_F と K を結ぶ半直線の下にあることを確認願いたい）。

【図 a】

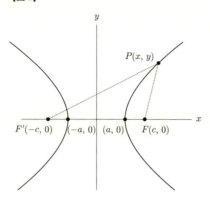

さらに，上記の双曲線を上に α だけ移動させた曲線の方程式は，

$$\frac{x^2}{a^2} - \frac{(y-\alpha)^2}{b^2} = 1 \tag{a}$$

となり，この双曲線の第1象限にある頂点の座標は (a, α) となる。

それでは，$-1 < \rho < 1$ である場合の機会曲線の方程式を導き出してみよう（$\rho = \pm 1$ の場合については各自確認願いたい）。

(5.7) 式と (5.8) 式から α を消去した式を作り出す作業を忍耐強く行うと，次の式が導き出される。

$$\begin{aligned}
\sigma_W^2 = \frac{1}{(\mu_X - \mu_Y)^2} &[(\sigma_X^2 - 2\rho\sigma_X\sigma_Y + \sigma_Y^2)\mu_W^2 \\
&- 2\{\mu_Y\sigma_X^2 - (\mu_X + \mu_Y)\rho\sigma_X\sigma_Y + \mu_X\sigma_Y^2\}\mu_W \\
&+ (\mu_Y^2\sigma_X^2 - 2\mu_X\mu_Y\rho\sigma_X\sigma_Y + \mu_X^2\sigma_Y^2)]
\end{aligned} \tag{b}$$

ここで，$Z = \sigma_X^2\sigma_Y^2 - \rho_Y^2\sigma_X^2\sigma_Y^2$ とおけば，$\rho \neq \pm 1$ より，

$$Z = (1-\rho^2)(\sigma_X^2\sigma_Y^2) \neq 0$$

である。そこで，

$$E = \frac{\sigma_X^2 - 2\rho\sigma_X\sigma_Y + \sigma_Y^2}{Z}$$

$$F = \frac{\mu_Y\sigma_X^2 - (\mu_X + \mu_Y)\rho\sigma_X\sigma_Y + \mu_X\sigma_Y^2}{Z}$$

$$G = \frac{(\mu_X - \mu_Y)^2}{Z}$$

とおく。すると，$\rho \neq \pm 1$ より $E \neq 0$ であって，同時に $\mu_X \neq \mu_Y$ より $G \neq 0$ であるから，(b) 式は，

$$\sigma_W^2 = \frac{E}{G}\left(\mu_W - \frac{F}{E}\right)^2 + \frac{1}{E}$$

と書き改めることができる。この式はさらに，

$$\frac{\sigma_W^2}{\frac{1}{E}} - \frac{\left(\mu_W - \frac{F}{E}\right)^2}{\frac{G}{E^2}} = 1 \tag{c}$$

と変形可能であり，(a) 式と (c) 式を比べれば，(c) 式すなわち (b) 式は，$\mu = \frac{F}{E}$ 上に焦点を持ち，$\left(\frac{1}{\sqrt{E}}, \frac{F}{E}\right)$ を頂点とする双曲線であることが証明できた（【図 b】参照）。

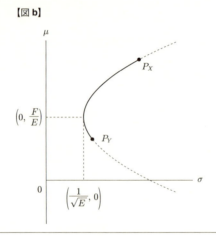

【図 b】

ONE MORE STEP 5-2　　最小分散フロンティアの形状

n 個の資産 $X_1, \cdots, X_n$ からなるポートフォリオ W について，i 番目の資産 X_i の収益率を R_i，期待収益率を μ_i，投資比率を a_i（ただし，$a_1 + \cdots + a_n = 1$）とする。さらに，X_i の収益率の分散は σ_{ii}，X_i と X_j の収益率の共分散は σ_{ij} で表す。この場合，

$$R_W = \sum_{i=1}^{n} a_i R_i \tag{a}$$

であり，したがって，

$$\mu_W = \sum_{i=1}^{n} a_i \mu_i \tag{b}$$

である。一方，R_W の分散 σ_W は，

$$\sigma_W^2 = E[(R_W - \mu_W)^2]$$

であるから，これに (a) 式と (b) 式を代入し，平均の加法性（82 頁参照）に留意しつつ計算を進めると，

$$\begin{aligned}
\sigma_W^2 &= E\left\{\left[\sum_{i=1}^{n} a_i(R_i - \mu_i)\right]^2\right\} \\
&= \sum_{i=1}^{n}\sum_{j=1}^{n} E[a_i a_j (R_i - \mu_i)(R_j - \mu_j)] \\
&= \sum_{i=1}^{n}\sum_{j=1}^{n} a_i a_j \sigma_{ij}
\end{aligned} \tag{c}$$

となる。

さて，ここから最小分散フロンティアの方程式を導き出すためには，ラグランジュ乗数法という最適化理論の常套手段を用いる必要がある。ラグランジュ乗数法の意味については，専門書で確認してもらうことにして，ここではその適用方法だけを示すことにする。

まず，(c) 式が $\mu = \mu^*$ において最小の値となるための条件は，以下のように定式化できる。

最小化問題の目的関数：

$$\frac{1}{2} \sum_{i=1}^{n}\sum_{j=1}^{n} a_i a_j \sigma_{ij}$$

（なお，$\frac{1}{2}$ という係数は，後の計算を簡単にするために入れたものである）

制約条件：

$$\sum_{i=1}^{n} a_i \mu_i = \mu^*$$

$$\sum_{i=1}^{n} a_i = 1$$

上記問題に対するラグランジュ関数 L は，

$$L = \frac{1}{2}\sum_{i=1}^{n}\sum_{j=1}^{n}a_i a_j \sigma_{ij} - \lambda_1\left(\sum_{i=1}^{n}a_i\mu_i - \mu^*\right)$$
$$-\lambda_2\left(\sum_{i=1}^{n}a_i - 1\right) \tag{d}$$

となる(ただし,λ_1 と λ_2 はラグランジュ乗数である)。

ラグランジュ乗数法によれば,この関数 L を $a_1, \cdots, a_n$ および λ_1, λ_2 という $n+2$ 個の変数について偏微分して得られる導関数をそれぞれ 0 とする $n+2$ 個の連立方程式を解くことによって,求める解を得ることができる。このうち,k 番目の a すなわち a_k (ただし,$k = 1, \cdots, n$) について偏微分して得られる偏導関数を 0 とする方程式を求めるために,まず,上記の関数を a_k について整理すると,

$$L = \frac{1}{2}\sigma_{kk}a_k^2 + \left[\frac{1}{2}\left(\sum_{i\neq k}^{n}a_i\sigma_{ik} + \sum_{j\neq k}^{n}a_j\sigma_{kj}\right) - \lambda_1\mu_k - \lambda_2\right]a_k + C$$

となる[31](ここで C は a_k を含まない項からなる多項式のことである)。したがって,これを a_k について偏微分すると,

$$\frac{\partial L}{\partial a_k} = \sigma_{kk}a_k + \frac{1}{2}\left(\sum_{i\neq k}^{n}a_i\sigma_{ik} + \sum_{j\neq k}^{n}a_j\sigma_{kj}\right) - \lambda_1\mu_k - \lambda_2$$
$$= \sum_{i=1}^{n}a_i\sigma_{ik} - \lambda_i\mu_k - \lambda_2$$

となるので,これを 0 とする方程式は,

$$\sum_{i=1}^{n}a_i\sigma_{ik} - \lambda_1\mu_k - \lambda_2 = 0 \tag{e}$$

である。

λ_1, λ_2 の偏導関数を 0 とする方程式は,

---

31) ここで,

$$\sum_{i\neq k}^{n}a_i\sigma_{ik}$$

とは,$a_1\sigma_{1k} + \cdots + a_n\sigma_{nk}$ から $a_k\sigma_{kk}$ を除いた値を意味しており,

$$\sum_{j\neq k}^{n}a_j\sigma_{kj}$$

とは,$a_1\sigma_{k1} + \cdots + a_n\sigma_{kn}$ から $a_k\sigma_{kk}$ を除いた値を意味するものである。

$$\sum_{i=1}^{n} a_i \mu_i - \mu^* = 0 \tag{f}$$

および,

$$\sum_{i=1}^{n} a_i - 1 = 0 \tag{g}$$

である.

　さて，(e), (f), (g) の各式はあわせて $n+2$ 個の方程式であり，変数の数も $n+2$ 個である．しかも，すべての方程式は 1 次方程式であるから，線形代数の方法を用いてこれを解くことができる．そこで，μ_1^* と μ_2^* という任意の 2 つの期待収益率について上記の方法によって導き出した解を，それぞれベクトル $\boldsymbol{a}_1 = (a_{11}, \cdots, a_{1n})$ と $\boldsymbol{a}_2 = (a_{21}, \cdots, a_{2n})$ とする．ここで，投資比率のベクトルを $\boldsymbol{a} = \alpha \boldsymbol{a}_1 + (1-\alpha) \boldsymbol{a}_2$ とするポートフォリオを考えると，このポートフォリオは必ず最小分散フロンティア上の点となる．なぜならば，あらためて $\boldsymbol{a} = (a_1, \cdots, a_n)$ とすると，

$$\sum_{i=1}^{n} a_i = \alpha \sum_{i=1}^{n} a_{1i} + (1-\alpha) \sum_{j=1}^{n} a_{2j} = \alpha + (1-\alpha) = 1$$

となるから，$\boldsymbol{a}$ は (g) 式を充足し，同様に，任意の k について，

$$\begin{aligned}
\sum_{i=1}^{n} a_i \sigma_{ik} &= \sum_{i=1}^{n} [\alpha a_{1i} + (1-\alpha) a_{2i}] \sigma_{ik} \\
&= \alpha \sum_{i=1}^{n} a_{1i} \sigma_{ik} + (1-\alpha) \sum_{j=1}^{n} a_{2j} \sigma_{jk} \\
&= \alpha (\lambda_1 \mu_k + \lambda_2) + (1-\alpha)(\lambda_1 \mu_k + \lambda_2) \\
&= \lambda_1 \mu_k + \lambda_2
\end{aligned}$$

となるから，(e) 式所定の n 個の方程式もすべて充足され，(f) 式については，

$$\sum_{i=1}^{n} a_i \mu_i$$

が実際にとる値を μ^* とすれば，この μ^* について条件を満たすことは明らかだからである．したがって，$-\infty \leqq \alpha \leqq \infty$ の範囲で α を変化させれば，$\boldsymbol{a}_1$ と $\boldsymbol{a}_2$ という 2 つの投資比率ベクトルによって特定されたポートフォリオの機会曲線として，最小分散フロンティアを示しうることが証明された[32]．そして，

---

[32] この定理を二基金定理という．

> 2つの資産の機会曲線は $\rho \neq \pm 1$ である限り双曲線となることは **ONE MORE STEP 5-1** で証明済みであるから，これにより最小分散フロンティアも双曲線であることが証明されたことになる。

5 資本資産価格モデル（CAPM）

4 では，合理的な投資家がとるべき行動原理を検討した。では，すべての投資家がこの行動原理に従って投資活動を行うとすれば，各資産の期待収益率はいかなる値に収斂するだろうか。この問題を解くことによって作り出された価格モデルが**資本資産価格モデル**（Capital Asset Pricing Model：一般に英文表記の頭文字をとって **CAPM** と表し，「キャップ・エム」と読む）である。最初に CAPM の考え方と結論を示し，しかる後にその証明を行うことにする。

CAPM の考え方と結論

ポートフォリオ分離定理によれば，すべての投資家は各自の効用関数の相違にかかわらず，危険資産のポートフォリオの選択について判断が一致する。そして，すべての投資家が同一のポートフォリオを選択すれば，そのポートフォリオはすべての危険資産をそれぞれの市場時価総額に応じて組み合わせたポートフォリオと一致するはずである（このポートフォリオを**市場ポートフォリオ**という）。[33]

---

[33] 均衡市場，すなわち市場における各資産の需要と供給が一致している市場を所与として考えてみよう。この場合，投資家の数を n, 市場に存在する資産の数を m とし，i 番目の投資家の資産総額を I_i，この投資家の j 番目の資産に対する投資比率を a_{ij} とすると，この投資家の投資比率のベクトル $\boldsymbol{a}_i$ は，

$$\boldsymbol{a}_i = (a_{i1}, a_{i2}, \cdots, a_{im}) \tag{a}$$

である。他方，資産 j の時価総額を X_j とすると，

$$X_j = \sum_{i=1}^{n} a_{ij} I_i \tag{b}$$

である。ここで，j 番目の資産に関する各投資家の投資比率は仮定により共通なので，

5 資本資産価格モデル (CAPM)

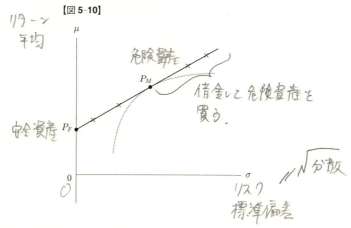

【図 5-10】

【図 5-10】をご覧願いたい。点 P_F は安全資産を表し，点 P_M は市場ポートフォリオを表し，点 P_M を含む点線は市場を構成するすべての危険資産からなるポートフォリオの効率的フロンティアを表している。

すべての投資家は，危険資産に関しては市場ポートフォリオを選択し，各自の効用関数に応じて市場ポートフォリオと安全資産への分散投資を行うことによって，自らの期待効用の最大化を図る。よって，各自が選択する最終的ポートフォリオは，【図 5-10】に×印をもって示した如く，P_F と P_M を結ぶ直線上につらなる。この直線を**資本市場線**（**capital market line**），略して **CML** という。

以上の点を踏まえて，CAPM は，任意の資産 X_i の期待収益率 μ_i は下記 (5.13) 式によって導き出されると結論づける。この式の μ_M は市場ポートフォリオの期待収益率を表しており，β は，X_i の収益率 R_i と市場ポートフォリオの収益率 R_M の共分散 $CovC(R_i, R_M)$ を分子とし，市場ポートフォリオ

これを α_j とする。しからば，(a) 式および (b) 式は，
$$\boldsymbol{a}_i = (\alpha_1, \alpha_2, \cdots, \alpha_m) \tag{c}$$
$$X_j = \alpha_j \sum_{i=1}^{n} I_i \tag{d}$$
となる。ここで，各資産の時価総額の比率ベクトル $\boldsymbol{X}$ は，(d) 式により，
$$\boldsymbol{X} = (\alpha_1, \alpha_2, \cdots, \alpha_m) \tag{e}$$
となるので，ベクトル $\boldsymbol{a}_i$ とベクトル X は等しい。したがって均衡市場においては，各投資家の投資比率と各資産の時価総額の比率は一致する。

【図 5-11】

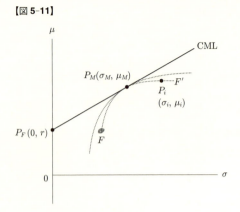

の収益率の分散 σ_M^2 を分母とする値(下記 (5.14) 式参照)である。

$$\mu_i = r + \beta(\mu_M - r) \tag{5.13}$$

$$\beta = \frac{Cov(R_i, R_M)}{\sigma_M^2} \tag{5.14}$$

CAPM の証明

最初に，市場ポートフォリオ M の存在を所与としたうえで，資産 X_i に対して α，市場ポートフォリオ M に対して $1 - \alpha$ の比率で投資を行う新たなポートフォリオ Z について考えてみよう。**【図 5-11】** をご覧願いたい。

【図 5-11】 は，**【図 5-10】** にこのポートフォリオの機会曲線 FF' をつけ加えたものである。この図において，FF' は点 P_M において CML に接していなければならない。なぜならば，FF' は $\alpha = 0$ において点 P_M を通ることは明らかであるから，もし CML が FF' の接線でないとすれば，FF' は CML と交わることになり，FF' の一部は CML の上側を通ることになる。しかしながら，そうなれば CML より上側にある FF' 上の任意の点と P_F を結ぶ直線上に CML 上の点よりも効率的なポートフォリオを作ることが可能となり，点 P_M が市場ポートフォリオを表す点であるという仮定と矛盾するからである。このことを数式を用いて表現してみよう。

まず，CML の傾き (以下，これを S_1 で表す) は，**【図 5-11】** から明らかなと

おり,
$$S_1 = \frac{\mu_M - r}{\sigma_M}$$
である。他方,点 P_M における FF' の接線の傾き(以下,これを S_2 で表す)は,
$$S_2 = \frac{(\mu_i - \mu_M)\sigma_M}{Cov(R_i - R_M) - \sigma_M^2}$$
となる(証明は **ONE MORE STEP 5-3** 参照)。そこで,上記のとおり $S_1 = S_2$ であるから,上記の2式を等号で結んで整理すると,
$$\mu_i = r + \frac{Cov(R_i, R_M)}{\sigma_M^2}(\mu_M - r)$$
となり (5.13) 式が証明された。

(5.13) 式を変形すれば,
$$\mu_i - r = \beta(\mu_M - r) \tag{5.15}$$
となる。この式の左辺は対象資産の期待収益率から利子率を引いた値(これをリスク・プレミアムという)であり,右辺の括弧の中は市場ポートフォリオのリスク・プレミアムを表している。したがって,(5.15) 式を言葉で表せば,「各資産のリスク・プレミアムは市場ポートフォリオのリスク・プレミアムに当該資産の β を乗じた値に等しい」となる。このことを,リスク・リターン図の横軸をボラティリィティから β に切り替えた座標を用いて示したものが,【図5-12】である。

【図5-12】において,個別の資産を表すすべての点は,安全資産を表す点 $P_F(0, r)$ と市場ポートフォリオを表す点 $P_M(1, \mu_M)$(市場ポートフォリオの β は1となることに注意[34])を結んだ直線上に連なっている(【図5-12】に×印で示したものがその例である)。この直線を**証券市場線**(**securities market line**),略して **SML** という。

---

34) 市場ポートフォリオの β は,
$$\beta = \frac{Cov(R_i, R_M)}{\sigma_M^2} = \frac{\sigma_M^2}{\sigma_M^2} = 1$$
となる。

【図 5-12】

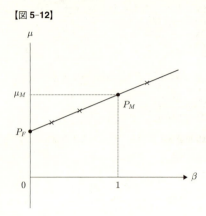

CAPM の意義

 β の定義式（(5.14) 式）は第 4 章で述べた回帰係数の定義式（(4.7) 式）と構造が同じであることに読者はすでにお気付きのことであろう。実のところ，市場ポートフォリオの収益率 R_M を説明変数，対象資産の収益率 R_i を目的変数とする確率ベクトルの母集団にはつねに母回帰直線（147 頁参照）が存在し（以下，これを「$R_M \cdot R_i$ 母回帰直線」と呼ぶ），その傾きが β なのである（証明については **ONE MORE STEP 5-4** 参照）。【図 5-13】をご覧願いたい。

　【図 5-13】上の直線 BB' が $R_M \cdot R_i$ 母回帰直線である（$R_M \cdot R_i$ 母回帰直線は，点 (μ_M, μ_i) を通り，傾きが β の直線であることを確認願いたい。なお，点 X_1 か

【図 5-13】

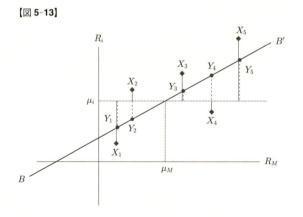

ら点 X_5 は確率ベクトル (R_M, R_i) の5つの実現点を示しており，点 Y_1 から点 Y_5 は各実現点から引いた垂線と $R_M \cdot R_i$ 母回帰直線との交点である）。ここで，確率ベクトル (R_M, R_i) に対応する $R_M \cdot R_i$ 母回帰直線上の値を $\widehat{Ri}$ と表し，R_i と $\widehat{Ri}$ の差を ε と表すことにしよう。すなわち，

$$\widehat{Ri} = \mu_1 + \beta(R_M - \mu_M) \tag{5.16}$$

$$R_i = \widehat{Ri} + \varepsilon \tag{5.17}$$

である。(5.17) 式の $\widehat{Ri}$ と ε とは無相関であるので（注40 参照），分散の加法性（**ONE MORE STEP 4-2** 参照）により，

$$V(R_i) = V(\widehat{Ri}) + V(\varepsilon)$$

であり，一方，(5.16) 式により，

$$V(\widehat{Ri}) = \beta^2 V(R_M)$$

であるから（(3.11) 式参照），結局のところ，

$$V(R_i) = \beta^2 V(R_M) + V(\varepsilon) \tag{5.18}$$

となる。

(5.18) 式によれば，対象資産の収益率のリスク $V(R_i)$ は，市場ポートフォリオのリスク $V(R_M)$ の β^2 倍からなる部分（以下これを**市場リスクまたはシステマティック・リスク**という）とそれ以外の部分（以下，これを**固有リスクまたはユニーク・リスク**という）に分けて考えることができる。そして，CAPM によれば資産の期待収益率を決定する要素のうち対象資産に固有のものは β だけであるから，結局のところ期待収益率を決定するリスクは市場リスクだけであり，固有リスクは資産の期待収益率に影響を与えない（つまり，資産の市場価格の減額要因とはならない）のである。

上記の結論を，【図 5-13】を使って確認しておこう。同図の点 X_1 から点 X_5 までの各点の偏差の大きさを示すものは各点と水平線 $R_i = \mu_i$ の距離（図中に縦の実線で示した距離）であるが，市場リスクの偏差の大きさは点 Y_1 から点 Y_5 までの各点と水平線 $R_i = \mu_i$ の距離（図中に縦の破線で示した距離）であり，各点 X とそれに対応する点 Y の距離が固有リスクの偏差の大きさを示している。したがって，【図 5-13】の資産の期待収益率を決定する要素は各点の実線

部分ではなく破線部分だけなのである。

CAPMの定量的分析とその問題点

βが$R_m \cdot R_i$の母回帰直線の傾きを表しているということは，これらの確率変数の標本に最小二乗法をあてはめればβの値を推定できるはずである。実のところ，データを使って定量的にβの値を推定し，対象資産の価格を算定するという技法は実務において頻繁に用いられている。

しかしながら，このようにして推定されたβをCAPMの公式(5.13)に当てはめて求めた期待収益率が，現実の資産の期待収益率をどの程度正確に表しているかについては専門家の間でも意見が分かれるところである。正確性に疑問点を抱く論者の主たる論拠は次のようなものである。[35]

(1) βを求めるためにはμ_m, $V(R_m)$, $Cov(R_m, R_i)$という3つの数値を推定しなければならず，そのためには，R_MやR_iに関する過去のデータに依拠せざるをえない。しかしながらこれらのデータに現れたR_MやR_iの実現値が現時点におけるこれらの変数の確率分布を正しく反映しているという保証はないのであるから，これによって算出した数字に十分な信頼性があるとはいえない（ただし，CAPMを使ってμ_iを推定することは，過去のデータからμ_iそのものを推定することに比べれば合理的である。この点については **ONE MORE STEP 5-5** を参照されたい）。

(2) 市場ポートフォリオを正しく反映したデータは存在していない。一般にはTOPIX（東証株価指数）や日経平均などを指標としてβの算定を行っているが，これらの指標には株式以外の資産（債券，不動産など）が反映されていない。

(3) 実証的研究によれば，小規模な企業の期待収益率は大規模な企業の期待収益率を上回っており，同様に，時価純資産倍率の低い企業の期待収益率は高い企業の期待収益率を上回っているが，これらの現象はCAPMによって説明できない。[36]

---

35) 詳しくは，Brealey-Myers-Allen（2014）200頁以下など参照。
36) この指摘を踏まえ，TOPIXなどの指標と企業規模と時価純資産倍率という3つの説明変数を使った重回帰分析によって期待収益率を推定する方法（これを **3ファク**

(4) CAPM は 170-171 頁に記載した 4 つの仮定を前提としているが，これらの仮定，特に投資家間における情報の対称性と主観確率の一致という仮定は現実世界との乖離が甚だしく，結果として CAPM を使った計算は現実性を欠いている。

　これらの指摘を踏まえて考えると，CAPM を使った定量的分析には限界があるといわざるをえないのかもしれない。CAPM の真骨頂は資産価格の形成原理を定性的に明らかにした点に求めるべきであろう。
　以上で分散投資理論から CAPM の意義と問題点までを一通り説明し終えた。そこで，これらの知見に対する理解を深めるべく次の問題に挑戦してもらいたい。

【問題 5-3】
　次の各命題は正しいか誤っているか。理由も付して答えよ。
[小問 1]　相関係数が 1 である資産が 2 つあるとすれば，この 2 つの資産と安全資産とは均衡市場のリスク・リターン図上同一直線上にある。
[小問 2]　A，B 2 つの株式に関して，A 社株式のボラティリティが B 社株式のボラティリティより高いにもかかわらず A 社株式の期待収益率が B 社株式の期待収益率より低いということもありうる。
[小問 3]　企業買収に際しては買収会社の顧問弁護士が対象会社の法律問題を調査すること（これを「リーガル・デュー・ディリジェンス」という）が慣例となっているが，あまり意味あることだとは思えない。法律問題の大多数は対象会社の固有リスクの問題であるから買収会社の株式の資産価値に影響を与えるものではないからである。
[小問 4]　会社を上場することは株主の，ひいては社会の富を増やす営みである。

小問 1 について

　正しい。
　相関係数が 1 である 2 つの資産（以下，「原資産」という）を組み合わせればリスク・リターン図の μ 軸上の（つまり，ボラティリティが 0 の）ポートフォリ

ター・モデルという）も考案されている。

オを作り出せるが（【図 5-4】参照），このポートフォリオ（以下，「本ポートフォリオ」という）の点が既存の安全資産の点 $(r, 0)$ と一致しなければ本ポートフォリオと安全資産を使って裁定取引を実現できる（各自で確認願いたい）。その場合，原資産の価格は変動して本ポートフォリオは点 $(r, 0)$ に近づき，両者が一致してはじめて市場の均衡が実現する。

小問2について

正しい。

期待収益率の多寡を決めるものはボラティリティの中の市場リスクだけであり，市場リスクの大きさを決めるものは β であるから，β の高い企業（たとえば，証券業を営む企業）と β の低い企業（たとえば，軍需産業を営む企業）を比べた場合，ボラティリティが低い企業の方が期待収益率は高いという事態は十分にありうる。

小問3について

誤っている。

たしかに法律問題の多くは企業の固有リスクを構成するものであるが，それが同時に企業のリターンを引き下げるものである限り株式の価格は下落を免れない。たとえば，企業の工場が近隣に汚染物質を流出させている可能性が明らかとなった場合，それは企業の固有リスクを増大させていると同時に企業のリターンを低下させている。リスクの拡大とリターンの低下を混同してはならない。

ちなみに，リーガル・デュー・ディリジェンス（以下，「LDD」という）を行うか，あるいは，LDD を行わない代わりにリスクに見合う分だけ買取価格を下げるかの選択は第2章で論じた決定分析の好個の対象となる。以下に追加の問題を1つ記しておくので復習を兼ねてお考え願いたい。

企業Tの買収を検討している企業AはTに関しての以下の認識を有している。

(a) Tにはある種の法律問題（以下，「本件問題」という）が存在する可能性があり，それが存在する確率は60%，存在しない確率は40%である。
(b) 本件問題が存在していなければTの現時点の株主価値は50億円である。
(c) 本件問題が存在していればTの現時点の株主価値は30億円である。
(d) 本件問題の存否にかかわらず，AがTを買収すれば，Tの株主価値は10億円増加する。
(e) Tの完全親会社であるBは本件法律問題の存否を知っているが諸般の事情により，この点を明らかにせず，しかも，その点に関して売主としての損失補填責任を負うことを拒否している。
(f) AがTの現在の株主価値以上の価格で同社の買収を申し込めばBは必ずこれを受け入れる。
(g) 契約締結に先立ちLDDを実施すれば本件問題の存否が判明する。ただし，LDDを行うには2億円の費用がかかる。

以上の点を踏まえて，AはLDDを実施すべきであろうか。

（答えの概要）

LDDを行わない場合におけるAの最善の行動は30億円でTを買い取ることをBに申し入れることである。その場合のAの期待利得は，

$$60\% \times (40-30) = 6 \,(億円)$$

である（本件問題がない場合BはAの申し込みを拒絶するので買収は成立せず，したがってこの場合のAの利得は0円であることに留意されたい）。

一方，LDDを行った場合におけるAの最善の行動は，本件問題がないと判明すれば50億円，あると判明すれば30億円でTを買取ることをBに申し入れることであり，その場合のAの期待利得は，

$$-2 + 60\% \times (40-30) + 40\% \times (60-50) = 8 \,(億円)$$

である。したがって，AはLDDを実施すべきである。

小問 4 について

原則として正しい。

非上場株式は自由に取引することができず，そのうえ，対象企業の情報開示も不十分である。このような非上場株式を分散投資の対象とすることは困難であるから，その所有者はその株式の（市場リスクのみならず）固有リスクにも晒されている。したがって，非上場株式が取引されるとすればその取引価格は固有リスクを含む収益率のリスク全体の大きさを反映した価格とならざるをえない。しかしながら，その取引価格は株式が上場された瞬間に高騰する。分散投資の対象となりうることによって生じる付加価値（＝固有リスクからの解放）は，価格の線形性によってポートフォリオを構成する各株式の市場価格の上昇となって現れるからである。

以上は上場によってただちに生じる社会の富の増大効果であるが，企業の上場はもっと長期的な視点からも社会を豊かにするものである。けだし，上場企業の経営者は固有リスクの上昇を恐れることなくリスクに挑むことができるからである。[37] 誰かがリスクに挑まなければ社会は進歩しない。会社制度はこの要請に適った制度であるが，株式を上場させることはこの制度の美質をさらに強固なものにする営みといえるであろう。

ただし，上場には一定のコストがかかることも事実である（情報開示コストや株主が分散することによって生じる各種の非効率など）。したがって，企業の業種や規模次第では上場が生み出す富を上場の費用が上回る場合もあり，その場合には上場を見送る（あるいは上場を「廃止する」）方が有益である。解答に「原則として」という限定を付したのはこのためである。

ONE MORE STEP 5-3 ── 機会曲線 FF' の点 P_M における接線の傾き

機会曲線 FF' は R_M と R_i の相関係数が 1 または -1 でない限り双曲線となる（184 頁参照）。この双曲線の方程式はかなり複雑であるが（**ONE MORE STEP 5-1**)，曲線上の接線の傾きを表す式は比較的単純である。なぜならば，FF' 上の任意の点 $Z(\sigma_Z, \mu_Z)$ における接線の傾き $\frac{d\mu_Z}{d\sigma_Z}$ は，投資比率 α を用いて，

---

[37] ただし，リスクの増大がリターンの低下をもたらしたり（[小問 3] の解説参照），企業の倒産リスクを引き起こすものではない（274 頁参照）ことが前提である。

5 資本資産価格モデル (CAPM)

$$\frac{d\mu_Z}{d\sigma_Z} = \frac{\frac{d\mu_Z}{d\alpha}}{\frac{d\sigma_Z}{d\alpha}} \tag{a}$$

と書き表すことができるからである[38]。

一方，(5.7) 式および (5.8) 式により，

$$\mu_Z = \alpha\mu_i + (1-\alpha)\mu_M \tag{b}$$

$$\sigma_Z^2 = \alpha^2\sigma_i^2 + 2\alpha(1-\alpha)Cov(R_i, R_M) + (1-\alpha)^2\sigma_M^2 \tag{c}$$

である。そこで，(b) 式を用いて μ_Z を α で微分すれば，

$$\frac{d\mu_Z}{d\alpha} = \mu_i - \mu_M \tag{d}$$

である。つぎに，(c) 式と合成関数の微分公式を用いて σ_z を α で微分すれば，

$$\begin{aligned}
\frac{d\sigma_Z}{d\alpha} &= \frac{d(\sigma_Z^2)^{\frac{1}{2}}}{d\alpha} \\
&= \frac{1}{2\sigma_Z}\{[2\sigma_i^2 - 4Cov(R_i, R_M) + 2\sigma_M^2]a \\
&\quad + [2Cov(R_i, R_M) - 2\sigma_M^2]\} \\
&= \frac{1}{\sigma_Z}\{[\sigma_i^2 - 2Cov(R_i, R_M) + \sigma_M^2]a \\
&\quad + [Cov(R_i, R_M) - \sigma_M^2]\}
\end{aligned}$$

となる。この式はかなり複雑であるが，FF' の点 P_M における接線を求めるだけであれば，$\alpha = 0$ を代入して差し支えない。そこで，この場合 $\sigma_Z = \sigma_M$ となることに注意して計算を行うと，

$$\left.\frac{d\sigma_Z}{d\alpha}\right|_{\alpha=0} = \frac{Cov(R_i, R_M) - \sigma_M^2}{\sigma_M} \tag{e}$$

となる。そこで，(d) 式と (e) 式を (a) 式に代入すれば，

$$\left.\frac{d\mu_Z}{d\sigma_Z}\right|_{\alpha=0} = \frac{(\mu_i - \mu_M)\sigma_M}{Cov(R_i, R_M) - \sigma_M^2}$$

となる。これが機会曲線 FF' の点 P_M における接線の傾き，すなわち 199 頁で定義した S_2 にほかならない。

---

[38] この公式は，高校で習う合成関数の微分公式と逆関数の微分公式から導き出せる（各自で確認願いたい）。

ONE MORE STEP 5-4　$R_M \cdot R_i$ 母回帰直線の存在証明とその方程式

説明変数と目的変数がいずれも正規分布に従う確率変数である場合にはつねに母回帰直線が存在する。そのことを R_M を説明変数，R_i を目的変数とする確率ベクトルの母集団を例に挙げて証明し，あわせて母回帰直線の方程式が (5.16) 式であることを明らかにしよう。

最初に，下記の式からなる確率モデルを設定する。

$$R_i = \mu_i + \beta(R_M - \mu_M) + \varepsilon \tag{a}$$

(a) 式は (4.10) 式に示した確率モデルの一例であり，誤差項である ε の条件付期待値 $E(\varepsilon|R_M)$ がつねに一定であれば母回帰直線が存在し，その値が 0 であれば，下記の (b) 式がその母回帰直線となる（以上の点について 147 頁以下参照）。

$$R_i = \mu_i + \beta(R_M - \mu_M) \tag{b}$$

そこで，(a) 式に収益率 $\widehat{Ri}$ の定義式である (5.16) 式を代入し，

$$R_i = \widehat{Ri} + \varepsilon$$

としたうえで，この式の各辺と R_M の共分散を求めると，

$$\begin{aligned} Cov(R_M, R_i) &= Cov(R_M, \widehat{Ri}) + Cov(R_M, \varepsilon) \\ &= Cov[R_M, \mu_i + \beta(R_M - \mu_M)] + Cov(R_M, \varepsilon) \\ &= \beta V(R_M) + Cov(R_M, \varepsilon) \end{aligned}$$

となる[39]。この式に β の定義式である (5.14) 式を代入すると，

$$Cov(R_M, \varepsilon) = 0 \tag{c}$$

となって，R_M と ε は無相関であることが証明された[40]。

一般論としては 2 つの確率変数が無相関であるからといって互いに独立であるとは限らないが，いずれの変数も正規分布に従う場合には互いに独立と

---

[39]　以上の計算には第 4 章の注 9) の末尾の 2 つの公式を用いている。

[40]　**ONE MORE STEP 5-4** の (c) 式と $\widehat{R}_i$ の定義式である (5.16) 式を踏まえて，$\widehat{R}_i$ と ε の共分散を求めると，

$$\begin{aligned} Cov(\widehat{R}_i, \varepsilon) &= Cov[\mu_i + \beta(R_M - \mu_M), \varepsilon] \\ &= \beta Cov(R_M, \varepsilon) = 0 \end{aligned}$$

が導き出される。

なる。しかるに、正規分布の再生性によって R_M と ε はいずれも正規分布に従う確率変数である。したがって、R_M と ε は互いに独立であり、よって、$E(\varepsilon|R_M)$ は一定、すなわち、

$$E(\varepsilon|R_M) = E(\varepsilon) = \alpha \quad (\alpha \text{ は定数}) \tag{d}$$

であり、$R_M \cdot R_i$ 母回帰直線が存在する。

ここで、(a) 式の両辺の期待値を求めると

$$E(R_i) = \mu_i + \beta[E(R_M) - \mu_M] + E(\varepsilon)$$

となるが、

$$E(R_i) = \mu_i, \ E(R_M) = \mu_M$$

であるから、結局のところ

$$E(\varepsilon) = 0 \tag{e}$$

となる。よって、(d) 式と (e) 式により $\alpha = 0$ となり、(b) 式が $R_M \cdot R_i$ 母回帰直線の方程式であることが証明された。

ONE MORE STEP 5-5 — CAPM を使って期待収益率を求めることの合理性

β を推定するためには $\mu_M, V(R_M), Cov(R_M, R_i)$ という 3 つの数値を過去のデータから推定しなければならない。だとすれば、いっそのこと μ_i、つまり対象資産の期待収益率そのものを過去のデータから推定した方が直截ではないか。一見そう思えるかもしれないが、そうではない。この方法がとりえな

---

[41] $N(\mu_x, \sigma_x)$ に従う確率変数 X と $N(\mu_y, \sigma_y)$ に従う確率変数 Y の同時確率密度関数 $\phi(x,y)$ は次の式となる(ただし ρ は x と y の相関係数を示しており、$\exp[f(x,y)]$ は e(ネピア数)の $f(x,y)$ 乗を意味している)。

$$\phi(x,y) = \frac{1}{\sqrt{2\pi}\sigma_y\sqrt{1-\rho^2}} \times \exp\left\{-\frac{[y - \mu_y - \rho\sigma_y(x-\mu_x)/\sigma_x]^2}{2\sigma_y^2(1-\rho^2)}\right\}$$
$$\times \frac{1}{\sqrt{2\pi}\sigma_x} \exp\left[-\frac{(x-\mu_x)^2}{2\sigma_x^2}\right]$$

上式に $\rho = 0$ を代入すれば $\phi(x,y)$ は X と Y の確率密度関数の積の形となる。このことは、任意の実数 x_1, x_2, y_1, y_2 に関して、

$$P(x_1 \leqq X < x_2, y_1 \leqq Y < y_2) = P(x_1 \leqq X < x_2)P(y_1 \leqq Y < y_2)$$

が成立することを意味するものであるから、X と Y は互いに独立である。

い理由を説明しよう．

(1) 過去のデータが現時点における収益率の確率分布を正しく反映しているといえるためには対象を直近のデータに絞らなければならない．そこで，過去1年間だけのデータを用いることを考えてみよう．しかしながら，標本の数が1つの年間収益率だけでは測定誤差が大きすぎることは明らかであろう．そこで，年間収益率ではなく月間収益率を標本として用いる方法に思いいたる．そうすれば，標本の数が12個になるからである．

(2) 対象資産の年間収益率を R_y，1年間のうちの k 番目の月の月間収益率を R_k とすれば，両者の間にはおおむね次の関係が成立する．[42]

$$1 + R_y = 1 + R_1 + \cdots + R_{12}$$

(3) そこで，計算の便宜上 R_1 から R_{12} までが同じ確率分布に従い，かつ，互いに無相関であるとすれば，対象資産の月間期待収益率 μ_i と年間期待収益率 μ_y の関係は，

$$\mu_i = \frac{1}{12}\mu_y \tag{a}$$

となり ((3.12)式参照)，一方，月間ボラティリティ σ_i と年間ボラティリティ σ_y の関係は，

$$\sigma_i = \frac{1}{\sqrt{12}}\sigma_y \tag{b}$$

となる ((3.13)式参照)．

(4) 以上の点を踏まえて統計上の標準誤差を調べてみよう．計算を簡単にするために，ここでは母標準偏差の値 σ が判明していると仮定する．この場合，標準誤差は $\frac{\sigma}{\sqrt{n}}$ であるから (96頁参照．なお，n は標本数を表している)，年間期待収益率の標準誤差 E_y は，

$$E_y = \frac{\sigma_y}{\sqrt{1}} \tag{c}$$

---

[42] 厳密には，

$$1 + R_y = (1 + R_1) \times \cdots \times (1 + R_{12})$$

となるが，R_1 から R_{12} を相互に掛け合わせた数値は非常に小さいので，本文記載の近似式が成立する．

であり、一方、月間期待収益率の標準誤差 E_i は、

$$E_i = \frac{\sigma_i}{\sqrt{12}} \tag{d}$$

である。

(b) 式、(c) 式および (d) 式をまとめると、

$$E_i = \frac{1}{12} E_y \tag{e}$$

となる。ここで、(a) 式と (e) 式を見比べると重大な問題が判明する。すなわち、期待収益率を推定するに際して標準誤差を減らすために測定期間を分割して標本数を増やしても、統計的結論の精度はなんら改善されないのである（この問題を歴史上のくもり〔blur of history〕という）[43]。

(5) 例を挙げて説明しよう。過年 1 年間の期待収益率を調べてみたところ 24% であり、年間収益率のボラティリティは様々なデータから 12% であることが知られていると仮定する。この場合の標準誤差は 12% であるから（(c) 式参照）、統計的にいえることは、

> 年間期待収益率は 95% の確率で 0.6%〜47.4%（すなわち 24% ± (1.95 × 12%)）である。

というものであるが、この結論が漠然としすぎていることは自明であろう。そこで、月間収益率を調査したとすれば、(a) 式により、得られる期待収益率の値はおおむね 2%（= 24% ÷ 12）である。一方、標準誤差は (d) 式により 1%（= 12% ÷ 12）であるから、統計学的にいえることは、

> 月間期待収益は 95% の確率で 0.05%〜3.95%（すなわち、2% ± 1.95 × 1%）である。

というものとなるが、これは前記の結論と実質的に同じことをいっているにすぎない。

(6) 以上により歴史上のデータを使って特定の資産の期待収益率を推定することは著しく困難であることが明らかとなった。

ところが、CAPM を使って μ_i を推定する場合には上記の問題は改善される。なぜならば、CAPM を用いるうえで推定すべき要素のうちの β は対象期間を分割しても減少しないので（分母の $V(R_M)$ と分子の $Cov(R_M, R_i)$ が同等の割合で減少するだけである）、標本数を増やすことによって標準誤差を減らす手

---

[43] Luenberger (2014) 235 頁以下参照。

法が有効であり,もう1つの要素である R_M は市場全体を対象とする値であるからデータを採取する期間を長くとることによって(すなわち,期間の分割という手法をとらずに標本数を増やすことによって)推定の精度を上げることができるからである。[44][45]

6 複数の時期に収益を生み出す資産

複数の時点で収益を生み出す資産の市場価格の求め方を説明する。

安全資産の場合

最初に安全資産について考えてみよう。安全資産 A は将来の 1 から n までの時点(数が大きいほど後の時点を表すものとする。以下同じ)でそれぞれ C_1 から C_n の確定収益を生み出すものとする。この場合,時点 0 から時点 k までの期間に対する利子率を r_k とすれば,(5.2)式により A の市場価格 P は下記の式によって表すことができる。

$$P = \frac{C_1}{1+r_1} + \frac{C_2}{1+r_2} + \cdots + \frac{C_n}{1+r_n} \tag{5.19}$$

ここで,議論を簡単にするために時点 1 は 1 年後,時点 k は k 年後であるとしよう(期間が単位期間の整数倍とならない場合については **ONE MORE STEP 5-6** で説明する)。この場合,k 年後までの期間(ただし,$k \geqq 2$ とする)に対する割引率を下記のように表すことが多い。

---

44) ただし,β の推定に用いる t 値の減少は自由度(= 標本数 $- 2$)が増えるにつれて急速に逓減していくので(125 頁の t 分布表参照),標本数を増やすことによって得られる精度の向上には一定の限界がある。

45) 数十年単位の期間における R_M の平均値を論じている文献も少なくない(たとえば,Brealey-Myers-Allen(2014)200 頁以下など)。ただし,R_M に関してもデータの採集期間を長くすることによって誤差が生じることは争いがたい事実であり,ファイナンスの実務ではデータから割り出した数値を市場全体の配当利回り等のデータを使って補正しながら R_M の推定を行っているようである。マッキンゼー(2012)280 頁以下参照。

6 複数の時期に収益を生み出す資産

$$1 + r_k = (1 + r_k^*)^k$$

上式のように表された利子率のことを**複利**といい、複利の計算に用いられる1年間あたりの利子率（上式における r_k^* のこと）を**年利**という。たとえば、今後2年間の利子率（$= r_2$）が4.04%であれば、下記の算式により、これを複利に書き改めた場合の年利（$= r_2^*$）は2%である。

$$1 + 0.0404 = (1 + 0.02)^2$$

(5.19) 式を複利に書き改めると安全資産 A の市場価格 P は次のように表せる。

$$P = \frac{C_1}{1 + r_1} + \frac{C_2}{(1 + r_2^*)^2} + \cdots + \frac{C_n}{(1 + r_n^*)^n} \tag{5.20}$$

(5.20) 式における各期間の年利は異なった値である。値がなぜ異なるのかについては諸説があるが[46]、それらの値の差異は比較的小さい場合が多い。そこで、計算の便宜上 r_k^* はすべて r_1 と等しいと仮定して資産価格の計算を行うことも少なくない。この場合、(5.20) 式は次のように表せる（r_1 を r と書き改めた）。

$$P = \frac{C_1}{1 + r} + \frac{C_2}{(1 + r)^2} + \cdots + \frac{C_n}{(1 + r)^n}$$
$$= \sum_{k=1}^{n} \frac{C_k}{(1 + r)^k} \tag{5.21}$$

(5.21) 式を利用した安全資産の市場価格の計算方法を紹介しよう。最初に、

---

[46] 代表的な学説は3つある。第1の考え方（これを**純粋期待仮説**という）によれば、長期の期間の年利（以下、「長期利子率」という）が短期の期間の年利（以下、「短期利子率」という）と異なるのは前者が将来の短期利子率の予測値を反映しているからである（この説によれば、将来の短期利子率の予測値が現在の短期利子率を上回れば長期利子率は短期利子率を上回り、そうでない場合は長期利子率は短期利子率を下回る）。第2の考え方（これを**流動性選好仮説**という）によれば、貸付期間が長くなるほど利子率が変動した場合に生じる貸付金額1円あたりの変動額は大きくなるので、貸主はそのリスクに見合うだけの利子率を求めることになり、その結果として長期利子率は短期利子率よりも高くなる。第3の考え方（これを**市場分断仮説**という）によれば、短期利子率は中央銀行の政策の影響を強く受けるために長期利子率と乖離する傾向を免れない。3つの学説はいずれも真理の一面を言い当てていると考えてよいであろう。詳しくは岩村（2013）17頁以下等参照。

高校数学で習った無限等比級数の公式を復習してもらいたい。

> 初項が a, 公比が k の等比数列 $\{a_n\}$ の級数（初項から n 項までの総和）S_n は，次の式で表せる[47]。
>
> $$S_n = a_1 + \cdots + a_n = a + ak + \cdots + ak^{n-1}$$
> $$= a(1 + k + \cdots + k^{n-1}) = a \times \frac{1-k^n}{1-k}$$
>
> ここで，$|k| < 1$ の場合，$n \to \infty$ とすれば，$k^n \to 0$ であるから，
>
> $$\lim_{n \to \infty} S_n = \frac{a}{1-k} \tag{5.22}$$
>
> となる。以下，この公式を用いて計算を行う。

まず，永久債について考えてみよう。永久債とは，毎年同じ時期に定額の収益を生み出し続ける安全資産のことである。第1回の収益発生時は1年後であるとし，毎年の収益額を C とする。

この場合，n 年後までの収益の現在価値の合計を S_n とすれば，

$$S_n = \frac{C}{1+r} + \frac{C}{(1+r)^2} + \cdots + \frac{C}{(1+r)^n}$$

である。ここで，$\frac{1}{1+r} = k$ とすれば，

$$S_n = kC \times (1 + k + \cdots + k^{n-1})$$

である。これは，初項を kC，公比を k とする等比級数の式であり，$|k| < 1$ であるから，(5.22) 式より，永久債の市場価格 P を求める公式は，

$$P = \lim_{n \to \infty} S_n = \frac{kC}{1-k} = \frac{C}{r} \tag{5.23}$$

となる。

---

[47] 等比数列の n 番目の項 a_n は，初項 a に公比 k を $(n-1)$ 個掛け合わせた値となるので，

$$a_n = ak^{n-1}$$

となる。また，本文の計算においては次の因数分解の公式を利用している点にも留意されたい。

$$1 - k^n = (1-k)(1 + k + k^2 + \cdots + k^{n-1})$$

6 複数の時期に収益を生み出す資産 　　　　　　　　　　　215

　次に**定成長債**の市場価格の計算方法を示そう。定成長債とは，収益額が毎年同じ割合で変化する安全資産のことである。第1回の収益 C_1 は1年後に発生し，第 n 回の収益は第 $(n-1)$ 回の収益の $(1+g)$ 倍（ただし $-1 < g < r$ である）[48]とする。

　この場合，n 年後に受け取る収益 C_n は，

$$C_n = C_1 \times (1+g)^{n-1}$$

であるから，n 年後までに受け取る収益の現在価値の総和 S_n は，

$$\begin{aligned}S_n &= \frac{C_1}{1+r} + \frac{C_2}{(1+r)^2} + \cdots + \frac{C_n}{(1+r)^n} \\ &= \frac{C_1}{1+r}\left[1 + \frac{1+g}{1+r} + \cdots + \left(\frac{1+g}{1+r}\right)^{n-1}\right]\end{aligned}$$

である。ここで，$\frac{1+g}{1+r} = k$ とすれば，

$$S_n = \frac{C_1}{1+r}(1 + k + \cdots + k^{n-1})$$

となる。これは，初項を $\frac{C_1}{1+r}$，公比を k とする等比級数の式であり，$-1 < g < r$ である以上 $|k| < 1$ であるから，(5.22) 式により，

$$\lim_{n \to \infty} S_n = \frac{C_1}{1+r} \cdot \frac{1}{1-k} = \frac{C_1}{r-g}$$

となる。よって，定成長債の市場価格 P を求める公式は，

$$P = \frac{C_1}{r-g} \tag{5.24}$$

となる。

危険資産の場合

　次に，複数の時期に収益を生み出す危険資産について考えてみよう。危険資産 B は，将来の1から n までの時点でそれぞれ X_1 から X_n（いずれも確率変数）の収益を生み出すものとする。この場合，現時点から時点 k までの期間に

---

[48] g が -1 を下回れば第2年目以降の収益が0以下となってしまうので定成長債の趣旨に反する。一方，g が r を上回る事態は考えにくい（その場合，資産の現在価値は無限大となってしまう）。

対するこの資産の期待収益率を μ_k とすれば,(5.5)式により X の市場価格 P は下記の式によって表すことができる。

$$P = \frac{E(X_1)}{1+\mu_1} + \frac{E(X_2)}{1+\mu_2} + \cdots + \frac{E(X_n)}{1+\mu_n} \tag{5.25}$$

ここで,安全資産の場合と同様に時点1は1年後,時点 k は k 年後であると考えることにしよう。この場合には,安全資産における利子率と同様に k 年後までの期間(ただし $k \geqq 2$ とする)に対する割引率を下記のように表すことが多い。

$$1+\mu_k = (1+\mu_k^*)^k$$

CAPMによれば,期待収益率を決定するものは r と μ_M と $V(R_M)$ と $Cov(R_M, R_i)$ の4要素であった。このうち r は上記のとおり各期間について大差なく,μ_M と $V(R_M)$ は市場全体に関する数値であるから長期にわたり変動は小さく,$Cov(R_M, R_i)$ も資産の性質(株式の場合であれば,対象企業のビジネス・モデル)が変わらない限り変化は小さいと考えてよいかもしれない[49]。そこで,資産価格を算定するにあたっては μ_k^* の値がいずれも μ_1 と等しいと仮定することも少なくない。この場合 (5.25)式は次のように表せる(μ_1 を μ に書き改めた)。

$$P = \frac{E(X_1)}{1+\mu} + \frac{E(X_2)}{(1+\mu)^2} + \cdots + \frac{E(X_n)}{(1+\mu)^n}$$
$$= \sum_{k=1}^{n} \frac{E(X_k)}{(1+\mu)^k} \tag{5.26}$$

(5.21)式と (5.26)式は,C_k が $E(X_k)$,r が μ に変わっている点を除けば,まったく同じ内容の式である。そこで,安全資産について (5.23)式や (5.24)式を導き出した計算方法を危険資産にもあてはめて,①毎年の収益の期待値が永久に一定である(その値を $E(X)$ で表す)危険資産の現在価値と,②1年後の収益の期待値が $E(X_1)$ であって,その後の収益の期待値の成長率(これを期

---

[49] ただし,期待収益率は時間の経過のみならず,資産規模の拡大(株式の場合でいえば事業の拡大)によっても変わりうる値であるから,(特に収益の期待成長率の絶対値が大きい資産の場合には)μ_k^* がすべて等しいという仮定の妥当性は慎重に検証されるべきであろう。もっとも,危険資産の価格計算の場合には分子に挿入する収益の期待値自体が誤差の大きい数値であるから分母の割引率についてだけ計算の厳密性を求めてもあまり意味はないのかもしれない。

待成長率という）が一定である危険資産の市場価格 P はそれぞれ次の各式で表すことができる（g は期待成長率を表している）。

$$P = \frac{E(X)}{\mu} \tag{5.27}$$

$$P = \frac{E(X_1)}{\mu - g} \tag{5.28}$$

以上の点を踏まえて，次の計算問題に挑戦してもらいたい。これまで学んできた理論が実際の資産価格の計算においてどのように役立つのか実感できることであろう。

【問題 5-4】

[小問 1] 日本国政府が発行した永久債が存在し，債券 1 口に対して毎年 10 万円ずつの利息が支払われるとすれば，この永久債の現在価値は 1 口あたりいくらになるか。ただし，次回の利払日はちょうど 1 年後に到来するものとし，現在の利子率は，期間の長短にかかわらず年利 2% とする。

[小問 2] [小問 1] と同様の永久債の第 1 回の利息の支払日は 3 年後であり，それ以降は前問と同様に毎年 10 万円ずつの利息が支払われるとすれば，この永久債の現在価値はいくらか。ただし，利子率は年利 2% とする。

[小問 3] ここに，あと 10 年で満期を迎える国債がある。国債の券面額（= 10 年後の償還価額）は 100 万円であり，利息として毎年券面額の 3% すなわち 3 万円が支払われる（次に利息が支払われるのはちょうど 1 年後である）。利子率は年利 2% と仮定して，この国債の現在価値を計算せよ。

[小問 4] X 社の来年の 1 株あたりの期待利益は（現金ベースで）5000 円である。X 社は，これまで収益の 20% を配当として支払ってきており，今後も同様の配当政策を維持するものと考えられている。さらに，X 社は，毎年前年と同額の収益にくわえて新たに内部留保した資金の 17% 相当の収益を上げうると見込まれている。以上の点を踏まえて次の問いに答えよ。

(1) 配当の期待成長率はいくらになるか。

(2) 現在の理論上の株価はいくらになるか。ただし，X 社株式の期待収益率は 15% であるとする。

(3) 現在の市場における X 社の株価が 8 万円であるとすれば，あなたは X 社の株式に対する市場の評価についていかなる意見を述べることができるか。

[小問 5] 利子率が年 6%，市場ポートフォリオの期待収益率が年 15% であるとする。この状況下において，Y 社の株式の 1 年後に支払われる配当予

定額が1株あたり500円であり，配当の期待成長率が4%，β が0.8であるとする。Y社株式の市場価格が1株4000円であるとすれば，あなたはY社株式に対する市場の評価についていかなる意見を述べることができるか。

小問1について

(5.23) 式により，

$$P = \frac{10\,\text{万円}}{0.02} = 500\,\text{万円}$$

である。

小問2について

[小問1] の解法の結果，この永久債の2年後の現在価値は500万円である。よって，

$$P = \frac{500\,\text{万円}}{1.02^2} \fallingdotseq 480\,\text{万}\,5844\,\text{円}$$

である。

小問3について

元本の現在価値（P_1）と利息の現在価値（P_2）を個別に計算して足し合わせればよい。この場合，

$$P_1 = \frac{100\,\text{万円}}{1.02^{10}} \fallingdotseq 82\,\text{万}\,348\,\text{円}$$

はもはや自明であろう。P_2 については，毎年の利息額を割り引いて足し合わせてもよいが，むしろ，永久債の現在価値から11年後に支払が始まる同じ内容の永久債の現在価値を差し引く計算をした方が簡便である。この方法によれば，

$$P_2 = \frac{3\,\text{万円}}{0.02}\left[1 - \frac{1}{1.02^{10}}\right] \fallingdotseq 26\,\text{万}\,9478\,\text{円}$$

となるので，この国債の現在価値 P は，

$$P = P_1 + P_2 = 108\,\text{万}\,9826\,\text{円}$$

である。

小問 4 について

本問の事実設定はやや現実味を欠いているが[50]，計算の技法に慣れるための問題と割り切って考えてもらいたい。

(1) X 社では配当額が利益の 20% に固定されているので，配当の期待成長率 (g_d) は利益の期待成長率 (g_e) に等しい。すなわち，$g_d = g_e$ である。一方，X 社の第 i 年の期待収益 $E(X_i)$ はその前年の期待収益 $E(X_{i-1})$ と新規の内部留保額の 17% の和であるから，

$$g_e = \frac{E(X_i) - E(X_{i-1})}{E(X_{i-1})} = \frac{80\% \times 17\% \times E(X_{i-1})}{E(X_{i-1})}$$
$$= 13.6\%$$

である。よって，配当の期待成長率 g_d は，

$$g_d = g_e = 13.6\%$$

である。

(2) 来年の期待配当額を $E(D_1)$，X 社株式の期待収益率を μ とすれば，(5.28) 式により X 社株式の現在価値 P は下記の式によって求められる。

$$P = \frac{E(D_1)}{\mu - g_d}$$

そこで，設問記載の数値と上記(1)の結果を代入すれば，

---

[50] ただし，期待配当額を使って株式の資産価格を評価するという手法自体はおかしなものではない。この点については第 6 章の注 62) の解説を参照されたい。

$$P = \frac{5000\text{円} \times 0.2}{15\% - 13.6\%} = 7\text{万}1400\text{円}$$

となる.

(3) 7万1400円 < 8万円（＝現在の市場価格）であるから，現在の市場はX社株式の価値を過大評価している.

小問5について

まず，Y社株式の期待収益率 μ は，(5.13) 式により，

$$\mu = r + \beta(\mu_M - r) = 6\% + 0.8(15\% - 6\%) = 13.2\%$$

である.そこで，来年の期待配当額を $E(D_1)$，配当の期待成長率を g として，(5.28) 式を使ってY社株式の現在価値 P を計算すれば，

$$P = \frac{E(D_1)}{\mu - g} = \frac{500\text{円}}{13.2\% - 4\%} \fallingdotseq 5435\text{円}$$

となる.しかるに,

5435円 > 4000円　（＝現在の市場価格）

であるから，現在の市場はY社株式の価値を過小評価している.

ONE MORE STEP 5-6　年単位でない期間に関する複利表記

(1) 各期間を通じて利子率が同じであると仮定すれば n 年間の利子率 r_n は，

$$r_n = (1 + r)^n \tag{a}$$

と表せることは本文で説明した（(5.21) 式参照）.しかし，現実には1年より短い期間における資金の供与に対しても利息は発生するものであるから（金融機関同士の取引であれば，「一晩」の資金供与に対しても利息は発生する），1年未満の期間についても利息の計算を行う必要がある.そして，その場合においても利子率を年利を用いて表すことが一般的であり，以下，そのような年利のことを「名目利子率」と呼ぶことにする.たとえば，「1月物の金融商品」（ここでは，1か月ごとに利息が発生する安全資産をいう.以下，他の期間についても同じ）の名目利子率が6%であるという場合，当該商品を1か月間保有することによって

得られる利息は $6 \div 12 = 0.5$（%）であり，これを1年間保有することによって得られる利息は $(1 + 0.005)^{12} - 1 \fallingdotseq 0.062$（$= 6.2\%$）である．なお，金融商品を一定期間保有することによって実際に得られる利息の元本に対する割合を名目利子率と対比する意味で「実質利子率」ということがある．以下，このコラムにおいてもこの言葉を用いることがあるが，特に断らずに「利子率」という場合も，それは実質利子率を意味するものである．

ところで，利息の発生期間を異にする金融商品が同一市場に複数存在する場合，各商品の利息は裁定不能定理により互いに他を決定づける関係に立つ．たとえば，半年物の金融商品の名目利子率を r_a^*，1月物の金融商品の名目利子率を r_b^* とした場合，両者の間には次の関係が成立する．けだし，そうでなければ両者の間に裁定取引が成立してしまうからである．[51]

$$1 + r_a^* = \left(1 + \frac{r_b^*}{12}\right)^6$$

(2) 利息の発生期間を異にする金融商品の名目利子率が裁定不能定理により互いに他を決定づける関係にある以上，どんなに短い期間の資金供与に対しても利息の発生を認める金融商品が存在し，当該期間に対する名目利子率が市場において定まっていると仮定してもリアリティは失われないであろう．そこで，m を非常に大きな整数と想定したうえで，1年の m 分の1の期間の名目利子率を r_m^* とする（たとえば，$m = 365 \times 24 \times 60 \times 60 = 31{,}536{,}000$ とした場合，r_m^* は1秒ごとに利息が発生する金融商品の名目利子率である）．この場合，m を分母として表しうる任意の有理数を $q = \frac{d}{m}$（ただし，d は整数）とすれば1年の q 倍の期間の実質利子率 r_q は，

$$1 + r_q = \left(1 + \frac{r_m^*}{m}\right)^d = \left(1 + \frac{r_m^*}{m}\right)^{mq} \tag{b}$$

となる．他方，裁定不能定理により，r_m^* と1年間の利子率 r との関係は，

$$1 + r = \left(1 + \frac{r_m^*}{m}\right)^m \tag{c}$$

であるから，(b), (c) の両式より r と r_q との間には，

$$1 + r_q = (1 + r)^q \tag{d}$$

の関係が成立し，(a) 式は1年の任意の有理数倍の期間に関しても成立することが証明できた．

---

51) ここでは，すべての期間に関して実質利子率は等しいことを仮定していることに留意されたい．

(3) 次に，任意の実数 t に関して，t を上限とする単調増加な有理数列 $\{q_n\}$ を考え，1年の t 倍の期間の実質利子率 r_t を有理数列 $\{r_{q_n}\}$ の極限と定義する（ただし，r_{q_n} は1年の q_n 倍の期間の利子率を意味している）。すなわち，

$$r_t = \lim_{n \to \infty} \{r_{q_n}\}$$

であり，両辺にそれぞれ 1 を加えると，

$$1 + r_t = 1 + \lim_{n \to \infty} \{r_{q_n}\} = \lim_{n \to \infty} \{1 + r_{q_n}\} \tag{e}$$

となる。ここで，(d) 式を (e) 式の右辺に代入すると，

$$1 + r_t = \lim_{n \to \infty} (1 + r)^{q_n}$$

となるが，この式の右辺は定義域を実数に拡張する際に用いる指数関数の定義そのものであるから，結局，

$$1 + r_t = (1 + r)^t \tag{f}$$

となり，(a) 式は1年の任意の実数倍の期間に関しても成立することが証明できた。[52]

---

[52] ちなみに，

$$1 + r = \left(1 + \frac{x}{m}\right)^m$$

とおいて m を無限大にすれば右辺の値は e^x に収束することが知られている。すなわち，

$$1 + r = e^x$$

であり，別の表し方をすれば，

$$x = \log(1 + r)$$

であるから r の値から x の値を求めることは容易である（たとえば，r が 5% の場合，x は約 0.0488（= 4.88%）となる）。上記の x を「利子 r に対する**連続複利の利率**」といい，これを用いれば **ONE MORE STEP 5-6** の (f) 式を，

$$1 + r_t = e^{xt}$$

と書き表すことができるので，安全資産の連続的な期間 t における割引率を，

$$\frac{1}{1 + r_t} = \frac{1}{e^{xt}} = e^{-xt}$$

と表して複雑な計算の用に供することが可能となる。

7 オプションの価値

オプションの意義

　本章最後のテーマとしてオプションの価値について述べる。**オプション**とは，「一定の期日または一定の期間において一定の価格で特定の資産を購入または売却できる権利」のことである。オプションに関して知っておくべき専門用語には次のものがある。

　原資産＝オプションの対象となる資産
　コール・オプション＝原資産を購入できるオプション
　プット・オプション＝原資産を売却できるオプション
　行使価格＝コール・オプションを行使する際に原資産と引き換えに支払うべき対価またはプット・オプションを行使する際に原資産と引き換えに受け取りうる対価
　イン・ザ・マネー＝原資産の価格がコール・オプションの行使価格を上回っている状態または原資産の価格がプット・オプションの行使価格を下回っている状態
　アウト・オブ・ザ・マネー＝原資産の価格がコール・オプションの行使価格を下回っている状態または原資産の価格がプット・オプションの行使価格を上回っている状態
　アット・ザ・マネー＝原資産の価格が行使価格と等しい状態
　ヨーロピアン・オプション＝一定の期日にのみ行使できるオプション
　アメリカン・オプション＝一定の期間中いつでも行使できるオプション[53]

　以下ではヨーロピアン・オプションだけを対象として議論を進める。[54]原資産

---

53) ヨーロピアン・オプションやアメリカン・オプションという言葉は慣用語であり，これらの言葉が指示する地域とオプションの内容に関係があるわけではない。ヨーロピアン・オプションでもアメリカン・オプションでもない型のオプションを「エキゾチック・オプション」ということもある。

54) アメリカン・オプションの評価方法については注 56) を参照されたい。

は任意の企業の株式1株（以下，これを「S株」と表す）とし，オプションの行使時期までに原資産であるS株について配当が支払われることはないものとする。S株の現時点における株価を S_0，オプションを行使できる時点（以下，「時点 T」という）における株価を S_T，行使価格を K で表す。

コール・オプションの価値

まずは，【図 5-14】をご覧願いたい。

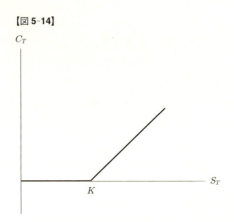

【図 5-14】の太い実線は，時点 T におけるコール・オプションの価値（以下，これを「C_T」と表す）を S_T の関数として表したものである（以下，この関数を「$S_T - C_T$ 関数」と呼ぶ）。$S_T - C_T$ 関数が【図 5-14】に示した形となる理由は以下のとおりである。

(1) S_T が K を上回れば（すなわち，イン・ザ・マネーであれば）K を支払って S株を取得し S_T の現金を得ることができる。したがって $C_T = S_T - K$ である。
(2) S_T が K 以下であれば（すなわち，アット・ザ・マネーまたはアウト・オブ・ザ・マネーであれば）このオプションを行使する利益はないので $C_T = 0$ である。

【図 5-15】

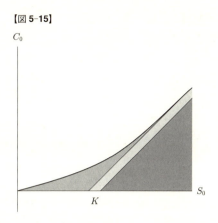

　では，現時点におけるコール・オプションの価値（以下，これを「C_0」と表す）をS_0の関数として表せばどのようになるであろうか（以下，この関数を「$S_0 - C_0$ 関数」という）。結論からいおう。$S_0 - C_0$ 関数は【図 5-15】上の曲線で示した形をとる。

　ご覧のとおり S_0-C_0 関数は【図 5-14】に示した S_T-C_T 関数のつねに上側にあり，$S_T - C_T$ 関数より下の部分（■で示した部分）にあたる価値をオプションの**本源的価値**，$S_T - C_T$ 関数と $S_0 - C_0$ 関数に挟まれた部分（■および■で示した部分）にあたる価値をオプションの**時間的価値**という。$S_0 - C_0$ 関数がこのような形をとる理由は次のとおりである。

(1) S_0 が K を上回れば（すなわちイン・ザ・マネーであれば）現時点で S 株を空売りして S_0 の資金を取得し，そのうちの $K \times \frac{1}{1+r}$ にあたる金額を時点 T まで利息 $1+r$ で貸付けて時点 T における株の返済準備にあてる。この場合，オプション保有者は $S_0 - K$ の資金（これがオプションの本源的価値にあたる）と $K - \frac{K}{1+r} = \frac{rK}{1+r}$ に相当する資金（これがオプションの時間的価値の第 1 要素であり，以下この価値を**利息相当価値**と呼ぶ。【図 5-15】の■部分がこの利息相当価値を表している）を確定的に取得する。さらに，オプション保有者は，時点 T において貸付金の元利合計額（$= K$）を使ってコール・オプションを行使すれば確実に借株の返済を実行できるが，時点 T における S の株価 S_T が K を下回ればオプションを行使せずに市場で株式を買入れて借株の返済を行うことが可能

となり，その場合には $K - S_T$ の追加資金を得る。この追加資金の期待値の現在価格がオプションの時間的価値の第 2 要素であるが（【図 5-15】の ■ 部分がこれにあたる），この期待値は S_0 が大きくなるほど減少し，S_0 が限りなく大きな値となればオプションの時間的価値は利息相当価値に収斂する。

(2) S_0 が K 以下であれば（すなわち，アット・ザ・マネーまたはアウト・オブ・ザ・マネーであれば）現時点でオプションから利益を生み出すことはできない[55]。しかしながら，オプションを所有していれば，時点 T が来るまでに S 株の時価が K を上回る可能性があり，その場合には，その時点で(1)に記載した取引を実行することによりリスクを負うことなく利益を得ることができる。その期待値の現在価値がオプションの時間的価値を生み出すが，この期待値は S_0 が小さくなるほど減少し，S_0 が 0 に近づけばオプションの時間的価値は 0 に収斂する。

以上がコール・オプションの価格の説明である（細かい部分に関して曖昧な点があるが，この点は **ONE MORE STEP 5-7** で明確化する）。ここで，留意すべきことは，コール・オプションの時間的価値（ただし，利息相当価値を除く）は原資産のボラティリティが大きいほど増大するという点である。上記の説明から明らかなように，原資産の価格が変動すれば，オプションが生み出す収益を増やす原因とはなってもこれを減らす原因となることはないからである。さらに，オプションの時間的価値はオプションの行使時が遅いほど増大する。原資産のボラティリティはオプションの行使時期が遅くなるほど増大するうえに利息相当価値も行使時期が遅くなるほど増大するからである（これらの点についての厳密な証明も **ONE MORE STEP 5-7** で行う）[56]。

---

[55] 正確にいうと，(1)で述べた空売りの手法は S_0 が K を下回っても $\frac{K}{1+r}$ を上回っている限り取りうる手法である。つまり，オプションの時間的価値のうちの利息相当価値は S_0 が $\frac{K}{1+r}$ を上回る限り発生する。

[56] オプションの行使時期が遅くなるほどオプションの価格が増大するということは，アメリカン・オプションの価格はその行使期間の終わりを行使時期とするヨーロピアン・オプションの価格と原則として一致することを意味する。ただし，オプションの行使時期までに原資産に関して配当その他の支払がなされる場合には，これについて別途考慮することが必要となる。

7 オプションの価値

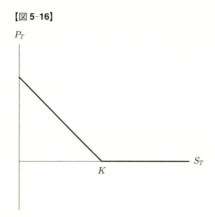

【図 5-16】

プット・オプションの価値

【図 5-16】上の太い実線は，時点 T におけるプット・オプションの価値（以下，これを「P_T」と表す）を S_T の関数として表したものである（以下，この関数を「$S_T - P_T$ 関数」と呼ぶ）。

$S_T - P_T$ が【図 5-16】に示した形となる理由は以下のとおりである。

(1) S_T が K を下回れば（すなわち，イン・ザ・マネーであれば）S_T を支払って市場から S 株を取得しオプションを行使すれば K の現金を得ることができる。したがって，$P_T = K - S_T$ である。
(2) S_T が K 以上であれば（すなわち，アット・ザ・マネーまたはアウト・オブ・ザ・マネーであれば）このオプションを行使する利益はないので $P_T = 0$ である。

現時点にけるプット・オプションの価値（以下，これを「P_0」と呼ぶ）を S_0 の関数として表した曲線はやや複雑な形をとるが（以下，この関数を「$S_0 - P_0$ 関数」という），これを特定する確実な方法が存在する。【図 5-17】をご覧願いたい。

【図 5-17】（A）図の太い実線は時点 T を返済時として S 株の借入れをした者（＝時点 T において市場で S 株を取得して返済にあてなければならない者）の地位

【図 5-17】

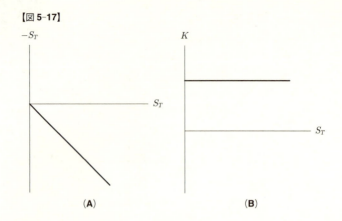

($= -S_T$) の S_T に対する関数を示しており，(B) 図の太い実線は，時点 T において行使価格相当の現金を保有している者の保有資産額（$= K$）を示している（後者の金額は S_T の変化に影響を受けないので関数は水平である）。ここで，この2つの関数と【図 5-14】に示した $S_T - C_T$ 関数を足し合わせると $S_T - P_T$ 関数と完全に一致することをご確認願いたい。すなわち，

$$P_T = C_T - S_T + K \tag{5.29}$$

が成立する。

(5.29) 式が成立する以上，同式を構成する各資産の現時点における資産価格についても同様の等式が成立するはずである。しかるに，C_T，$-S_T$ および P_T の現時点における価格は定義により，それぞれ C_0，$-S_0$，P_0 であり，時点 T における金額 K の現時点における価格は $\frac{K}{1+r}$ である。したがって，

$$P_0 = C_0 - S_0 + \frac{K}{1+r} \tag{5.30}$$

が成立し，これを日常用語でいえば，「プット・オプションの現時点における価格 P_0 は，S 株を空売りして得た資金を使ってコール・オプションを取得し，かつ，$\frac{K}{1+r}$ の現金の貸付を実行するために必要とされる追加資金に等しい」ということである。

(5.30) 式に示された C_0 と P_0 の関係はコール・プット・パリティと呼ばれており，これを使って $S_0 - P_0$ 関数を作図することができる。すなわち，$S_0 - P_0$ 関数は，① 【図 5-17】(A) 図の太い実線（この場合は S_0 に対する $-S_0$ の関数を

表している）と，②【図5-17】（B）図の太い実線の高さを $\frac{K}{1+r}$ に引き下げたもの（それは S_0 に対する $\frac{K}{1+r}$ の関数を表している）と，③【図5-15】に示した $S_0 - C_0$ 関数を足し合わせたものとなり，これを示したものが【図5-18】の曲線である。[57][58]

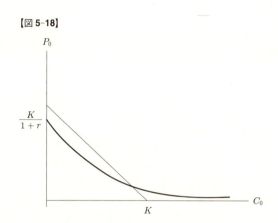

【図5-18】

以上の点を踏まえて，次の問題に挑戦してもらいたい。

---

57) このように複数の資産の線形結合によって他の資産を作り出すことを**資産の複製**という。資産の複製は市場価格が既知の資産を使って他の資産の市場価格を特定する（これを**相対的価格付け**という）ための有力手段であり，**ONE MORE STEP 5-7** で紹介するブラック・ショールズモデルは相対的価格付けの手法を用いてオプションの価格を特定せんとするものである。

58) $S_0 - P_0$ 関数の形状についても $S_0 - C_0$ 関数について行ったと同様の説明をすることもできる。概要は以下のとおりである。
(1) $S_0 = 0$ の場合，現時点で無償で S 株を取得できるので，時点 T で K の収入を得ることが保障される。この収益の現在価値は $\frac{K}{1+r}$ である。
(2) S_0 が 0 を上回っていてもその価格が $\frac{K}{1+r}$ 未満である限り，やはり現時点で S 株を取得することにより収益を確保できる。その場合の収益を(1)の場合と比べると，①S 株の取得に要する資金 $= S_0$ 分だけ減少するが，他方，②時点 T で S_T が K を上回った場合にはプット・オプションを行使しないで取得した株式を市場で売却することによってよって追加の収益を得ることができる。
(3) S_0 が $\frac{K}{1+r}$ 以上であれば，現時点で収益を確保する方法はないが，今後時点 T が到来するまでの間に S 株の時価がその時点における K の割引現在価値未満となる可能性があり，その場合には上記(2)の方法で収益を確保することができる。

【問題 5-5】

次の各問いに答えよ。

[小問1] 上場企業 A 社の取締役会は幹部社員に対して新株予約権を発行することを決議した。行使期間は発行決議日の 3 年後から 1 年間とし，発行時に払い込むべき金額（以下，単に「払込金額」という）は 0 円とする一方で予約権の行使価格は決議日直前の A 社の株価 1000 円の 120% にあたる 1200 円とした。A 社取締役会は，CAPM をはじめとする標準的な資産評価モデルを複数用いて A 社の期待収益率を推定したところ，4 年間の期待収益率は 20% 未満であると確信し，そうである以上 1200 円を行使価格とするこの予約権の発行については株主総会の承認決議は不要であると判断した。この判断は会社法上妥当であろうか。

[小問2] 上場企業 B ではこれまで毎年株主総会の承認を得たうえで幹部社員に対して払込金額を 0 円，行使価格を発行決議日直前の株価の 110% とする新株予約権を発行してきた。ところが，今年の株主総会に上程された議案によれば幹部社員に発行する新株予約権の行使価格は 1 円であった（払込金額は従来どおり 0 円である）。この議案に対して，一部の株主から，「この提案は幹部社員を優遇しすぎるものであり，株主の利益がないがしろにされているのではないか」との指摘がなされた。議長から回答者として指名された B 社の CFO はいかなる説明を行うべきであろうか。

小問 1 について

妥当でない可能性が高い。以下，その理由を述べる。

会社法の規定によれば，引受人に「特に有利な」払込金額で新株予約権を発行する場合には，発行会社が公開会社であっても株主総会の特別決議を経なければならない（会社法 240 条 1 項・238 条 3 項）。新株予約権は対象会社の株式を原資産とするコール・オプションとしての価値を有している。A 社の新株予約権の行使価格は現在の株価よりも 20% 高めに設定されているが，行使価格が高いからといってオプションの市場価格が 0 となるわけではない。なぜならば，アウト・オブ・ザ・マネーの状態のオプションにも時間的価値が備わっているからであり（【図 5-19】に縦の実線で示した値がこれにあたる），したがって，「この価値が些少であるから 0 円という払込金額は特に有利な払込金額[59)]

[図 5-19]

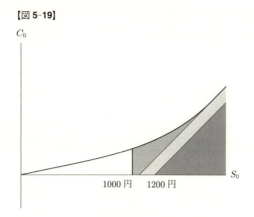

ではない」といえない限り、株主総会の承認を得るべきである。[60]

小問2について

　経営者に新株予約権を付与することは株主価値の最大化という経営理念（245頁参照）に則した行動を経営者に動機づけるための手段として近年重視されてきていることは読者もご存知のことであろう。しかしながら、オプションの時間的価値（ただし、利息相当価値を除く）はボラティリティが高まるほど増大するという事実は新株予約権の所有者と既存株主の利害の不一致を生み出す温床となるものである。けだし、既存株主にとってボラティリティの増大は資産価値の減少を招くか（市場リスクが増大する場合）、資産価値に影響を与えないか（固有リスクのみが増大する場合）のいずれかであって、ボラティリティの上昇によって株式の資産価値が増えるということはありえないからである。[61] このことは、新株予約権を所有している経営者が既存株主の利益に反し

---

59) このオプションに価値がある（したがって払込金額を0円とすれば既存株主の資産価値が毀損される）ことは次のように考えれば明らかであろう。
① 行使期間中にX社の株価が1200円を上回れば、予約権の所有者は予約権を行使することにより必ず利益を得る。
② 行使期間中にX社の株価が1200円に達しなければ予約権の所有者は予約権を行使しなければよいのであるから、損失を被ることはない。
60) この考え方は、判例上も広く認められるようになっている。判例の紹介も含めて田中編（2013）165頁以下参照。

てリスク指向的な経営政策をとる危険性を示唆しているが[62]，この危険性は新株予約権の行使価格を１円とすることによって払拭できる。けだし，行使価格が１円であるコール・オプションの価格は本源的価値と（時間的価値のうちの）利息相当価値のみからなるものであるから新株予約権の所有者がリスク指向的な経営を行うインセンティブは消滅しているからである（【図 5-20】参照。なお，同図には【図 5-15】や【図 5-19】にある ▨ 部分がない点に留意されたい）。

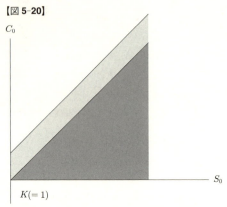

もっとも，行使価格を１円にすることは新株予約権の価値を大幅に引き上げる行為であるから，これが幹部社員の給与の実質的引き上げではないというためには他の点で彼らに対する報酬の引き下げがなされていなければならない（実務的にはボーナス制度の見直しの一環として新株予約権の行使価格の引き下げがなされる場合が多いようである）。そのような手当てがなされているとすれば，CFO はその点と行使価格を１円とすることの前述の利点を併せて説明するべきであろう。

---

61) ただし，倒産リスクの顕在化した企業の場合にはボラティリティを上昇させることによって株主価値が上昇するという現象が発生する（第６章 **3** の「株式のオプション価値」の議論参照）。

62) この危険性はオプションがアウト・オブ・ザ・マネーになっている場合特に顕著である。けだし，その場合のオプションには時間的価値しか備わっていないからであり，この点においてオプションの行使価格を時価を上回る額とする慣行（その場合は最初からアウト・オブ・ザ・マネーとなっている）はこの危険を増加させている。

ONE MORE STEP 5-7　オプションの価格理論

　オプションの価格理論は Fisher Black と Myron Scholes によって考案されたいわゆるブラック・ショールズモデル（以下，**BS** モデルという）の出現によって革命的な進歩を遂げた。BS モデルの本来の導出過程は確率微分方程式を使った難解なものであったが，今日ではリスク中立確率という概念を用いることによってはるかに容易にその構造を示すことができるようになった。ただし，いくら「容易」といっても厳密な証明を行おうとすればかなりの紙数を費やさなくてはならない。そこで，このコラムでは細かい証明は省略して BS モデルの骨子だけをできるだけ分かりやすく説明してみたい。[63]

1　オプションの期待値と期待収益率

　ある程度以上の期間（たとえば 1 年以上）における株価の変化率の確率分布は対数正規分布に近似することが知られている。ここで対数正規分布とは変数の対数が正規分布となる確率分布のことであり，正規分布と同様に期待値と標準偏差のみによって特定できるという特質を備えている（その形状については【図a】参照）。そこで，以下では，原資産である株式（以下「S株」と呼ぶ）の市場価格の変化率は対数正規分布に従うと仮定して分析を進めることにする。

　互いに独立で同一の確率分布に従う確率変数（以下，これを「基本確率変数」という）の加法的結合は正規分布に従う確率分布に収束することはすでに説明した（88 頁参照）。対数正規分布に従う変数はその対数が正規分布に従い，かつ，変数の積の対数は各変数の対数の和に等しいので，基本確率変数の乗法的結合は対数正規分布に従う確率変数に収束する。[64] そこで，株価の確率分布を多数の基本確率変数の乗法的結合としてモデル化することが正当化される。

　現時点から時点 T までの時間幅（これも「T」で表す）を n 個に均等に分割し，分割された個々の期間の時間幅を Δ_t で表す。さらに，Δ_t における株価の変化率 $B_t(t=1,2,\cdots,n)$ を基本確率変数とし，これを乗法的に組み合わせて時点 T における S 株の株価（確率変数）を S_T と表すことにする（現時点における株価（定数）は S_0 とする）。この場合，

---

[63]　本コラムの記述は原則として野口=藤井（2005）を典拠とするものである。省略した証明部分を知りたい方は同書の 105 頁以下を参照されたい。

[64]　正確にいうと，必ず対数正規分布に収束するのは基本確率変数の乗法的結合の相乗平均であり，乗法的結合それ自体が対数正規分布に収束するためには，乗法的結合の期待値と分散がいずれも一定の値に収束することが必要である。後に取り上げる二項モデルはこの要請を満たしている。

$$S_T = S_0 \times B_1 \times \cdots \times B_n$$

となり，両辺の対数をとると，

$$\log S_T = \log S_0 + \sum_{i=1}^{n} \log Bi$$

となる。

B_i が互いに独立で同一の確率分布に従う確率変数である以上，$\log B_i$ も互いに独立で同一の確率分布に従う確率変数となる。そこで，その期待値と分散を μ_B および σ_B^2 とすれば，$\log S_T$ の期待値と分散は，平均の加法性と分散の加法性により，

$$E(\log S_T) = E(\log S_0 + \sum_{i=1}^{n} \log B_i) = \log S_0 + n\mu_B \qquad (a)$$

$$V(\log S_T) = V(\log S_0 + \sum_{i=1}^{n} \log B_i) = n\sigma_B^2 \qquad (b)$$

となる。ここで，$T = 1$ となる期間を「単位期間」と呼び，時点 0 から単位期間が経過する時点を「時点 1」とする[65]。この場合，単位期間に含まれる Δ_t の数は $\frac{n}{T}$ となるから，これを (a) 式および (b) 式にあてはめると，

$$E(\log S_1) = \log S_0 + \frac{n}{T}\mu_B \qquad (c)$$

$$V(\log S_1) = \frac{n}{T}\sigma_B^2 \qquad (d)$$

となり，(a) 式と (c) 式，(b) 式と (d) 式をそれぞれ組み合わせれば，

$$E\left(\log \frac{S_T}{S_0}\right) = E(\log S_T) - \log S_0$$
$$= n\mu_B = TE\left(\log \frac{S_1}{S_0}\right) \qquad (e)$$

$$V\left(\log \frac{S_T}{S_0}\right) = V(\log S_T - \log S_0)$$
$$= n\sigma_B^2 = TV\left(\log \frac{S_1}{S_0}\right) \qquad (f)$$

となる[66]。そこで，市場の観察を通じて単位期間における株価の変化率の対数

---

65) 何をもって T の単位とするかによって単位期間は異なる。年単位で T を考えるとすれば，単位期間は「1 年間」となり，期間 T は「T 年」を意味する。

66) (f) 式の計算においては，$\log S_0$ は定数なので，$V(\log S_0) = 0$ であることに留意

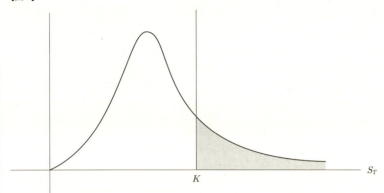

$(= \log \frac{S_1}{S_0} = \log S_1 - \log S_0)$ の期待値および分散を推定し，それぞれの値を μ および σ^2 とすれば，(e) 式および (f) 式により，期間 T における株価の変化率の対数 $(= \log \frac{S_T}{S_0} = \log S_T - \log S_0)$ の期待値および分散は $T\mu$ および $T\sigma^2$ となるので，結局のところ，

$$E(\log S_T) = E(\log S_0) + E\left(\log \frac{S_T}{S_0}\right) = \log S_0 + T\mu \tag{g}$$

$$V(\log S_T) = V(\log S_0) + V\left(\log \frac{S_T}{S_0}\right) = T\sigma^2 \tag{h}$$

となり，これによって S_T の確率密度関数 $\phi(S_T)$ が特定された。【図 a】をご覧願いたい。

この図は (g) 式と (h) 式によって特定された $\phi(S_T)$ を表したものであり，上記に述べた理由により対数正規分布の形状を示している。

連続的な確率変数の期待値は確率変数と確率密度関数の積を積分することによって求められるが ((3.7) 式参照)，

$$C_T = 0 (0 < S_T \leqq K), \quad C_T = S_T - K (S_T > K)$$

であるから (224 頁参照)，コール・オプションの期待値 $E(C_T)$ は次の算式によってこれを求めることができる (【図 a】の ▨ 部分はこの計算に使われる確率密度関数 $\phi(S_T)$ の範囲を示している)。

$$E(C_T) = \int_K^\infty (S_T - K)\phi(S_T) dS_T \tag{i}$$

しかし，この式から C_0 を求めるためには期待値を現在価値に換算するため

されたい。

の期待収益率を特定しなければならない。では,いかなる値を期待収益率とすべきであろうか。最初に思いつくのは S_T 自体の期待収益率を用いることであろう。しかし,S_T の期待収益率は $\phi(S_T)$ 全体に対するものであり,これを上記のように $\phi(S_T)$ の限定された区間に対する積分によって求められた $E(C_T)$ の割引率に用いることは適切でない。では,他に期待収益率を求める方法があるだろうか。実は,この問題こそがオプション理論の積年の課題であり,これをブレイクスルーしたものが BS モデルなのである。その考え方を明らかにするに先立ち,まずはリスク中立確率という新たな概念を説明する。

2 事態価格とリスク中立確率

時点 T で起こりうる事態は $s_1,\cdots,s_n$ の有限個であると考える。そのうえで,事態 s_i が起こったときに 1 の収益を生み出し,それ以外の事態における収益はすべて 0 となる資産を考え,その現在価値 μ_i を事態 i の**事態価格**(**state price**)と呼ぶ[67]。

ある危険資産 X が時点 T の各事態において生み出す利得をそれぞれ $x_1,\cdots,x_n$ とすれば,価格の線形性により X の現在価値 $P(X)$ は,

$$P(X) = x_1\mu_1 + x_2\mu_2 + \cdots + x_n\mu_n \tag{j}$$

である。さらに,時点 0 から時点 T までの間の利子率を r とし,$1+r=R$ とすれば,現時点において価格が 1 である安全資産 F に (j) 式をあてはめることにより,

$$1 = R\mu_1 + R\mu_2 + \cdots + R\mu_n \tag{k}$$

が成立する。そこで,$R\mu_i = \pi_i$ とすれば,(j) 式と (k) 式より,

$$P(X) = \frac{1}{R}(x_1\pi_1 + x_2\pi_2 + \cdots + x_n\pi_n) \tag{l}$$

となる。しかるに,π_i の定義と (k) 式より,

$$\sum_{i=1}^{n} \pi_i = \sum_{i=1}^{n} \mu_i R = 1$$

であり,事態価格の定義によって,つねに $\pi_i = (1+r)\mu_i > 0$ であるから,ベクトル $\boldsymbol{\pi} = (\pi_1,\cdots,\pi_n)$ は確率の形式的要件を満たしている。したがって,$\boldsymbol{\pi}$ を確率とみなして X の期待値を計算し,その期待値を利子率で割り引

---

[67] 一般的には state price を「状態価格」と訳すことが多いが,本書ではこれまで一貫して「事態」という言葉を用いて確率変数の説明をしてきているので,混乱を避けるためにここでは「事態価格」という用語を用いることにした。

けば X の価格 $P(X)$ が求まることを (1) 式は意味しており，この点を踏まえて π をリスク中立確率という[68]。要するに，何らかの手法を用いてリスク中立確率を求めることができれば，リスク・プレミアムを考慮しなくても資産の現在価値を算出することができるのである。

　他の資産の価格の線形結合として価格を表すことのできない資産（これを本コラムにおいては以下「独立な資産」ということにする）の数が事態の数以上ある場合には，各資産の事態価格を一義的に特定できることが知られている[69]。一般論としては，それだけの独立な数の資産があるということは考え難いことであるが，モデルとして作り出された空間の中ではそれが可能となり，次項で述べる二項モデルはまさにその要求を満たした空間である。

3　二項モデル

1 で取り上げた株価の変動プロセス・モデル（以下，単に「株価モデル」という）の説明に戻る。同項においては基本確率変数（以下，これを B で表す）がいかなる確率変数であるかは問題としなかった。しかしながら，B が株価モデルの基本確率変数として機能するためには，これが次の条件を満たしていることが必要であり，以下，これらの条件をまとめて「モデル適合条件」と呼ぶことにする。

① $n \to \infty (\Leftrightarrow \Delta t \to 0)$ のとき，$E(\log \frac{S_T}{S_0})$ および $\mathrm{var}(\log \frac{S_T}{S_0})$ のいずれもが一定の値に収束すること。

② 上記の収束値をそれぞれ μ^* および $(\sigma^*)^2$ とすれば，

$$\mu^* = T\mu \text{ および } (\sigma^*)^2 = T\sigma^2$$

が成立すること。ただし，μ および σ^2 は市場の観察を通じて推定される $\log \frac{S_T}{S_0}$ の期待値および分散である。

①の要件は S_T 自体が対数正規分布に従う確率変数となるための条件であり（注63 参照），②の要件は (g) 式と (h) 式との整合性を確保するための条件である。そして，証明は省略するが，確率変数 B が次の条件を満たすベルヌーイ分布（以下，これを「オリジナル・ベルヌーイ分布」と呼ぶ）に従う変数であればモデル適合条件がすべて満たされることが知られている。

---

[68] リスク中立確率（別名「マルチンゲール確率」ともいう）は「リスク中立者の目から見た確率」であると説明されることがある。たしかに，すべての市場参加者がリスク中立的であれば，リスク中立確率は各人の主観的確率と一致するといえるであろう。

[69] この原理を「ファイナンス理論の基本定理」という。野口=藤井（2005）89 頁以下参照。

$$p(B = u) = p$$
$$p(B = d) = 1 - p$$

ただし，
$$u = \exp(\mu\Delta t + \sigma\sqrt{\Delta t})$$
$$d = \exp(\mu\Delta t - \sigma\sqrt{\Delta t})$$
$$p = \frac{1}{2}$$
とする。

このことを日常の言葉で言い表せば，この株価モデルの下において株価は期間 Δt に p の確率で u 倍となり，$1-p$ の確率で d 倍になるということであり（$d<1$ の場合には株価の下落となる），この株価モデルを**二項モデル**といい，その構造を示したものが【図 **b**】である（ここで Δt_i は i 番目の期間 Δt を示してい

【図 **b**】

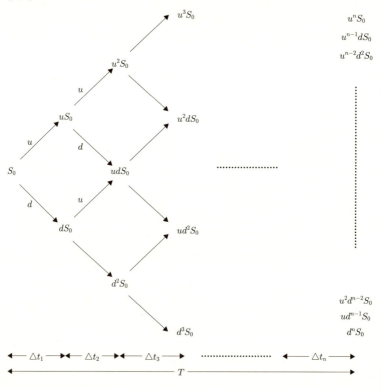

る)。

オリジナル・ベルヌーイ分布の下では起こりうる事態が2つしかなく,しかも,ここにおいては独立な2つの資産(=安全資産 F と S 株)が存在するので各事態についてのリスク中立的確率を求めることができる。早速計算してみよう。

まず,時点 Δt_1 において S 株に関して起こりうる事態は,株価が uS_0 となるか dS_0 となるかのいずれかだけであり,それぞれの事態の事態価格を μ_1^* および μ_2^* とする。さらに,利子率 $R = 1 + r$ は,今後は(期間 T ではなく)期間 Δt における利子率を表すものとする。これらの点を (j) 式および (k) 式にあてはめると,

$$S_0 = uS_0\mu_1^* + dS_0\mu_2^*$$
$$1 = R\mu_1^* + R\mu_2^*$$

となる。この連立方程式を解くと,

$$\mu_1^* = \frac{R-d}{R(u-d)}, \quad \mu_2^* = \frac{u-R}{R(u-d)}$$

となり,それぞれの事態に対するリスク中立確率 p^* および $1-p^*$ は,リスク中立確率の定義によって次のように表せる。

$$p^* = \frac{R-d}{u-d}, \quad 1-p^* = \frac{u-R}{u-d} \tag{m}$$

すなわち,オリジナル・ベルヌーイ分布の確率 $(p = 1-p = \frac{1}{2})$ を (m) 式記載のものに改めればリスク中立確率に換算された二項モデルを作ることができる。以下,このようにして作られた二項モデルを**リスク中立二項モデル**と呼ぶことにする。

4　リスク中立二項モデルを用いた確率密度関数とオプション価格の算出

ここまで行ってきたプロセスをまとめると次のようになる。

[Ⅰ]　S_T の確率密度関数 $\phi(S_T)$ の特定 = (g) 式と (h) 式の特定
[Ⅱ]　$\phi(S_T)$ のモデル適合条件を満たす価格モデル(=二項モデル)の確立 = オリジナル・ベルヌーイ分布の特定
[Ⅲ]　オリジナル・ベルヌーイ分布のリスク中立確率への換算 = リスク中立二項モデルの確立

残されたプロセスは次のとおりである。

［Ⅳ］リスク中立二項モデルを使った S_T の新たな確率密度関数（以下，これを $f(S_T)$ で表す）の特定
　　　［Ⅴ］上記の $f(S_T)$ を使った C_T の期待値の計算
　　　［Ⅵ］上記の期待値の現在値（$= C_0$）の算定（利子率で割り引けばよい）

　上記のプロセスのうちの［Ⅳ］の作業はかなり複雑であるが，結論からいうと，$f(S_T)$ は $\phi(S_T)$ と同様に対数正規分布に従う関数であり，$\phi(S_T)$ における (g) 式と (h) 式に対応する S_T の対数の期待値と分散はそれぞれ以下の値となる．

$$E(\log S_T) = \log S_0 + \left(r - \frac{\sigma^2}{2}\right)T$$

$$V(\log S_T) = \sigma^2 T$$

　そこで，この 2 つの値によって特定される $f(S_T)$ を使って C_T の期待値を求め，その値を利子率 r で割引くと以下の式にいたる．

$$C_0 = S_0 \int_{-\infty}^{d_1} \phi(x)dx - Ke^{-rT} \int_{-\infty}^{d_2} \phi(x)dx \tag{n}$$

　ただし，$\phi(x)$ は標準正規分布の確率密度関数であり，e^{-rT} は期間 T における安全資産の割引率を表し[70]，d_1 および d_2 はそれぞれ下記の値を表している．

$$d_1 = \frac{\log \frac{S_0}{K} + \left(r + \frac{\sigma^2}{2}\right)T}{\sigma\sqrt{T}}$$

$$d_2 = \frac{\log \frac{S_0}{K} + \left(r - \frac{\sigma^2}{2}\right)T}{\sigma\sqrt{T}} = d_1 - \sigma\sqrt{T}$$

　この (n) 式がコール・オプションに関する BS モデルの結論であるが，表記を簡略化するために，

$$\int_{-\infty}^{d} \phi(x)dx = N(d)$$

と表すことにし，これを (n) 式にあてはめると，

$$C_0 = S_0 N(d_1) - Ke^{-rT} N(d_2) \tag{o}$$

となる．
　さらに，プット・オプションの現在価値については (o) 式と (5.30) 式より，

---

70) この式に登場する「r」は本来の利子率に対応する連続複利の利率を表している．rT に「$-$」がついているのは e^{rT} を割引率として用いるためである．注 52) 参照．

$$P_0 = -S_0 + Ke^{-rt} + C_0$$
$$= Ke^{-rT}[1 - N(d_2)] - S_0[1 - N(d_1)]$$
$$= Ke^{-rT}N(-d_2) - S_0N(-d_1)$$

となる。[71)]

5 コール・オプションの定性的評価

BS モデルを使うと本文では曖昧にしか示せなかった①原資産価格 (S_0),②オプション行使時点までの期間 (T) または③原資産のボラティリティ (σ) の変化に伴うコール・オプションの市場価格 (C_0) の変化を明確に説明することができる。S_0 と C_0 の関係を示した【図 5-15】を以下に【図 c】として再掲するので,これを参照しながら以下の説明をお読み願いたい。

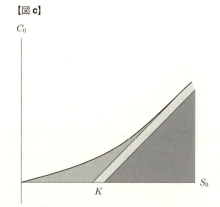

【図 c】

① まず,$S_0 = K$ の場合,

$$C_0 = KN(d_1) - Ke^{-rT}N(d_2)$$

となるが,$d_1 > d_2 \Rightarrow N(d_1) > N(d_2)$ であって,かつ $K > Ke^{-rt}$ であるから,この値は必ず正となる。すなわちアット・ザ・マネーの状態において C_0 は必ず正の値をとる。

② $S_0 \to \infty$ の場合には,$d_1 \to \infty, d_2 \to \infty \Rightarrow N(d_1) \to 1, N(d_2) \to 1$

---

71) 計算の最後の部分では,$\phi(x)$ が標準正規分布であることから次の計算式が成立することを利用している点に留意されたい。

$$1 - N(d) = \int_{-\infty}^{\infty} \phi(x)dx - \int_{-\infty}^{d} \phi(x)dx$$
$$= \int_{d}^{\infty} \phi(x)dx = \int_{-\infty}^{-d} \phi(x)dx = N(-d)$$

となるので,

$$C_0 \to S_0 - Ke^{-rT} = (S_0 - K) + K(1 - e^{-rT})$$

となる。すなわちイン・ザ・マネーの状態において原資産の価格が上昇すれば，C_0 はオプションの本源的価値（$= S_0 - K$）（【図 c】中の ■ 部分がこれにあたる）に近づくが，利息相当価値（$= K(1 - e^{-rT})$）（図中の ■ 部分がこれにあたる）だけ本源的価値を上回り続ける。

③ $S_0 \to 0$ の場合には，$d_1 \to -\infty, d_2 \to -\infty \Rightarrow N(d_1) \to 0, N(d_2) \to 0$ となるので,

$$C_0 \to 0$$

となる。すなわち，アウト・オブ・ザ・マネーの状態になってもコール・オプションの価値は消滅しないが，原資産価格が低下するほど C_0 の価値も低下し，最終的には 0 に収斂する。

④ $\sigma \to \infty$ の場合には[72],

$$d_1 = \log\left(\frac{S_0}{K}\right)\frac{1}{\sigma\sqrt{T}} + \frac{r\sqrt{T}}{\sigma} + \frac{\sigma\sqrt{T}}{2}$$

$$d_2 = \log\left(\frac{S_0}{K}\right)\frac{1}{\sigma\sqrt{T}} + \frac{r\sqrt{T}}{\sigma} - \frac{\sigma\sqrt{T}}{2}$$

であるから，$\sigma \to \infty \Rightarrow d_1 \to \infty, d_2 \to -\infty \Rightarrow N(d_1) \to 1, N(d_2) \to 0$ となるので,

$$C_0 \to S_0$$

となる。すなわち，【図 c】に示した C_0 のカーブは 45 度線に近づくことになり，オプションの価格はイン・ザ・マネーであるかアウト・オブ・ザ・マネーであるかにかかわりなく上昇する。この特質はオプションと株式の違いとして銘記されるべきものである。すなわち，株式の場合，ボラティリィティが大きいことは一般に価格の減額要素となるが，オプションの場合には原資産のボラティリィティが高いほど価格が上昇する。

⑤ $T \to \infty$ の場合には，④に示した d_1 の構造式により，$d_1 \to \infty \Rightarrow N(d_1) \to 1$ となり，他方 $e^{-rT} \to 0$ となるので,

$$C_0 \to S_0$$

---

[72] $\sigma \to 0$ の場合には，$d_1 \to \infty, d_2 \to \infty$ となるから $S_0 \to \infty$ の場合と同様に $C_0 \to S_0 - Ke^{-rT}$ となる。

> となって，$\sigma \to \infty$ の場合と同様オプションの価格は上昇する。[73]

---

[73] $r > \frac{\sigma^2}{2}$ であれば $d_2 \to \infty$, $r < \frac{\sigma^2}{2}$ であれば $d_2 \to -\infty$ となるが，d_2 がどんなに増大しても $N(d_2)$ が 1 を超えることはないので $e^{-rT} \to 0$ の効果を打ち消すことはない。

第6章
財務分析(2)
会社の政策

1 会社経営の目的

　経営者は様々な理想を抱いて会社の経営にあたる。優れた製品の販売を通じての社会への貢献，従業員の福利の増進，地域社会で暮らす人々の生活の安定，わが国の国際的地位の向上などなど彼らが掲げる理想はいずれも貴く美しい。

　しかしながら，会社法が経営者に命じる行動はこのような高邁な理想の追求ではない。経営者が経営の目的とすべきことは会社が発行した株式全体の現在価値（以下，これを**株主価値**という）を最大化することであり，彼らが個人的に抱く理想の追求はこの目的と矛盾しない限度においてのみ行いうるものである。[1]

　なぜ経営者は株主価値の最大化を目指さなければならないのか。その理由をひとことでいえば，株主は会社の**剰余権者**（residual claimant）だからである。ここで剰余権者とは事業が生み出す収益に関して他者の取り分は定まっており，それらが分け与えられた後の余りのみを受け取りうる者のことである。株主はまさしく剰余権者である。けだし，株主は会社が株主以外の請求権者——すなわち債権者——に彼らの取り分を支払った後になお分配しうる財産（以下，これを**剰余金**という）がある場合にのみその分配にあずかれる者だからである。

---

[1] ただし，会社法は経営者が追求すべき目的が何であるかを明示しておらず，ここで述べている考え方はあくまでも会社法の一つの解釈に過ぎない（ただし，それは非常に有力な解釈である）。この問題に関する私個人の見解は *6* において詳述する。

このようにいうと，剰余権者である株主の立場は非常に不利なもののように聞こえるかもしれないが決してそうではない。なぜならば，事業が剰余金を生み出す限り剰余権者はこれを無制限に受け取れるものだからであり，これを別の角度からいえば，経営者が株主価値の最大化を目指して行動すれば結果として会社がもたらす富は最大化されるに違いない。[2] 会社制度はこの理念に基づいて作り出された制度であり，この意味において，会社は株主価値の最大化を目的として経営されるように原理づけられた組織なのである。

しかしながら，いかなる制度も理念どおりに機能するという保障はない。会社制度においても上記の理念が正しく機能しているかについては不断の検証が重ねられるべきであり，その結果次第によっては経営者の行為規範についても様々な修正を施すことが必要となるであろう。本章においても *3* および *6* でこの問題に回帰する予定であるが，当面は，会社経営の目的は株主価値の最大化であることを前提としたうえで企業経営の諸政策について考えていくことにしよう。なお，本章において企業ないし会社とはすべて「株式会社」のことである。また，実際の企業経営は複数の人々の手によってなされるものであるが，議論を分かりやすくするために経営者はあたかも1人であるかのように記述する場合が多い。

2 投 資 政 策

投資政策とは「利用可能な経営資源を何のために用いるかを決定するための方針」のことである。新規の設備投資から大型の企業買収に至るまで，会社経営者が下す重要な意思決定の多くは投資政策に関するものである。

投資政策の基本原理

株主価値の最大化が会社の経営目的であることを考えれば，投資政策がいかなるものであるべきかは自明であろう。すなわち，それは，企てられている営み（以下，これをプロジェクトという）から得られる毎年の収益（マイナスの収

---

2)　「富」の意味については注91)を参照されたい。

益を含む）の現在価値を足し合わせた値（以下，これを**正味現在価値**〔Net Present Value〕と呼んで **NPV** と表す）がプラスであるプロジェクトは実施し，マイナスであるプロジェクトは見送るというものである（以下，NPVがプラスの投資を**効率的な投資**，NPVがマイナスの投資を**非効率的な投資**と呼ぶことにする）。プロジェクトを開始するにあたっては当初に金額の確定している費用を支出することが多いのでこれを**初期投資**と呼んでその金額を C で表し，プロジェクトが i 年目に生み出す収益（確立変数）を X_i，プロジェクトの期待収益率を μ（各年について共通とする）とすればNPVは (5.26) 式を修正した以下の公式によって求めることができる。

$$\text{NPV} = -C + \sum_{i=1}^{\infty} \frac{E(X_i)}{(1+\mu)^i} \tag{6.1}$$

(6.1) 式を用いるためには C と μ と $E(X_i)$ を特定しなければならない。このうち C は容易に分かる数値であり，μ も第5章で説明したCAPMを用いれば（ある程度の推定誤差は避けられないものの）特定可能である。$E(X_i)$ に関しては，一般的には，現時点から5年前後の期間については売上高や原価の予測を行って年ごとの期待値を個別に推定し，その先の期間については (5.27) 式や (5.28) 式を使った収益モデルを用いて期待値を推定するという方法がとられる。法律家であるあなたは，これらの推定の適否については財務の専門家の判断を尊重すべきであろうが，推定の妥当性についてはある程度の検証を行った方がよい場合もある。たとえば収益モデルとして (5.28) 式が使われている場合において，期待成長率 g の値がプラスである場合には，それだけの期待成長率を仮定しうる根拠がどこにあるのか，市場の継続的拡大を想定する根拠は何であり，他社の新規参入の影響をどのように計算に組み入れているかなどを財務の責任者に尋ねるべきであろう。

以上の点を踏まえて，(6.1) 式が経営の意思決定において具体的にどのように使われるのか，事例問題を使って考えてみることにしよう。

【問題6-1】
　大手玩具メーカーT社のCFOであるM氏は，企画部長から興味深い話を聞いた。現在企画部では，小中学生向けの新しいコンピューターゲーム（以下，これを「ゲームα」と呼ぶ）の商品化を検討しているが，このゲームαが商

品化されればかなりの期間持続的に収益を生み出すことが期待できそうだというのである。M 氏は早速このプロジェクトに関する情報の収集と分析を部下に命じた。以下はこれに対する報告の抜粋である。なお，企業所得税（253 頁参照）はないものとする。

(1) 初期投資額は 21 億円である。
(2) 想定される市場の大きさや過去の類似商品の販売実績から考えて初年度の収益の期待値は 6 億円と推定される。
(3) ゲーム α については毎年新規の需要者（＝新しい小中学生）が参入してくるので長期的に安定した収益の継続が見込まれる。ただし，競合商品の新規参入や商品自体の陳腐化は避けられないので，2 年目以降は毎年収益が 20% 低下すると想定するのが現実的である。
(4) ゲーム α は T 社の主力製品と同種の商品であるから，T 社の株式の期待収益率を本プロジェクトの割引率に用いるのが妥当である（T 社に負債はないものとする）。CAPM を使って推定した T 社株式の期待収益は 10% である。

[小問 1]　本プロジェクトの NPV はいくらであるか。
[小問 2]　本プロジェクトの NPV がマイナスであるにもかかわらず T 社の CEO の N 氏は本プロジェクトの実施を妥当と判断するとすれば，それはいかなる理由によるものであろうか。

小問 1 について

本論に入る前に 1 点用語の整理をしておこう。NPV の計算上重要なものは金銭の受取額であり，本書ではこれまでその値のことを（マイナスの値となる場合も含めて）収益と呼んできた。しかるに，収益に関して私たちが日頃目にする情報の大半は会計上のものであるが，会計上の収益は必ずしも金銭の受取額を表してはいない。そこで，金銭の受取額（マイナスの値である場合を含む）であることを強調したい場合には，以下これをキャッシュ・フローと呼び，金銭の受取と支払を区別したい場合には受取額をキャッシュ・インフロー，支払額をキャッシュ・アウトフローと呼ぶことにする。

そこで，(5.28) 式と (6.1) 式を使って本プロジェクトの NPV を計算すれば，

$$\mathrm{NPV} = -C + \frac{E(X_1)}{\mu - g} = -21\,\text{億円} + \frac{6\,\text{億円}}{10\% - (-20\%)}$$
$$= -1\,\text{億円}$$

である。

小問 2 について

[小問 1] の計算によれば本プロジェクトは非効率的な投資であるから，T社としてはその実施を断念すべきである。ただし，T社のCEOであるN氏は上記計算の結果を踏まえたうえでなお本プロジェクトの実施を妥当と判断するかもしれない。それは，本プロジェクトを実施することによって，新たな事業機会が生まれる場合があるからである（そのような事業機会をリアル・オプションという）[3]。たとえば，ゲーム α がそれなりの人気商品となればその続編（以下，これを「ゲーム β」と呼ぶ）を販売するというリアル・オプションが生まれる。ゲーム β の開発に必要な投資額はゲーム α の場合よりも格段に低いものとなるであろうからゲーム β の NPV はプラスとなる可能性が大である。さらに，ゲーム α がヒット商品となればそのアニメ化やキャラクター商品の販売によって収益を生み出すリアル・オプションも生まれる。これらのリアル・オプションの価値を現時点で算定することは困難であるが，最高経営責任者であるN氏はその点も考慮して最終判断を下さなければならない。したがって，その評価次第では，(6.1) 式を使って計算した NPV はマイナスであるにもかかわらず本プロジェクトを実施するという決定を下すこともありうる。

---

[3] リアル・オプションの中には本文に掲げたような追加の収益機会の他に，損失の拡大を防ぐ機会も含まれる。たとえば，本プロジェクトを実施した結果想定に反して売上が伸びず毎年の収益が赤字となる場合を考えてみよう。(6.1) 式の計算にはそのような場合においても永遠に赤字を出し続けるというシナリオが含まれている。しかしながら実際にそのような事態に陥ったならば T 社はゲーム α の販売を中止することによって損失の継続的発生を回避するであろう。これもまたリアル・オプションにほかならない。

既存事業の NPV

　(6.1) 式に示された投資政策の基本原理は，新規事業についてのみならず既存事業の継続の可否を決定する場合にもあてはまる。すなわち，既存の事業を継続するという判断は，その事業の機会費用（通常は，事業を構成している諸資産を売却して得られる資金額がこれにあたる）を初期投資と考えて (6.1) 式を適用し，その NPV がプラスである場合に限り正当化される。このことは，経営者が犯しがちな 2 つの誤りを示唆するものである。

　その 1 つは「初期投資額の計算の中にサンク・コストを入れてしまう」という誤りである。ここで，**サンク・コスト**（sunk cost）とは，「すでに支出済みであるか，あるいは，（第三者とすでに契約を結んでいる等の理由により）支出することがもはや避けられない費用の」ことである。(6.11) 式の計算に含めうるのは「プロジェクトの実施を見送れば発生を回避できる費用」だけであり，したがってサンク・コストを NPV の計算に入れることは誤りである。このことは一般論としては自明のように聞こえるかもしれないが，経営実務においてはしばしば深刻な誤謬を惹起する。たとえば次の問題を考えてもらいたい。

【問題 6-2】
　石油精製会社 A 社は石油化学製品の製造販売に乗り出すことを決定し，その工場建設に着手した。工場の建設コストは 300 億円，この事業から得られるキャッシュ・フローの期待値は毎年 40 億円，事業の期待収益率は 10% と推定された。したがって，(5.27) 式と (6.1) 式を用いてこのプロジェクトの NPV を計算すると，

$$\mathrm{NPV} = -300\,億円 + \frac{40\,億円}{0.1} = 100\,億円$$

となり，十分採算のとれる事業となるはずであった。
　ところが，事業開始早々に工場のランニング・コストが当初の想定をはるかに上回ることが判明した。原因は工場の設計ミスに帰因するものであり，結果としてこの事業の収益は当初の想定額の約半分，すなわち毎年 20 億円のキャッシュ・フローしか見込めないことが判明した。次の表は今後 5 年間におけるこの事業の予想損益計算書上の主たる数値である（「営業損失」に「支払利息」を加えたものが「経常損失」である）。

2 投資政策

(単位：億円)

事業年度	1	2	3	4	5	合計
営業損失	−10	−10	−10	−10	−10	−50
支払利息	−9	−9	−9	−9	−9	−45
経常損失	−19	−19	−19	−19	−19	−95

　なお，毎事業年度の営業損失 = −10 億円は，毎年のキャッシュ・フローの期待値 = 20 億円から工場の減価償却費 = 30 億円（300 億円を 10 年で均等償却）を差し引いた値であり，支払利息 = −9 億円は，この工場の建設資金 300 億円全額を金利 3% の銀行借入でまかなったことによって生じたものである。
　この場合，A 社はこの事業を継続すべきだろうか。ちなみにこの工場を閉鎖・解体して更地とすれば，これを第三者に 100 億円で売却できるものとする。

　この事業の将来は一見すると絶望的である。予測損益計算書によれば毎年 10 億円の営業損失，19 億円の経常損失の計上が見込まれ，損失累計額は 5 年間で 95 億円にのぼることが見込まれている。これだけの損失を生み出す以上，ただちに事業を中止して資産を売却し 100 億円の現金を手に入れる方が得なように思えるかもしれない。しかし，会計上の数字に惑わされてはいけない。この事業を継続することの NPV は明らかにプラスである。なぜならば，

① この事業を継続することの機会費用は資産の売却益の 100 億円だけである。工場の建設に要した 300 億円はサンク・コストであり，今後の投資判断には影響を与えない。

② この事業を継続すれば毎年 20 億円のキャッシュ・フローが見込まれている。したがって，事業の期待収益率が当初の推定どおり 10% であるとすれば，本事業の現時点における NPV は下記のとおり明らかにプラスの値となる。

$$\text{NPV} = -100\text{ 億円} + \frac{20\text{ 億円}}{0.1} = 100\text{ 億円}$$

③ 会計上の数字が悪いのは減価償却額と支払利息が大きいからであるが，前者は事業のキャッシュ・フローには関係のない数字であり，後者は過去の投資判断が誤っていたことの「負の遺産」にすぎず，いずれも

今後の投資判断に影響を与えるものではない。からである[4]。

既存事業の継続の可否に関して経営者が犯しがちなもう1つの誤りとは，事業の「過去の栄光」に引きずられることである。サンク・コストが投資判断に影響を与えるものではないのと同様にアーンド・プロフィット（earned profit），つまり「獲得済みの収益」もまた投資判断に組み入れるべき要素ではない。しかしながら，これまで偉大な業績を上げてきた事業を中止するためには大いなる決断が必要であり，これを支えるものは(6.1)式が示す冷徹な投資原理以外にはありえない。

投資政策としての企業買収

(6.1) 式に (5.26) 式を代入すると次の式を得る。

$$\text{NPV} = -C + P \tag{6.2}$$

(6.2) 式の意味することは，「どんなに魅力的な投資対象であってもそれを市場価格で取得するだけでは NPV をプラスとすることはできない」ということである（その場合の (6.2) 式の値は $-P + P = 0$ となる点に留意されたい）。このことは企業買収の難しさを雄弁に語っている。けだし，企業買収の売主である対象企業の株主は対象企業の株式をその市場価格以下で売却するインセンティブを持ちえず，そうである以上，つねに $C > P$ であり[5]，企業買収のNPVは，買収によって対象企業の株主価値が向上する効果（一般にこれをシナジー効果と

---

[4] このような観点から，実務では経常利益や営業利益よりも EBITDA を重視して事業の評価を行う。ここで **EBITDA** とは Earnings Before Interest, Tax, Depreciation and Amortization の頭文字を並べた言葉であり，税引後利息に法人税，支払利息，減価償却費を繰り戻した値（減価償却控除前の営業利益とほぼ一致する）のことである。

[5] 伝統的な交渉理論によれば，売主の立場にある交渉当事者が受け入れ可能な最低売却価格（これを売主の**留保価格**という）は，その交渉が決裂した場合において当該当事者が取りうる最善の行為（これを Best Alternative to Negotiated Agreement の頭文字をとって **BATNA** という）によってもたらされる収益の現在価値である。株式の売主にとっての BATNA は通常「株式の継続保有」であるから，それによってもたらされる収益の現在価格，すなわち P が売主の留保価格にほかならない。

いう）を伴わない限り，決してプラスとはなりえないからである。

事例問題を使って考えてみよう。

> 【問題 6-3】
> 　大手広告企業の A 社では現在 B 社の買収が検討されている。B 社は 3 年前に上場を果たしたインターネット関連の新興企業であるが，斬新なビジネスモデルがうまく機能して上場以来毎年収益の最高記録を更新し続けている。A 社の X 常務は B 社のオーナー社長である Y 氏とはかねてから昵懇の間柄であり，その縁で今回の買収提案が俎上に載った次第であるが，Y 氏はこの話に大いに乗り気であり，同氏が保有している B 社の全株式（発行済株式総数の 60％ にあたる）を現時点における市場価格で売却したいといっている（Y 氏はこれによって得た資金を使ってまた別の事業を始めたいと考えているようである）。調査してみたところ，B 社には経営上別段問題はないようであり，同社の業績は今後も好調であろうというのが市場関係者の一致した意見である。このプロジェクトを実現させたいと考えた X 常務は取締役会での正式提案に先立ち社外取締役であるあなたのところへ「根回し」しにやってきた。あなたは，X 常務に対していかなる質問をなすべきであろうか。

　結論からいおう。社外取締役として株主価値の最大化に腐心すべき立場にいるあなたとしてはこの企業買収の当否について疑問を投げかけるべきである。問題は，B 社の業績がどんなに好調であっても——否，好調であればなおさらのこと——深刻であるといわざるをえない。なぜならば，B 社の好調な業績は同社の株価に反映されているはずであり，もしかすると市場の過剰な期待が B 社の株価を実力以上のものに押し上げている可能性すらあるからである。要するに，この取引の投資額 C は，対象会社株式の割引現在価値と等しいかあるいはそれを上回っている可能性が大であり，だとすれば，シナジー効果が生じる理由が示されない限りこの企業買収は非効率的な投資であると疑わざるをえない。

税引後 NPV

　会社は収益の一定割合を法人税および地方税（の一部）として納めなければならない（以下，これらの税を**企業所得税**という。その詳しい内訳は **ONE MORE STEP 6-1** 参照）。したがって，プロジェクトの NPV が株主価値にもたらす影響を正確に

計算するためにはそのプロジェクトのキャッシュ・フローからどれだけの企業所得税を支払わなければならないかを推定し，その値を控除した NPV（以下，これを**税引後 NPV** という）を計算しなければならない。

　税引後 NPV を計算するうえで重要となる問題は，①「追加の収益に対して課される企業所得税の割合（以下，これを**実効税率**という）はいくらか」と②「実効税率を掛ける対象となる数字（以下，これを**課税標準**という）は何か」である。

　実効税率を算定するためには企業所得税を構成している各種の税の関係を明らかにしなければならない。この作業は意外と複雑であるが（複雑にしている最大の原因は地方税法上の事業税は法人税法の課税所得額を課税標準とする一方で，納められた事業税は翌事業年度の法人税を計算するうえで損金処理しうるからである），**ONE MORE STEP 6-1** に記した計算により，現行法上の企業所得税の実効税率はおおむね 30％ である[7]。以下では，抽象的な計算を行う際には実効税率を θ で表し，具体的な計算を行う際にはその都度実効税率をいくらとして計算すべきであるかを明示する。

　次に，企業所得税の課税標準は**所得**である[8]。所得はキャッシュ・フローと密接に結びついた概念であるが，次の各点において異なっている。

(1) 所得は，原則として，一定期間（通常は 1 年間。この期間を税法上は**事業年度**という）におけるキャッシュ・インフローの合計額（これを**益金**という）から同期間におけるキャッシュ・アウトフローの合計額（これを**損金**という）を差し引いた概念である（ただし，キャッシュ・インフローの一部は益金に算入されず，同様に，キャッシュ・アウトフローの一部は損金に算入されない。これらの点については後述する）。そして，事業年度の所得が

---

[6] 会社が納めるべき税金には企業所得税以外にも様々なものがある（法人住民税，固定資産税，登録免許税など）。ただし，これらの税金は会社の収益を課税の対象（租税法の用語でいえば，「課税物件」）とする税金ではないので投資政策の判断には直接影響を与えない。

[7] 本文記載の税法に関する数値は原則として 2016 年 4 月 1 日から 2017 年 3 月 31 日までの期間に開始する事業年度についてのものである。

[8] **ONE MORE STEP 6-1** に記すとおり，企業所得税の中の住民税等の課税標準は所得ではなくて「法人税額」であるが，法人税の課税標準が所得である以上，住民税等の課税標準も実質的には所得である。

プラスの場合にはその値が課税標準となって税額の計算の対象となり，マイナスの場合には（このマイナスの値を**欠損金**という），一定の条件の下に，前事業年度に対して納めた企業所得税の一部が還付され[9]，あるいは，翌事業年度以降に納めるべき企業所得税の課税標準の計算上損金に組み入れることができる[10]。

(2) いかなるキャッシュ・インフローが益金に算入されず，いかなるキャッシュ・アウトフローが損金に算入されないかは，会計学の一般原則によって定まる。ただし，単なる会計上の問題と異なり（会計上の問題だけであれば，会計上の区分を無視してキャッシュ・フローだけに注目すればよい）この場合には会計上の区分が企業所得税の計算に影響を与える結果として企業の税引後 NPV にも違いが生じる。もっとも，益金とキャッシュ・インフローまたは損金とキャッシュ・アウトフローの間の乖離は，通常 1，2 事業年度を経るうちに解消されてしまうので，NPV の計算上両者の違いを無視してもほとんど結果に影響を及ぼさない（前払費用や前受収益が計上される場合はその典型である）[11]。これに対して，法人税法上「固定資産」として扱われるものの取得のために支出したキャッシュ・アウトフローについては下記の方法によってのみ損金化が可能となる。

① **減価償却資産**（固定資産のうちで使用または時間の経過によって価値が減少するもののこと。建物，機械，無体財産権，営業権などがこれにあたる）の取得費用は一定の期間にわたって一定の方法で損金化される。

② 減価償却資産以外の資産（土地，株式などがこれにあたる）はこれを売却または除却した場合に損金化される[12]。

(3) さらに，会計原則上は収益（または費用）として計上されるキャッシ

---

[9] ただし，資本金1億円超の会社ではこの還付を受けることができない（租税特別措置法 66 条の 13）。
[10] 青色申告法人である会社は，欠損金を発生後 10 年以内の任意の事業年度において，当該事業年度の繰越控除前の所得の 60％（ただし，2017 年 4 月 1 日以降および 2018 年 4 月 1 日以降に開始する事業年度についてはそれぞれ 55％ および 50％）を限度として損金算入できる（法人税法 57 条 1 項）。
[11] これらの用語の意味については「概論」の第 4 章の訳者注 25) を参照されたい。
[12] その価額が著しく低下した場合にも一定の条件，一定の割合の下で損金化できる。

ュ・フローであっても税法独自の観点から益金（または損金）として処理されないものもある。なかでもNPVの計算上特に重要なものは発行済株式総数の3分の1超の株式を所有している他の国内の会社からの受取配当であり，その金額は全額を益金から控除することが認められている（法人税法23条）。[13),14)]

以上の点を踏まえて，税引後NPVをいかに計算するかであるが，結論からいうと，「すべてのキャッシュ・フローに$(1-\theta)$を乗じて計算を行い，必要に応じてこれに調整を加える」という方法が最も実務的である。この場合，税引後NPVをNPV_{AT}，税引前のNPVをNPV_{BT}とすれば，調整前における両者の関係は，

$$\mathrm{NPV}_{AT} = -(1-\theta)C + \sum_{i=1}^{N}\frac{E[(1-\theta)X_i]}{(1+\mu)^i} = (1-\theta)\mathrm{NPV}_{BT} \quad (6.3)$$

となるので，NPV_{BT}がプラスであればNPV_{AT}もプラスとなりNPV_{BT}がマイナスとなればNPV_{AT}もマイナスとなる。したがって投資判断を行うためだけであればNPV_{BT}さえ計算すれば十分であり，いちいちNPV_{AT}を計算する必要はない。このような理由から，実務においてはNPV_{BT}の計算だけで済ましてしまう場合も多いが，正確な判断を行おうとすれば(6.3)式に必要な調整を加えたNPV_{AT}を計算しなければならない。その際特に留意すべき事項を以下に列挙する。

(1) 初期投資の中に土地が含まれている場合には，土地の取得費用（以下，これをC_Tで表す）が損金処理できないことをNPV_{AT}に反映させるべく，(6.3)式の値から$\theta \cdot C_T$を引いた値をNPV_{AT}としなければならない。

(2) 初期投資の中に減価償却資産が含まれている場合には，減価償却資産の取得費用の損金化が費用の支出時よりも遅れることをNPV_{AT}に反映させる

[13)] 発行済株式総数の25%以上を所有している外国法人からの受取配当についても配当額の95%を益金から控除できる（法人税法23条の2第1項）。

[14)] 税法上の規定によって損金算入ができないキャッシュ・アウトフローとして交際費や寄付金が存在する（ただし，寄付金は一部を損金算入できる）。

2 投資政策

必要がある.反映のさせ方はいかなる方法で減価償却を行うかによって異なるが,たとえば,取得費用全額(以下,これを C_D で表す)を m 年間にわたり毎年均等に償却するとすれば,(6.3)式の値から下記 D の値を引いた値をもって NPV_{AT} としなければならない.

$$D = \theta C_D \frac{1}{m} \sum_{i=1}^{m} \frac{1}{(1+r)^i}$$

(3) 初期投資の中に株式が含まれている場合の考え方は意外と複雑である.まずは,対象企業(内国法人とする)の株式100%を取得する典型的な企業買収の場合について考えてみよう.

この場合の初期投資額 C が対象企業株式全体の市場価格 P を下回ることはないことは前述したとおりである.そして,i 年目の税引き後収益の期待値は $E[(1-\theta)X_i]$ であることを踏まえると P の値は次のように表せる.

$$P = (1-\theta) \sum_{i=1}^{\infty} \frac{E(X_i)}{(1+\mu)^i}$$

そこで,まず $C = P$ であると仮定して,当該企業買収の NPV_{BT} を計算すると(シナジー効果の現在価値を α とする),

$$\begin{aligned}\text{NPV}_{BT} &= -C + P + \alpha \\ &= -(1-\theta) \sum_{i=1}^{\infty} \frac{E(X_i)}{(1+\mu)^i} + (1-\theta) \sum_{i=1}^{\infty} \frac{E(X_i)}{(1+\mu)^i} + \alpha \\ &= \alpha\end{aligned}$$

となる.これを要するに,取得資産が株式の場合には市場価格そのものが対象企業の税引後収益の現在価値を表しているので,買収企業が対象企業から受取る配当に対して新たな課税がなされない限り[15],株式の取得費用を損金算入しなくても NPV の計算上不都合は生じない.したがって,株式取得費用 C が P を上回る場合(これが普通である)の NPV_{AT} は,次の式によって計算す

---

[15] 注13)に記したとおり,対象企業が海外会社である場合には受取配当の5%が益金算入されるので,正確に NPV を計算するためにはこの点について調整を行う必要がある.

ることができる（シナジー効果 α は税引後収益の現在価値として表されていることを計算の前提としている）。

$$\text{NPV}_{AT} = -(C - P) + \alpha$$

取得する株式が対象企業発行株式の一部である場合も計算の原理は同じである。問題は取得株式が対象会社株式の発行済株式総数の 3 分の 1 以下の場合である。この場合には，受取配当に対してさらに課税がなされるので（持株比率が 5% 超であれば受取配当の 50% を，5% 以下であれば 80% を，それぞれ益金に算入しなければならない），税引後収益の現在価値は初期投資の額を原則としてつねに下回ってしまう。この問題については後で再度述べる（297 頁参照）。

(4) 一定期間において欠損金の発生が見込まれるプロジェクトの場合には，それが将来どのように損金化されるのかを考えて税引後 NPV を計算しなければならない。ただし，投資政策の対象プロジェクト以外で十分な収益を生み出しうる企業の場合には企業全体として欠損金が生じることはないので，(6.3) 式をそのまま使って NPV_{AT} の計算を行うことができる。

ONE MORE STEP 6-1　実効税率の算定

現行法上，企業所得税の法令上の標準税率と課税標準は以下のとおりである（対象会社の資本金が 1 億円超であることを前提としている）。

① **法人税**　課税標準は所得であり，法令上の標準税率は所得の 23.4% である。[16]
② **住民税**（都道府県 + 市町村）**法人税割および地方法人税**（以下「住民税等」という）　課税標準は法人税額であり，法令上の標準税率は 17.30% である。
③ **事業税所得割および地方法人特別税**（以下，「事業税等」という）　課税標準は所得であり，法令上の標準税率は課税所得額のうち 800 万円を超える部分について 6.0% である。

ただし，事業税等は翌事業年度の課税所得を計算するうえで損金となるので翌年度の企業所得税の減少をもたらし，減少される企業所得税には当該翌年度

---

16) 2018 年 4 月 1 日以降に開始する事業年度からは 23.2% となる。

の事業税等も含まれることからこの結果は翌々年度の課税所得の増加につながり，以下同様の変化が続くので実効税率の正確な計算を行うためには貨幣の時間的価値も考慮した複雑な式の設定が必要となる[17]。そこで，実務では，「事業税等の損金算入を次年度ではなく対象年度において行えると仮定した場合における対象年度の事業税等控除前課税所得額に対する企業所得税の割合」(これを**法定実効税率**という)をもって実効税率とみなすことが一般的であり，この方法を用いれば貨幣の時間的価値を考慮する必要がない分だけ計算が簡単になる。この方法を用いて実効税率を計算してみよう。用いる記号の意味は以下のとおりとする。

a = 法人税の税率
b = 住民税等の税率
c = 事業税等の税率
$k = a(1+b) + c$
t = 実効税率
E = 対象年度の事業税等の額
I = 事業税等控除前の課税所得額

まず，各課税の性質により次の2つの等式が成立する。

$$I \times t = (I-E)[a(1+b)+c] \tag{a}$$
$$E = (I-E)c \tag{b}$$

(b)式を変形すれば，

$$E = \frac{Ic}{1+c} \tag{c}$$

が得られる。よって，(c)式を(a)式に代入し，両辺を I で割れば次の式が導き出される。

$$t = \frac{a(1+b)+c}{1+c} \tag{d}$$

(d)式に現行法上の税率を代入して法定実効税率を計算すると，

---

17) 結論だけを記すと，貨幣の時間的価値を考慮した実効税率 θ は，
$$\theta = \frac{1+r}{1+r+c}[a(1+b)+c]$$
となる (r は利子率を表し，他の記号の意味は本文と同じである。ただし，対象企業が次年度以降もしかるべき収益を生み出し続けることを前提としている)。詳しくは，草野 (2010) 36 頁以下参照。

$$t = \frac{1}{1 + 0.06} \times [0.234 \times (1 + 0.173) + 0.06]$$
$$\fallingdotseq 31.55$$

となる。したがって，現行法上の実効税率は約 30% である。

3 資本政策

資本政策とは広義においては企業の資金調達政策全般を意味する言葉であり，いくらの資金を，いかなる手段により調達するかがその中心課題となる。資本政策という言葉の狭義の意味は，企業の**資本構成**，すなわち，**株主資本**（**equity**）と**負債**（**debt**）の割合（これを**負債比率**〔**leverage ratio**〕という）に関する方針のことであり，本節でいうところの資本政策とはこの意味である。

負債比率の表し方には簿価ベースと資産価値ベースの 2 通りがある。簿価ベースの負債比率は貸借対照表に計上された負債と株主資本の各金額を用いて算出することができる[18]。これに対して，資産価値ベースの負債比率を決定するものは株主価値と負債の現在価値（以下，**債権者価値**という）[19]であり，本書においては今後後者の意味で負債比率という言葉を用いる。なお，債権者価値は通常負債の額面額と一致するが，後に述べるとおり，負債の返済が不能となるリスク（以下，**倒産リスク**という）のある企業の場合には両者の間に乖離が生じる[20]。

---

18) 上場企業が定期的な業績発表に際して公表する負債比率は通常簿価ベースのものである。

19) 負債比率の算定に組み入れるべき負債として考えるものは通常有利子負債だけであり，買掛債務や支払手形など企業の通常の業務活動において生じる負債は考慮しない。これらの負債は企業に帰属するキャッシュ・フローの一部として株主価値の計算に組み込まれる。また，企業が保有している現預金は通常債権者価値のマイナス要因としてとらえ，これを差引いた債権者価値を**純負債**（net debt）という。

20) 倒産リスクがない場合であっても，適用金利と市場金利の間に違いがあれば，債権者価値は額面額と乖離する。逆に，倒産リスクがある場合でも，適用金利がリスクを適切に反映していれば両者は一致する。

モジリアニ・ミラー理論

　資本政策が企業にとって重要であることは，自明なように思えるかもしれない。株式と負債では当事者間の権利・義務関係が大いに異なることは周知のとおりである。しかし，資本政策が「株主価値の最大化」という経営上の目的に影響を与えるということが本当にあるのだろうか。この問いに対して明解な結論を下したのは，F. ModiglianiとM. H. Millerという2人の経済学者であり，彼らが展開した理論はモジリアニ・ミラー理論，略して**MM理論**と呼ばれている。MM理論が下した結論は，「市場原理が働く限り，資本政策によって1株あたりの株主価値が変動することはない」というものである。

　Modigliani, Miller両氏がMM理論をはじめて世に問うたのは，1958年，すでに半世紀以上も前のことである。発表当時は賛否をめぐって意見が分かれることの多かったMM理論であるが，資産価格理論の一般定理として価格の線形性が認められるにいたった現代ファイナンス理論の立場からすれば，MM理論の正当性は疑う余地がない[21]。以下，これを証明する。

(1) ここに，負債のある企業が存在し，その株主価値をE_L，債権者価値をD_Lで表す[22]。そして，その企業に生じるすべてのキャッシュ・フロー（ただし，株主または有利子債権者との間に生じるものを除く）を受け取る地位を**総資産**，総資産の現在価値をその企業の**総資産価値** (enterprise value) と呼び，これをV_Lで表す[23]。この場合，税引後収益は株主と債権者のいずれかに帰属す

---

21) 後に示すとおり資本構成を変えると株式の財務的性質は劇的に変化する。したがって，「資本構成の変化によって総資産価値は当然変動する」というのがMM理論が発表された当時の支配的見解であり，その点が価格の線形性が長らく承認されなかったことの原因の1つとなっていた。

22) 一般に，負債のある会社を「levered company」，負債のない会社を「unlevered company」という。MM理論に関係する記述において多くの論者がLやUの添字を用いるのは，この頭文字をとったものである。

23) 「総資産価値」という言葉に代えて「企業価値」という言葉を用いる論者もいるが，企業価値という言葉は様々な意味に使われるので本書ではあえてその使用を避けた次第である（たとえば，最決平成19年8月7日判例タイムズ1252号125頁（ブルドックソース事件最高裁決定）は，「企業価値」，「会社の利益」，「株主共同の利益」を同義とし，その帰属主体は株主であると考えているようであり，であるとすれば，そこでいう企業価値とは本書でいう株主価値にほかならない。これに対して企業価値研究会 (2008) は，その脚注2で「企業価値とは，概念的には企業が生み出すキャッシュ・

るものであるから，価格の線形性により，

$$V_L = E_L + D_L \tag{6.4}$$

である。

(2) 次に，同一の企業が収益の確率分布に影響を与えることなく資本構成を変更し，負債のない状態になったと考える。この状態における企業の株主価値を E_U，総資産価値を V_U とすれば，

$$V_U = E_U \tag{6.5}$$

である。

(3) 資本構成の変更前と変更後において収益の確率分布が変わっていない以上，一物一価の法則により，[24]

$$V_L = V_U \tag{6.6}$$

である。したがって，(6.4)，(6.5)，(6.6) の各式より，

$$E_L + D_L = E_U \tag{6.7}$$

となり，この (6.7) 式を日常の言葉でいえば，「資本政策を変更しても株主価値と債権者価値の和は変わらない」ということになる。この結論は，一般に **MM 第 1 定理** と呼ばれている。

(4) ところで，収益の確率分布に影響を与えることなく資本構成を変更するにはどうしたらよいであろうか。負債比率を引き下げるためには，新株を発行して借入金の返済を行えばよい。負債比率を引き上げるためには，これと反対のことをすればよいのであるから，新たな借入をして自社株の買入れを行えば

フローの割引現在価値」であると述べている。その趣旨はおそらく本文で述べた総資産価値の定義と同じであると思うが，そこでいうところの「企業が生み出すキャッシュ・フロー」が「事業から生じるキャッシュ・フロー」を意味するとすれば，企業所得税として国庫に支払われる税収の現在価値も企業価値の一部とみなさなければならないであろう）。

24) 一物一価の法則は価値の線形性と同値の命題である（第 5 章注 9) 参照）。

3 資本政策

よい。ここでは,後者の場合について1株あたりの株主価値が変化しないことの証明を行う（前者については,下記の証明を参考にして各自で確認願いたい）。

負債比率0,発行済株式総数（自社株の株数を除く。以下,同じ）N の企業が負債比率を α とするためには,必要資金を借り入れたうえで $\alpha \times N$ 株の自社株を買い入れればよい。この場合,自社株買入れの前後における株式1株当たりの株主価値をそれぞれ P_U, P_L とすれば,

$$P_U = \frac{E_U}{N}, P_L = \frac{E_L}{(1-\alpha)N} \tag{6.8}$$

となる。

一方,負債比率の定義と MM 第1定理により,

$$E_L = (1-\alpha)(E_L + D_L) = (1-\alpha)E_U \tag{6.9}$$

であるから,(6.8),(6.9)式より,

$$P_L = \frac{E_L}{(1-\alpha)N} = \frac{(1-\alpha)E_U}{(1-\alpha)N} = P_U$$

となり,MM 第1定理の論理的帰結として,負債比率を変動させても1株あたりの株主価値は変わらないことが明らかとなった。

負債比率を高めることの意味

ここまでの説明だけであると,MM 理論は当たり前のことをいっているにすぎないという印象を与えるかもしれない。しかし,その結論はある意味驚くべきものである。なぜならば,負債比率を高めれば,すぐあとで示すとおり株式の期待収益率が上昇するからである。にもかかわらず,1株あたりの株主価値が変化しないのはどうしてであろうか。議論を簡単にするために,対象企業は所定期間の経過後に解散し,借入金の元利金を支払った後の収益をすべて株主に分配すると考えて分析を進めることにしよう[25]（本項では,企業所得税もないものとする）。対象企業に倒産リスクはないものとし,企業の収益（確率変数）

---

[25] このように,対象期間を一期間に限定して分析を行うモデルを「1期間モデル」という。ただし,X を対象期間の終了時における総資産価値と定義すれば,本文における分析は対象期間経過後も存続する企業の分析モデルとして機能する。

を X, 負債の利率を利子率[26]r, 株式数を N とする。

まず，負債のない場合，1株当たりの収益は $\frac{X}{N}$ であるから，株価を P とすれば[27]，株式の収益率 R_U および期待収益率 μ_U は，それぞれの定義（(5.3) 式および (5.4) 式）により，

$$R_U = \frac{X}{N} \cdot \frac{1}{P} - 1$$
$$\mu_U = E(R_U) = \frac{E(X)}{NP} - 1 \tag{6.10}$$

である。他方，負債比率を α とした場合における1株あたりの収益率 R_L および期待収益率 μ_L は，株式総数が $(1-\alpha)N$ であり，期間終了時に支払うべき借入金の元利金合計は $(1+r)D_L$ であり，負債比率の定義と MM 第1定理により $D_L = \alpha(E_L + D_L) = \alpha E_U = \alpha P \cdot N$ であるから，

$$R_L = \frac{X - \alpha(1+r)PN}{(1-\alpha)N} \cdot \frac{1}{P} - 1$$
$$= \frac{X}{(1-\alpha)NP} - \frac{(1+r)\alpha}{1-\alpha} - 1$$

となり，したがって，

$$\mu_L = E(R_L) = \frac{E(X)}{(1-\alpha)NP} - \frac{(1+r)\alpha}{1-\alpha} - 1 \tag{6.11}$$

となる。ここで，期待収益率 μ_U と μ_L のそれぞれについての利子率との差額，すなわちリスク・プレミアムを比較すると，

$$\frac{\mu_L - r}{\mu_U - r} = \frac{\frac{E(X)}{(1-\alpha)NP} - \frac{(1+r)\alpha}{1-\alpha} - (1+r)}{\frac{E(X)}{NP} - (1+r)} = \frac{1}{1-\alpha} \tag{6.12}$$

というシンプルな結論が導き出された。したがって，たとえば負債比率を 0% から 50% まで引き上げれば，リスク・プレミアムは，$1 \div (1-0.5) = 2$ 倍に上昇する。にもかかわらず，株式の1株あたりの株主価値が上昇しないのは

---

26) 本項においては，倒産リスクがないことを仮定しているので，負債は安全資産であり，適用利率は利子率 r と一致する。

27) 本項においては，資本構成変更時の株価が不変であることを前提に分析モデルを構築している。この点については，株価の変動に先立つ投資家の行動を説明するための動学的モデルと解釈してもよいし，株価の変動は発生しないという MM 理論の結論を前提とした静学的モデルと解釈してもらってもよい。

なぜか。それは1株あたりのボラティリィティも同じ割合で上昇しているからである。以下，この点を証明する。

まず，収益率の偏差 $(=d)$ を求める。上記の各式より，

$$d_U = R_U - \mu_U = \frac{X - E(X)}{NP}$$

$$d_L = R_L - \mu_L = \frac{X - E(X)}{(1-\alpha)NP}$$

となる。したがって，分散の定義（(3.4) 式）により，

$$\frac{V(R_L)}{V(R_U)} = \frac{E(d_L^2)}{E(d_U^2)} = \frac{\frac{E\{[X-E(X)]^2\}}{(1-\alpha)^2 N^2 P^2}}{\frac{E\{[X-E(X)]^2\}}{N^2 P^2}} = \frac{1}{(1-\alpha)^2}$$

となるので，R_U および R_L のボラティリィティをそれぞれ σ_U および σ_L とすれば，

$$\frac{\sigma_L}{\sigma_U} = \sqrt{\frac{V(R_L)}{V(R_U)}} = \frac{1}{1-\alpha} \qquad (6.13)$$

となって，ボラティリィティもリスク・プレミアム同様 $\frac{1}{1-\alpha}$ 倍に上昇していることが確認された。[28]

以上の関係を図示すると【図6-1】のようになる。

【図6-1】において，点 F は安全資産を，点 U は負債比率が0の状態における株式を表している。ここで，負債比率を α とした場合，この株式はリスク・プレミアムもボラティリィティも $\frac{1}{1-\alpha}$ となるのだから，新しい株式を示す点 L は線分 FU を U の右上に向かって $\frac{1}{1-\alpha}$ 倍延長させた位置にくる（その場合，点 U は線分 FL を $1-\alpha$ 対 α に内分する点となる）。上記の関係は，第5章においてポートフォリオ分離定理を証明する際に示した危険資産と安全資産の関係と類似している。つまり，期待収益率とボラティリィティを同じ比率で変動させることは，企業が負債比率を変更しなくても，投資家が安全資産と対象

---

[28] ここで，期待収益率やボラティリィティの上昇を決定づけているものは，負債の利率の多寡ではなく負債比率そのものであることに留意されたい。一般的には，（負債比率の引き上げに伴う）利払額の上昇が企業の収益力を不安定なものにすると考えられがちであるが，そうではない。極端な例としていえば，利子率が0％であっても，期待収益率とボラティリィティはやはり $\frac{1}{1-\alpha}$ 倍に引き上がる。ただし，利払い負担の上昇は，後に述べる倒産リスクを高める要因としては重要である。

【図 6-1】

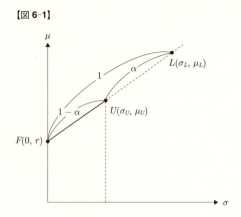

株式に分散投資することによって実現できるわけである。具体的には，資金1に加えて α の借入を行い，$1+\alpha$ の資金を用いて U 点の株式を買えば，L 点と同じポジションが実現できる。[29] この点に思いいたると，負債比率の変更が株価に影響を与えないという事実に納得がいくのではないだろうか。株式のポジションが半直線 FU 上で変化する限り，投資家は安全資産に対する投資比率を調整することにより，自らの望むポートフォリオを維持することができる。したがって，市場において対象株式の売り圧力や買い圧力が発生する余地はないのである。[30]

ちなみに，負債比率の引上げに伴うリスクの拡大は，固有リスクと市場リスクの双方について発生する。したがって，いくら分散投資を行っても負債比率の引上げに伴うリスク拡大の効果を減殺することはできない。[31]

---

29) 同様の手法は，負債比率の大きい株式に対してリスクを下げる投資をするためにも用いることができる。たとえば，株式のポジションがすでに L の位置にある場合，資金1のうち α を安全資産に投資し，$(1-\alpha)$ を対象株式の投資にあてれば点 U のポートフォリオを作り出すことができる。

30) 多くの投資家が同じ方向に負債比率を変化させたとしても，安全資産と危険資産のマクロ的需給関係に変化が生じないことについては，岩村（2013）149頁以下を参照。

31) したがって，β も $\frac{1}{1-\alpha}$ 倍に拡大する。このことは，β の分子である $Cov(R_i, R_M)$ は R_i の偏差と R_M の偏差の積の期待値であるところ（(4.2) 式参照），R_i の偏差は一律に $\frac{d_L}{d_U} = \frac{1}{1-\alpha}$ 倍に変化する（一方，R_M の偏差や β の分母である R_M の分散は変化しない）ことから明らかであろう。

MM 第 2 定理と WACC の公式

(6.10) 式と (6.11) 式を使って $E(X)$ を消却すると,
$$\mu_L = \frac{(\mu_U + 1)NP}{(1-\alpha)NP} - \frac{(1+r)\alpha}{1-\alpha} - 1$$
となり,この式を整理すると,
$$\mu_U = (1-\alpha)\mu_L + \alpha r \tag{6.14}$$
という式を得る(この式に示された命題を **MM 第 2 定理**という)。

MM 第 2 定理は株式の期待収益率が負債のある状態とない状態でどのように変化するかを示したものである。この MM 第 2 定理と似ているが(事実,同じものとして紹介している文献も少なくない),厳密には区別すべき式が次のものである。
$$\mu_V = \frac{E}{V}\mu_E + \frac{D}{V}r \tag{6.15}$$

(6.15) 式の μ_E は負債のある企業における株式の期待収益率であり(したがって,これは (6.14) 式の μ_L と同じである),μ_V はその企業の総資産の期待収益率を表しており,E と D と V はそれぞれその企業のその状態における株主価値と債権者価値と総資産価値を表している(したがって $\frac{E}{V} = (1-\alpha)$ であり,$\frac{D}{V} = \alpha$ である)。(6.14) 式と (6.15) 式の違いは,(6.14) 式が (6.4) 式(=総資産価値は株主価値と債権者価値の和に等しい)と (6.6) 式(=負債比率を変えても総資産価値は変わらない)の 2 つを前提としているのに対して,(6.15) 式は (6.4) 式のみを前提とし (6.6) 式を前提としていない点にある((6.6) 式が成立する場合には (6.14) 式と (6.15) 式は同一の式となる)。したがって,後に示すとおり現実の企業の総資産価値は負債比率に応じて変化するが,その場合においても (6.15) 式の成立は妨げられない(ただし,負債比率が高まれば負債が返済不能となるリスクが発生するので同式の r には利子率ではなくそのリスクを反映した期待収益率を用いる必要がある)。[32]

---

[32] 1 期間モデルを使ってこの点を確認しておこう。最初に,各記号の定義により次の両式が成立することを確認してもらいたい(下記の式で D に関しても期待値記号をつけているのは,本文に記したとおり負債比率が高まれば負債もまた危険資産となるからである)。

(6.15) 式は負債のある企業の新規事業の NPV を計算するうえで重要な役割を果たす。この点について説明しよう。

新規事業の収益が既存事業の収益と同じ確率分布に従うものである場合，これに用いるべき期待収益率は既存事業の期待収益率 μ_V である[33]。ところが，事業の収益そのものは市場で取引されている資産ではないので，μ_V がいくらであるかを市場において観測することはできない。市場で観測できるのは μ_E の値だけであるが，(6.15) 式を使えば，この数値から μ_V を導き出すことができる（このようにして導き出された μ_V の値を一般に**加重平均資本コスト**（**Weighted-Average Cost of Capital**），略して **WACC** という。この点を踏まえて (6.15) 式自体も以下 **WACC** の公式と呼ぶことにする）。

事例問題を使って考えてみよう。

【問題 6-4】
L 社の財務部は，企画部から提案された新しいプロジェクトの NPV を算定しようとしている。初期投資額は確定しており，プロジェクトが生み出す毎期の収益の期待値の推計も完了した。あとは期待収益率さえ特定できれば NPV の計算ができる。そこで，同社の株式の期待収益率を推定してみたところ，30% 程度という結論に達した。この 30% という数字で上記の期待収益額を割り引くと，このプロジェクトの NPV は到底プラスになりそうもないが，上記の思考過程のどこかに誤りはないであろうか。なお，L 社は 1 つの業務しか行っておらず，今回のプロジェクトもこの業務の一環として企画され

$$V = \frac{E(X)}{1+\mu_V}, \quad E = \frac{E(X) - E[(1+r)D]}{1+\mu_E}$$

この 2 式から (6.4) 式，すなわち，$V = E + D$ を使って $E(X)$ を消却すれば次の式が導き出せる。

$$(1+\mu_V)V = (1+\mu_E)E + (1+r)D$$

上式の，左辺から V，右辺から $E + D(=V)$ を控除し，さらに両辺を $V(=E+D)$ で割れば，

$$\mu_V = \frac{E}{V}\mu_E + \frac{D}{V}r$$

となる。

[33] もちろん，μ_V を使って求めうる数値は総資産価値の純増加額であって株主価値の純増額ではない。しかしながら $V = E + D$ である以上 V の増減と E の増減は同値の関係に立っている。したがって，V の増減が分かればプロジェクトを実施すべきか否かを判定できる。

3 資本政策

> たものである。L社の株式時価総額（＝1株の時価×発行済株式総数）は70億円，有利子負債の総額は30億円で，平均借入利率は5％である。

この場合，本件プロジェクトの収益がL社の既存の事業の収益と同じ確率分布に従うとすれば，これに用いるべき期待収益率はμ_Eではなく$\mu_V =$ WACCである。したがって，このプロジェクトのNPVを計算するためには，μ_Eの推計期待収益率である30％という値をそのまま用いるのではなく，WACCの公式を利用して$\mu_V =$ WACCの値を割り出さなければならない。問題はWACCの公式にいかなる推定値を代入するかであるが，与えられている情報の下で行いうる最善の推定は以下のようなものであろう。

① 倒産リスクを反映した負債の期待収益率としてはL社の平均借入利率である5％という数値を用いるのが妥当であろう[34]。
② 平均借入利率がrの推定値として適正であるならば負債の債権者価値Dは負債の額面額と一致するはずである。したがって，Dの推定値としてはL社の有利子負債総額である30億円という数値を用いるのが妥当であろう。
③ 株主価値Eの推定値としてはL社の株式時価総額である70億円という数値を用いるのが妥当であろう。
④ ②と③の結果，総資産価値Vの推定値は70億円＋30億円＝100億円となる。

以上により，WACCの推定値は，

$$\text{WACC} = \frac{70\text{億円}}{100\text{億円}} \times 30\% + \frac{30\text{億円}}{100\text{億円}} \times 5\% = 22.5\%$$

となる。よって，L社はこの値を割引率に用いてプロジェクトのNPVを再計算するべきである（なお，より正確な計算を行うためには上記の式に利払いの損金算

---

[34] 負債の期待収益率に対象企業の平均借入率を用いるのは，市場原理が働くことによって負債の運用利率は倒産リスクを反映した値になっているであろうという前提に基づくものである。しかしながら，後に述べるとおり倒産リスクの顕在化した企業においては負債の運用利率は必ずしも倒産リスクを反映した値には達しない。したがって，倒産リスクが高まるにつれてWACCの公式の精度は低下せざるをえない。

入制度がもたらす節税効果を反映させなければならない。この点については,**ONE MORE STEP 6-2** で説明する)。

MM 理論の修正要素(1)──利払損金算入効果

　資本政策は1株あたりの株主価値を増やしも減らしもしない。それがMM理論の結論であった。しかし,資本政策に取り組む企業財務担当者の真摯な姿は昔も今も変わっていない。彼らは無意味なことをしているのだろうか。もちろん,そうではないであろう。たしかに,MM理論は資本構成の本質を明らかにした。しかし,MM理論は様々な仮定の上に成り立つものであり,これらの仮定の一部が否定される場合には結論に修正を加えなくてはならない。本項ではMM理論を修正すべき主要な要因の1つである税制度の問題を解説する。

　MM 理論を支える前提の1つは $V_L = V_U$ ((6.6)式),つまり,資本構成を変えても企業の総資産価値は変わらないという命題が成立することである。しかしながら,企業所得税の計算上利息の支払が損金算入できることによってこの命題は修正を迫られる。【図 6-2】をご覧願いたい。

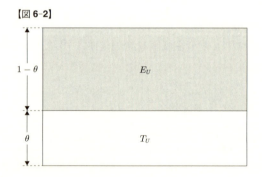

【図 6-2】

【図 6-2】の全体の四辺形は負債のない企業のある事業年度における(税引前)収益 X の期待値を表したものである。議論を簡単にするためにこの収益はそのまま企業所得税の課税標準である所得を構成すると考えることにしよう。この場合,θ を実効税率とすれば,株主に帰属する収益の期待値は $(1-\theta)E(X)$ となり,企業所得税として支払われる金額の期待値は $\theta E(X)$ である。【図 6-2】の四辺形 E_U と四辺形 T_U はこれら2つの値を示している。

ここで，この企業が資本構成を変更すべく，資金 D を利子率 r で借り入れて自社株の買入消却を行ったと仮定しよう。この場合，利息の支払が損金算入できないとすれば【図 6-2】に示した四辺形の内訳は【図 6-3】のようになるであろう。

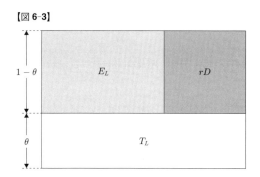

【図 6-3】

この場合，企業所得税として支払われる金額は変わらないのでその金額の期待値を表す四辺形 T_L は【図 6-2】の四辺形 T_U と同じである。一方，債権者は元本 D に利息 r を乗じた金額を受け取るので（この値を示したものが四辺形 rD である），株主に帰属する収益の期待値は四辺形 E_L で示した値となる。この場合，四辺形 E_L と四辺形 rD の和は【図 6-2】の四辺形 E_U と等しい。したがって会社の総資産価値は負債がある場合とない場合とで変化せず，(6.6) 式の下で MM 理論が成立する。

しかしながら，現行の税制度は利払いの損金算入を認めている。その結果，課税標準は【図 6-3】の四辺形全体から四辺形 rD を除いた値となる。【図 6-4】はその結果を示したものである。

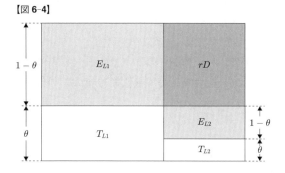

【図 6-4】

この場合，株主に帰属する収益の期待値は四辺形 E_{L1} と四辺形 E_{L2} を併せた値となり，納める企業所得税の期待値は四辺形 T_{L1} と四辺形 T_{L2} を併せた値となる。したがって，会社の総資産価値は収益の期待値に四辺形 E_{L2} が加わった分だけ増加し，その増加分はすべて株主価値の上昇につながる。

株主価値がいくら上昇するかは資金の借入れをどれだけの期間維持するかによるが，①借入れが永続的に継続され，②その借入れに対して毎年 $r \times D$ の利子を支払い，かつ，③企業は毎年この支払額以上の収益を得るものとすれば，株主価値の増加額は (5.23) 式を使って求めることができる（同式の分子に四辺形 E_{L2} の値を，分母に r を，それぞれ代入すればよい）。四辺形 E_{L2} は rD に $\frac{\theta}{1-\theta}$ を乗じた値（この値は四辺形 E_{L2} と四辺形 T_{L2} の和である）に，さらに $(1-\theta)$ を乗じた値と等しいから，結局 θrD である。したがって，株主価値の増加分 ΔE は，

$$\Delta E = \frac{\theta rD}{r} = \theta D \tag{6.16}$$

である。

(6.16) 式は利払いの損金算入制度がもたらす株主価値の増加効果（以下，これを**利払損金算入効果**という）の大きさを表した式として知られている。この式によれば，たとえばこれまで無借金経営をしていた会社が 100 億円の資金を借り入れて自社株の買入消却を行えば（実効税率は 30% とする），株主価値はただちに 30 億円（= 100 億円 × 0.3）増加する。しかしながら，この数字は利払損金算入効果をいささか過大に表現しているといわざるをえない。以下，その理由を述べる。

① 上記の 30 億円という数字は 100 億円の借入れを永久に行う事態と永久に行わない事態との差を現在価値で表したものである。したがって，短期間における資本構成の差がもたらすインパクトはこの数字よりも小さい。たとえば，利子率 2% の下で 100 億円を 5 年間借り入れることによって得られる節税効果の現在価値 S は下記の計算式が示すとおり約 2 億 8300 万円にすぎない。[35]

---

35) この計算式は【問題 5-4】の［小問 3］の解法で示した技法を用いている。この技法を用いなければ，

$$S = \theta D \left[1 - \frac{1}{(1+r)^5}\right] = 30 \text{億円} \times \left(1 - \frac{1}{1.02^5}\right)$$
$$\fallingdotseq 2 \text{億} 8300 \text{円}$$

② (6.16) 式が成立するためには毎年の収益が継続的に rD を上回らなければならない。収益が rD を下回る事態が単発的なものであれば欠損金の繰越制度 (255 頁参照) によって節税効果の減少は回避できるが (ただし, 貨幣の時間的価値相当の減少は免れない), 収益が継続的に rD を下回れば節税効果は失われてしまう。

③ (6.16) 式は株式への投資と資金の貸付けに対する投資家レベルでの税務上の取扱いが等しいことを黙示の前提としている。現行の税制度上, 最終的な投資家である個人投資家に対する課税上の取扱いは表面税率を見る限り株式投資と貸付けの間で大差はないが,[36] 実質的な税負担は後者の方が若干大きいようである。けだし, 個人が保有する代表的な貸付債権である預金債権や利付社債については定期的に支払われる利子に対してその都度課税がなされるが, 株式の場合には, 企業レベルでどれだけの所得が発生しようとも (株式を譲渡しない限り) 配当を受け取る限度においてしか投資家レベルでの課税は発生しないからである。この違いは企業の負債調達コストを引き上げる効果をもたらすので, その分利払損金算入効果は減少せざるをえない。[37]

MM 理論の修正要素(2)——倒産リスクの発生

以上の理由により, 利払損金算入効果は (6.16) 式が示すほど大きなもので

$$S = \theta r D \sum_{k=1}^{5} \frac{1}{(1+r)^k}$$

となる。

36) 現行法上, (貸付債権から生じる代表的な所得である) 預金の利子所得と利付社債の利子所得に対してはいずれも 20% の源泉分離課税の適用があり, 一方, 上場会社の株式から得る配当所得とその売却によって得る譲渡所得に対していずれも 20% の源泉分離課税の適用がある (ただし, 3% 以上の株式を保有する者が受け取る配当所得は総合課税の対象となる。298 頁参照)。

37) この問題について, 詳しくは草野 (2010) 172 頁以下参照。

はない。しかし節税効果が存在することは事実であり，だとすれば1株あたりの株主価値の最大化を目指す経営者は負債比率をできる限り大きなものとするべきである。しかしながら，現実世界でこのような資本政策をとる経営者はいない。なぜならば，負債比率を引き上げることは必然的に倒産リスクを高めることにつながるからである。

　ここで，**倒産リスク**とは，文字どおり企業が倒産，つまり債務の支払不能状態に陥るリスクのことであるが，**フィナンシャル・リスク**という概念と混同されることが多いので注意が必要である。フィナンシャル・リスクとは収益の不確実性そのものを指す言葉であり，負債比率を高めれば株式のフィナンシャル・リスクは高まるが，1株あたりの株主価値は（利払損金算入効果を無視すれば）変動しないことはすでに述べたとおりである。これに対して，企業の財務状態が悪化して倒産にいたった場合，倒産の発生自体によって総資産価値が減少することは別の問題である。倒産の手続には多額の費用がかかるうえに，倒産企業は有力な従業員や多くの顧客，あるいは企業自体の社会的信用を喪失し，結果として総資産価値を毀損する傾向を免れない[38]。そして，このような現象はまだ倒産にはいたっていないもののその可能性が現実的になっている企業においても発生する[39]。したがって，倒産リスクが顕在化した企業においては，（フィナンシャル・リスクが拡大するからではなく）収益の期待値そのものが減少することによって総資産価値が低下する。ところで，負債比率が上がれば，借入金の利息の支払に要すべき金額が増える。そして，何らかの理由により会社の留保資金がこの要支払額を下回り，にもかかわらず債権者が利息の支払を強要しようとすれば，会社は倒産せざるをえない。すなわち，負債比率の上昇は倒産の可能性を増大させる。したがって，負債比率が高まれば，倒産リスクが増

---

38) 倒産によって失われる価値を一般に**倒産コスト**（**bankruptcy cost**）という。

39) 倒産リスクが顕在化しただけで企業の収益が低下する理由は様々であるが，有力な原因の1つには企業特殊的な商品役務（304頁参照）の提供者が倒産によって企業特殊的投資がサンク・コスト化することを恐れて追加の企業特殊的投資を控えるようになる点が挙げられる。倒産リスクの顕在化した企業が有力な取引先や有力な従業員を失う主たる原因はこれであろう。倒産リスクの顕在化によって生じる総資産価値の減少を狭義の倒産コストと区別する意味で**財務困難コスト**（**financial distress cost**）という。なお，財務困難コストという言葉は債権者が運用利率を引き上げることによって生じる追加コストを含めた意味にも用いることがあるが，運用利率の引上げは株主価値と債権者価値の間の価値の移転を生じさせるものではあるものの総資産価値の減少を生み出すものではない。

加し，その結果総資産価値は減少せざるをえない。

倒産リスクの増加という問題と前項で述べた利払損金算入効果を踏まえて負債比率と総資産価値の関係を図示してみよう。【図 6-5】に記した太い実線（以下，これを**総資産価値曲線**と呼ぶ）がそれである（同図の横軸は「負債比率」ではなく「負債の額面総額」を表している）。

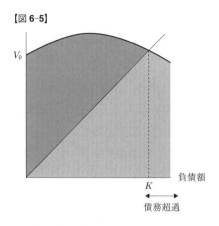

【図 6-5】

【図 6-5】の要点は次のとおりである。
① 負債のない状態における総資産価値を V_0 とする。MM 理論が無条件に成立するならば，負債比率にかかわらず総資産価値は V_0 のままであるから総資産価値曲線は水平な直線となるであろう。
② しかしながら，実際には利払損金算入効果によって負債比率が上昇すれば総資産価値も上昇する。
③ ただし，負債比率が上昇すると倒産リスクも増加するので総資産価値の上昇速度は低下し，いずれかの時点で減少に転じる。
④ さらに負債比率が上昇し，負債の額が総資産価値を上回る状態（本書では，この状態をもって**債務超過**と呼ぶ。【図 6-5】の K 点より右が債務超過である）にいたれば，債権者は事実上いつでもこの企業を倒産させることができる[40]。したがって，総資産価値の減少はさらに高まる[41]。

---
40) ただし，企業を倒産させるためには民事再生法や会社更正法上の手続に則って倒産手続の開始を裁判所に申し立てなければならない。倒産手続が開始されれば総資産価値はさらに減少する場合が多いので債務者自らが倒産手続の開始を申し立てることは稀である（大多数の倒産手続は倒産会社自らの申立てによって開始される）。
41) ただし，倒産リスクの顕在化によってどの程度総資産価値が減少するかは会社の業

⑤　以上の結果，総資産価値曲線は【図6-5】に描いたように上に凸な曲線となるであろう。

倒産リスクの発生した企業において経営者がとるべき行動原理

以上の点を踏まえて，倒産リスクの顕在化した企業の経営者はいかなる行動原理をとるべきであろうか。

この問題を考えるにあたっては，【図6-5】に示した総資産価値の変化に応じて株主価値と債権者価値がそれぞれどのように変化するかを考えなければならない。1つの考え方は，「【図6-5】の ▆ 部分がすべて株主価値となり，▆ 部分がすべて債権者価値となる」というものであろう。債権は株式に優先する権利であるという会社法の原則を踏まえるならばこの考え方は自然であり，これが正しいとすれば，①債務超過とならない限り債権者価値は負債の額面額と等しく，一方，②債務超過となった後の株主価値は0となるはずである。しかしながら，この結論は倒産リスクの顕在化した企業に関して私たちが日頃耳にする話とかなり乖離している。すなわち，まだ債務超過ではない会社の場合でも負債の現在価値が額面額を下回っているという話はよく聞くところであり，さらに，倒産法を専門とする法律家たちのいうところによれば，すでに債務超過となっている企業であってもプラスの株式時価総額を保持している企業は少なくないようである。これらの話が本当であるとすれば，先ほど想定した株主価値と債権者価値の区分は誤っていることになるが，なぜそれが誤りとなるのであろうか。この点を明確に説明してくれるものは第5章で紹介したオプションの価格理論である。議論を簡単にするために，対象企業の負債は1つの銀行からの借入金だけとし，その額面額（＝元本額）をD，借入利率は利子率rと一致し，現時点から1年後が借入金の満期日であって同日にはこの企業は$(1+r)D$の金額（以下，この値を「償還額」と呼ぶ）を銀行に支払う義務を負うものとする。この場合，この企業の株主の地位は，対象企業の総資産を原資産，借入金の満期日を行使日，償還額を行使価格とするオプションの保

務内容次第でかなり異なる（たとえば，有形固定資産の運用のみを行っているような会社の場合総資産価値はほとんど減少しないであろう）。したがって，総資産価値曲線の形状についていえることは「ある時点からは単調減少となるであろう」というレベルのものでしかない。

有者と同じである。なぜならば、満期日に企業の総資産価値が償還額を上回っていれば、対象企業に借入金の返済をさせることにより企業の所有権を確保すればよいし、総資産価値が償還額を下回っていれば、企業を倒産させても株主有限責任の法理により責任を追及されることはないからである。念のため、満期日における総資産価値と株主価値の関係を図示しておこう。【図 6-6】をご覧いただきたい。

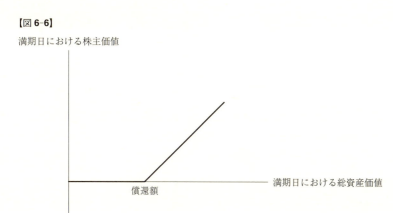

ご覧のとおり、満期日の総資産価値に対する株主価値の関係は【図 5-14】に示した行使日における原資産価格とコール・オプションの価格の関係と同じである。これにより、株式にはオプションとしての機能があることが納得いただけたであろう。

株式にオプションとしての機能がある以上、満期日前における株主価値もオプションの価格理論を使って表すことができる。【図 6-7】は第 5 章 7 の分析を踏まえた現時点における総資産価値と株主価値の関係を表したものである。

【図 6-7】は【図 5-15】と実質的に同じであり、▓▓部分、▓▓部分および▓▓部分はそれぞれ満期日前におけるオプションの本源的価値、利息相当価値および（利息相当価値以外の）時間的価値を表している（負債の額面額は現時点から満期日（＝オプションの行使日）分までの利息相当額だけ償還額よりも低い点に注意されたい）。この 3 つの部分を併せたものが現時点における株主価値を表しているわけであるが、【図 6-5】では総資産価値から負債の額面額を差し引いた値をもって株主価値としているのであるから、これは【図 6-7】の▓▓部分と▓▓部分を併せたものに相当しており、オプション価値のもう 1 つの構

278 第6章 財務分析(2)——会社の政策

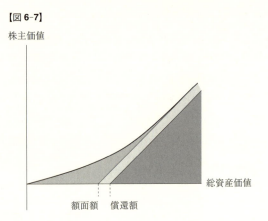

成要素である（利息相当価値を除いた）時間的価値（【図6-7】の ▓ 部分。以下，この部分のみをもって**株式のオプション価値**と呼ぶことにする）に相当するものは含まれていない。したがって【図6-5】上に株主価値を正しく示すためには同図の ▓ 部分に株式のオプション価値を加える必要があるが，この場合においても価格の線形性によって(6.4)式が否定されるいわれはない。したがって，株式のオプション価値を株式価値に加えることは必然的に同じだけの価値を債権者価値から差し引かなければならない。

以上の分析を踏まえて【図6-5】に修正を加えたものが【図6-8】であり，同図の ▢ 部分が株式のオプション価値を表している。

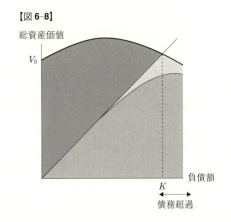

【図6-8】を見ると，①なぜ債務超過になる前から債権者価値が額面額を下

3 資本政策　　279

回るか，同時に，②なぜ債務超過となったのちも株主価値が0とならないのかが明確に理解できる。すなわち，①についていえば，債務超過となっていない企業の株式はイン・ザ・マネーの状態にあるオプションとみることができる。したがって，総資産価値が負債の額面額を大きく上回っている限り（【図6-8】の縦軸に近い部分がこれにあたる）株式のオプション価値は無視しうるほどに小さいが[42]，負債比率が上昇し額面額が総資産価値に近づけば株式のオプション価値が増大し，その分だけ債権者価値は額面額を下回らざるをえない。

次に，債権超過となった後の企業の株式はアウト・オブ・ザ・マネーの状態にあるオプションとみることができる。したがって，債務超過の程度が比較的小さい場合には株式のオプション価値が有意な値を保持し，その限度において債務超過となった後も株主価値は0にならない（株式のオプション価値が債権者価値の犠牲のうえに発生する点は債務超過前の場合と同様である）。

もっとも，株式のオプション価値の発生を債権者が放置するはずはない。債権者は負債の運用利率を引き上げることによって債権者価値を高めようとするであろう。そして，運用利率が債権者価値を負債の額面額と等しいものとする水準にいたれば株式のオプション価値は消滅する。しかしながら，この作用は倒産リスクの顕在化した企業の場合には限界があるように思われる。なぜ限界があるのか。最初に留意すべきことは，倒産リスクが顕在化した企業に新規の貸付けを行う者は原則として存在しないという点である[43]。したがって，運用利率の引上げは，すでになされている貸付けの貸付条件の変更という過程を通してなされるものである。その場合において，貸付条件が株式のオプション価値を消滅させるには不十分である理由は次のとおりである[44]。

---

42) オプションの時間的価値のうちの利息相当価値以外の部分（株式のオプション価値に相当する部分）は，原資産価値が行使価格を上回るにつれて小さくなり，ついには0に収斂すること（225頁参照）に注意されたい。
43) 例外として，すでに貸付けを行っているものがその貸付金を保全するためにやむをえず新たな貸付けを行う場合がある。この場合の貸付金の運用利率も本文の(3)に記載した理由により株式のオプション価値を消滅させるには不十分である場合が多い。
44) なお，貸主の中には借主の倒産リスクから免れるために保険会社等との間でクレディット・ディフォールト・スワップ（Credit Default Swap, 略して**CDS**という）を組むものもいる。ただし，CDSは株式に備わったコール・オプションの引受者としての地位をCDSの提供者に移転するだけのものであるから，これによって株式のオプション価値が消滅するわけではない。

(1) 貸主が貸付条件の変更を要求しうるのは（契約上に別段の規定がない限り），貸付期間の満了時（＝更新時）だけである。したがって，借入期間中に貸主である企業の総資産価値が低下した場合には株式のオプション価値の発生を止める手立てがない。この傾向は貸付が長期のものであるほど（その典型は長期の社債である）顕著である。

(2) 借主である企業の経営者が株主価値の最大化を目的として行動する限り，彼らには運用利率の引上げに応じるインセンティブがほとんどない。なぜならば，

　① たしかに，運用利率の引上げを拒否した結果貸付が更新されなければ，企業は倒産するであろう。しかしながら，企業が倒産すれば総資産価値はさらに減少するので債権者価値もさらに減少する。したがって，借主である企業が倒産することは債権者にとって決して好ましい事態ではなく，一方，

　② 株主は株主有限責任の法理によって守られているので，企業が倒産しても失うものはあまりない。

からである。[45]

(3) 仮に，企業の経営者が借入金の運用利率の引上げに応じる姿勢を示したとしても，運用利率を引き上げること自体が倒産リスクをさらに高める結果となることを憂慮して運用利率の引上げを断念する債権者も少なくない。たとえば，今後1年以内に借主が倒産するリスクが50％あり，倒産すれば元本の50％しか回収できないとした場合，貸付金の現在価値をその額面額と等しくするためには（貸主がリスク中立的であると仮定したとしても）その1年間の貸付利率を元本の50％超としなければならない。[46] しかしながら，貸付金にこれだけの高利を課すことは借主の[47]

---

[45] 伝統的な交渉理論の用語を使えば（注5）参照），運用利率の改訂交渉におけるBATNAはいずれの当事者にとっても倒産手続への移行であるが，この点を踏まえた各当事者の留保価格は債権者にとって著しく不利なものであるために交渉の帰結も債権者に不利なものとならざるをえないというわけである。

[46] わが国における主たる貸付機関であるメガバンクは多数の業種の企業に対して貸付を行っているので各貸付先の固有リスクからは相当程度解放されているかもしれない。しかしながら，多くの倒産は景気の悪化等の市場リスクによって同時発生的に生じるものであるから貸主が厳密な意味においてリスク中立的になることはない。

[47] 本文記載の条件の下で債権者価値が額面額と一致する運用利率 π は以下の条件を満たさなければならない（r は利子率である）。

3 資本政策

倒産リスクを著しく高めることになるであろう。

　ここまで倒産リスクとそれが顕在化した企業に現れる株式のオプション価値について話をしてきた。これらの点を踏まえると，*1*で述べた株主価値の最大化という経営目的に関して重大な修正を加えるべきことが明らかになったのではないであろうか。なぜならば，そこでの前提は株主以外の会社への請求者，すなわち債権者の権利は契約によって守られているがゆえに唯一の剰余権者である株主の利益，すわなち株主価値を最大化すれば必然的に会社が生み出す富が最大化されるというものであったが，倒産リスクが顕在化した企業の場合には債権者価値の保全が不十分となるがゆえに，債権者もまた（収益が企業の総資産に依存しているという点において）剰余権者とならざるをえないからである。してみれば，倒産リスクが顕在化した会社の経営者は（株主価値ではなく）総資産価値の最大化をもって経営の目的とすべきである。会社法の条文の中に明示的にそのような規定があるわけではないが，そうすることこそが会社法の理念に適った経営者の行動原理であるといえるであろう[48][49]。

　もっとも，【図6-8】を見る限りにおいては株主価値の最大化と総資産価値の最大化は倒産リスクが顕在化した企業においても矛盾しないことのように思えるかもしれない。たしかに，負債比率の上昇とともに総資産価値が著しく減少する場合には両者の変化に矛盾が生じることはない。しかしながら，負債比

$$\frac{(1+\pi) \times \frac{1}{2} + 0.5 \times \frac{1}{2}}{1+r} = 1$$

これを解くと，$\pi = 0.5 + 2r$ となる。

48) 強いていえば，（悪意または重過失のある取締役の第三者に対する責任を定めた）会社法の429条がこのような行動原理を正当化する根拠規定となりうるであろう。
49) 会社が生み出す富の最大化という理念を突き詰めれば，総資産価値に税収の現在価値も加えたものの最大化をもって経営の目的とするという考え方もありうるであろう（この問題については*6*の議論も参照されたい）。この考え方に則って経営者の行為規範を定めるとすれば，利払損金算入効果を追求することは，それが株主価値と税収の現在価値間の純粋なトレード・オフにとどまる限りにおいては差支えないが（会社が生み出す富の総和は変わらないからである），節税効果を得るために倒産リスクを高めることは望ましくないという結論にいたるであろう。しかしながら，株主価値の最大化と税収の最大化という2つの目的が明確に対立するような状況を作り上げたうえで，両者の総和の最大化を経営者に求めることは制度として合理性を欠いているように思われる。制度論としていえば，経営者が株主価値を最大化することが税収の最大化に結びつくように税制度を設計することこそが重要なのではあるまいか。

率の上昇に伴う総資産価値の減少が比較的軽微な場合には，総資産価値が減少するにもかかわらず株主価値が増大するという事態が起きる。それは株式のオプション価値はオプションの（利息相当価値を除く）時間的価値に対応するものであるがゆえに，原資産である総資産のボラティリティを高めるほど価値が増大するからである。つまり，収益のリスクを引き上げれば，それによって収益のリターンが多少低下するとしても株式のオプション価値は上昇する。しかしリターンを引き下げることは明らかに企業の総資産価値を引き下げる行為であり，そうである以上総資産価値の最大化を目指す経営者はそのような行動を控えなければならない。

　以上に述べたことの復習のための問題を作成した。答えは，のちに記すヒントを手掛かりに各自で考えてもらいたい。

【問題6-5】
　P自動車会社は長年販売してきた乗用車に構造上の欠陥があることが判明したため，その全面リコールの発表を余儀なくされた。その後同社の売上高は急速に落ち込み，利益も大幅な赤字を計上するにいたった。この結果同社の直近の期末における有利子負債総額は2兆円であるのに対し，帳簿上の純資産は，1000億円に留まっており，株式の時価総額は2000億円である。そこで，P社の経営幹部は欧州の主要自動車メーカーであるB社に対して抜本的な業務改善計画を提示し，これを実施するために必要な資金5000億円相当の新株を引き受けP社の主力株主になってもらいたい旨を要請した。B社が検討したところ，P社の策定した業務改善計画はたしかに魅力的なものであり，これを実施すれば同社の経営体質は大幅に改善され，5年以内には今回のトラブル発生以前の業績を大きく上回る営業利益を計上できる可能性があると判断した。しかしながら，現存の有利子負債の大半を占める銀行借入金を放置する限り，経常利益ベースでは十分な改善が期待できず，くわえて，P社の負債比率が極端に高いことにかんがみれば，現時点における同社の負債の現在価値は額面額を大きく下回っていると考えられることから，B社が5000億円の新たな株主資本を投入することは（B社の犠牲において）P社の銀行団に対してフリーライド効果を与えることになり公正を欠くと判断するにいたった。そこで，B社は，P社のメインバンクであるQ銀行に対して，銀行団全体として少なくとも2000億円の借入金を放棄することが5000億円の新規資本投入の条件であると申し入れた。Q銀行は上記の申入れを真摯に検討したが，主として下記の2つの理由からこの提案は受け入れがたいものであるとの結論にいたった。

① P社の株式にはまだ2000億円の時価評価がついている。株式に関する一切の金銭請求権は貸付金に劣後するものであるから，株式にこれだけの評価がついているということは，とりもなおさず同社に対する貸付金は額面どおりの価値を保持していることを市場が認めていることを意味する。よって，これを放棄するいわれはない。
② 債権放棄をすれば，P社に対する残余の貸付金を正常債権として扱うことはもはや許されなくなり，会計上大幅な引当金の計上が必要とされる。これを行った場合，Q銀行は資本が過小となり，場合によっては国の管理下に置かれるおそれがある。
③ Q銀行はP社の業績が悪化してからも運用利率を据え置いたまま貸付契約の更新に応じるなどしてP社を支援してきた。

[小問1] あなたはP社の交渉担当者として以上に記したB社とQ銀行の主張を聞き，その結果をP社のCEOに報告した。その際，CEOから次の質問を受けたが，これに対してあなたは何と答えるべきであろうか。

(1) Q銀行がB社の提案を受け入れがたいと判断した理由のうちの①項所定のものの当否。
(2) B社とQ銀行の論争に関してP社はいかなる立場をとるべきであるか。
(3) 仮にQ銀行がいかなる譲歩もしないとすれば，B社に対していかなる要請をすべきであるか。

Q銀行がB社の要請を拒否したことから，結局B社もP社の新株引受を断念することを決定し，その事実をマスメディアに対して公表した。この結果，P社の信用不安はさらに高まり，同社の株式時価総額は100億円にまで低下した。この状況に窮したP社の経営陣は同社の企画部に起死回生のプランを策定するよう命じたところ，企画部は同社の販売するスポーツカー「Risk Taker」の価格を30%値下げして販売する一大キャンペーンを実施することを提案してきた。Risk TakerはP社が誇る国産では最高級のスポーツカーであるが，極めて高価であることから売上が伸び悩んでいる自動車である。この点に着目したP社企画部は，Risk Takerの需要弾力性の高さに鑑みれば今回のキャンペーンによって同社の業績は劇的に改善するのではないかと考えた次第である。そこで，P社の経営陣はこの計画の財務分析を専門家に行わせたところ，たしかにRisk Takerの売上高が大幅に増大する可能性があ

り，その場合にはP社のキャッシュ・フローはただちに改善され，今期の経常利益は黒字となることが判明した。しかし，財務分析の結果はこれにとどまるものではなかった。すなわち，売上高が増大しない可能性も少なからず存在し，その場合にはP社は壊滅的な打撃を受けて数か月以内に倒産することが必至であり，売上が増大する場合とそうでない場合のすべてを考慮した本件プロジェクトのNPVはマイナス1000億円と算定されたのである。

　しかしながら，上記報告を踏まえても，今回のプロジェクトがP社の危機的状況を回復する可能性を秘めたものであることは事実であり，同社の経営者は，仮にこのプロジェクトを行わない場合であっても早晩支払不能になる可能性が高い現状にかんがみれば，回天を期してこれを実施することこそが自分に課せられた責務であると考えるにいたり，念のためこれを行うことの法律上の可否をP社の顧問弁護士に相談することにした。

[小問2]　あなたがP社の顧問弁護士であるとしたら，あなたは同社の経営者に対してどんなアドバイスを与えるべきであろうか。

小問1について

(1)　企業の株主価値は債務超過となっても0とはならないことは前述したとおりであるが，P社の株式時価総額が2000億円もあることを考えると，たしかに，同社はまだ債務超過にはいたっていないのかもしれない。しかしながら，債務超過となっていなくても貸付金の時価はしばしば額面を下回る。その理由がなんであるかはこれまでの説明によって明らかであろう。

(2)　B社がP社に対して5000億円の資本を投入すればP社の負債比率は大幅に減少するので同社の倒産リスクも減少する。そして，倒産リスクが減少すれば必然的に株式のオプション価値が減少し，その分債権者価値が増大するので銀行団は利益を受ける。それを「フリーライド」というかどうかは見方によって意見が分かれるところであろうが，Q銀行がB社の要請を拒否したことによって今回の増資案が実現しなければ，Q銀行は保有資産の価値回復の機会を失ってしまう。同行が諸般の理由により債権放棄に応じられないというのであれば，デット・エクイティ・スワップ（Debt Equity Swap：以下，**DES**という），つまり「負債の株式への転換」を行うことを同行に提案するこ

3 資本政策

とも一案であるが，その実現はなかなか難しい。[50]

(3) 株式のオプション価値の存在を考えると，仮に B 社が新株を引き受けた場合に P 社の株価が上昇するという保証はない。であるとすれば，発行価格を大幅に引き下げた新株発行を B 社に提案してみるのも一案であろう。その際問題となることはなんであろうか。[51]

小問 2 について

すでに倒産リスクが顕在化している B 社の経営者は経営の目的を株主価値の最大化から総資産価値の最大化に切り換えるべき時期にきているのではないか。その点を踏まえ，会社法 429 条等にも言及した適切な助言をすべきであろう。

MM 理論の修正要素(3)——その他の要因

資本政策を考えるうえで考慮すべき事項はこれまでに述べたことに限られない。その他の事項の中で重要と思えることを簡単にまとめておこう。

(1) ペッキング・オーダー理論

上場企業の実態を調査してみると，多くの企業は（利払損金算入効果と倒産リスクという 2 つの要素のみから想定される）最適負債比率を下回るレベルの負債比

---

50) DES は，債権放棄を求めることなく倒産リスクを減少させる有力な手段である。しかし，現実の世界で DES が行われることは比較的少なく，その背景にはわが国の主要な金融機関である銀行のビジネス・モデル上の制約と各種の法律問題が複雑に絡んでいる。主たる法律問題は独禁法上の問題（同法上銀行が保有しうる株式数は制限されている）と会社法上の問題（債権を額面どおりの価値で評価すると「有利発行」にあたる可能性がある）である。後者について，詳しくは，草野（2011）105 頁以下など参照。
51) B 社がレピュティショナル・リスクについて強度にリスク回避的であるとすれば，同社の P 社への出資が発表された以上それが成功裏に完結することの保証（一般に，これを「ディール・プロテクション（Deal Protection）」という）が得られることにこだわるかもしれない。その場合には，わが国の会社法上，時価を下回る発行価格で新株発行を行うためには原則として株主総会の特別決議による承認が必要とされていることが大きな障壁となる（株主総会の承認がとれる可能性が客観的にはどんなに高くてもディール・プロテクションとしては不十分であると B 社は考えるかもしれない）。

率を維持しており，その傾向は収益の安定した企業においてより顕著である。利払損金算入効果を知らない経営者あるいは知ってはいるものの会計上の経常利益を大きくすることを優先して考える経営者が多いためであろうか。その可能性もあるだろう。しかし，1株あたりの株主価値の最大化という職責に比較的忠実と考えられる米国の企業においても同様の傾向が存在することが報告されており，このような企業行動を説明するための理論がペッキング・オーダー理論（**pecking-order theory**）である。ペッキング・オーダー理論の要旨は次のとおりである。[52]

① 企業の業務内容や財務状況について資金提供者は企業経営者に比べて情報劣位の立場にある（このような情報格差を情報の非対称性〔asymmetric information〕という。314頁参照）。
② この結果，企業は株主資本を新規に調達することをできるだけ回避しようとする。なぜならば，(x) 株主価値が市場で過小評価されていると考える企業経営者は現在の時価で新株を発行することを好まず，(y) 株主価値が過大評価されていると考える企業経営者は「新株を発行しようとすると株式が市場で過大評価されているとわれわれ（経営者）が考えているという情報が市場に伝わって株価は下落するだろう」と考えるのでやはり新株発行を好まない。したがって，企業経営者は倒産リスクが顕著とならない限り株主資本よりも負債による資金調達を好む。
③ しかしながら，配当を留保することによって資金需要が満たせる限り，企業経営者は負債による資金調達すらも好まない。なぜならば，企業の財務状況について情報劣位の立場にいる負債提供者は企業の経営者が示す数字に対して懐疑的にならざるをえず，結果として，負債の調達コストは企業の実情よりも割高となる傾向を避けられないからである。
④ したがって，企業には資金調達の方法に対する選好の序列（pecking order）[53]が生まれる。すなわち，内部留保資金がある限り，その利用が優先され，これが不足する場合に負債により資金調達が行われ，負債比率が倒産リスクを顕在化させる段階に達したときにはじめて株主資本の

---

[52] Brealey-Myers-Allen（2014）467頁以下参照。
[53] pecking order とは本来ニワトリの「つつき順序」を意味する社会生物学上の概念である。松原（1997）1頁参照。

調達が実施される。

(2) エージェンシー・コストの軽減

一般に負債比率の上昇は経営者のエージェンシー・コスト[54]を引き下げる傾向があるといわれている（多額の元利金支払を行う必要性と債権者による経営者監視機能の強化により、経営者はより効率的な経営を行う必要性に直面することがその主たる原因であるとされる[55]）。であるとすれば、その限度において負債比率の増大は、企業の収益性の改善をもたらし、その結果総資産価値は増加するであろう[56]。

(3) 投資家が分散投資を行えない場合

資本構成の変更は株式の期待収益率とボラティリティの変更をもたらすが、それが投資家の効用に影響を及ぼさないのは、投資家自らが安全資産の保有量を調整することによって自らの効用関数に適した投資ポジションを維持できるからである（266頁参照）。したがって、この前提があてはまらない投資家は企業に対して特定の資本構成を求める。たとえば、大口の個人株主にとって当該株式のフィナンシャル・リスクを埋め合わせるだけの安全資産を所有することは容易ではない。したがって、このような株主は企業自らが負債比率を引き下げることを望むであろう[57]。

[54] 利益の帰属主体と行為主体が異なることによって生じる非効率を一般にエージェンシー・コスト（**agency cost**）という。会社をめぐって生じるエージェンシー・コストには、①株主と経営者の間の利害の不一致、②株主と債権者の間の利害の不一致、③支配株主と一般株主の間の利害の不一致の3種類があるが、本文で述べているものは①の種類のものである。

[55] 経営者自らが株式（またはストック・オプション）を持つ場合、効率的経営へのインセンティブは一層強いものとなるかもしれない。

[56] レバレッジド・バイアウト（Leveraged Buy-out：買収資金の大半を借入金によって賄い、対象会社の資産や収益をその返済原資に充てる企業買収の手法。略して「LBO」という）が企業の総資産価値を増加させるとすれば、その主たる原因はこのエージェンシー・コストの削減と利払損金算入効果であろう。

[57] この場合には、大口の個人株主と他の株主の間で資本政策に関して利害の対立が生じている。そのような状況において経営者はどちらの利益を優先すべきであるかについて会社法は明示の規定を置いていないが、大口の個人株主が支配株主（注86参照）であるとすれば、経営者は事実としてその意向を尊重せざるをえないであろう。類似の問題は、後に述べる多角化政策に関しても発生する（306頁参照）。

ONE MORE STEP 6-2　利払損金算入効果を踏まえた WACC の公式

　実務では利払いの損金算入効果を加味した WACC の公式として次の式がしばしば用いられる。

$$\text{WACC}_{AT} = \frac{E}{V}\mu_E + \frac{D}{V}(1-\theta)r \tag{a}$$

　この式については，一般に，「利払損金算入効果により企業の負債調達コストが1円あたり θr だけ減少するから」という趣旨の説明がなされることが多い。この説明自体は誤りではないのだが，(a) 式における WACC_{AT} の値が具体的に何を意味するかは必ずしも正確に説明されていない場合が多い。以下，この点を明らかにする。

　議論を分かりやすくするために，企業の税引前収益（確率変数）は各年とも に X であるとする[58]。この場合，各年における企業の税引後収益（＝株主か債権者のいずれかに帰属する収益）の期待値 C_V は【図 6-4】の四辺形 E_{L1} と四辺形 E_{L2} と四辺形 rD の合計値であるから，次の式によって表せる（272 頁の (6.16) 式の解説部分を参照）。

$$C_V = (1-\theta)E(X) + \theta E(rD) \tag{b}$$

　一方，(5.27) 式により，総資産価値 V は，

$$V = \frac{C_V}{\mu_V} \tag{c}$$

であるので，(b) 式と (c) 式を併せて整理すると，

$$\mu_V = \frac{C_V}{V} = \frac{(1-\theta)E(X) + \theta E(rD)}{V} \tag{d}$$

を得る。

　他方，本来の WACC の公式により，

$$\mu_V = \frac{E}{V}\mu_E + \frac{D}{V}r \tag{e}$$

が成立している。WACC の公式は総資産価値が株主価値と債権者価値の和と一致することのみを前提とするものであるから（267 頁参照），利払損金算入効

---

[58]　1 期間モデルを使わないのは企業の解散に伴う税務処理が複雑なためである。なお，毎年の収益の確率分布を等しいと仮定したことは純粋に議論を単純化するためであり，分析の結論に影響を与えるものではない。ただし，このモデルはある期間の収益が rD を下回った場合にはその限度でその年の支払利息額が減少することを仮定している（こう仮定しても負債価値 D が負債の額面額を下回ることはない。利払いが減少するリスクは負債の運用利率 r に反映されているからである）。

3 資本政策

果が発生している状況においても成立するものだからである[59] (ただし，この式の μ_V 〔つまり，本来の WACC〕と WACC_{AT} は異なることに留意されたい)。

そこで，(d) 式と (e) 式から μ_V を消去して整理すると，

$$\frac{(1-\theta)E(X)}{V} = \frac{E}{V}\mu_E + \frac{D}{V}(1-\theta)r \tag{f}$$

となる．この (f) 式の右辺は (a) 式の右辺と同じであるから，両式から次の式が導き出せる．

$$V = \frac{(1-\theta)E(X)}{\text{WACC}_{AT}} \tag{g}$$

この (g) 式と (5.27) 式を比較参照すると WACC_{AT} の意味するものが何であるかが理解できる．すなわち，WACC_{AT} とは，「対象企業に負債がなく，$(1-\theta)E(X)$ が総資産価値の計算の基礎となる収益の期待値であるという仮定の下で現在の負債比率の下における利払損金算入効果を反映した総資産価値を導き出すための期待収益率の値」なのである．したがって，企業が新規のプロジェクトの採否を検討する際に，そのプロジェクトの収益が現在の事業の収益とおおむね同じ確率分布に従うものであり，かつ，プロジェクト実施の前後を通じて現在の負債比率がおおむね維持されると考えうる場合には，利払損金算入効果を考慮していない (g) 式の分子の値に対して WACC_{AT} の値を適用してプロジェクトの NPV_{AT} を求めればよい[60]．たとえば，【問題 6-4】の場合，$\theta = 0.3$ とすれば，WACC_{AT} は，

---

59) 念のためこの点を確認しておこう．

毎年の株主に帰属する収益の期待値 C_E は【図 6-4】の四辺形 E_{L1} と四辺形 E_{L2} の合計値であるから，次の式によって表せる．

$$C_E = (1-\theta)E(X) - (1-\theta)E(rD)$$

一方，(5.27) 式により，株主価値 E は，

$$E = \frac{C_E}{\mu_E}$$

であるので，上の 2 つの式を併せて整理すると，

$$\mu_E = \frac{(1-\theta)E(X) - (1-\theta)E(rD)}{E}$$

を得る．この式と本文の (d) 式を使って $(1-\theta)E(X)$ を消去し，整理すると

$$\mu_V = \frac{E}{V}\mu_E + \frac{D}{V}r$$

となって，(e) 式の成立が確認できた．

60) これに対して，(e) 式の分子に利払損金算入効果を考慮したキャッシュ・フローの値を代入する場合には，原則に戻って，分母に本来の WACC の値 ((c) 式参照) を用いるべきである．

$$\text{WACC}_{AT} = \frac{70\text{億円}}{100\text{億円}} \times 30\% + \frac{30\text{億円}}{100\text{億円}} \times (1-0.3) \times 5\%$$
$$= 22.05\%$$

となる。

4 配当政策

配当政策の他律性

　株主に対する剰余金の分配に関する方針のことを**配当政策**という。資金の流れという観点から企業を見た場合，配当政策は，投資政策，資本政策と並ぶ重要な政策である。すなわち，企業がいかに資金を支出するかを決めるものが投資政策であり，企業がいかに資金を調達するかを決めるものが資本政策であり，企業がいかに資金を株主に還元するかを決めるものが配当政策である[61]。【図6-9】はこの関係を示したものであり，同図に破線で示した資金の流れ，すなわち各プロジェクトからの資金の回収と債権者に対する元利金の支払は，前者については「プロジェクトの業績」，後者については「契約内容」によって定まるものである。

　【図6-9】を子細に眺めていると配当政策のあるべき姿が自ずと見えてくるのではないだろうか。それは，「配当政策は他の政策の結果として他律的に定[62]

---

[61] 剰余金を分配するための手段としては，伝統的な手法である現金配当のほかに自己株式の買入れも頻繁に行われるようになってきた。この観点からいえば，「配当政策」と呼ぶよりも「資金還元政策」と呼ぶ方が適当であるかもしれない。

[62] 【図6-9】から分かるもう1つのことは，「投資政策によって生じるキャッシュ・フロー（留保資金の再投資によって生じるキャッシュ・フローを含む）から債権者との間のキャッシュ・フローを差し引いたものと配当の支払のためのキャッシュ・フローは資産として等しい」という事実である。このことは，総資産価値から債権者価値を差し引いて計算した株主価値と期待配当額の割引現在価値として計算した株主価値はつねに一致する（つまり，両者は「二面等価」の関係に立つ）ことを保証している。ただし，裁判実務においていわゆる「配当還元方法」を用いて株主価値を算定する際には，一部の留保資金は永遠に留保され，配当として株主に支払われることはないという前提の下で計算がなされている事例もあるようである（東京高決平成22年5月24日金融・商事判例1345号12頁参照）。

4 配当政策

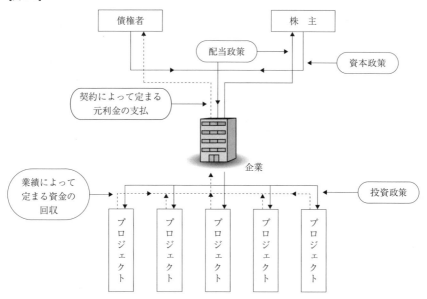
【図 6-9】

まるべきものであり,独自の配当政策というものを作り出すことは有害無益である」という考え方である。

結論からいえば,①企業に倒産リスクが存在せず,②必要な資金はいつでも借入れその他の方法によって調達可能であり,かつ,③配当に対する課税がないと仮定する限り,この考え方は正しい。[63]

なぜ,そうであるのか,場合をわけて考えてみよう。なお,議論を簡単にするために対象企業の資本構成は現時点において最適比率となっているものとする。[64]

---

63) したがって,巷間喧伝されている配当政策はいずれも正当性に疑問があるといわざるをえない。たとえば,「安定配当政策」なるものを標榜する経営者は多い。しかしながら毎年支払う配当額の変動幅を抑えても,価格の線形性により配当金と配当金支払後の株式の市場価格の総和は変わらない。したがって配当額を固定することによって株主価値が増大するとは考え難い。

64) 対象企業の資本構成が最適でない場合にはこれを調整するために資金を借り入れて配当(または自己株の買入れ)を実施すべき場合がある。ただし,この点を併せて考えても配当政策の他律的性格は変わらない。なお,MM 理論の考案者である F. Modigliani と M. H. Miller の両氏は配当政策に関しても独自の理論(これも MM 理論と呼ばれる)を提示しており,これによれば配当政策を変更しても 1 株あたりの

(1) 株主に分配可能な資金がある場合であってもNPVがプラスとなるプロジェクトがある限り，資金はそのプロジェクトに用いるべきである。なぜならば，
　① そのプロジェクトの実施を断念すれば，株主価値の最大化という経営の目的がその限度において阻害され，
　② 資金を株主に分配したうえで資金を借り入れてそのプロジェクトを実施すれば，資本構成の最適性が保たれず，
　③ 資金を株主に分配したうえで新株を発行して新たな株主資本を調達してそのプロジェクトを実施する行為は分配可能資金をそのままプロジェクトに用いる行為に比べて不効率である。なぜならば，新株発行を実施するためには多額の取引費用を支出しなければならず，そのうえ，ペッキング・オーダー理論に従えば，新株発行を行うこと自体が1株あたりの株主価値の希薄化を招く
からである。

(2) NPVがプラスとなるプロジェクトがないのであれば分配可能資金はすべて株主に分配すべきである。なぜならば，
　① 資金を分配しないでNPVがマイナスのプロジェクトに用いれば確実に株主価値は減少し，
　② 資金を負債の返済にあてれば，資本構成の最適性が保てない
からである。

　配当政策の基本原理がかくのごときものである以上，年間の収益に占める配当の割合が企業の業種によって異なってもなんら不思議ではない。一般的にいえば，NPVがプラスの投資機会に恵まれた成長産業に属する企業の場合はできるだけ配当を減らして収益を再投資に向けるべきであり，他方，成熟産業に属する企業は誇りを持って大胆な収益の分配を行うべきである。[65]

　　株主価値は変わらない。しかし，この理論は，①投資政策や資本政策は配当の多寡によって変更されず，②新株発行その他の取引に取引費用は発生せず，かつ，③配当課税制度は存在しないことを前提とするものであり，実質的に主張していることは本文で記した配当政策の他律性と同じである。

65) たとえば，米国のマイクロソフト社では上場時から2004年にいたるまで配当は一切支払われず，全収益が再投資にあてられていた。そして，2004年時に同社がはじめ

もちろん，実際の企業は予備の資金を必要としている。倒産リスクを回避するためにも，あるいは突発的な投資機会を逃さないためにもある程度の資金を保持する必要がある（以下，これらの目的で企業が保持する資金を留保資金と呼ぶことにする）。しかしながら，ここで看過してはならないことは，留保資金の確保は，投資政策という観点から見る限りほとんどつねに株主価値に対するマイナス効果を伴うという事実である。

その理由は，市場性のある資産に対する投資のNPVは当該資産の現実の市場価格がその割引現在価値を正しく反映している限り0だからである（252頁参照）。したがって，留保資金を市場で取引されている金融資産を使って運用する限り，そこから生み出されるNPVは取引費用が発生する分だけマイナスとならざるをえない（税効果も考慮した分析は次の項で述べる）。

したがって，留保資金はそれを確保することによって得られるメリット（＝倒産リスク発生の回避，突発的投資機会の確保など）がデメリット（＝投資のマイナスNPV）を上回る限度にこれをとどめる必要がある。ところが，資金運用の不効率性に対する認識が低いためか，わが国には明らかにこのレベルを超えた留保資金を抱えている企業が多いように思われる。そして，多大な留保資金を抱える企業の中には会計上の利益を増やすべくハイ・リスク，ハイ・リターンな金融商品（仕組債など）に投資して痛手を被るものも少なくない。過去には金融商品のリスクとリターンの配列に歪みがあって裁定取引が成立する余地が存在したことがあるが（そのような取引は「財テク」と呼ばれた），金融資本市場が整備された今日においては，いかなる金融商品への投資もNPVは0（取引費用を考えればマイナス）であることを認識すべきであろう。

以上の点を踏まえて，次の問題を考えてもらいたい。

【問題 6-6】
E社は自動車用ブレーキの製造販売を営む会社であり，豊富な資金力を備えていることで有名である。しかるに，海外の投資ファンドであるGファン

て行った配当の総額は自社株購入の対価も含めて750億ドルという巨大なものであったが，その発表を受けて同社の株価は急落した。同社の成長に翳りが生じたことを市場は看取したのであろう。

66) 留保資金が過大となりがちな原因の1つとして経営者の「企業倒産への恐怖」が挙げられるであろう。実証データを持ち合わせていないので，個人的経験に基づいて語らせてもらいたいのだが，この恐怖は過去に倒産リスクが顕在化した経験のある企業の経営者ほど強いように思われる。

> ドはE社の株式を市場で10%取得したことを公表し，同時に同社株式の残りの全株式を対象とする公開買付けを1株1000円の買付価格で開始した。これに対して，E社は，半年後に到来する次回の株主配当の支払額をこれまで公表してきた金額の10倍に引き上げることを発表した。すると，E社の株式市場価格はGファンドの公開買付価格を大幅に上回るものとなり，その結果Gファンドの公開買付けは失敗に終わった（ただし，Gファンドはそれ以前に取得していた10%のE社株式を市場で売却することにより莫大な利益を獲得した）。この件において，E社がGファンドに対する買収対抗策として用いた配当額の引き上げ政策，ならびに，本件におけるGファンドの行動をどう評価すべきであろうか。

E社が配当額を10倍に引き上げたことで同社の株価が大幅に上昇したのはなぜか。考えられる理由はおそらく次のようなものであろう。

① これまで，E社は不必要に多くの資金を留保資金にあてていた。
② これらの資金は市場で調達可能な金融商品の購入など明らかにNPVがマイナスな用途に使われてきており，同社の株価はこのような投資政策・配当政策を反映したレベルのものにとどまっていた。
③ ところが，Gファンドの買収に対抗すべくE社は来年の配当予定額を10倍に引き上げた。市場は，この事実をE社の経営者が旧来の投資政策・配当政策を改め，不効率な投資に充てている資金を株主に分配していくことを決めたことを示唆するものととらえ，その結果同社の株価は高騰した。

以上の分析が正しいとすれば，E社の経営者がとった買収対抗策は（遅きに失した感はあるものの）株主価値の最大化という経営理念に則った判断であったと評価できる。また，Gファンドの行動も，結果的に社会の富の拡大をもたらしたという点において肯定的に評価しうるのではなかろうか。[67]

---

[67] ただし，この問題におけるGファンドのように，自らは買収対象会社の経営を行う意図を持たずに企業買収を企てる行動を批判的にとらえる法律家も少なくない。その例としては，ブルドックソースの買収を企てたスティール・パートナーズを「濫用的買収者」と認定した東京高裁平成17年3月23日決定が有名である。

配当課税効果

　投資家に支払われる配当には税金が課される。このことが配当政策にいかなる影響を及ぼすかについて考えてみよう。議論を簡単にするために，対象企業に負債はなく，対象企業の株主はすべて日本の所得税法の適用を受ける個人株主であるとする。また，対象企業が現在採否を検討しているプロジェクト（その収益は既存の事業の収益と同じ確率分布に従うものとする）は1年間で終了し，投資額1円あたりの収益（企業所得税引き後の値とする。以下同じ）の期待値は $(1+\pi)$ 円，この企業の既存の事業の期待収益率は μ であるとする。

　この場合，配当課税の問題を考えなければプロジェクト採否の判断は簡単である。なぜならば，このプロジェクトの投資額1円あたりのNPVは，

$$\mathrm{NPV} = -1 + \frac{1+\pi}{1+\mu} \tag{6.17}$$

であるから，結局のところ，$\pi > \mu$ であればこのプロジェクトを実施し，$\pi < \mu$ であればこのプロジェクトを断念すればよいからである（この π の値のことを一般に**内部収益率**〔internal rate of return〕という。要するに，内部収益率が期待収益率を上回ることとNPVがプラスであることは同値である）。

　では，配当課税がある場合はどうか。個人が株式投資から得る所得に対しては，それが配当所得であっても株式譲渡所得であっても，一律に税率 θ の課税がなされるという前提に立って考えてみよう。まず，対象企業が検討中のプロジェクトの実施を見送りその投資に必要であった資金（以下これを「投資用資金」と呼ぶ）を全額配当として株主に分配した場合の株主の収益状況であるが，この場合，株主は投資用資金1円あたり $(1-\theta)$ 円の税引後収益を得る。そしてこの株主がこの収益を対象企業の株式またはこれと期待収益率を等しくする他の株式に再投資した場合，この株主は1年後に再投資額1円につき $1+\mu(1-\theta)$ の税引後収益を得ることを期待できる[68]。したがって，現時点で企業が保有している投資用資金1円につき1年後に個人株主が得る税引後収益の期待値 E_1 は，

---

68) この税引後収益は再投資の対価とされた株式について支払われる配当とその株式の売却によって得られる譲渡益のいずれかまたは双方からなるものであるが，配当所得と譲渡所得に対する税率が等しい限り税引後収益の期待値 E_1 は変わらない。

$$E_1 = (1-\theta)[1+\mu(1-\theta)] \tag{6.18}$$

である．他方，企業が投資用資金を用いて検討中のプロジェクトを実施し，1年後にその収益を株主に分配した場合に個人株主が得る投資用資金1円あたりの税別後収益の期待値 E_2 は，

$$E_2 = (1+\pi)(1-\theta) \tag{6.19}$$

である．そこで，(6.19) 式から (6.18) 式を差引くと，

$$E_2 - E_1 = (1-\theta)[\pi - \mu(1-\theta)] \tag{6.20}$$

となり，π が $\mu(1-\theta)$ よりも大きければ E_2 は E_1 よりも大きくなることが判明した．そして，E_1 と E_2 はいずれも同じ期待収益率をもった事業の下で生み出される期待収益であるから E_2 が E_1 より大きければ，E_2 の現在価値も E_1 の現在価値を上回る．[69] したがって，企業経営者が株主の税引後収益の現在価値を最大化しようとすれば，プロジェクトの内部収益率 π が期待収益率 μ よりは小さいが $\mu(1-\theta)$ よりは大きい限りそのプロジェクトを実施すべきであるという結論にいたる．

配当課税制度が配当政策（ないしは投資政策）にもたらす上記の効果を以下，

---

[69] 配当課税の存在を考慮すると，市場価格から算定される期待収益率が μ の金融商品に対する個人投資家の税引後収益の現在価値を求める際の割引率には μ ではなく $\mu(1-\theta)$ を用いることが適切であろう．この考え方を用いれば，E_2 の現在価値 P_2 は，

$$P_2 = \frac{(1+\pi)(1-\theta)}{1+\mu(1-\theta)}$$

であり，一方，E_1 の現在価値 P_1 は当然，

$$P_1 = 1-\theta$$

であるから，

$$P_2 - P_1 = \frac{(1-\theta)[\pi - \mu(1-\theta)]}{1+\mu(1-\theta)}$$

となり，$\pi > \mu(1-\theta)$ であることが $P_2 > P_1$ であることの必要十分条件であることが再確認された．この計算は本文のものよりも一見複雑であるが，投資家による受取配当の再投資先が対象会社と同じ期待収益率を持った金融商品であることを仮定する必要がない点においてより優れた証明であるといえるかもしれない．

配当課税効果と呼ぶことにしよう。わが国の場合 θ はおおむね 20% であるから[70]，配当課税効果を考慮する限り，プロジェクトの π が μ の 100% 未満であっても 80% 超であれば企業はそのプロジェクトの実施を優先すべきであって資金を配当に回すべきではないのである。

　会社法の解釈論としていえば，経営者は，配当政策を決めるにあたり配当課税効果まで考慮する義務は負っていないといえるのかもしれない。しかしながら，経営者を選任するのは株主であり，株主にとって真に重要なことは彼らにとっての税引後所得であるから，事実問題としていえば，配当課税効果まで考慮して配当政策を決める経営者がいてもなんら不思議ではない[71]。ただし，ここで大事なことは，配当課税効果をもってしても企業が（必要な留保資金を確保する目的を超えて）金融商品を購入することは正当化できないという点である。

　なぜ金融商品の購入が正当化できないのかといえば，①金融商品の市場価格は原則としてその商品がもたらす収益の現在価値と等しいが（(5.5) 式参照），②わが国の税制度の下ではこれらの商品を購入した企業が金融商品から得る収益に対してさらに企業所得税が課されるため，結果として金融商品に対する投資というプロジェクトの内部収益率 π はつねに $\mu(1-\theta)$ を下回らざるをえないからである。唯一問題となるのは，他の企業の株式への投資であるが（以下，これを**他社株投資**という）[72]，これについても，2015 年の税制改正によって持株比率が 5% 以下である場合には受取配当の 80% を益金に算入しなければならないこととなったため，他社株投資の内部収益率 π は（すべての収益が配当所

---

70)　注 36) 参照。

71)　ただし，配当課税効果を考慮して配当政策を決めることに理念上の問題があることは否定できない。第 1 に，$\pi < \mu$ のプロジェクトは非効率的な投資であるから，それを実施することは企業が生み出す富の最大化という理念に反する。利払損金算入効果の場合は株主価値と税収との間でトレード・オフが生じるだけであったが（ただし，倒産リスクの発生に伴う総資産価値の減少が生じない限りにおいてであるが），配当課税効果の利用は株主の税引後収益が増える分以上に税収が減少する点に留意が必要である（この問題については **6** の議論および注 49）も併せて参照されたい）。第 2 に，配当課税効果を享受しうるのは日本の居住者だけであるかもしれない。外国の居住者の場合には，日本と当該外国との間の租税条約によりわが国の配当課税が軽減または免除されている場合が多く，さらに，当該外国においても配当課税が存在しない（または著しく低い）という場合も少なくない。

72)　預貯金などの負債性金融商品から得る収益は全額が企業所得課税の対象となるので，当然 $\pi < \mu(1-\theta)$ である。

得によって実現されると考えたとしても),

$$\pi = \mu(1 - 0.8 \times 0.3) = \mu(1 - 0.24) \tag{6.21}$$

となって $\mu(1-\theta) = \mu(1-0.2)$ を下回ることが確実となった。したがって,現行法の下では,配当課税効果を考慮して金融商品を購入するという政策は他社株投資も含めて正当化できない。

配当課税効果に関しては,検討しなければならない問題がもう1つ存在する。というのは,現行の税制度上,上場会社の株式であっても全体の3%以上を所有する個人株主が受け取る配当は,20%の源泉分離課税ではなく,通常の税率によって計算される総合課税に服するからである。そして,このような大口株主が得る配当所得に対してはほとんどつねに最高レベルの累進税率(地方税を含めて約50%。ただし,5%の控除が認められているので,実質的には45%)が適用されるに違いない。したがって,もしもこの税率を使って配当課税効果を考えなければならないとすれば,

$$\pi > \mu(1 - 0.45) = 0.55\mu$$

という不等式を充たす内部収益率 π を持ったプロジェクトへの投資を大口個人株主は望むことになり,大口個人株主と一般株主との間に深刻な利害対立が

---

73) 株式の売却益は全額が益金に算入されるので,株式の売却を通して実現される他社株投資の運用益の内部収益率は当然に $\mu(1-\theta)$ を下回る。

74) 現在の税制度の下においても,持株比率が5%超である場合には受取配当の50%を益金不算入とすることが認められている。この場合には (6.21) 式の値は $\mu(1 - 0.5 \times 0.3) = \mu(1 - 0.15)$ となって $\mu(1-\theta)$ を上回ってしまうが,留保資金を使って特定の企業の株式の5%超を取得することが分散投資の理念に反することは明らかであり,さすがにそのような投資行為を行う企業は存在しないと考えてよいであろう。

75) 2014年までは持株比率がどんなに少なくても受取配当の50%を益金から控除することが認められていたので,仮にこの制度が維持されたままで実効税率が現行の約30%という水準に軽減されていたならば,他社株投資がもたらす内部収益率 π は(すべての収益が配当所得によってもたらされると考える限り),

$$\pi = \mu(1 - 0.5 \times 0.3)$$
$$= \mu(1 - 0.15)$$
$$> \mu(1 - 0.2) = \mu(1 - \theta)$$

となり,資金を配当に充てるよりも他社株投資を行う方がつねに株主にとって有利という事態が起こっていた。

発生してしまう。

しかしながら，実際にはこの利害対立は発生しないように思われる。なぜならば，大口株主は受取配当を対象会社の株式に再投資しなくても対象会社株式の持株比率を維持できるのであるから，再投資先としては 20％ の源泉分離課税の対象となる金融商品を選択するはずだからである。[76] ということは，大口個人株主の受取配当に対する適用税率を θ^* とした場合（源泉分離課税の適用税率ははは θ のままとする），彼にとっての (6.18) 式にあたる式は，

$$E_1 = (1-\theta^*)[1+\mu(1-\theta)]$$

となり，一方 (6.19) にあたる式は，

$$E_2 = (1+\pi)(1-\theta^*)$$

であるから，結局のところ，

$$E_2 - E_1 = (1-\theta^*)[\pi - \mu(1-\theta)]$$

となり，大口個人株主の配当課税効果は一般株主と同様に $\pi > \mu(1-\theta)$ という式で表せることが明らかとなった。したがって，配当課税効果が原因で一般株主と大口株主の間に利害対立が生じることはないと考えてよいであろう。

以上に述べたことの復習として次の問題を作成した。答えは，問題のあとに記したヒントを手掛かりとして，各自で考えてもらいたい。

【問題 6-7】
　C 社は日本屈指の大手自動車部品メーカーである。同社には 500 億円を上回る運転資金があるが，当面これを使う予定はないことから同社の CFO である E 氏は 300 億円程度を特別配当（または自社株購入）に充てた方がよいのではないかと考えるにいたった。
　そんなある日，E 氏は F 証券から興味深い提案を受けた。近々発売されるクレジット・ディフォルト債（以下，「本件債券」という）は通常の債券に比べて

---

76) 特定の会社の株式を大量に保有すれば配当課税上不利益な扱いを受けるうえに分散投資が行えないことの不利益も甘受せねばならない。にもかかわらず，大量保有を維持する株主がいるのは，これらの不利益を上回るコントロール・プレミアムを享受しているからであるとしか考えられない（注 88 参照）。しかるに，コントロール・プレミアムは持株比率さえ維持していれば失われないのであるから，大口株主は受取配当の再投資先として他の金融商品を選択するはずである。

非常に高金利な金融商品であるというのだ．調べてみたところ，本件債券の貸付期間は 10 年であり，指定されている 10 社（以下，「指定 10 社」という）のいずれもがこの期間中に倒産しない限り貸付金全額が満期に返済される．指定されている 10 社のうち 8 社はわが国有数の優良企業であり，残りの 2 社も著名な自動車メーカーである．F 証券の担当者がいうには，この 2 社はいずれも C 社のお得意先であるからその経営能力や財務状況について一般投資家よりも C 社の方が正しく理解できる立場にあり，その点からも本件債券は C 社にとってお買い得な商品ではないかとのことである．熟慮のすえ，E 氏は配当予定資金の中から 100 億円を使って本件債券を購入しようと思うにいたったが，念のため顧問弁護士であるあなたの意見を聞くことにした．あなたは，E 氏に対していかなる回答をすべきであろうか．なお，この債券は個人でも自由に購入できるものであり（ただし，投資単位は 1 口 1 億円である），個人投資家は支払われる金利に対して 20% の源泉分離課税を選択できる．また，C 社には創業家の人が 2 人，いずれも個人で 5% の株式を保有している．

(1) 本件債券の購入というプロジェクトの内部収益率はいくらであろうか．
(2) 指定 10 社の中に 8 社の超優良企業が含まれていることは本件債券のディフォルト・リスクを軽減する役割を果たしているであろうか．
(3) 指定 10 社のうちの 2 社が C 社の取引先であることは C 社にとって有利な事情といえるであろうか．
(4) 貸付期間 10 年の金融商品を購入することは C 社の定款に違反しないであろうか．なお，C 社の定款上の事業目的に貸金業は含まれておらず，また，本件債券は市場で自由に売却できる商品ではない．
(5) C 社 CFO の E 氏は高額の配当課税を受ける大口個人株主 2 人に対しての説明の仕方についても配慮しているかもしれない．この 2 人の利害状況は一般株主と異なるであろうか．

5 多角化政策

財務シナジーの幻想

　企業買収がプラスのNPVを持つためにはシナジー効果が必要である。そう *2* で述べた。企業買収のシナジー効果としては，通常は，重複している研究開発費の削減（水平的な企業結合の場合）とか製造会社と販売会社間の交渉費用の削減（垂直的な企業結合の場合）などのように1株あたりのリターンを引き上げることによって株主価値を高めるもの（これを一般に**事業シナジー**〔operation synergy〕という）が想定されるが，それとは別に，収益の変動リスク，つまりフィナンシャル・リスク（274頁参照）を引き下げることによって生み出されるシナジー効果（以下，これを**財務シナジー**〔financial synergy〕という）というものも存在とするとかつては考えられていた。フィナンシャル・リスクを引き下げる最善の方法は営む事業の業種を増やすこと（以下，これを**多角化政策**または単に**多角化**という）であろう。なぜならば，同一の企業が営む事業の業種が増えるほど，しかも事業間の関係性が低いほど（つまり，各業種の収益間の相関係数が低いほど），各業種のリスクが打ち消しあって企業全体の収益は安定するからである。

　しかし，企業の収益が安定することによって株主価値は本当に増大するのだろうか。この問題に対してファイナンス理論は明確な答えを導き出した。その答えとは，「企業のフィナンシャル・リスクを引き下げても株主価値は増大しない。つまり，財務シナジーなるものは存在しない」というものであり，その理由は以下のように要約できる。

① たしかに収益の相関係数が低い業務を対象に多角化を進めれば1株あたりのフィナンシャル・リスクは低下する。

② しかしながら，フィナンシャル・リスクの低下は個々の株主が分散投資を進めることによっていつでも達成可能なことであり，そうである以上，多角化のメリットは（価格の線形性により）株式の市場価格にすでに織り込まれている。

③ したがって，多角化を進めることにより企業レベルでフィナンシャ

ル・リスクを引き下げても株主価値は向上しない。

　多角化は1株あたりの株主価値を高めないどころかこれを引き下げる恐れすらある，というのが今日の支配的見解である。その理由は，第1に，多角化を実現するためには通常多大な取引費用がかかり，第2に，多角化された企業（これを「コングロマリット」という）にあっては各事業間における経営資源の配分が市場の論理ではなく組織の論理（たとえば，事業本部長間の力関係など）によって決定される分だけ経営の効率性が低下する恐れがあるからである。多角化によって生じるこれらのコストは一般に**コングロマリット・ディスカウント**と呼ばれている。

　コングロマリット・ディスカウントの発生を示唆する歴史的事象も存在する。たとえば1970年代における米国の第3次M&Aブームを牽引したものは多角化を目指したM&Aであった。しかし，この結果生み出されたコングロマリットの多くについて1株あたりの株主価値は期待どおりの上昇を示さなかった。そして，これらのコングロマリットの多くが1980年代における第4次M&Aブームの下で敵対的M&Aの対象となったのである。このブーム時のM&Aには買収した企業を事業部門ごとに転売して利益をあげるという手法を伴ったもの（これをbust-up mergerといい，本書では**解体型M&A**と呼ぶことにする）が多く，それが社会に及ぼした全般的効果については意見の分かれるところである。しかしながら，解体型M&Aが実施されたことによって株主価値が増大した事例が少なからずあったことは紛れもない事実であり，行きすぎた多角化は1株あたり株主価値の減少を招くことが確認されたといってよいであろう。[77]

多角化の意義

　しかし，多角化は本当に意味のない政策なのであろうか。たしかに一般論としてはそうなのであろう。製鉄業を営む企業と養豚業を営む企業が合併しても付加価値は生まれない。それは明らかなことである。しかしながら，多角化を目指す企業はいつの世にも存在し，[78] そうである以上，多角化政策になんらかの

---

77) 以上の点について，詳しくはGilson-Black（1995）312頁以下など参照。
78) わが国における多角化の進展については，宮島編（2011）252頁以下参照。

意義があることは何人も否定できないところであろう。しからば，多角化政策が持ちうる意義とは何か，また，それは株主価値に対していかなる影響をもたらすのか，本項ではこれらの問題について考えてみたいと思う[79]。

(1) フィナンシャル・リスクに晒されている経営者等

経営者や従業員など企業に人的役務を提供しているもの（以下，併せて経営者等と呼ぶ）が得る報酬は企業の業績に応じて変動する場合が多い。報酬の変動は，ボーナス支給額の増減，昇給の有無，残業代の増減，解任（従業員の場合には退職勧告）の実施などさまざまな形態をとるが，その原因の多くは企業の収益の変動に由来しており，この点において経営者等もまた企業のフィナンシャル・リスクに晒されている。しかしながら，大多数の経営者等は特定の企業に対して専属的に役務を提供するものであるから，このリスクを分散することができない。すなわち，経営者等は株主と同様に企業のフィナンシャル・リスクに晒されているが，株主と違い，彼らはこのリスクを軽減させる手段を持ち合わせていないのである。そうである以上，多角化は経営者等の利益に適う。けだし，多角化によって企業の収益が安定すれば，経営者等に課せられたフィナンシャル・リスクは減少し，その分だけ彼らが企業から得る報酬の効用が高まるからである。

では，経営者等が企業から得る報酬の効用を高めることは株主価値にいかなる影響をもたらすであろうか。この問題を考えうるうえで留意すべきことは，経営者等の報酬の絶対額を引き上げることは一般的に彼らが企業に提供する役務の質を高めるという点である（このような機能を果たしている報酬のことを**効率的報酬**〔または効率的賃金〕という）[80]。

したがって，多角化によって企業のフィナンシャル・リスクが軽減し，その

---

79) 念のために付言すると，関連性のある業種間の多角化の場合には事業シナジーが働いて1株あたりのリターンそのものが上昇することも少なくない。この点は本項で論じる多角化の意義とは別の問題である。

80) これについては様々な理由付けが可能であるが，もっともよくなされる説明は，
① 経営者等の役務の質の維持・向上を図るためには様々な方法を用いて彼らの役務を監視しなければならない。
② しかしながら，報酬が高ければ，解任または解雇によって転職を余儀なくされた場合に所得が下がるので，不十分な監視の下でも経営者等は率先して役務の質の向上に励むであろう。
というものである。ミルグロム＝ロバーツ（1997）276頁以下など参照。

結果として経営者等が企業から得る報酬の効用が増大すれば，報酬の絶対値を引き上げていないにもかかわらず，それを行った場合と同様の効果，すなわち経営者等の役務の質の向上が期待できる。その結果，企業が生み出す収益のリターンが高まるとすれば，（これによって生み出される付加価値がコングロマリット・ディスカウントを上回る限り）多角化は株主価値の向上にも寄与するものとなるであろう。[81]

なお，わが国の経営者や経営者の候補者の中にはいわゆる「はえぬき」，つまり現企業の中で昇進を重ねて現職にいたった者が多い（以下，これらの者をはえぬきの経営者等と呼ぶ）。はえぬきの経営者等の強みは企業の実状を熟知していることであり，この点において彼らが提供する役務は優れて**企業特殊的**（firm-specific）である（「企業特殊的」とは，提供先が他の企業に変わると価値が低下する財や役務の特質を示す言葉である）。したがって，はえぬきの経営者等は今後とも現在の企業で勤務し続けることに固有の利益を有しており，本項で述べた企業のフィナンシャル・リスクを抑えることに対しても強いインセンティブを持っている。

(2) 企業存続のための多角化

あらゆる商品にはプロダクト・ライフ・サイクル（以下 **PLC** と呼ぶ），つまり，市場に登場し，流行し，やがて陳腐化し，ついには市場から退出するにいたる一連の流れが存在する。したがって，1つの業種に専念している企業の場合には，その商品の PLC が終われば解散しなくてはならない（法律上の解散は取引費用がかさむので，現実世界では他企業に吸収合併されて事実上消滅する企業が多いが，ここでは，それも一種の解散と考えることにする）。

解散は秩序をもって実施される限り倒産のように総資産価値の減少をもたらす事象ではないが，[82] はえぬきの経営者等にとっては由々しき事態である。け

---

[81] フィナンシャル・リスクの減少は倒産リスクの減少を伴う場合も多い。企業の倒産は通常，株主価値の減少を伴うものであるから（274頁参照），多角化は倒産リスクを減少させるという点においても株主価値の維持・向上に対してプラスの役割を果たしている。

[82] 解散は企業の総資産価値が低下したことの結果として発生する事象であって総資産価値の低下の原因となる事実ではない。この点が総資産価値の減少の原因となる倒産との大きな違いであるが，わが国では両者が同じものであるかのように語られることが多いので留意が必要である。

だし，彼らの企業特殊的な役務の価値は提供先が他企業に向けられた瞬間に低下せざるをえず，したがって彼らの得る報酬も減少を免れないからである。そこで，彼らの多くは，企業が提供する商品のPLCが終わりを迎えてもなお企業が存続できる道を求めるが，それを可能とする最善の手法は多角化政策である。企業の提供する商品が陳腐化する前に将来性のある新しい事業に着手することができれば企業存続の道がひらかれるからである。

このような方法で存続をはたした（または「はたしつつある」）企業はわが国社会を見渡しただけでも枚挙に暇がない（過去においては，織機製造業から自動車製造業に，鉱山事業から電化製品製造業に，あるいは，ラジオ放送事業からテレビ放送事業に，それぞれ転進した企業などがあり，今日でも，ビール製造業から清涼飲料水製造業に，固定電話通信事業から携帯電話通信事業に，スーパー・チェーン店事業からコンビニ事業に，たばこ製造業から健康食品製造業に，それぞれ転身しつつある企業などがある）。

多角化によって企業の存続がはたされ，それによってはえぬきの経営者等の企業特殊的役務の継続が可能となることが株主価値にもたらす影響は様々であろう。プラスの影響の最大のものははえぬきの経営者等が安心して企業特殊的役務の質の向上に励めることである。それによって企業のリターンが上昇すれば，株主価値の増加も期待できる。[83]

株主価値にもたらすマイナスの影響としては，やはりコングロマリット・ディスカウントを心配せざるをえない。PLCの終末期にある業種とPLCの開花期にある業種の間には，必要とされる追加投資額の規模，適切な人材の出所やメンタリティ，経営判断に求められるスピードなどの点において決定的な差がある場合が多い。それを同一の組織の中で行っていくことは至難の業であり，コングロマリット・ディスカウントの発生は不可避なことのように思われる。

これを解消するためには，新規事業が軌道に乗った段階で**スピン・オフ**（新・旧いずれかの事業を分割していったん子会社とし，その子会社の株式を従来の

---

[83] 株主価値にプラスの効果をもたらすもう1つの可能性は「投資機会の効率的な発見」である。もしも投資家たちよりも企業の現場で働いている人たちの方が将来性のある新規事業の発見をよくなしうるとすれば，新規事業に対する多角化は効率的な投資機会の発見という付加価値を株主に与えていることになる。ただし，今日ではこの効果について懐疑的な見解をとる専門家が多いようである。

会社の株主に現物配当として分配すること。これにより，2つの事業は株主構成は同じであるが相互の資本関係はない2つの会社となる）を行うことが望ましいが，残念ながら，わが国の税法はスピン・オフの実施を著しく困難にしている（分社化した事業の含み益が全額企業レベルで課税の対象となり，併せて株主レベルでもみなし配当課税がなされるからである）。制度の改正が待たれるところであるが，当面は，現行法の下でも実現可能な方法によりコングロマリット・ディスカウントの解消を図っていくしかないであろう。[84][85]

(3) 多角化を求める支配株主

個人が上場会社の支配株主である場合[86]，彼の所有している株式の時価総額は少なくとも数十億円，多ければ数百億円から数千億円にのぼる。これだけの莫大な株式を分散投資の対象とすることは事実上不可能であり，結果として個人支配株主は対象会社の固有リスクに晒されている[87]。そこで，個人支配株主は対象会社自らを多角化することによって固有リスクを軽減させるインセンティブを有しており，この点において他の株主との間で利害関係が衝突する[88]。

---

84) 現行の税制度の下でスピン・オフを行った場合の税効果を知ったうえであえてこれを行う企業経営者はいないとすれば，現行の制度は税収の確保という目的にも適っていないことに留意されたい。

85) 現行法の下で可能な手法としては持株会社化が考えられる。新・旧両事業を別の会社とし，相互の独立性を最大化すればコングロマリット・ディスカウントのうちある程度のものが解消できるかもしれない。また，現行法の下でも，分割する事業と同じ業種を営む会社を見つけてきて，その会社に対して事業の分割を実施しその対価として得た株式を従来の会社の株主に分配すれば（分割承継会社と分割される事業の規模の格差が所定の範囲にとどまる限り）非課税のスピン・オフを実施することができる。

86) ここで「個人支配株主」とは，個人の株主であって役員の選任を決定できる立場にある者のことであり，必ずしも過半数の株式を所有していることは必要でない。たとえば，創業者兼現職のCEOが主要株主である場合，彼の持株比率が10％程度であっても（他に有力な株主がいない限り）その支配力は決定的といえるだろう。

87) 機関投資家が支配株主の場合には状況が異なる。なぜならば，第1に，機関投資家は，たとえ特定の企業の支配株主となる場合であっても他企業への投資も行うことによって分散投資を継続するのがつねであり，第2に，機関投資家に出資する最終投資家＝個人投資家自身は分散投資の一貫として機関投資家への出資を行っていることが多いからである。

88) そもそも個人支配株主はなぜ大量の株式を所有しているのかも興味深い問題である。結論からいうと，分散投資ができないために大きなフィナンシャル・リスクに晒されているにもかかわらず個人支配株主が自発的に所有株式を売却しないのは，対象企業を支配するに足るだけの株式を保有することによって追加のメリットを得ているからであると考えられる（このメリットは一般にコントロール・プレミアムと呼ばれている）。

この問題に対してどう対処すべきであるかについて会社法上明示の規定はないが，支配株主が経営者の選択権を有している以上，事実として経営者はその意向を尊重せざるをえないであろう。

　この点が少数株主にどれだけ深刻な不利益を与えているかは個別の企業ごとに検討すべき問題である。ただし，コングロマリット・ディスカウントの発生によって不利益を受けるという点においては個人支配株主も少数株主も変わりはない。この点が株式を所有していない経営者等と個人支配株主との大きな違いである[89]。さらに，前述のとおり，3%以上の株式を保有する大口株主は配当所得については総合課税（適用税率は事実上 45%）に服するが，株式の売却によって生じる譲渡益課税については一般の株主と同様に 20% の源泉分離課税を選択できる。この税率の乖離を考えると，個人株主が 3% 以上の株式を保有し続けるインセンティブを持ちうるのは対象企業が収益の大半を再投資に充てている企業の成長期に限られるのではないか（この間に株式を譲渡してしまえば 20% の分離課税の適用を受けるだけですむからである）。しかるに，この時期の企業においてそのビジネス・モデルをもっとも深く理解しているものは個人支配株主（その多くは同時に企業の CEO でもある）である場合が多く，これらの点を併せて考えると，個人支配株主の存在は少数株主にとって不利益よりも多くの利益をもたらしている場合が多いのではないであろうか[90]。

　　コントロール・プレミアムは，これを次の 3 つに分けて考えることができる。すなわち，①少数株主も利益を享受するもの（以下，**共益的プレミアム**という），②少数株主が不利益を受けるもの（以下，**略奪的プレミアム**という），および，③少数株主は利益も不利益も受けないもの（以下，**自足的プレミアム**という）の 3 つであり，上記のうち共益的プレミアムは，有能な支配株主がいることによって高い経営の効率性が維持されている（「エージェンシー・コストが最小化されている」といってもよいだろう）場合に現れ，略奪的プレミアムは，支配株主やその親族・友人が過大な役員報酬を受け取っている場合や支配株主の関連会社が対象会社に対して財や役務を提供して過大な対価を得ている場合などに現れ，自足的プレミアムは支配株主の社会的な地位や評判が支配株主であること自体によって向上する場合などに現れ，マス・メディア，スポーツ・マネジメント，エンターテインメント等の業種において発生しやすいといわれている。

89)　米国での実証的調査によれば，企業の CEO の株式所有比率と企業が営む事業の数の間には高い負の相関関係があることが報告されている。Hermalin-Weisbach (1988)。

90)　これを言い換えれば，成長期における個人支配株主が享受しているコントロール・プレミアムには自足的プレミアムの占める割合が大きいのではないかということである。

(4) エンパイア・ビルディング

どんなに有能な経営者であっても，否，有能な経営者であればなおさらのこと，自分が率いる企業を巨大なものとし，圧倒的な社会的影響力を誇りたいという夢を抱きがちである。この見果てぬ夢を米国ではしばしば**エンパイア・ビルディング**，つまり「帝国の建設」というが，多角化政策はこの夢を実現させる有力な手段であることは間違いない。

エンパイア・ビルディングの夢を実現させることが経営者の労働意欲を掻き立てるとすれば，そのために実施される多角化にも株主価値に貢献するところがないとはいえない。しかし，当然のことながらエンパイア・ビルディングは多角化の秘められた目的であり，そうである以上，目的達成の手段としての不効率性を免れない。つまり，有能な経営者の労働インセンティブを刺激するためには，彼の報酬そのものを引き上げ，(彼が望むのであれば) 私財を使って彼自身の帝国を作り出すことを促す方が目的合理性が高い。

以上に述べたことの復習のための問題を作成した。答えは，問題のあとに記したヒントを手掛かりとして，各自で考えてもらいたい。

【問題 6-8】

東証一部上場企業である K 社は日本屈指の百貨店経営会社である。K 社の子会社である I 社は東証一部に株式を上場している大手コンビニエンス・ストアであり，その業務は近年親会社である K 社を凌いでいる。そんな状況において新たに K 社の顧問弁護士となった A 氏は，K 社の CEO に対して，「K・I 両社間に親子関係が存在することは両社の取締役に少なからぬ法律上のリスクをもたらしているので早急にこの関係を改めた方がよい」という助言を行った。A 弁護士の意見によれば，上記問題を解決するためには，K 社と I 社を経済的に完全に統合するか (以下，このオプションを「完全統合案」という)，I 社の株式を K 社の株主に分配することによって両社間の親子関係を解消するか (以下，この案を「会社分割案」という) のいずれかの措置をとるべきとのことである (なお，本件に関しては会社分割案を実施しても課税問題は発生しないと仮定する)。

[小問 1] A 弁護士はなぜ K・I 社間の資本関係が両社の取締役に法律上のリスクを与えていると考えたのであろうか。なお，両社の取締役の多くは両社の取締役を兼務している。

A弁護士の助言を重くとらえたK社は，財務アドバイザーとしてB証券を起用し，完全統合案と会社分割案のいずれを実施することがK社の株主価値の最大化という観点から望ましいかについてB証券の意見を求めた。B証券の意見は「会社分割案の方が望ましい」というものであった。

[小問2]　B証券はなぜ完全統合案よりも会社分割案の方が望ましいと考えたのであろうか。

　しかしながら，K社の社外取締役を除く取締役（以下，「業務取締役」という）は全員会社分割案よりも完全統合案を支持し，同社の幹部社員たちも同意見であった。

[小問3]　K社の業務取締役や幹部社員たちが会社分割案よりも完全統合案の方が望ましいと考えたのはなぜであろうか。彼らに固有の利益という観点から考えられる理由を述べよ。

　K社のCEOは最終判断を行うべく同社の創業者であるG氏の意見を求めた。G氏はすでに事業経営の一線からは身を引いているものの，K社の相談役として，また同社の筆頭個人株主（株式5％を保有）として，同社の経営に対して隠然たる勢力を持っており，実年齢（80歳）からは考えられないほど心身とも健康な人物である。同氏は，熟慮のうえ，「私も完全統合案を支持する」との意見を述べた。

[小問4]　G氏はなぜ完全統合案を支持したのであろうか。同氏に固有の利益という観点から考えられる理由を述べよ。

小問1について

　コングロマリット・ディスカウントが発生しているというだけで取締役が法的責任を負うことはないであろう。しかし，K社とI社の利害関係が対立する事案について両社の取締役はどのような論理に則って意思決定を行いうるであろうか。たとえば，ある町にI社が新しいコンビニエンス・ストアを出店するビジネス機会があることが判明したが，この出店を行うと同町に存在するK

社の百貨店の食品部門の売上が大幅に低下することが予想されるという場合どのような対処が可能であろうか。

小問 2 について

コングロマリット・ディスカウントの解消という点において完全統合案と会社分割案のうちいずれが優れているであろうか。

小問 3 について

K 社の業務取締役や幹部社員たちが抱えている共通のリスクは何か。

小問 4 について

K 社の創業者であり，かつ，大口株主である G 氏には K 社の業務取締役や幹部社員にはない固有の問題がある。それは何であろうか。

6 非営利政策

株主価値最大化主義の正当性とその限界

　これまでは株主価値の最大化をもって企業経営の唯一の目的と考えてきた（以下，この考え方を**株主価値最大化主義**と呼ぶことにする）。唯一の例外は **3** で述べた倒産リスクの顕在化した企業の場合であるが，それとても実質的に考えれば株主価値最大化主義を否定したものではない。けだし，倒産リスクの顕在化した企業においては，債権者もまた（収入が企業の総資産に依存しているという点において）剰余権者となっており，そうである以上，株主価値最大化主義の前提である「剰余権者の利益を最大化することによって企業が生み出す富を最大化する」という理念を貫くためには，株主価値と債権者価値の和である総資産価値をもって最大化の目的と考えざるをえないからである。

　しかしながら，企業が剰余権者の利益のみを考えて行動することによって本

当に社会全体の富は最大化されるのであろうか。この疑問に対して有力な答え
を提供してくれるものが厚生経済学の第1基本定理である。この定理によれば，
「すべての財・役務について市場が普遍的に存在し，各市場が十分に競争的で

---

91) ここで，「富」の意味を簡単に説明しておこう。富（wealth）とは，経済学でいう
余剰と同義の概念であり，人が財・役務を消費することによって得る便益の価値をそれ
を得るために支払う用意のある金額（より正確にいえば，その便益の金銭に対する限界
代替率をその便益の取得量において積分した値。下図の ▨ 部分がこれにあたる）か
らその便益の取得に要する費用を差し引いた値をもって評価し，そのようにして評価さ
れた便益の価値を単純合算した値のことである（富は金銭を測定単位とする概念である
から金銭そのものはその額面額をもって富の概念に組み入れられる）。

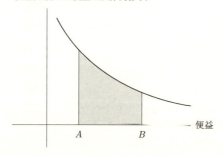

富は金銭で表された概念であるがゆえに各人が享受している便益の価値を適宜加算し
うる点に「社会の望ましさ」を測る指標としての利点がある。しかしながら，富＝余
剰は経済学の部分均衡分析に由来する概念であるがゆえに便益の量的変化によって生
じる各自の実質所得の変化がもたらす効果（いわゆる「所得効果」）を計算の中に反映
させることができない。この点において富という概念は「社会の望ましさ」を測る指標
としての精度をやや欠いているといわざるを得ず，この問題は大きな所得効果を伴う事
象を考える際に特に留意すべきことである。さらに，富の総量によって社会を評価す
ることのより深刻な問題として，この方法をとる限り，社会の構成員間における富の保有
量の格差が小さいことを「社会の望ましさ」の評価に反映させることができないという
点が挙げられる。この点を補うために提唱されている富の代替概念が厚生である。厚生
（welfare）（福利〔well-being〕ともいう）とは，人が財・役務から得る便益の価値を
富と同様の方法によって評価し，その値を（単純合算ではなく）評価を行う者が自らの
価値判断によって選択する一定の演算ルールに従って合計した値のことである（たとえ
ば，社会の構成員各自が享受する便益の値が均等に近いことをもって社会の望ましさの
プラスの要因であると考える者はそのような価値判断を反映した演算ルールを用いるこ
とができる）。以上の点に関して，詳しくは，奥野編（2008）134 頁以下，林（2007）
第 6 章および第 14 章，「概論」336 頁以下などを参照。なお，注 95) も併せてお読み
願いたい。

あるならば，その均衡状態が生み出す資源の配分はパレート効率的である[92]」。

ここで，**パレート効率的**とは社会の構成員の誰かの効用水準を引き下げない限りもはや何人の効用水準も改善することはできない状態を意味する言葉であり，パレート効率的な資源配分が達成されればすべての財・役務に関して社会全体の富は最大化されると考えてよいであろう[93]。しかるに，厚生経済学の第1基本定理が前提としている生産者は利潤の最大化を目的として行動する企業であり，利潤の最大化と株主価値の最大化は経営者の行動原理としては同一視することができる[94]。したがって，企業の経営者が株主価値最大化主義に則って行動することによってたしかに社会全体の富は最大化される。以上が前掲の疑問に対する一応の解答である[95]。

しかしながら，厚生経済学の第1基本定理は株主価値最大化主義の理論的根拠を示すと同時にその限界をも明らかにしている。なぜならば，この定理は「市場が普遍的に存在し，しかも，各市場が十分に競争的である」ことを前提とするものであり，したがって現実社会がこれらの前提を満たすものではない限りその結論もまた不完全であることを免れないからである。もう少し具体的に説明しよう。

第1に，外部性の問題がある。ここで**外部性**（externality）とは，ある経済

---

[92] 奥野編（2008）164頁。ただし，一部字句を改めている。

[93] 富の最大化は部分均衡分析に基づく概念であるのに対して，パレート効率性は一般均衡分析上の概念であるから2つの概念を同一視することはできない。しかしながら，後者が成立する限り各財・役務の市場に関して前者が成立すると考えてよいであろう。なぜならば，社会全体がパレート効率的である以上，その状態においてある財・役務に関してさらに誰かの支払用意が他の者の支払用意を上回ることはありえない（そうでなければ，その2人の間の自発的取引によって2人の効用がいずれも改善されるのでパレート効率的という仮定に反してしまう）からである。

[94] 株主価値は，①株主の機会費用を含んでいる点および②現在価値への換算を通じて概念の単位がフローからストックに変質している点において経済学上の伝統的概念である「利潤」とは異なる。ただし，最大化という目的との関係では両者を区別する意味はほとんどないので，本書では2つの概念をあたかも同義語のように用いることにする。

[95] 富の最大化が達成されたからといって厚生も最大化されるとは限らない。けだし，厚生は社会の構成員各自の便益を所定の演算ルールに則って合計した値であるから（注91参照），いかなる演算ルールを用いるかによってその値は変わりうるからである。しかしながら，**厚生経済学の第2基本定理**（奥野編（2008）177頁）によれば，税法や社会保障法の内容を変更すれば，企業の活動に関するルールを変更しなくても社会の構成員各自に対する便益の分配状況を任意のものに改めることができる。そうであるとすれば，厚生の最大化に関する問題は税法や社会保障法の議論に委ねることとして，企業の行動を考える際には富の最大化のみを基準としても差し支えないのではあるまいか。

6 非営利政策

主体が市場取引を介さずに他の経済主体にプラスまたはマイナスの便益をもたらすことを意味する。市場を介した取引であってもそれによってもたらされる便益の価値が何らかの理由によって市場価格に十分反映されていない場合も外部経済の一形態と考えてよいであろう。

マイナスの外部性の代表例はかつては公害問題であったが，現代社会ではプライバシーや名誉の侵害，あるいは，個人情報の漏洩が深刻な問題となっている。マイナスの外部性を生み出す企業の活動を放置すればそれによって損なわれる便益がそれによって生み出される便益を上回る傾向を免れず，結果として富の最大化が阻まれてしまう。[96] プラスの外部性の代表例は民間のテレビ放送事業である。民間のテレビ放送の場合，番組を購入するのはスポンサーであって，視聴者は無償で番組視聴の便益を享受しているからである。[97] 路線バスの運行会社が採算の合わない僻地の路線を赤字覚悟で維持している場合や出版社が採算の合わない学術雑誌を発行し続けている場合にもプラスの外部性が発生していると考えていいだろう。このような活動によって生み出されている便益がその機会費用を上回る限り，[98] プラスの外部性を生み出している活動をやめることは富の最大化に反する結果となる。

第2に，独占の問題がある。[99] 独占企業は財・役務の供給量を調整することによって独占利益を享受できるが，それによって生み出される富の総量は市場が競争的関係にある場合の値を下回るので，その限度において富の最大化が阻まれることは周知のことであろう。[100]

---

[96] 外部性が発生する場合においても当事者間の交渉が可能であれば，それを通じてパレート効率性が実現されることが論証されている（これを**コースの定理**〔Coase Theorem〕という）。しかしながら，交渉は取引費用の発生を伴う事象であり，その大きさゆえに多くの事案において交渉はそもそも開始されずあるいは仮に開始されても妥結にはいたらない。

[97] 番組が有害なものであればマイナスの外部性が発生している。

[98] ここでいう機会費用は企業が利潤の最大化を目指すことによって追加的に得られる余剰（消費者余剰を含む）の総量である。

[99] ある財・役務の提供者たる企業が少数しかいない場合（これを「寡占」という）や提供者たる企業は多数あっても各社の製品が差別化されているために各企業は一定の消費者に対して価格支配力を有している場合（これを「独占的競争」という）にも独占に準じた問題が発生する。

[100] ただし，独占をめぐる議論は対象となる財・役務がすでに存在していることを前提とした「事後的な視点（ex post-view）」のみから議論されがちな点に留意が必要である。独占利益を収益に含めることによってはじめてプロジェクトのNPVがプラスとなる場合には，独占利益を保証することこそが富の最大化に資するのではないであろ

第3に，情報の非対称性の問題がある。**情報の非対称性**（asymmetric information）とは，取引当事者が保有している情報量に格差があるために効率的な取引の形成が阻害される現象を意味する。たとえば，企業と消費者との間の取引に関しては企業の方が多くの情報を持ち合わせている場合が多い。同様の問題は企業と労働の提供者である労働者との間においても発生するであろう。

　第4に，契約の不完備性の問題がある。この点は少し分かりづらいので少し詳しく説明しよう。

　将来起こりうるすべての事態に対して明示的な規定を備えている契約を**完備契約**，完備契約でない契約を**不完備契約**という。現実世界の契約は程度の差こそあれすべてが不完備契約であるが，契約上明示の規定がないことによって発生する不都合な事態一般を指して**契約の不完備性**という[101]。

　契約が不完備であるときに発生する問題の代表例は，契約に明示の規定がないことが自己に有利に働く状況にいたったと判断した当事者がそれを奇貨として相手方当事者に不利益を強いる事態である（そのような行動を**機会主義的行動**という）。たとえば，企業特殊的（304頁参照）な財・役務を長年提供してきたもの（下請企業や「ゼネラリスト」と呼ばれる従業員など。以下，「提供者」と呼ぶ）とその提供を受けてきた企業（以下，「受入企業」と呼ぶ）の間の契約においては提供される財・役務の将来における価格について詳細な取り決めがなされていない場合が多い。そこで，受入企業がこの点を奇貨として，対価の大幅な値下げ（さもなくば，契約の終了）を提供者に対して要求する行為は典型的な機会主義的行動であり，提供者がこれによって受ける不利益を**ホールド・アップ効果**という[102]。

　　うか（独占企業といえども少なからぬ富を社会にもたらしていることおよび株主価値を享受するものは消費者そのものであることにも留意されたい）。

[101] 情報の非対称性と契約の不完備性は重複して現れることが多いので混同しやすいが区別すべき問題である。前者はパレート効率的でない契約が明示的に結ばれることが問題であり，後者は契約に明示の規定がない事態が発生することが問題である。

[102] ホールド・アップ効果が生じる背景には，交渉が決裂し，契約関係が終了した場合に提供者がBATNA（他の企業への財・役務の提供など）から得られる収益が現状よりも大幅に減少するという事実がある。もっとも，提供者の財・役務に真の価値がある限り，受入企業にとってもBATNA（企業特殊的な財・役務の喪失を補うための機械設備の導入など）は決して望ましいものではないので提供者だけが一方的に不利な状況に置かれるわけではない。しかしながら，提供者は個人であるか（従業員の場合），非上場企業であるか（二次以下の下請業者の場合），あるいは，上場企業であっても下請契約の終了によって倒産リスクの発生する企業であること（一次の下請業者の場合）

機会主義的行動は，それによって利益を受けるものと不利益を受けるものとの間の富の移動を生み出すだけである（つまり，社会全体の富の総量は変わらない）ように一見思えるかもしれないが，実はそうではない。その理由を企業特殊的な商品を提供している下請企業が不利益を受けた場合を例に挙げて説明しよう。以下，箇条書きで記す。

(1) ホールド・アップ効果によって下請企業（以下，A社と呼ぶ）が納入先（以下，B社と呼ぶ）に販売している企業特殊的商品の販売代金の値下げを強要されたとすれば，これによってA社が受けた不利益の現在価値に相当する値だけB社の株主価値は増加する（以下，この増加分をEで表す）。したがって，この点だけを見れば富の移転はあっても富の全体量は減少していない。

(2) しかしながら，この結果を知ったA社の同業者（A社自身を含む）は将来同じような不利益を受けるおそれがあることを自覚する。そして彼らは自衛のために企業特殊的商品の製造割合を減らし，汎用品の製造割合を増やそうとするであろう。

(3) (2)の結果として，B社の同業者（B社自身を含む）は企業特殊的な部品を使った付加価値の高い製品の製造を減らすことを余儀なくされるので彼らのリターンは低下するであろう（以下，これらの一連の行動の結果として各社が受ける不利益の現在価値の総計をRとし，その中のB社の負担額をrとする）。しかしながら，B社がこの結果を予見していたとしてもEがrを上回る限り，同社はA社に対する値下げ要求を実施していたであろう。したがって，結局のところ，

$$r < E < R$$

という不等式が成立する公算が高く，その場合社会の富は減少せざるをえない。

─────────

が多いので受入企業に比べて相対的にリスク回避的であることを免れない。そして，相対的にリスク中立的な者とリスク回避的な者が交渉をすればそのナッシュ交渉解（「概論」の第2章訳者注8）参照）は相対的にリスク回避的な者に不利なものとなることが知られている。これがホールド・アップ効果が生じる真の理由であろう。

非営利政策の必要性

　会社制度は資本主義社会に不可欠な制度であり，株主価値最大化主義は会社制度の根本規範である。そうである以上，この根本規範が正しく機能しない事態を正すことは現代国家が解決すべき喫緊の課題の１つである。この要請に応えるべく，わが国もまた様々な法制度を作り出してきた。以下，制度の概要を簡単に記す。

　(1)　マイナスの外部性については，その発生を抑止すべく民法709条以下に定める不法行為法が存在し，その適用範囲は製造物責任法や自動車損害賠償保障法などの特別法によって拡充されている。さらに，生命，身体，名誉などの非金銭的損害をもたらす加害行為に対しては差止請求権の行使によって被害の発生を防ぐ手段も与えられている。[103]

　(2)　プラスの外部性をもたらす企業活動は，それ自体としては市場取引の対象となし難いか，あるいは，取引の対象とはなしえても採算がとれないものである場合が多い。取引の対象となし難いのは，活動内容が公共財やそれに準じるものの提供だからであり，[104] 民間テレビ放送が一般視聴者にもたらす便益や，ビルの建築業者がビルの周辺に開設する公園がもたらす便益はその典型である。これらの活動に関しては提供される財・役務の量や質が低下しないように法令によって様々な規制がなされている。たとえば，民間テレビ放送を行う者に対しては一定時間内に放映しうるコマーシャル時間の制限やニュース報道に割り当てるべき時間の確保などが義務づけられており，大規模ビルの建設業者に対しては一定規模の公園を周辺区域に開設してこれを一般に開放することが義務づけられている。市場取引の対象とはなしうるが採算がとれない活動の多くは財・役務の購入者が便益の一次的受益者ではあるもののそれ以外にも便益を受けるものがいる場合である。たとえば，基礎教育や学術知識，あ

---

103)　非金銭的損害については損害賠償制度よりも差止請求権制度の方が効率的であることについては **ONE MORE STEP 2-2** の説明を参照されたい。
104)　公共財とは排除不能でかつ非競合的な財・役務のことである（「防衛」など）。公共財に準じるものには，排除不能ではあるが非競合的ではない「コモンズ」（共有林など）と非競合的ではあるが排除不能ではない「クラブ財」（テレビのCS放送など）がある。この中でプラスの外部性の発生が避け難いものは公共財とコモンズである。

るいは，時事に関する情報はその購入者の便益に適うものであるが，そのような情報を社会の構成員が共有することによって社会はより文化的でより平穏なものとなるに違いない。だとすれば，そのような活動が生み出す富の総量は一次的受益者が支払う用意のある金額をはるかに上回っているであろう。過疎地における公共運送事業や郵便事業についても，それらの事業が維持されることで地域の景観や文化が保全されているとすれば，それらの事業が生み出す富は一次的受益者の便益を上回っている。このような活動に対して国や地方公共団体は助成金を支払ったり税法上の優遇措置を与えたりしている（ただし，そのような措置の対象となっている活動は全体の一部でしかない）。

(3) 独占の問題に対しては，独占禁止法によって規制がなされている。

(4) 情報の非対称性の問題に対しては，消費者保護法や労働基準法などの特別立法によって契約の効率性が保たれるような立法努力がなされている。

(5) 契約の不完備性については契約の合理的意思解釈を通じて機会主義的行動を（限られた程度においてではあるが）抑止する判例法が作り出されてきた。労働契約に関する解雇権濫用法理や継続的供給契約に関する信頼利益の保護法理はその代表例である。

以上のことから次のような結論を出す論者がいるかもしれない。

> 株主価値最大化主義が機能不全となる事態は法令（判例法を含む）によって規律されている。したがって，経営者は当然これらの法令を遵守すべきであるが，法令上許容される自由の範囲においては，本来の原則に戻って株主価値の最大化のみを目的として行動すべきである。

しかしながら，この考え方（以下，これを**法令内株主価値最大化主義**と呼ぶことにする）は重大な事実を見落としているのではないか。それは，「株主価値最大化主義が機能不全に陥っている事態については企業の経営者の方が立法者や裁判官よりもはるかに豊富な情報を持ち合わせており，しかも，経営者が自発的[105]

---

[105] もちろん，経営者がつねに情報優位者であるとは限らない。しかしながら，経営者を上回る情報を持ち，しかも，問題に対して有効に対処しうる能力も備えた第三者がいることは稀有であろう。

に是正措置をとれば，立法や裁判を待つよりもはるかに効率的に問題が解決できる」という事実である。この点を踏まえて考えるならば，株主価値最大化主義が機能不全に陥っていると思える事態を認識した経営者は（たとえ法令上の義務はないとしても）その問題の解決を図る政策（以下，これを**非営利政策**という）を一定の制約の下で（この点については次項で述べる）とりうると考えるべきではなかろうか。

事例問題を使って具体的に考えてみよう。

【問題 6-9】
　Ａ社は全国各地においてテーマ・パークやスポーツ施設を管理・運営している上場企業であり，Ｈ県にあるＧスタジアム（野球場）も同社が管理・運営している。Ｇスタジアムでは 3 年前から年間で 30 試合ほどプロ野球の公式試合を行うことになり，これによって急増したＧスタジアムの収益によってＡ社の業績は過去 3 年間好調に推移してきた。
　ところが，最近になって，Ｇスタジアムで開催された野球試合の観戦後帰宅途中の若い女性が暴漢に襲われるという事件が発生した。過疎化の進むＨ県では近年治安が悪化しており，しかも，Ｇスタジアムから付近の住宅地に移動するためには森林の中の道路を 2 キロメートル程度歩かなければならない。これらの点を考えると同じような事件が再び起こらぬという保証はないと考えたＡ社の経営者は，試合の開始時刻を早めてもらうことをプロ野球機構に提案したが，諸般の理由からＧスタジアムの試合についてだけ開始時間を変えることはできかねるとのことであった。事態を重くみたＡ社の経営者は来年度以降Ｇスタジアムでのプロ野球公式戦の開催を見送ることを取締役会に提案した。取締役会の席上において，社外役員の 1 人から，ドル箱の収益源をみすみす放棄しては株主に対する責任を果たせないのではないかとの意見が述べられた。あなたがＡ社のもう 1 人の社外役員であるとすれば，あなたはいかなる意見を述べるべきであろうか。

　Ｇスタジアムがプロ野球の試合の開催を継続し，その結果再び類似の事件が起こったとしても，そのことに対してＡ社が法的責任を負うことは多分ないであろう。であるとすれば，法令内株主価値最大化主義の立場に立つ限り，Ａ社はＧスタジアムでのプロ野球公式戦の開催を継続すべきであろう。しか

---

106) ただし，Ａ社が試合の開催を継続するのであれば，最近起こった事件の概要と類似の事故が起きてもＡ社は責任を負いかねる旨をしかるべき方法を用いて観客に伝えるべきであろう。

しながら，不幸な事態の再発を防ぐためには，国や地方公共団体がしかるべき措置（予算を確保したうえでの警察官の配備や街灯の設置などが考えられる）をとることを待つよりもA社がGスタジアムでの公式戦開催を見送る方がはるかに効率的である。これによって守られる便益の価値が試合の開催を継続することによって得られる富（消費者余剰を含む。この点については後述する[108]）を上回ると確信できるのであれば，あなたは断固公式戦開催の見送り案を支持すべきではあるまいか。

もう1問，今度はプラスの外部性に関する問題について考えてみたい。

【問題 6-10】
　B社は日本屈指の玩具メーカーである。同社の主力商品はアニメのフィギュアやロボット（以下，これらを「現代的玩具」と総称する）であるが，それに加えて，独楽，羽子板，からくり人形などの日本古来の玩具（以下，「伝統的玩具」という）の製作・販売も行っている。
　しかるに，最近B社の株式の2％を取得したDファンドから，「伝統的玩具の製作・販売を続けることはB社株主の利益にならないのでこれを中止し，現代的玩具の製作・販売に専念してほしい」旨の要請を受けた。たしかに伝統的玩具の収支は近年ほとんど利益を出しておらず，財務アドバイザーの意見によればこの事業を継続することのNPVはマイナスであるとのことである。B社はDファンドの要求を受け入れざるをえないのであろうか。

伝統的玩具が生み出す便益はその購入者がそれを使って遊ぶことだけではない。多くの日本人はそのような玩具が祝祭日や諸行事の中で使われるのを見て自分たちが暮らす生活空間の居心地のよさを実感するのではないであろうか。さらに，伝統的玩具の製作をやめたならばこれらを製作してきた職人たちは彼らが累代にわたり継承してきた技芸とともに世の中から消失してしまうかもしれない。「匠の技」を敬うことはわが国の伝統の1つであり，その伝統が守ら

---

[107] 損なわれる生命や身体の価値ばかりでなく，事故が起きることによって惹起される地方住民の不安や（地域社会に対する）失望感も評価の対象に組み入れられなければならない（ただし，発生確率を乗じる必要がある）。

[108] 試合開催を継続することによってもたらされる富を考えるにあたっては，再び事件が起きた場合にそれがA社の収益にもたらすマイナスのインパクトも考慮しなければならない。この点は，一般に「レピュテイショナル・リスク」という言葉で語られることの多い問題であるが，評価を見誤らないためにはできるだけ具体的に考えることが肝要であろう。

れていることに多くの人は民族の誇りを感じているのではあるまいか。たしかに、「居心地のよさ」や「民族の誇り」は便益の価値を数量化しずらい（この問題については次項で取り上げる）。しかし、そこに価値が存在することは紛れもない事実であり、そうである以上、伝統的玩具の製作・販売はプラスの外部性を生み出している。その価値が NPV のマイナス分を補って余りあると B 社の経営者は確信しており、しかも、伝統的玩具の事業の NPV がマイナスといってもその金額は B 社全体の収益から見れば軽微なものである限り[109]、D ファンドの要請を撥ねつけて伝統的玩具の製作・販売を継続することも立派な経営判断といえるのではなかろうか[110]。

非営利政策の限界

　しからば、会社がとりうる非営利政策の限界はどこに求められるべきか。考えうる1つの回答は「会社が生み出す富の最大化に反しない限度において」というものであろう[111]。しかしながら、これを実践的な指標として用いることは必ずしも容易ではない。なぜ容易ではないのか、その理由を書き出してみよう。

　(1)　第1に、非営利政策がもたらす便益の価値の評価が難しい。これらの便益の大半は市場性のないものであるから市場から情報を得ることは困難であり、くわえて便益を享受しうる立場にある者は状況に応じ便益

---

109)　後者の要件を加えた理由については注 111) を参照されたい。

110)　本文では外部性の問題に関してだけしか事例を示さなかったが、株主価値最大化主義が機能不全となる他の事態についても非営利政策をとるべき場合があるように思われる。このうちの不完備契約の問題に関しては田中 (2007) を参照されたい。

111)　富の最大化に反しなければ何をしてもよいという考え方は株主価値最大化主義という会社法の根本規範と乖離しすぎているとの批判を免れないかもしれない。しかしながら、この問題は現行の法と実務を前提とする限り深刻化することはないように思われる。なぜならば、現行法上、会社は定款所定の目的の範囲内においてのみ行動しうるものであるところ（民法 34 条）、（私の知る限り）すべての上場企業は定款上の目的を特定の業種に関する営利活動（以下、これを「主たる営利活動」という）とそれに「付帯関連する」活動に限定しており、非営利活動を明示的に定款上の目的に含めている会社は一社も存在しないからである。してみれば、会社が非営利活動を行いうるのは、それが主たる営利活動に付帯関連する場合だけであり（付帯関連性の存否は主たる営利活動と問題となる非営利活動との間の歴史的・社会的関係や両者の経済的規模の比較等に照らして判断すべきものであろう）、それを超えて非営利活動を行うことは定款違反の誹りを免れないのではあるまいか。

の価値を過大または過小に申告する傾向を免れないからである。[112]
(2) 第2に，仮に非営利政策がもたらす便益の価値がなんらかの手法を使って評価できたとしても（その価値を，以下**公共価値**と呼ぶことにする），それと何を比較するかについても注意が必要である。けだし，株主価値は生産者余剰の現在価値のみを表す指標であるから，これに対応する消費者余剰の現在価値も計算に含めなければ非営利政策の当否を判断することはできないからである。この計算も（公共価値の計算ほどではないとしても）決して容易なことではない。
(3) 上記の2点を考えると，現実的には比較の判定を経営者の裁量に委ねざるをえない。しかしながら，非営利政策を実施することには経営者の私的欲求を満足させる側面があることから[113]，その採否を経営者の判断のみに委ねてしまうと非営利政策が過剰となるおそれがある。
(4) そこで，可否の最終的判断を株主の意思に委ねるという考えが生まれる。しかしながら，株主が株主の利益のみを考えて行動する限り，非営利政策は消滅せざるをえない。[114]

---

112) 観念的にいえば，便益を享受する者の支払用意（注91）参照）を合算すれば富の総量を計算できる。しかしながら，便益の恩恵を受けようとする者は便益の価値を過大に主張し，コストの全部または一部を受益者に負担させようとすれば，便益の価値を過小に主張しがちである。「概論」334頁参照。

113) 「自らの手で非営利政策を実施したい」と願う経営者の私的欲求は米国の経済学者が「warm glow（「心に灯る暖かい火」という意味）」と呼ぶものと同視できるようであり，これを強いて日本語にすれば，「善行心」と言い表すのが妥当ではなかろうか。warm glow という言葉が用いられている文献の実例としては，注114）の②に記載のものなどを参照されたい。

114) ミクロ経済学の伝統的理論によれば，公共財の提供を私人の自由な行動に委ねる限り，社会に提供される公共財の総量は著しく過小となる（下記①の文献によれば，社会の構成員の数が十分大きな場合公共財の提供者は社会の最富裕層に属する者のみとなる）。この原理を株式所有の分散が進んだ会社の株主総会が非営利政策の可否を判断する事態にあてはめて考えてみると，総会が非営利政策を承認することはまったくないか，あるとしても例外的な場合にとどまるものと推定される。しかしながら，米国の経済学者らの研究によれば私人のイニシアティブによって提供される公共財の総量は近年増加傾向にあり，この現象を説明するためには，伝統的なミクロ経済学が想定してきた公共財に対する需要とは別に，自己の行為によって公共財の提供を実現したいと願う欲求——注113）で述べた warm glow ないし善行心と呼ぶべきもの——の存在を認める必要がありそうである。そして，このような欲求を企業の一般株主も抱いているとすれば，株主が自らの欲求に則って非営利政策を支持する可能性もあるかもしれない（この点に関連して，現に，米国においてはもちろんわが国においても，企業が非営利政策を実施していることを投資対象の積極的選定基準とする機関投資家が増加しつつあ

以上の次第により非営利政策の限界を画するルールを定めることは実体的にも手続的にも難しい。しかしながら，現行の会社制度を前提とする限り，非営利政策の限界をどこに置くべきかを見定めることは現実世界の経営者にとってそれほど難しいことではない。それは，経営者が非営利政策を拡大した場合に何が起きるかを考えれば自ずから明らかになることである。起こりうる事態は次のような展開をとげるであろう。

(1)　非営利政策の拡大は不可避的に業績の悪化をもたらすであろうから株主価値は低下する。
(2)　株主価値が低下すれば株価も下落する。
(3)　その結果，敵対的買収者が現れる。低下した株価で株式を買い集め，経営者を更迭して非営利政策を中止させれば株主価値が向上し利益を得ることができるからである。

　以上を要するに，非営利政策の限界を画するものは敵対的買収である[115]。しかし敵対的買収はただちに起きるものではない。けだし，敵対的買収者には2種類のコストが発生するからである。その第1は，対象企業の経営者と彼と進退を共にするであろう何人かの幹部社員を失うことのコストである。彼らは対象企業の経営のエキスパートであり，非営利政策をとるほど経営に余裕のあることから考えればかなり有能である可能性が高い。したがって，彼らが「敵対的買収が成立すれば必ず辞任する」という不退転の意思を表明している限り，敵対的買収者は彼らを失うコスト（以下，これを「経営者喪失コスト」と呼ぶ）を考慮して敵対的買収を行うことの適否を決めなければならない。
　敵対的買収者が甘受しなければならないもう1つのコストは買収のための取引コストである。敵対的買収を遂行するにあたっては様々な取引コストが発生する。直接に発生する費用だけでも，法律顧問，財務顧問，IR顧問，買付

───────

ることは注目に値する）。以上の各点について興味のある人は，下記の文献などを参照されたい。① Andreoni (1988)，② Andreoni (1989)，③ Graff Zivin-Small (2005)，④寄付白書 (2015)，⑤サステナブル投資白書 (2015)。
115)　非営利政策の限界を画するもう1つの要素は倒産リスクの発生である。しかしながら，非営利政策を行う企業はもともと資金的に余裕のある企業である場合が多いことから（新規参入が困難な業種に属する企業である場合はなおさらである），倒産リスクの顕在化よりも敵対的買収リスクの顕在化の方が先に生じることがほとんどであろう。

代理人など多数の代理人ないし助言者に支払う費用があり，加えて「敵対的買収者」と評せられることによって失うものも少なくない（特に，わが国においては大きい）。以下，これらのコストを併せて「買収取引コスト」と呼ぶ。

そこで，経営者喪失コストを MC，買収取引コストを TC，経営政策を変更することによって生み出される株主価値の増加分を SV とすれば，敵対的買収が発生するのは次の不等式が成立する場合だけである（なお，対象企業が前項までにおいて記した諸政策について株主価値の最大化に反する施策をとっているとすれば，それを修正することによって生み出される増加分も SV に含まれることに留意されたい）。

$$SV > MC + TC \qquad (6.22)$$

(6.22) 式は現行の会社制度の下で経営者がとりうる非営利政策の限界を示している。したがって，非営利政策の拡充を望む経営者は，第1に経営者としての能力の研鑽に励み（MC の増加），法律上許容される範囲内で買収防衛策を導入し（TC の増加），（非営利政策の実施の問題を別とすれば）株主価値の最大化に反する施策を極力回避し（SV の減少），そのうえで(6.22) 式が成立しない限度においてのみ非営利政策を実施すべきである。[116]

残された問題

現行の会社法制度を前提とする限り (6.22) 式が非営利政策の限界を画することはやむをえないことなのであろう。しかし，それで本当によいのであろうか。

この問題を考えるにあたって示唆的なことは民間テレビ放送事業（以下，単に「テレビ事業」という）の持つ外部性の大きさとそれに対して日本国政府がとった措置である。以下，まとめて記す。

(1) テレビ事業の主たる収益はコマーシャルの放映料であるが，コマーシ

---

116) 法律上許容される買収防衛策の限界がどこにあるのかは必ずしも明らかでないが，これまでの判例の動向を見る限り，株主の意思を無視した買収防衛策は無効と判断される可能性が高い。したがって，いかなる買収防衛策といえども敵対的買収を完全に回避することは困難であるが，買収防衛策の導入によって TC を増加させることは可能であろう。なお，わが国における買収防衛策の現状と問題点については草野（2011）の第9話およびそこで引用されている文献などを参照されたい。

ャルを放映しうる時間の割合は法令によって制限されている。
(2) そこで，たとえば，コマーシャルを放映しうる時間は 1 時間あたり合計で 10 分であるとすれば，残りの 50 分間テレビ事業はひたすら（原則としてプラスの）外部性を生み出していることになる。
(3) したがって，1 株主がテレビ会社を支配して法令内株主価値最大化主義を徹底すれば相当程度の追加的株主価値を生み出すことができるであろう。[117]
(4) 以上の点を踏まえるならば，野心的な企業経営者がテレビ会社の買収を企てることは必定であり，現に海外においても国内においてもそのような企てが過去何度かなされてきた。[118]
(5) しかしながら，それによってプラスの外部性が大きく減少するとすれば，それは社会全体にとって由々しき問題である。この問題に対して日本国政府は断固たる措置をとった。すなわち，2008 年に施行された放送法の改正によって放送持株会社に対する 1 株主の出資比率は 3 分の 1 未満に抑えられることになったのである。この結果，放送持株会社の傘下に入ったテレビ会社を買収することは事実上不可能となり，経営者は(6.22)式を上限とすることなく非営利政策を行うことが可能となった。[119]

　放送持株会社制度はテレビ事業における非営利政策の継続・拡充を容易とした。しかし，そのために支払われた代償は小さくない。けだし，敵対的買収の成立可能性を温存させることは株主価値最大化主義という会社制度の根本規範を経営者に遵守させるうえで極めて重要だからである。[120]敵対的買収の脅威から

---

117) その手法としては，たとえば，①テレビ会社の事業を規制の少ない関連分野（ネット上の放送など）に拡大させる，②視聴率に悪影響を及ぼさない限度において番組の製作コストを引き下げる，③番組の内容や編成方針を支配株主の収益に役立つものに変更する，④（略奪的プレミアムの取得と非難されない限度において）テレビ会社の経営資源（アナウンサーや事実上の専属タレントなど）を自社の顧客開拓等の目的に利用することなどが考えられる。
118) わが国に関していえば，1996 年にソフトバンクがオーストラリアのメディア王であるルパート・マードック氏と組んで試みたテレビ朝日の買収，2005 年にライブドアが試みた（フジテレビの有力株主である）ニッポン放送の買収，および 2005 年以降に楽天が試みた TBS の買収などが著名である。
119) 現在東京に本拠を構えるすべての民間テレビ会社は放送持株会社に組み入れられている。
120) 株主価値最大化主義を担保するうえで敵対的買収が果たす役割について，詳しく

解放されたわが国テレビ業界が創造的破壊の続く情報産業社会の中で今後どのような変展を遂げてゆくのか。その帰結が気になるところではある。

非営利政策の拡大という点に関して注目すべきもう1つの施策は**複数議決権株式**の活用である。複数議決権株式とは1株につき複数の議決権を与えられた株式のことであり，たとえば，創業者一族に対してのみ1株に10個の議決権を与えられた株式を付与すれば，その会社が上場後株主資本の新規調達を繰り返しても創業者一族の所有株式が資産価値ベースで全体の11分の1すなわち9%強を上回る限り彼らは経営に対する支配権を維持することができる。[121]

複数議決権株式は敵対的買収を不可能にしている点において放送持株会社制度と似ているが，後者において経営権を掌握しているものは株式をまったく（あるいは「わずかしか」）所有していない経営者であるのに対して，前者において経営権を握っているものは膨大な株式を所有する個人株主である点が異なる。[122] すなわち，経営を支配する者が株主価値を最大化することに対して強いインセンティブを有する点が複数議決権株式制度の特徴であり，これによって（(6.22)式から解放されることによって可能となる）非営利政策の拡大を図りつつも株主価値最大化主義の弛緩を妨ぎうるとすれば，それは1つの目的合理性を持った制度であるといえるであろう。[123]

は草野（2011）の169頁以下およびそこで引用されている諸文献などを参照されたい。なお，わが国の上場企業の多くが伝統的に採用してきた安定株主制度も，敵対的買収の可能性を犠牲にして非営利政策の実施を可能としてきたという点において，放送持株会社制度と類似の機能を果たしてきたといえるであろう。安定株主制度の意義と問題については田中（2012）8頁以下，8章および444頁以下などを参照されたい。

121) 資産価値ベースで測った創業者一族の持株比率を α とすると，下記の不等式が成立する限り彼らの経営に対する支配権は維持される。

$$\frac{10\alpha}{10\alpha + (1-\alpha)} > 0.5$$

上記の不等式を解くと，

$$\alpha > \frac{1}{11}$$

を得る。

122) 資産価値ベースでは全体の9%強の株式といえどもその価値は数十億円から数百億円，会社によってはそれ以上の値となる点に留意されたい。

123) もちろん，創業者一族が一般株主よりもつねに非営利政策の実施に熱心であるという保証はない。しかしながら，創業者一族は対象企業の株主の中で最富裕層に属することが多いであろうから，伝統的経済学の理論に依拠したとしても公共財の提供を支持する可能性が高い。さらに，彼らは企業の行動と自らの行動とを同視しやすい立場にい

もちろん複数議決権株式制度にも問題がないわけではない[124]。しかし，注目すべきことは，Google（現 Alphabet）や Facebook をはじめとする多数の大手インターネット企業がこの制度の下で上場を果たしており，さらに，複数議決権株式の上場を許容しているニューヨーク証券取引所にはこの制度の利用を求める有力な外国企業（アリババ，マンチェスター・ユナイテッドなど）の上場が相次いでいるという事実である。東京証券取引所も制度としては複数議決権株式を発行している会社の上場を可能としているが，これまでのところそれが認められた事例は少ない[125]。制度の拡大を検討すべき時期がきているのではないであろうか。

非営利政策の拡大を可能とする制度としてほかにも様々なものが考えられる[126]。どのような制度を用いたらよいか，あるいは，いずれも用いずに非営利政策を (6.22) 式の限度にとどめた方がよいかの判断は各企業を取り巻く環境によっても異なるであろう。ただし，いかなる場合においても重要なことは，非営利政策をとることの利点と難点を虚心に見つめることである。そして，企業の経営者と彼らに助言を与える法律家がどれだけそのような視点を持ち続けるかによって私たちの暮らす社会の未来は違ったものとなるに違いない。法律家に課せられた使命は重大である。

るので，企業の行動を通して自らの warm glow ないし善行心を満たすことも容易であろう。以上の各点につき注 113) および 114) の解説参照。

124) 複数議決権株式制度は不可避的にコントロール・プレミアムを発生させる。したがって，コントロール・プレミアムに占める共役的プレミアムの割合が大きければ株主価値は増大し，略奪的プレミアムの割合が大きければ株主価値は減少する傾向を免れない。

125) 2014 年にサイバーダイン社（ロボット・スーツの製造・販売を行うベンチャー企業）が創業者一族が保有する株式に比べて議決権が 10 分の 1 しかない株式の上場を認めた事案がこれにあたる。なお，わが国の会社法には複数議決権株式の発行を正面から認めた規定は存在しないが，単元株式制度を活用することにより事実上の複数議決権株式の発行が可能であり，サイバーダイン社が発行した複数議決権株式も単元株式制度を利用したものである。

126) その一つである拒否権付種類株式制度については，草野（2011）195 頁以下などを参照されたい。

参 照 文 献

本書の中で引用した文献は次のとおりである。

浅野＝中村（2009）
 浅野皙＝中村二朗『計量経済学〔第2版〕』（有斐閣・2009年）
岩村（2013）
 岩村充『コーポレート・ファイナンス CFO を志す人のために』（中央経済社・2013年）
大垣＝田中（2014）
 大垣昌夫＝田中沙織『行動経済学』（有斐閣・2014年）
岡田（2001）
 岡田章『経済学・経営学のための数学』（東洋経済新報社・2001年）
岡田（2011）
 岡田章『ゲーム理論〔新版〕』（有斐閣・2011年）
奥野編（2008）
 奥野正寛（編著）『ミクロ経済学』（東京大学出版会・2008年）
  ※ミクロ経済の教科書は多数存在するが，本書では原則としてこの本のみを引用することにした。
「概論」
 ハウェル・ジャクソンほか（神田秀樹＝草野耕一訳）『数理法務概論』（有斐閣・2014年）
企業価値研究会（2008）
 企業価値研究会「近時の諸環境の変化を踏まえた買収防衛策の在り方」（平成20年6月30日）（経済産業省のウェブサイトから入手可能・2008年）
寄付白書（2015）
 日本ファンドレイジング協会編『寄付白書2015』（日本ファンドレイジング協会・2015年）
草野（2010）
 草野耕一『金融課税法講義〔補訂版〕』（商事法務・2010年）
草野（2011）
 草野耕一『会社法の正義』（商事法務・2011年）
サステナブル投資白書（2015）
 NPO 法人社会的責任投資フォーラム編『日本サステナブル投資白書2015』（NPO 法人社会的責任投資フォーラム・2016年）
園（2014）
 園信太郎『確率概念の近傍——ベイズ統計学の基礎をなす確率概念』（内田老鶴圃・

2014 年）
田中（2007）
　　田中亘「ステークホルダーとコーポレート・ガバナンス――会社法の課題」（神田秀樹ほか編『企業統治の多様化と展望』（金融財政事情研究会・2007 年）所収）
田中（2012）
　　田中亘『企業買収と防衛策』（商事法務・2012 年）
田中編（2013）
　　田中亘編著『数字でわかる会社法』（有斐閣・2013 年）
林（2007）
　　林貴志『ミクロ経済学』（ミネルヴァ書房・2007 年）
野口＝藤井（2005）
　　野口悠紀雄＝藤井眞理子『現代ファイナンス理論』（東洋経済新報社・2005 年）
マッキンゼー（2012）
　　マッキンゼー・アンド・カンパニーほか（本田桂子監訳）『企業価値評価[上]〔第 5 版〕――バリュエーションの理論と実践』（ダイヤモンド社・2012 年）
松原（1997）
　　松原望『計量社会科学』（東京大学出版会・1997 年）
宮島編（2011）
　　宮島英昭編著『日本の企業統治――その再設計と競争力の回復に向けて』（東洋経済新報社・2011 年）
ミルグロム＝ロバーツ（1997）
　　ミルグロム，ポール＝ジョン・ロバーツ（奥野正寛ほか訳）『組織の経済学』（NTT 出版・1997 年）
森田（2014）
　　森田果『実証分析入門――データから「因果関係」を読み解く作法』（日本評論社・2014 年）
山本（1995）
　　山本拓『計量経済学』（新世社・1995 年）
涌井（2009）
　　涌井良幸『道具としてのベイズ統計』（日本実業出版社・2009 年）
渡部（1999）
　　渡部洋『ベイズ統計学入門』（福村出版・1999 年）

Andreoni（1988）
　　Andreoni, James, *Privately Provided Public Goods in a Large Economy: The Limits of Altruism*（Journal of Public Economics 35; PP57-73, 1988）
Brealey-Myers-Allen（2014）
　　Brealey; Richard A., Stewart C. Myers and Franklin Allen, *Principles of Corporate Finance, Eleventh Global Edition*（McGraw-Hill, 2014）

同書（ただし第 10 版）の訳書として，リチャード・A・ブリーリー＝スチュワート・C・マイヤーズ＝フランクリン・アレン（藤井眞理子＝國枝繁樹監訳）『コーポレート・ファイナンス〔第 10 版〕上・下』（日経 BP 社・2014 年）がある。

Angrist-Pischke（2008）

 Angrist, Joshua D. and Jörn-Steffen Pischke, *Mostly Harmless Econometrics, An Empiricist's Companion*（Princeton Univ Pr, 2008）

 同書の訳書として，ヨシュア・アングリスト＝ヨーン・シュテファン・ピスケ（大森義明ほか訳）『「ほとんど無害」な計量経済学——応用経済学のための実証分析ガイド』（NTT 出版・2013 年）がある。

Diamond-Vartiainen（2007）

 Diamond, Peter and Hannu Vartiainen, eds. *Behavioral Economics and Its Applications*（Princeton University Press, 2007）

Dixit-Nalebuff（2010）

 Dixit, Avinash and Barry Nalebuff, *The Art of Strategy: A Game Theorist's Guide to Success in Business and Life*（New York Norton, 2010）

 同書の訳書として，アビナッシュ・ディキシット＝バリー・ネイルバフ（嶋津祐一＝池村千秋訳）『戦略的思考をどう実践するか——エール大学式「ゲーム理論」の活用法』（阪急コミュニケーションズ・2010 年）がある。

Finkelstein（2009）

 Finkelstein, Michael O., *Basic Concepts of Probability and Statistics in the Law*（Springer, 2009）

 同書の翻訳として，マイクル・O・フィンケルスタイン（太田勝造監訳）『法統計学入門——法律家のための確率統計の初歩』（木鐸社・2014 年）がある。

Finkelstein-Levin（2007）

 Finkelstein, Michael O. and Bruce Levin, *Statistics for Lawyers, Second Edition*（Springer, 2007）

Gillies（2000）

 Gillies, Donald, *Philosophical Theories of Probability*（Routledge, 2000）

Gilson-Black（1995）

 Gilson, Ronald J. and Bernard S. Black, *The Law and Finance of Corporate Acquisitions, Second Edition*（Foundation Press, 1995）

Graff Zivin-Small（2005）

 Joshua Graff Zivin and Arthur Small, *A Modigliani-Miller Theory of Altruistic Corporate Social Responsibility*（Topics in Economic, Analysis & Policy, Volume 5, Article10, Issue 1, 2005）

Hayashi（2000）

 Hayashi, Fumio, *Econometrics*（Princeton University, Press, 2000）

Hermalin-Weishach（1988）

 Hermalin, Benjamin E. and Michael S. Weisbach, *The Determinants of Board Composition*（RAND Journal of Economics 19;pp589-606, 1988）

Hooker（2000）

Hooker, Brad, *Ideal Code, Real World*（Oxford University Press, 2000）

Luenberger（2014）

Luenberger, David G, *Investment Science Second Edition*（Oxford University Press, 2014）

同書の訳書として，デービッド・G・ルーエンバーガー（今野浩＝鈴木賢一＝枇々木規雄訳）『金融工学入門〔第2版〕』（日本経済新聞社・2015年）がある。

Stock-Watson（2011）

Stock, James H. and Mark W. Watson, *Introduction to Econometrics, Third Edition*（Addison-Wesley, 2011）

事項索引

1-9

3 ファクター・モデル ……………… 203
68%—95%—99.7% ルール ………… 86

A-Z

agency cost …………………………… 287
backward reasoning ………………… 45
bankruptcy cost ……………………… 274
BATNA（Best Alternative to Negotiated Agreement）……………… 252, 278
BS モデル → ブラック・ショールズモデル
CAPM（Capital Asset Pricing Model）
　……………………………………… 196
　——の意義 ………………………… 200
　——の証明 ………………………… 198
　——の定量的分析 ………………… 202
CDS（Credit Default Swap）……… 279
CML（capital market line）………… 197
debt …………………………………… 260
DES（Debt Equity Swap）………… 284
EBITDA（Earnings Before Interest, Taxes, Depreciation, and Amortization）………………………… 252
enterprise value ……………………… 261
equity ………………………………… 260
financial distress cost ……………… 274
leverage ratio ………………………… 260
MM 理論　→ モジリアニ・ミラー理論
　MM 第 1 定理 …………………… 262
　MM 第 2 定理 …………………… 267
$N(\mu, \sigma^2)$ ……………………………… 86
NPV（Net Present Value）………… 247
　既存事業の—— ………………… 250
　税引後—— ……………………… 254
OLS 回帰直線の求め方 …………… 144
OSL 回帰直線 ……………………… 141
OSL 回帰平面 ……………………… 157
pecking-order theory ……………… 286
PLC（Product Life Cycle）………… 304
p 値 …………………………………… 100
SML（securities market line）……… 199
state price …………………………… 236
t 値 …………………………………… 107
t 分布 ………………………………… 107
t 分布表 ……………………… 107, 125
WACC（Weighted-Average Cost of Capital）……………………………… 268
　——の公式 ………………………… 268
z 値 …………………………………… 86

あ 行

アーンド・プロフィット …………… 252
アウト・オブ・ザ・マネー ………… 223
アット・ザ・マネー ………………… 223
後戻り思考法 ………………………… 45
アメリカン・オプション …………… 223
安全資産 ……………………… 173, 174, 212
意思決定 ……………………………… 43
一物一価の法則 ……………………… 172
一様分布 ……………………………… 78
一致性 ………………………………… 106
イン・ザ・マネー …………………… 223
因果関係 ……………………………… 115
永久債 ………………………………… 214
益金 …………………………………… 254
エージェンシー・コスト …………… 287
枝 ……………………………………… 45
エンパイア・ビルディング ………… 308
オプション …………………………… 223
　——の価格理論 …………………… 233
　——の時間的価値 ………………… 225
　——の本源的価値 ………………… 225
オリジナル・ベルヌーイ分布 ……… 237

か 行

回帰係数 ……………………………… 142
回帰直線 ……………………………… 140
回帰分析 ……………………………… 140
　——の精度 ………………………… 146
回帰平面 ……………………………… 156
解体型 M&A ………………………… 302
外部性 ………………………………… 312
価格の線形性 ………………………… 172

事項索引

確実性等価 …… 49
攪乱項 …… 147
確率関数 …… 76
確率ノード …… 44
確率ベクトル …… 127
確率変数 …… 48, 75
　──の計算 …… 81
　──の独立 …… 83
　離散的な── …… 76
　連続的な── …… 77
確率密度 …… 77, 78
確率密度関数 …… 78
確率モデル …… 85
加重平均資本コスト …… 268
課税標準 …… 254
仮説検定 …… 98
片側検定 …… 101
株式のオプション価値 …… 278
株主価値 …… 245
株主価値最大化主義 …… 310
株主資本 …… 260
貨幣の時間的価値 …… 170
加法的に結合させた …… 82
空売り …… 171
完備契約 …… 314
完備性の公理 …… 55
機会曲線 …… 183
　──の形状 …… 190
機会主義的行動 …… 314
棄却域 …… 100
企業所得税 …… 253
企業特殊的 …… 304
帰結ノード …… 45
危険資産 …… 173, 176, 215
疑似相関 …… 134
期待効用 …… 55
期待効用定理 …… 54
期待収益 …… 176
期待収益率 …… 173, 176
期待成長率 …… 216
期待値 …… 48, 76
期待利得 …… 48
規範的事実認定 …… 8
基本確率変数 …… 82
帰無仮説 …… 98
　──を棄却する …… 98

客観確率 …… 2
キャッシュ・アウトフロー …… 248
キャッシュ・インフロー …… 248
キャッシュ・フロー …… 248
共益的プレミアム …… 307
共分散 …… 132
共変関係 …… 128
均衡市場 …… 171
空事象 …… 5
区間推定 …… 117
繰り返し期待値 …… 138
契約の不完備性 …… 314
ゲームの木 …… 51
欠損金 …… 255
決定係数 …… 147
決定ノード …… 44
決定の木 …… 44
　──の作り方 …… 43
決定分析 …… 44
欠落変数 …… 149
減価償却資産 …… 255
現在価値 …… 175
検察官の誤謬 …… 24, 26
原資産 …… 223
検　定 …… 98
検定統計量 …… 98
検定力 …… 112
公共価値 …… 321
公共財 …… 316
行使価格 …… 223
厚　生 …… 311
合成確率変数 …… 82
厚生経済学の第1基本定理 …… 311
厚生経済学の第2基本定理 …… 312
効用関数 …… 55
効用無差別曲線 …… 180
効率的な投資 …… 247
効率的フロンティア …… 186
効率的報酬 …… 303
誤差項 …… 147
誤差項独立条件 …… 149
コースの定理 …… 313
誤謬推論 …… 24
固有リスク …… 201
コール・オプション …… 223
コール・プット・パリティ …… 228

コングロマリット……………………302
コングロマリット・ディスカウント………302
コントロール・プレミアム………………306

さ　行

債権者価値……………………………260
最小二乗法………………………138, 141
最小分散フロンティア…………184, 186
　──の形状………………………192
裁定取引………………………………171
裁定不能定理…………………………171
最頻値……………………………………74
財務困難コスト………………………274
財務シナジー…………………………301
債務超過………………………………275
サンク・コスト……………………60, 250
残　差…………………………………141
残差二乗和……………………………141
散布図…………………………………129
事業シナジー…………………………301
事業年度………………………………254
事後確率…………………………………28
事後分布………………………………120
資　産…………………………………169
資産の複製……………………………229
事実認定…………………………………1
市場分断仮説…………………………213
市場ポートフォリオ…………………196
市場リスク……………………………201
システマティック・リスク…………201
事前確率…………………………………27
事前分布………………………………120
自足的プレミアム……………………307
事態価格………………………………236
実現点…………………………………129
実効税率………………………………254
　──の算定………………………258
シナジー効果…………………………252
資本構成………………………………260
資本資産価格モデル…………………196
資本市場線……………………………197
資本政策………………………………258
収　益…………………………………169
収益率…………………………………176
重回帰分析……………………………155
自由度…………………………………106

自由度修正済み決定係数……………158
周辺確率…………………………………84
主観確率…………………………………2
純粋期待仮説…………………………213
純負債…………………………………260
証券市場線……………………………199
条件付確率…………………………6, 84
　──の公式…………………………7
情報の非対称性…………………286, 314
正味現在価値…………………………247
剰余金…………………………………245
剰余権者………………………………245
初期投資………………………………247
所　得…………………………………254
信念の程度………………………………2
信頼区間………………………………118
推移性の公理……………………………55
推論法則…………………………………3
ステューデント分布…………………107
スピン・オフ…………………………305
正規分布…………………………………86
　──の確率密度関数………………90
　──の再生性………………………89
正の相関関係…………………………129
積事象……………………………………5
積の公式…………………………………8
説明変数………………………………138
線形関係………………………………128
全事象……………………………………5
潜伏要因………………………………134
戦略的行動…………………………69, 72
相関関係………………………………128
相関係数……………………………131, 133
捜査官の誤謬………………………14, 21
総資産…………………………………261
総資産価値………………………143, 261
総資産価値曲線………………………275
相対的価格付け………………………229
損　金…………………………………254

た　行

第1種の誤り…………………………101
第2種の誤り…………………………111
大数の法則………………………………48
対立仮説………………………………113
多角化…………………………………301

334　事 項 索 引

――政策 ……………………………301
他社株投資 …………………………297
多重共線性 …………………………163
多変量解析 …………………………127
ダミー変数 …………………………161
単回帰係数 …………………………158
単回帰分析 …………………………155
中央値 ………………………………74
中心極限定理 ………………………88
逓減的 ………………………………57
定成長債 ……………………………215
点推定 ………………………………98
統計量 ………………………………73
倒産コスト …………………………274
倒産リスク ……………………260, 274
同時確率 ……………………………84
投資政策 ……………………………246
　　――としての企業買収 ………252
同時的因果関係 ……………………135
独立性の公理 ………………………55
独立である ………………………7, 82
富 ……………………………………311
取引費用 ……………………………170

な 行

内部収益率 …………………………295
二基金定理 …………………………195
二項分布 ……………………………92
二項モデル …………………………238
年利 …………………………………213

は 行

配当課税効果 …………………295, 297
配当政策 ……………………………290
　　――の他律性 …………………290
排反である …………………………5
はえぬきの経営者等 ………………304
パレート効率的 ……………………312
非営利政策 …………………………318
　　――の限界 ……………………320
　　――の必要性 …………………316
非金銭的損失 ………………………64
非効率的な投資 ……………………247
標準誤差 ………………………96, 108
標準正規分布 …………………78, 86
標準正規分布表 ………………86, 124

標準偏差 ……………………………74
標本 …………………………………73
標本分散 ……………………………95
　　――の平均 ……………………96
標本平均 ……………………………95
フィナンシャル・リスク …………274
不完備契約 …………………………314
複数議決権株主 ……………………325
複利 …………………………………213
福利 …………………………………311
負債 …………………………………260
負債比率 ……………………………260
プット・オプション ………………223
　　――の価値 ……………………227
負の相関関係 ………………………129
部分事象 ……………………………6
不偏性 ………………………………106
不偏統計量 …………………………106
不偏分散 ……………………96, 97, 105, 106
ブラック・ショールズモデル ……233
プロジェクト ………………………246
プロダクト・ライフ・サイクル …304
分散 …………………………………74
分散共分散行列 ……………………165
分散投資 ……………………………182
分散投資理論 ………………………178
分散の加法性 …………………82, 137
平均の加法性 …………………82, 83
ベイズ更新 ……………………30, 36
　　――の逐次合理性 …………36, 40
ベイズ統計学 …………………119, 120
ベイズの一般式 ……………………27
ベイズの公式 …………………24, 27
ペッキング・オーダー理論 ………286
ベルヌーイ試行 ……………………89
ベルヌーイ分布 ……………………89
偏回帰係数 …………………………158
弁護人の誤謬 …………………30, 36
偏差 …………………………………74
偏差積和 ……………………………131
偏差二乗和 …………………………74
包絡線 ………………………………186
法令内株主価値最大化主義 ………317
母回帰直線 …………………………147
母集団 ………………………………73
母数 …………………………………75

事項索引

ポートフォリオ	172
ポートフォリオ投資	182
ポートフォリオ分離定理	187, 190
母比率	90
母分散	76
母平均	76
ボラティリティ	178
ホールド・アップ効果	314
ポワソン分布	93

ま 行

無相関	134
無リスク利子率	171
目的変数	138
モジリアニ・ミラー理論	261
モンティ・ホール問題	21

や 行

有意水準	100
尤度	28
尤度関数	120
ユニーク・リスク	201
ヨーロピアン・オプション	223
余事象	5
余剰	311

ら 行

リアル・オプション	249
利益確保不能法則	11
離散的な関数	75
利子率	171, 173
リスク愛好的	50
リスク回避的	50
リスク中立確率	237
リスク中立的	50
リスク中立二項モデル	239
リスク・プレミアム	49, 199
リスク・リターン図	178
利息相当価値	225
利払損金算入効果	270, 272
利回り	176
略奪的プレミアム	307
流動性選好仮説	213
理由不十分の原則	121
留保資金	293
両側検定	101
累積分布関数	77
歴史上のくもり	211
レバレッジド・バイアウト	287
連続性の公理	55
連続的な関数	75
連続複利	222
論理確率	1

わ 行

和事象	6
和の公式	6
割引債	175
割引率	175

著者紹介

草野耕一（くさの・こういち）

西村あさひ法律事務所代表パートナー・慶應義塾大学大学院法務研究科教授．東京大学法学部卒業，ハーバード大学修士（LL.M.），2007年～2010年東京大学客員教授，2014年ハーバード大学客員教授．

主著に，『説得の論理――三つの技法』（日経ビジネス人文庫・2003年），『会社法の正義』（商事法務・2011年），『未央の夢――ある国際弁護士の青春』（商事法務・2012年）などがある．

数理法務のすすめ
Quantitative Analysis of Law

2016年9月5日　初版第1刷発行

著　者　草　野　耕　一
発行者　江　草　貞　治
発行所　株式会社　有　斐　閣
　　　　郵便番号 101-0051
　　　　東京都千代田区神田神保町 2-17
　　　　電話　(03) 3264-1314〔編集〕
　　　　　　　(03) 3265-6811〔営業〕
　　　　http://www.yuhikaku.co.jp/

印刷・大日本法令印刷株式会社／製本・牧製本印刷株式会社
©2016, Koichi Kusano. Printed in Japan
落丁・乱丁本はお取替えいたします．
★定価はカバーに表示してあります．
ISBN 978-4-641-12588-9

[JCOPY]　本書の無断複写（コピー）は，著作権法上での例外を除き，禁じられています．複写される場合は，そのつど事前に，(社)出版者著作権管理機構（電話03-3513-6969，FAX03-3513-6979, e-mail:info@jcopy.or.jp）の許諾を得てください．

本書のコピー,スキャン,デジタル化等の無断複製は著作権法上での例外を除き禁じられています。本書を代行業者等の第三者に依頼してスキャンやデジタル化することは,たとえ個人や家庭内での利用でも著作権法違反です。